KB146969

한국사, 한 걸음 더

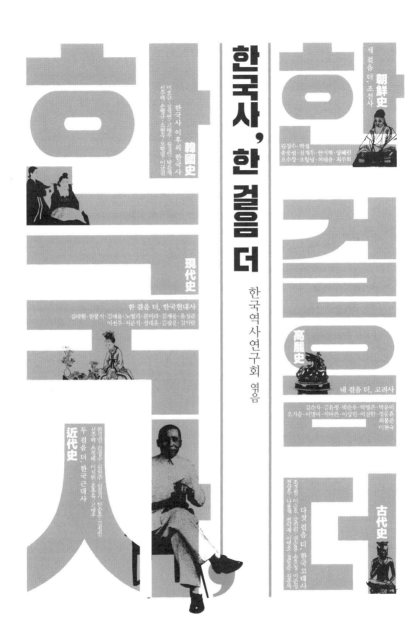

한국사, 한 걸음 더

한국역사연구회 엮음

韓國史

여조수 이후의 한국사
신주백·장희권·고태우·김정인·박혜숙

朝鮮史 새 걸음 더, 조선사

김창수·박철
송웅섭·심재우·안기혁·양혜원
오수창·오항녕·허태용·최주희

現代史

한 걸음 더, 한국현대사

김대현·한봉석·김태윤·노영기·문미라·김광철·윤일준
이선우·서준석·정대훈·김광운·김아람

高麗史 네 걸음 더, 고려사

김순덕·김윤정·박순우·박영은·박윤미
소기숙·이명미·이바른·이상민·이진한·정동훈·최봉준
이현숙

近代史

두 걸음 더, 한국근대사
한성민·김윤주·김현주·심철기·한승훈·고태우·지수걸
신주백·윤상태·이지원·홍동욱·고태연

古代史 다섯 걸음 더, 한국고대사

주류민·이유호·강진원·권오영
전경수·나병훈·전덕재·송호정·이한상·강진원

푸른역사

■ 책을 내며

이 책은 전에 없던 것이다

이 책에는 한국사 연구자 63인이 쓴 70편의 글이 실려 있다. 여러 명의 필자가 공동으로 쓴 책은 많지만, 이 책처럼 공통의 주제 없이 각자 자기 글을 쓴 적은 없었다. 이 책을 관통하는 한 가지 공통점은 필자들의 현재 관심사다. 한국역사연구회의 회원으로 있는 연구자들이 현재의 학문적 관심을 있는 그대로, 가감 없이 피력해 놓았다. 이 책을 읽는 독자들은 2018년 현재 한국사 연구자들이 어떤 생각을 가지고 무엇을 연구하는지 알 수 있을 것이다.

2018년은 한국역사연구회 창립 30년이 되는 해다. 지난 30년 동안 연구회는 '과학적, 실천적 역사학'을 표방하며 역사 연구와 현실 참여에 정진해 왔다. 창립 30주년을 맞이해 특별한 행사보다는 회원들의 연구 역량을 보여주는 것으로써 기념을 대신하기로 했다. 회원들의 학문적 역량이야말로 연구회 30년 활동의 가장 큰 성과라고 생각했기 때문이다. 또 현재의 학문적 관심으로부터 앞으로의 연구 방향을 가늠할 수 있으므로 이 책에는 한국역사연구회의 과거와 미래가 동시에 담겨 있다.

이 책을 만들기 위한 준비는 2017년 봄부터 시작되었다. 당시 오수창 회장의 제안으로 논의를 시작하여 글의 주제를 다음 네 가지로 정하고 회원들의 글을 모으기로 했다. (1) 새로운 연구 분야와 주제 (2) 새로운 연구 방법 및 방법론 (3) 자료 발굴과 새로운 이용 방법 (4) 미래지향적 논쟁의 제기 등이었다. 이를 통해 회원들이 연구하고 있는 현장을 고스란히 보여주고자 했고, 그래서 이 책의 배냇 이름은 '한국사 연구의 현장'이었다. 글의 분량은 200자 원고지 30매 이내, 글의 형식은 논문 투가 아닐 것, 문장은 쉽고 내용은 재미있을 것 등 최소한의 조건을 달았다.

2017년 10월 원고 모집 공고가 나가고 2018년 1월 마감할 때까지 70편의 글이 들어왔다. 연구회 회원들이 마치 기다리고 있던 것처럼 호응했고, 아무런 기획이 없었음에도 고대사부터 현대사까지 각 시대별로 13~15편의 글이 고르게 모아졌다. 필자의 연령대도 30대부터 50대까지 펼쳐져 신진학자부터 중견학자까지가 망라되어 있었다. 여호규(고대사), 김순자(고려시대사), 박경(조선시대사), 한승훈(근대사), 박창희(현대사) 등 다섯 사람으로 간행위원회를 꾸리고 원고에 대한 검토와 수정의 과정을 거쳤다.

책을 낼 출판사는 푸른역사로 정했다. 푸른역사가 지금까지 좋은 역사책을 출판하고 있다는 믿음이 있고, 무엇보다 한국역사연구회의 사회적 실천 의지와 학문적 역량을 신뢰하는 출판사라고 생각했기 때문이다. 박혜숙 대표는 그 더운 2018년 여름에 63명의 필자와 상대하면서 이렇게 아담한 책을 만들어 주었다. 이러한 과정을 거쳐 한국역사연구회의 30년을 기념하는 책이 세상에 나오게 되었다. 한국역사연구회의 창립일은 1988년 9월 3일이다.

이 책은 역사학자들의 새로운 실험이다

이 책에는 한국역사연구회 회원들의 학문적 관심사를 정리한 짧은 글들이 실려 있다. 지금까지는 생각을 다 정리해서 긴 논문을 쓰거나 책으로 써서 발표했다. 그러다보니 시간이 많이 걸렸고, 그만큼 생각이 굳어진 뒤여서 토론을 통해 고치기도 어려웠다. 이런 토론은 늘 치열하지만 생산적이지 못했다. 이 책은 필자들이 채 완성되지 않은 아이디어를 발표하고 독자들과 토론을 거치면서 생각을 완성해 가도록 설계되었다. 개인의 아이디어가 토론의 장에 도달하는 시간이 단축되고, 무엇보다도 토론에서 유연한 자세를 갖게 됨으로써 생산적인 토론이 이루어질 것으로 기대된다.

완성되지 않은 생각이라도 드러내 발표할 수 있게 된다면 지금보다더 다양한 주제를 다루게 될 것이다. 실제로 이 책에는 정치, 경제, 사회, 문화 등 고전적 범주로는 분류하기 어려운 글들이 많다. 아예 그러한 범주 밖에 있거나, 여러 분야에 걸쳐 있거나, 혹은 지금까지 한국사의 연구 대상이 되지 않았던 주제들도 있다. 우리가 늘 필요성을 강조하는 연구 영역의 확대와 기존 틀의 파괴가 글의 형식을 고치는 것만으로도 가능해지는 것이다.

논문이나 저서로 완성되기 직전의 생각을 정리한 글을 지금까지는시론試論 또는 연구 노트라고 불렀다. 이 책에 실린 글들은 그보다 훨씬 앞선 단계의 것이다. 실제로 이 책을 읽어 보면 수많은 의문형 문장을 발견하게 될 것이다. 답을 내리는 글이 아니라 문제를 찾아서 제시하는 글. 그런 글이 학문적으로 충분히 의미 있을 뿐 아니라 오히려 필요하다는 생각이 이 책을 만들도록 했다. 대안 없이는 비판하기 어렵고 질문조차 함부로 하지 못하는 역사학계의 엄숙함에 도전하여 자유롭게 발언하는 분위기를 만들기 위한 실험이다.

이 책은 역사 글쓰기의 새 방향을 제시할 것이다

이 책에 실린 글들은 필자의 생각이 완전하게 정리되지 않은, 이른바 '열린 글'들이다. 지금까지 역사학자들이 쓴 글이 대중에게 잘 읽히지 않은 것은 단지 어렵고 재미가 없어서가 아니었다. 너무도 잘 짜인 논리와 빈틈없는 실증으로 정답을 내려 읽는 이로 하여금 딴 생각을 하지 못하게 한 것이 오히려 그 이유다. '닫힌 글'은 일반 독자뿐 아니라 동료 학자들에게도 매력이 없기는 마찬가지다. 철통같은 수비 축구를 누가 보러 가겠는가?

이 책에는 역사학자들의 현재 관심사가 있는 그대로 펼쳐져 있다. 마치 학회가 끝난 뒤 뒤풀이 자리에서 몇 시간 전의 고상함을 벗어 던지고 열띠게 논쟁하는, 그런 풍경이다. 우리 연구자들은 늘 그런 대화를 한다. 논문이나 저서로 발표되지 않는, 하지만 그보다 훨씬 재미있고 풍부한 이야기가 오간다. 이 책의 필자들은 그런 대화를 글로 썼고, 독자들에게 편지를 보내듯 책에 실었다. 이 책을 읽는 사람들은 한국사 연구자들의 일상을 엿보는 듯한 느낌을 받게 될지도 모른다. 그러면서 연구자들이 다 만들어 놓은 지식을 배달받는 것이 아니라, 그것이 만들어지는 과정을 관찰할 수 있을 것이다.

책의 주제는 단일하지 않으며, 결코 쉽지도 않다. 하지만 역사학을 만나는 새로운 재미를 선사할 것이다. 어떤 독자는 하나의 글에 공감할 것이며, 어떤 독자는 여러 글을 연결하여 새로운 지식의 네트워크를 구성하거나 영감을 얻을 수 있을 것이다. 이 책의 필자가 다른 필자의 글을 읽으면서 자신이 제시한 문제의 해답을 찾을 수도 있을 것이며, 강렬한 토론의 욕구를 느낄 수도 있다. 이 책에서는 모든 것이 열려 있다.

연구 결과 얻어진 정답을 전달하는 책이 아니라 문제가 무엇인지를 알리고 해답을 찾아가는 과정을 보여주는 책, 그 과정에서 필자뿐 아니라 독자도 함께 참여할 수 있는 책. 이 책은 지금까지 없던, 역사 글쓰기의 새 방향을 제시하는 책이 될 것이다.

한국사 이후의 한국사

이 책은 모두 6부로 이루어져 있으며, 각 부는 고대, 고려, 조선, 근대, 현대 등 시대별로 구성되었다. 다만, 1부는 특정 시대에 한정되지 않고 한국사 전체에 해당되는 글들을 뽑아서 배치하였다. 지금까지와 다른 연구를 제안한다는 점에서 '한국사 이후의 한국사'라는 제목을 과감하게 붙여 보았다. 2부부터 6부까지는 현대사로부터 고대사까지 한 걸음씩 들어가는 방향으로 흐름을 잡았다. 시간에 역행하여 현대에서 고대로 가는 길이 생소하지만, 현재에 발을 딛고 과거를 연구하는 역사학자의 당연한 이정표일 것이라는 생각에서 새롭게 시도하였다. 독자들은 꼭 네 걸음, 다섯 걸음을 내딛어 고려사와 고대사에 이르기를 바란다. 거기에 역사 상식을 깨는 신선한 이야기가 숨어 있다.

한국역사연구회는 지난 30년 동안 역사학자의 올바른 삶에 대해 고민해 왔다. 무엇을 어떻게 연구해야 하는지, 그리고 역사학자로서 더 나은 사회를 만드는 데 어떻게 기여할 것인지가 주된 고민거리였다. 공동연구의 방법을 창안해서 정착시켰고, 학문적으로나 사회적으로 의미 있는 연구 주제를 개발하는 데 힘썼으며, 동시에 사회적 쟁점에서 눈을 떼지 않으려고 노력했다. 연구회가 함께 한 30년 동안 한국 사회는 놀랄 만큼 많은 변화를 겪었다. 연구회의 탄생과 밀접한 관계가 있는 이른바 87년 체제는 이제 극복의 대상이 되었다.

역사학계의 지형도 크게 바뀌었다. 연구회를 창립했던 당시 젊은 학자들이 이제 하나 둘씩 대학에서 정년하고, 새 학문 세대가 뒤를 잇고 있다. 세대교체 속에서 앞 세대의 담론이 갖는 한계는 명확하게 드러났지만, 아직 대안이 마련되지는 않은, 그런 상태가 바로 지금이 아닌가 한다. 비단 세대 차이일 뿐 아니라 연구자 개인이 독주하면서 횡적인 연대도 위태로운 상황이 되었다. 연구사 정리를 바탕으로 차곡차곡 성과를 축적해 가던 기존 방식은 더이상 통용되지 않게 되었다. 어떤 사람은 이것을 연구의 정체라고 표현하지만, 달리 보면 다양한 측면에서 새로운 연구방식이 모색되고 있는 증거라고도 할 수 있다.

새로운 모색의 시기에 무엇보다도 대화와 소통이 필요할 것이다. 자유롭고 효과적인 토론만이 새로운 시스템을 만들어 가는 데 기여할 수 있을 것이다. 수많은 토론 주제를 담고 있는 이 책이 앞으로 한국사 연구가 한 걸음 더 나아가는 데 도움이 되기를 바란다.

2018년 9월
《한국사, 한걸음 더》 간행위원을 대표하여
이익주 씀

02 한걸음더, 한국현대사

03 두걸음더, 한국근대사

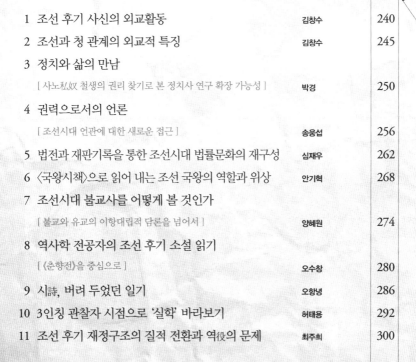

04 세 걸음 더, 조선사

05 네걸음더, 고려사

06 다섯 걸음더, 한국고대사

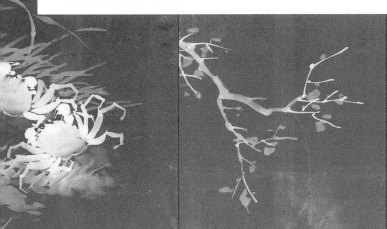

01
한국사 이후의 한국사

1

시간의 변화를 넘어 공간의 역사로
– 왕의 거주공간이 왕궁이 되기까지

2018 러시아 월드컵에서 한국이 16강을 넘어 8강이나 4강까지 진출했으면 어떤 일이 일어났을까? 경기 때마다 서울을 비롯한 거의 모든 도시는 불야성을 이루었을 것이다. 만약 결승전까지 진출했다면 그 다음 날을 임시 공휴일로 지정해야 했을지도 모른다. 온 국민이 결승전을 보느라 밤잠을 설쳐 정상 출근이 쉽지 않았을 테니.

이처럼 오늘날 우리는 지구촌 곳곳에서 일어나는 일을 실시간으로 접할 수 있다. 모두 정보통신 기술의 발달 덕분이다. 또한 고속열차와 비행기 등 교통수단의 발달로 지구촌 전체가 점차 일일 생활권으로 변모하고 있다. 각종 정보를 실시간으로 접하고, 빠른 속도로 이동하는 것, 현대인이라면 누구나 당연하다고 여기는 일상 중의 일상이다.

반면 조선시대에 안동에 사는 선비가 과거시험을 보려면 열흘은 걸려야 한양에 당도할 수 있었다. 남해안에 왜구가 출몰할 경우, 이를 도성까지 알리려면 무수한 봉수대를 거치며 적어도 반나절은 걸렸을 것이다. 전근대 시기에는 교통과 통신수단이 발달하지 않아 공간 이동이나 정보 전달이 쉽지 않았다. 이로 인해 전근대 사람들은 공간의 제약을 강하게 받으며 살았고, 공간이 갖는 의미를 크게 의식할 수밖에 없었다.

가령 전통시대의 중국 왕조는 자신들이 사는 세계를 중화中華라 자처하며 그 바깥을 오랑캐가 사는 이적夷狄의 땅이라 여기는 화이관華夷觀을 가졌다. 고구려도 자기 나라를 천하의 중심으로 자처하며 주변국을 복속 대상으로 여기는 천하관을 가졌다. 공간의 제약을 강하게 받으며 살았던 전근대 시기에는 주로 '공간의 구별과 차이'라는 형태로 자국 중심의 천하관이나 역사관을 구축했던 것이다.

그런데 근대적인 교통수단의 발달은 신속한 공간 이동을 가능하게 했다. 물리적 공간은 여전히 종전과 동일한 상태로 존재했지만, 실제 이동시간은 종전에 비해 수십 배 아니 수백 배로 단축되는 공간의 압축壓縮 현상이 일어난 것이다. 또한 통신수단의 발달은 지구촌의 각종 정보를 실시간으로 전달했다. 물리적 공간의 제약이 거의 사라져 버린 공간의 절멸絶滅 현상이 일어난 것이다.

이에 따라 전근대 시기의 공간 우세 현상은 점차 시간 우위로 전환되었다. 이러한 현상은 19세기에 널리 유행한 진화론적 인식과 결부되면서 여러 학문 영역에서도 공간을 배제하는 결과를 낳기 시작했다. 가령 초창기 사회학은 주로 단순사회에서 복합사회로의 이행을 다루었는데, 이러한 이행을 주로 시간적인 변화로 이해했다. 그리하여 당시까지 존재하던 단순한 사회형태는 지나간 시대의 퇴물로 간주되었다.

공시적共時的으로 존재하던 다양한 사회형태를 진화론적 사유방식을 통해 마치 시간적 선후를 달리하며 존재했던 것처럼 인식했던 것이다.

이러한 인식은 마르크스의 사적 유물론에서도 확인된다. 마르크스는 계급투쟁을 통한 역사 발전을 강조하기 위해 '혁명적 시간' 개념을 도입했다. 이에 따라 공간을 역사적 결정인자로 보는 입장은 폐기되었다.

이로써 사회이론이나 역사이론에서 시간이 공간에 비해 우위를 점하게 되었다. 공간은 단순히 시간적 과정이 작동하는 선재적先在的 배경으로 상정되거나, 인간 행위의 근본조건이 아니라 우연적인 측면으로 이해되었다. 특히 역사이론이 사회 변동이나 정치적 혁명에 초점을 맞춤에 따라 '진보'를 중시하게 되었는데, '역사적 시간'이 진보의 가장 주요한 차원을 이루었고, 공간적인 장벽은 오히려 철폐되어야 할 대상으로 전락했다.

더욱이 여러 이론의 준거 틀로 부상한 근대성을 유럽의 산업자본주의와 동일시하는 인식이 확산됨에 따라 근대 유럽 중심의 시간적 서열화가 이루어졌다. 지구상에 공시적으로 존재하는 공간적 차이가 근대 유럽을 정점으로 하는 시간적 차이, 곧 역사 발전의 시간적 선후 단계로 해석된 것이다. 그리하여 지구상의 모든 지역과 국가는 유럽 중심의 진보와 문명이라는 관념에 입각해 시간적 선후를 달리하는 발전단계를 부여받았고, 이는 이른바 '원시[미개] 지역'에 대한 '문명국'의 식민 지배를 정당화하는 근거를 제공했다.

결국 진보와 문명이라는 시간관념에 입각해 공시적으로 존재하는 다양한 국가나 사회형태를 마치 시간을 달리해 존재했던 것처럼 통시적通時的으로 재편함으로써 공간이 설 자리를 상실한 것이다. 일제 식민사관은 이러한 시간 중심 역사인식의 폐해를 가장 잘 보여준다. 일제 식민사관은 타율성론과 정체성론을 양대 축으로 삼고 있다.

타율성론이 한국사의 자율적 역량을 무시하는 논리라면, 정체성론은 한국사가 정상적인 역사발전과정을 거치지 못했다고 강변하는 논리다. 한국사는 서구의 중세 봉건사회에 해당하는 역사발전단계를 거치지 못했기 때문에 19세기 조선의 역사적 상황은 일본 고대 말기인 10세기 전후에 해당한다는 것이다. 그러니 먼저 근대화를 이룩한 일제가 조선을 식민지로 삼아 근대사회로 이끌어 주는 것은 지극히 당연하다고 궤변을 늘어 놓는다.

일제 식민사관은 역사발전단계라는 시간관념에 입각해 19세기의 조선을 일본 고대 말기에 해당하는 '정체된 사회'로 설정함으로써 조선에 대한 식민 지배를 정당화했던 것이다. 이에 해방 이후 한국사학계도 일제의 식민사관을 뛰어넘기 위해 한국사가 시간의 변화에 따라 서구와 거의 동일한 역사발전단계를 거쳤음을 입증하기 위해 온힘을 기울였다. 이른바 '내재적 발전론'에 따른 한국사의 체계화다.

물론 이러한 연구를 통해 한국사학계는 한국사의 기본줄기를 체계화하는 중요한 성과를 거두었다. 그렇지만 이 과정에서 한국사의 전개과정을 서구의 역사발전과정에 입각해 다소 도식적으로 이해하려는 폐해도 나타났다. 또한 시간의 흐름에 따라 역사의 기본줄기가 변화하는 양상에만 지나치게 관심을 두다보니, 각 시기마다 여러 공간 속에서 공시적으로 존재했던 다양한 역사 주체들을 간과하는 결과를 낳았다.

이러한 경향은 필자가 주로 연구하고 있는 한국고대사 분야도 예외는 아니다. 가령 서기 3세기에 만주와 한반도 일대에는 다양한 주민집단과 정치체가 곳곳에 병존했는데, 고대국가 발달단계론에 입각해 이들을 초기국가와 고대국가 등으로 구분한 다음 마치 시간적 선후를 달리해 존재했던 것처럼 서열화했다. 그리하여 동해안 방면의 동옥저나 동예는 같은 시기의 고구려보다 앞서 존재했던 것처럼 상정되고, 3세기의 만주와 한반도라는 공간은 다양한 주민집단과 정치체가 병존했던 본래 모습을 잃게 되었다.

이러한 시간 중심 역사인식의 폐해를 뛰어넘기 위해서는 '공간'에 주목할 필요가 있다. 인류는 지구라는 공간을 무대로 시간의 흐름 속에서 다양한 삶을 영위해 왔다. 공간은 시간과 함께 인류 역사의 근본조건을 이루었던 것이다. 더욱이 공간은 고정불변의 존재가 아니라, 역사의 전개와 더불어 끊임없이 변화하고 재생산되었다. 인간은 처음에는 자연공간 속에서 천연의 식량자원에 의존해 생계를 유지했지만, 정착생활을 하면서 경작지를 개간하고 취락을 조성하는 등 인공 공간을 생산했다.

인공적으로 생산된 공간은 도시 발달이나 국가 형성과 더불어 더욱 거대하고 복합적인 공간조직으로 발전했고, 이는 인간의 삶에도 지대한 영향을 미쳤다. 공간이 단순히 역사의 무대를 제공하는 데 머물지 않고, 역사 전개의 핵심인자로 작용했던 것이다. 더욱이 인공적으로 생산된 거대한 공간조직은 해당 시기의 사회관계나 정치체제를 구현하는 장場을 이루기도 했다. 인간이 생산하고 조직한 공간구조에는 시간의 흐름에 따른 인류 역사가 고스란히 담겨 있는 것이다. 이러한 점에서 공간은 압축된 시간이라 할 수 있다.

그러므로 종래 소홀히 다루었던 공간에 주목한다면 한국사의 전개과정을 더욱 풍부하고 다채롭게 이해할 단초를 확보할 수 있을 것이다. 또한 여러 차원의 공간에서 공시적으로 존재했던 다양한 역사 주체의 존재양상 및 그들 상호간의 관계망도 새롭게 파악할 수 있을 것이다. 그럼 필자가 공부하는 삼국 시기에 왕의 거주공간이 왕궁으로 변모하는 과정을 통해 공간사 연구의 새로운 가능성을 타진해 보도록 하자.

《삼국사기》에서는 고구려, 백제, 신라 등 삼국이 건국과 동시에 왕궁을 조영한 것으로 묘사하고 있다. 그런데《삼국사기》초기 기사에서는 왕궁에서 중요한 국가중대사를 논의했다든가 성대한 국가의례를 거행했다는 사실이 좀처럼 찾아지지 않는다. 국왕이 왕궁에서 신료들과 연회를 개최한 사실도 고구려나 백제 모두 5세기가 되어야 처음 확인된다.

더욱이 고구려의 경우 초기에는 중요한 정치회합은 사냥터와 같은 자연공간에서 자주 이루어졌다. 가장 중요한 국가의례였던 동맹제東盟祭도 도성 동쪽의 천연동굴과 압록강 가에서 거행했다. 고구려 초기만 하더라도 인공적으로 조영한 왕궁이나 그 주변의 제의시설보다 천연의 자연공간이 훨씬 중요한 정치나 종교 장소로 활용되었던 것이다.

고구려 건국설화에는 시조 주몽이 비류국의 송양왕을 쉽게 굴복시키지 못하자, "사냥해서 잡은 흰 사슴을 숲속의 나무에 매달아 핍박하며 하늘로 하여금 비를 내리도록 해 비류국을 표몰시키는" 장면이 나온다. 이는 고구려인들이 오랫동안 숲에서 사냥을 하면서 숲을 성스러운 정치·종교적 공간으로 인식하는 '장소 정체성'을 형성했을 가능성을 시사한다.

고구려 초기에 정치회합이 이루어진 사냥터나 동맹제의 제장祭場은 외형상 천연의 자연공간이지만, 실질적으로는 성스러운 의미를 지닌 정치적 또는 종교적 장소였던 것이다. 이에 건국 초기에 왕을 비롯한 지배세력은 구성원들이 공유하던 전통적인 '장소 정체성'을 활용해 정치권력을 창출하고 정당화하기 위해 숲속이나 강변과 같은 자연공간을 각종 정치회합이나 국가의례의 장으로 활용했던 것이다.

이러한 점에서 삼국 초기의 왕궁이 사료에 '왕궁'으로 표기되어 있다고, 이를 후대의 왕궁과 동일시해서는 곤란하다. 왕궁이라 하면 누구나 조선의 정궁正宮이었던 경복궁을 떠올릴 것이다. 경복궁은 근정전, 사정전, 강녕전-교태전 등을 중심축으로 삼고 있는데, 근정전이 중요한 국가의례나 정치회합의 장소라면, 사정전은 국왕의 집무실로 대소 신료와 정무를 논의한 곳이고, 강녕전-교태전은 국왕과 왕비의 침소로 일상 생활공간이다.

오늘날로 치면 경복궁 내부에 국회의사당과 청와대에 해당하는 정치적 공간이 모두 존재했던 것이다. 그렇지만 전술했듯이 고구려 초기에는 중요한 정치회합이나 국가의례는 숲속이나 강변과 같은 자연공간에서 이루어졌다. 고구려 초기 왕궁에는 경복궁으로 치면 근정전과 같은 정치적 공간이 존재하지 않았을 가능성이 높은 것이다. 이와 유사한 양상은 신라 초기의 왕궁에서도 엿볼 수 있다.

5세기경까지 신라의 왕성은 금성金城이었다. 《삼국사기》〈신라본기〉에 따르면 금성 내부에는 왕궁이 있고, 왕궁 남쪽에 '남당南堂'이라 불린 정청政廳을 건립했다. 그런데 신라 초기의 왕들은 이 남당에서 양로연을 개최했을 뿐 아니라, 신하들과 국정을 논의하고, 일상 정무까지 처리했다. 남당이 각종 향연이나 국가의례뿐 아니라 국왕과 신료의 정치회합, 나아가 국왕의 정무 수행공간의 역할을 했던 것이다.

이로 보아 신라 초기에는 국가의례[朝儀], 정치회합[朝會], 정무 수행[朝政] 등의 공간이 기능별로 분화하지 못했을 가능성이 높다. 특히 국왕이 남당에서 일상 정무를 처리했을 가능성도 상정해 볼 수 있다. 다른 사료가 없기 때문에 왕궁 내부에 국왕의 정무공간이 별도로 존재했는지 파악하기는 어렵다. 다만 고대 일본의 경우 6세기 초까지도 왕궁의 통합적 기능이 미약했는데, 신라 초기에도 왕궁이 정무공간의 역할을 수행하지 못했을 가능성이 높다. 이 경우 왕궁은 왕의 거주공간 이상의 의미를 지니기 어렵다.

6세기 이후 신라는 중앙집권체제를 정비하면서 월성月城을 궁성으로 삼고, 왕궁 내부에 국왕의 정무공간인 '정전正殿'을 마련했다. 다만 6세기 중반까지도 각 중앙관서가 관아시설을 제대로 갖추지 못했기 때문에 왕궁 남쪽의 남당이 관청의 기능을 수행하며, 국가의례나 정치회합 나아가 정무 수행의 기능까지 담당했다. 그러므로 6세기 중반까지도 신라의 왕궁 내부에는 경복궁의 근정전에 해당하는 정치적 공간이 없었을 가능성이 높다.

6세기 후반 이후 중앙관서의 정비와 더불어 남당이 수행하던 관청으로서의 기능은 점차 각 관아로 이관되었다. 이에 따라 남당은 주로 국가의례와 정치회합을 개최하는 의례공간으로 변모했다. 더욱이 신라는 삼국통일 직전 당唐의 정치제도를 적극 수용했는데, 이때 왕궁 내부에 당의 태극전을 모방한 조원전朝元殿을 조영해 새해 첫날의 하정례賀正禮를 비롯해 중요한 국가의례와 정치회합의 장으로 활용했다.

이때부터 남당은 더이상 사료에 등장하지 않는데, 조원전의 조영과 더불어 폐기된 것으로 보인다. 이제야 비로소 신라의 왕궁 내부에도 경복궁의 근정전에 준하는 정치적 공간이 마련된 것이다. 이처럼 신라 왕의 거주공간은 아주 오랜 시간이 걸려 우리가 흔히 생각하는 조선 시기의 왕궁과 유사한 모습을 갖추었다.

다만 백제의 경우, 웅진 시기에도 왕궁 남쪽의 남당에서 신료들과 정치회합을 했다. 어쩌면 백제는 멸망할 때까지도 남당에서 중요한 국가의례나 정치회합을 거행하고, 왕궁에는 근정전과 유사한 정치적 공간이 마련되지 않았을 수도 있다. 고구려도 백제와 유사한 상황이 멸망할 때까지 지속되었을 가능성을 배제할 수 없다.

이처럼 삼국 시기 왕의 거주공간은 처음부터 후대의 왕궁과 같은 모습을 갖춘 것이 아니었다. 왕의 거주공간은 정치체제 정비와 함께 오랜 시간에 걸쳐 왕궁으로 변모했던 것이다. 그러므로 왕의 거주공간이 왕궁으로 변모하는 과정을 면밀하게 추적한다면, 고대 정치체제나 정치 운영방식을 더욱 구체적이고 생생하게 이해할 수 있을 것이다.

이러한 공간 연구를 고대사 전체로 확장한다면, 고대국가의 지배체제나 사회구조 전반을 더욱 역동적이고 입체적으로 이해할 수 있을 것이다. 나아가 한국사 전체로 확장한다면, 각 시기마다 공시적으로 존재했던 다양한 역사 주체를 포착해 한국사를 더욱 다채롭게 이해할 수 있을 것이다. '시간의 변화를 뛰어넘은 공간의 역사', 지금 이 순간에도 한국사 연구를 한 걸음 더 진전시키고 싶어 하는 많은 연구자의 손길과 독자 여러분의 관심을 애타게 기다리고 있다. ＊여호규

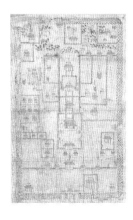

경복궁도(국립민속박물관 소장)
삼국시기 왕의 거주공간은 오랜 시간이 걸려
경복궁과 비슷한 공간구조를 갖추었다.

2

한국사는 어떤 언어 체계 속에서 구성되는가?

예전에 무슨 아르바이트를 할 때 읽었던 기록이다. 죄인을 문초한 공초였다. 이 사람은 과거를 본답시고 평안도에서 한양 땅으로 올라왔으나 기실 과거에는 그다지 관심 없고 그 김에 한양 관광이나 하던, 당시 꽤나 많던 그렇고 그런 부류 중 하나였다. 문제는 이 '관광꾼'이 질펀하게 술을 퍼마시고는, 궁궐 구경을 하겠다며 창덕궁 담장의 수문으로 기어들어가다 발각되어 버린 것이다. 평범한 한량이 이렇게 범죄자가, 그것도 임금님의 어소를 '침투하려던 중죄인'이 되어 버렸다.

그런데 사건의 코믹함(비록 당사자에게는 비극이었지만) 중에서도 유독 내 흥미를 끌었던 대목이 있었다. 이두가 섞인 이문으로 기록한 공초 전체에서 이 사람 본인이 진술한 몇 마디만 한글로 기록해 놓은 것이었다. "평생 졸가리(종아리의 방언)도 아이 마저 보다가 곤장을 짐작맞고(?)", "그저 살려주옵소서", "수억 만 냥이라도 낼 테니 살려 주옵소서" 같은 이 사람의 읍소 몇 마디였다. 여기서 든 의문은 이것이다. 별 대단한 내용도 아닌데, 이게 뭐라고 굳이 한글로 기록했을까? 한글이 아니면 표현이 안 되는 내용도 아닌데.

정확한 이유는 알 수 없지만, 얼마전 생각해 본 가설은 이것이다. 우리 보기에 별 말이 아닐런지는 몰라도 어쨌거나 저 말은 죄인 자신의 진술이다. 그래서 문초의 진실성을 유지하기 위해 죄인의 진술을 충실히 말 그대로 옮기려고 번역이나 간접화법이 아닌 직접 인용으로 한글로 표기했던 것은 아닐까 하는 가설. 그렇다면 죄인의 진술을 "말한 그대로" 옮겨 적는다는 것은 19세기 조선 사회에서 그만큼 중요한 문제였던 것일까? 물론 이건 나의 가설일 뿐이고, 모든 공초에서 죄인의 진술을 다 한글로 옮기는 것도 아니기 때문에, 어쩌면 저 부분은 그날 공초를 기록하던 서리의 변덕이었을지도 모른다.

이 기억에서 생각해 보고자 하는 지점은 이것이다. 한국사에서 전근대 시기의 '기록'은 매우 다층적인 언어/문자체계로 되어 있다는 점이다. 우리가 가장 기본으로 활용하는, 권위 있는 중앙 정부와 엘리트들의 역사적 사실들을 담고 있다고 믿는 기록들은 우아한 고전 한문으로 기록되어 있다. 생활상을 좀 더 생생히 드러내 보여준다고 믿는 각종 고문서는 이두가 섞인 이문으로 되어 있다. 이들은 실생활에서 구체적인 의사소통을 위해 '말해지기' 위해서라기보다는 주로 기록과 격식, 해석의 영역에 남아 있는 세계다.

한편 속어의 세계를 담은 것들도 있다. 남은 양은 극히 적지만 향찰로 된 작품들 몇몇과 한글 창제 후 한글로 작성된 많은 번역본, 소설, 가사와 시조들이 대표적이다. 이들 역시 문자를 통해 기록된 것이기는 하지만, 실생활의 '말해짐'과 그다지 거리가 없는 세계다. 이는 구전의 세계와 매우 가깝다. 어떤 것은 이 중 몇 가지가 서로 결합해 있다. 고전 한문으로 된 경전에 구결이 붙고, 거기에 한글로 된 음과 번역이 붙었던 것이 대표적이다.

이들은 각각 사용한 계층이 달랐다. 상층 남성이 한글까지 다 섭렵하여 제한 없이 사용할 수 있었던 것에 비해, 상층 여성은 고전 한문의 학습과 사용에 제약을 받았으며 주로 한글을 활용하였다. 중간층 서리들이라면 아마도 이문과 한글의 세계에 익숙했을 것이나, 중간층 여성 이하의 계층이 어떻게 문자활동을 했을지는 잘 알 수는 없다. 그들 대부분은 까막눈이었을 것이지만, 그렇다고 하여 문어의 세계에서 완벽히 동떨어져 있지도 않았다. 고전 한문으로 기록된 많은 내용들은 한글로 기록된 음과 번역을 경유하여 구전으로 이들에게 전달되곤 하였기 때문이다. 판소리 〈춘향가〉 속 암행어사 이몽룡이 읊조린 한시 구절이 대표적인 사례가 될 것이다.

어쩌면 다들 빤히 알고 있는 내용들을 짚어 본 것은, 역사 연구에서 언어의 중요함, 그리고 다층적 언어/문자생활이 보여줄 수 있는 다층성에 대한 연구를 제시하기 위해서다. 언어는 역사적 실재를 구성한다. 과거의 모든 일들은 언어를 통해 존재하고, 완성된다. 또 현재적 의미에서 과거의 사실은 언어가 없다면 우리에게 전달될 수가 없다. 이에 대한 천착이 역사 연구에서의 '언어적 전환linguistic turn'이라는 슬로건이었다. 역사적 실재를 기본적으로 언어적 구성물로 보는 시각이 대두되면서, 신문화사나 개념사 같은 흥미로운 분야가 창출되기도 하였다. 그런데 여기에서 이미 꽤나 해묵은 '언어적 전환'을 거론하는 것은, 상층 남성 엘리트 이외의 계층에도 눈을 돌리라든가 같은 고리타분한 이야기를 하기 위한 것은 아니다.

방향을 약간 돌려 '신청사新淸史New Qing History' 얘기를 해 보자. 신청사의 가장 큰 특징은 만주족에 대한 관심을 바탕으로 기존의 한화된 만주족, 한화된 청나라라는 서술에 반기를 들고, 중국인과 중국문화가 균질적이지 않다는 인식을 제기했다는 점이다. 그 안에도 여러 가지 갈래나 논쟁이 있기는 하지만, 이 연구는 만주족뿐 아니라 중국 안의 다양한 비非한족집단에 대한 연구를 촉발시켰다는 점에서 큰 의미가 있다. 이러한 신청사의 대두에 가장 중요한 동력이 되었던 것은 만주문으로 된 문서의 해독으로서, 이는 한문과는 다른 세계를 보여주는 것으로 인식되었다.

신청사의 직접적인 영향으로만 단정할 수는 없지만, 이러한 경향은 청대 이외에 시대사 연구에서도 확인된다. 원이라는 칭호보다 대원 울루스라는 호칭을 선호하며 몽골제국에 대한 연구가 진행된다든지, 거란이나 금처럼 비한족집단이 세운 여러 왕조에 대한 연구에서 비한족집단의 특성에 주목하는 것이 이에 해당한다. 이러한 연구 역시, 한문자료 외에 페르시아어나 몽골문, 기타 소수민족들의 문자와 언어에 대한 연구에 바탕을 두고 있다. 그 속에서 전근대 한국사의 외교사도 재해석되면서 향후 풍성한 연구 성과가 기대되는 상황이다.

그런데 어떻게 이러한 전환이 가능했는지를 이론적인 측면에서 좀 더 생각해 보자. 신청사는 단지 8, 90년대 무렵에 만주문 자료들이 많이 공개되었던 데에서만 비롯된 것이 아니다. 늘 그렇듯이 기록은 눈앞에 있어도 그 중요성이 의식되지 않는 한 보이지 않는다. 당시 만주문 자료의 특징이 눈에 띌 수 있었던 것에는 바로 역사의 '언어적 전환'에 대한 철학이 영향을 주었다고 생각한다. 고전 한문이 아닌 다른 문자로 기록된 세계는 또 다른 역사적 실재일 수 있다는 깨달음이 바로 이러한 언어별로 구축된 세계와 그 번역에 대한 사학자들의 민감성을 높였으며, 이것이 해당 국가들을 새로운 안목으로 바라보는 데 도움을 준 것이다.

이러한 새로운 역사상의 발견이 중국사에만 적용이 될 것인가? 한국사도 "어떠한 언어 속에서 구성되었는가"라는 질문을 던질 수 있지 않을까? 이 글에서는 향후의 연구 방향으로 바로 이 질문을 던져보고자 한다.

기본적으로 전근대사는 한문기록에 집착하는 경향이 크며, 특히 정치·외교사 같은 국가 차원의 역사를 그려 나갈 때 더욱 그런 경향이 있다. 그러나 한국사야말로 다양한 언어/문자 층위 위에서 진행되어 왔다는 점을 생각해 본다면, 우리가 너무 일면만을 보고 있지 않은가에 대한 성찰이 필요하다. 예를 들어 만주문과 한문본에서 흔히 보이는 차이처럼, 한문으로는 매우 민감한 수직적인 질서가, 한글로는 거의 구분이 없는 경우가 많다. 그런 경우에 당대인들이 한문으로 구성된 수직적 질서에 얼마나 민감했는가 하는 점에 대해서도 좀 더 면밀히 고민해 봐야 할 필요가 있다. 예를 들어 한국사에서 당대 고전 한문으로 된 기록에 사용된 황皇, 제帝 등의 한자에 당대인들이 그렇게 대단하게 의미를 부여했을지, 같은 글자라 하더라도 11세기와 18세기에 같은 뉘앙스로 소통되었는지에 대한 의문 같은 것을 들 수 있다.

좀 더 도발적으로는, "고전 한문으로 된 기록대로 정말로 역사가 실재하였나"라는 질문도 가능하다. 특히 전례서를 보면서 생각하곤 했던 문제였다. 어떤 경우엔 당장 내일모레 창덕궁에서 의례를 치를 예정인데, 예조에서 만들어 올린 의주는 경복궁이 기준이었다. 전례서의 굉장히 꼼꼼해 보이는 절차들은, 막상 그에 따라 구체적으로 의례를 구성해보려고 하면 빈틈이 숭숭하여 어떻게 할 수가 없는 경우가 허다하다. 전례서라는 기록에서 구축한 세계가 당대에 그대로 실존할 수 없었다면 이 기록이 보여주는 세계는 무엇일까?

한편 다층적인 언어/문화가 늘 같은 위상으로 평행하며 변화하지 않았던 것도 아니다. 고전 한문의 위상은 늘 높았지만, 늘 똑같이 높았던 것이 아니기 때문이다. 향찰은 한때 고전 한문만큼의 위상을 지니고, 왕실의 원찰인 현화사에 한시와 함께 나란히 그 노래가 걸리기도 하였다. 그러나 고려 말에는 이미 해독이 어렵다는 평가를 받는 데 이르렀다. 한글 역시 그 위상이 조선시대 내내 동일하지 않았다는 점 역시 주의할 필요가 있다.

한국사에서 활용된 다양한 자국어 표기법(향찰, 이두, 구결, 한글 등)은 고전 한문과 자국어의 괴리를 돌파하기 위한 시도였다. 이는 비단 한국만의 특징이 아니었고, 일본에 영향을 주기도 했다. 그런 점에서 이에 대한 연구는 중국-한국, 중국-일본, 중국-베트남 등의 중국 일변도의 관계사를 넘어 한국-일본-베트남 등 자국어와 고전 한문의 불일치를 경험했던 사회의 관계망을 구성하며, 이들 사이의 공통된 문제로 확장될 수 있다.

이들 사회에서 이른바 '보편지식'은 고전 한문을 통해 전달될 수 있었으나, 자국만의 구체적이며 개별적인 지식은 고전 한문만으로는 충실히 전달될 수 없었다. 예를 들어 한국의 풍수지식은 고전 한문으로 된 여러 이론서가 존재해 오고 활용된 것과는 별개로, 국문 투의 노래나 예언형태로 만들어지고 유통된 지식 역시 존재했다. 후자에는 전자에는 담길 수 없던 어느 어느 동네가 은거하기에 적당하다는 등의 매우 구체적인 지리 정보가 담기곤 하였다. 연구의 측면에서 후자의 지식이 전자보다 중요도가 떨어질 하등의 이유는 없다.

또한 언어/문자체계가 젠더별, 신분별로 구분되었던 상황도 좀 더 고민해 볼 필요가 있다. 전근대 시기 대부분의 사회는 젠더와 신분별로 언어/문자의 향유에서 격차가 컸기 때문에 그 자체가 특이한 것은 아니지만, 그렇다고 한국의 사례가 무의미한 것은 아닐 것이다. 이 격차는 당대인들에게 어떠한 정체성을 부여했을까? 각각이 구성해 낸 세계는 과연 얼마만큼의 다층성을 보여줄 것인가?

한국사의 다층적인 언어/문자세계는 이처럼 생각보다 훨씬 많은 풍부한 문제의식을 던져 줄 수 있다고 생각한다. 중국에서 비롯한 고전한문의 세계는, 언어가 다른 주변국에 어떠한 기제로 자신을 보편으로 설득해 갔는가? 일본, 베트남 등 고전 한문을 이해해야 했던 주변국과 한국은 어떠한 동질성과 이질성을 가지고 있는가? 고전 한문의 세계는 실제로 얼마만큼의 구속력을 가지고 실재하였나? 언어/문자의 권위는 어떻게 유지되고 변화했는가? 언어/문자의 괴리에 대한 사람들의 감수성은 어떠한 경로를 거쳐 변화하는가? 신분별, 젠더별 뚜렷한 언어/문자생활의 차이는 그 사회의 문화에 어떠한 영향과 흔적을 남겼는가?

다양한 층위의 언어/문자의 역사에 대해 그 층위와 주제별로 섬세하고 깊이 있는 연구가 더해진다면 우리가 그리는 한국사의 전체상에도 큰 변화가 생길 수 있을 것이다. 그리고 이는 단지 한국사만의 질문과 대답이 아니라, 세계에 던져 줄 수 있는 보편적인 질문과 대답으로서, 다른 분야에도 많은 영감을 줄 수 있을 것이라 기대한다. *장지연

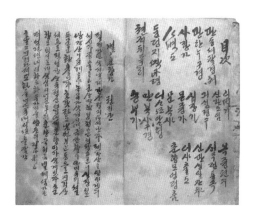

〈별춘향가〉(강릉시 오죽헌시립박물관 소장)
〈춘향전〉에는 암행어사가 된 이몽룡이 사또들의 잔치에 찾아가
암행어사 출도를 하기 전 한시漢詩에 구결을 붙여 읊는 유명한 장면이 있다.
이 장면의 한시는 한자가 부기되지 않고 한글로만 표기되었는데,
아마도 당대의 일반 민들은 이 한글을 보고서 한자를 다시 구성해내지는 못하였을 것이다.
그러나 이는 고전 한문을 습득하지 못한 계층이 자국어와 다른
보편어 문화를 향유하는 나름의 방식이었다.

3

우주선 '지구호', 어디서 와서 어디로 가나?

– 한국 근현대 생태환경사 연구 제언

풍요를 가져다 준 메소포타미아 일대의 광범위한 관개농사가 지금의 황량한 사막을 만드는 데 기여한 것처럼, 거대 석상을 세우던 라파누이 Rapa Nui(이스터 섬) 사람들이 언젠가 자신들의 터전을 스스로 갉아먹을 것을 몰랐던 것처럼, 우리의 문명도 훗날 극심한 기후 변화와 대멸종의 와중에 '인류세Anthropocene'를 마감한 것으로 기록될지 모르겠다. 지금 그 역사의 한 페이지가 넘어가고 있는 것일까?

기후 변화에 관한 정부 간 협의체(IPCC) 등 세계의 권위 있는 기관 및 단체의 조사 보고에 따르면, 인류가 지금의 추세로 소비와 생산양식을 유지하며 온실가스를 배출할 경우 금세기 말 지구 온도가 현재보다 3~4도(최대 5~6도) 오를 것이란 관측이 지배적이다. 그때가 되면 우리로 인해 우리 자신과, 영문도 모르는 수많은 생명체의 앞길은 장담할 수 없는 상태가 되고 만다. 온실가스가 인위적으로 더이상 배출되지 않는다 할지라도, 이미 그동안의 탄소 배출로 인한 기후 변화와 그 영향은 수세기에 걸쳐 지속될 전망이다.

이러한 상황을 벗어나기 위해서는 지구 생태계에서 '암적' 존재가 된 듯한 인류의 삶을 깊이 반성하고, 인류와 동식물, 자연환경이 오랫동안 공존하는 길을 모색하며 실천해야 할 것이다. 공존의 길, 곧 '지속가능한 세상'을 만들어가는 데 인문학, 역사학이 기여하는 작은 방법으로서 생태환경사의 관점을 제기하고 싶다.

그렇다면 생태환경사ecological and environmental history란 무엇일까? 먼저 환경사environmental history는 지구 생태계에서 인간의 특별한 위치에 주목하고, 시간의 흐름에 따른 인간과 자연의 상호작용을 역사적으로 연구하는 학문 분야라 할 수 있다. 이는 1960~70년대 서구에서 환경운동이 활발해지는 가운데, 그 연장선상에서 탄생한 바 있다. 여기에 생태환경사는 기존의 환경사와 달리 '생태학적 전환ecological turn'의 의미를 결부시킨 환경사의 확장판 정도로 상정할 수 있다.

호모 사피엔스는 여타 동식물에 비해 자연을 바꾸고 길들이며 문화를 만들어 낼 능력을 갖고 있기에 생태계라는 연결망 속에 핵심 고리로 위치한다. 이를 고려할 때 분석의 중심도 인간에 놓일 수밖에 없다. 이 점에서 지구 생태계에서 인간의 특별한 위치를 염두에 두는 기존 환경사의 시각을 공유한다. 그럼에도 여기에 '생태학적 전환'이라는 관점을 덧붙이는 까닭은 인간을 더이상 자연에 군림하는 존재가 아닌 생태환경과 공존하는 생태계의 한 고리로서 이해해야 한다는 점을 명확히 하려는 것이다.

다른 말로 생태환경사는 사람과 자연환경의 관계에 착목하고, 현재 생태환경 문제의 역사적 기원을 추적하는 연구이면서 '지속가능성

sustainability'을 추구해 온 역사를 확인하는 작업이기도 할 것이다. 이 과정에서 생태환경사는 인간의 자연 정복 욕망을 비판하고 성찰할 수 있으며, 끝없는 경제성장을 기초로 한 근대 자본주의 문명이 추구해 온 생산력 지상주의, 물질문명에 대한 단선적인 진보관을 거부한다. 곧, 생태환경사는 근대가 남긴 부정적인 산물을 반성하고 근대의 여러 함의를 재성찰하게 해 주는 동기가 될 것이며, 궁극적으로는 '성찰적 근대화' 또는 탈근대를 지향한다. 생태환경사 연구는 현재의 생태환경 문제에 대한 역사학계의 학문적 대응이자 작게나마 현실 참여의 의의를 갖는다.

물론 전 세계 학계에서 환경사 내지 생태환경사에 대한 정의를 다양하게 논의해 왔고, 이 글 역시 하나의 입장을 더 보태는 것에 불과할 수도 있다. 무엇보다 백가쟁명이 필요한 학계에 하나의 관점이나 시각만을 고집할 필요는 없을 것이다. 그러나 향후 생태환경사 연구를 진전시키기 위해 다음 몇 가지 문제를 언급해 두고 싶다.

우선 방향에 관한 것이다. 주변 동아시아나 서구학계의 경우처럼 한국에서의 생태환경사도 기존의 생활사와 같은 '환경의 역사', 곧 분야사로서의 생태환경사가 될지, 아니면 역사를 새롭게 보는 '새로운 역사학'으로서의 생태환경사가 될지의 문제가 있다. 환경사 연구가 일천한 한국학계에서 전자처럼 생태환경사가 기존의 정치사나 경제사와 같은 하나의 분류사, 역사학의 한 분야로 정립하는 방식도 충분히 의미가 있을 것이다.

그럼에도 생태환경사는 적극적으로 후자를 지향할 필요가 있다는 점을 다시 한번 분명히 하고 싶다. 여러 생물체에 해악을 끼치고 있는 인류가 우리 자신의 사회체제와 생활패턴을 바꾸지 않는다면, 그나마 남은 다른 생물체와 친구로서 공존할 수 있는 여지는 더욱 좁아질 것이다. 주어진 시간이 그리 많지 않다. 최소한 생태환경사가 너무나도 상식적이지만 잠시 잊고 있던 '인간은 자연으로부터 분리될 수 없다'는 명제를 역사 속에서 발굴해 인문학적 성찰을 제공하고, 지구 공존의 삶을 위한 행동의 계기를 마련해 줄 수 있다면 다행일 것이다.

이러한 '지속가능한 세상'의 밑거름을 제공할 연구를 위해서는 많은 과제가 있을 줄로 안다. 비판적 안목에서 역사학 연구방법론을 더 다듬을 수 있는, 단순히 분야사를 뛰어넘기 위한 방법론은 무엇이 있을지, 어떤 소재를 통해 연구를 진전시킬 수 있을지, 치밀한 고민이 필요할 것이다. 환경사가 도널드 휴즈J. Donald Hughes가 말했듯이, 역시나 생태환경을 이해하기 위해서는 특히 자연과학의 언어에 능통해야 하고, 과학의 방법을 역사 영역에도 자유롭게 이용할 수 있어야 할 것이다. 이를 위해서는 다른 학문 분과 간의 방법론 차이에서 빚어지는 문화적 차이를 이해하려는 인내심도 요구된다. 학제 간 협업이 더욱 요구되는 것은 두말할 나위가 없을 것이다.

끝으로 한국근현대사 영역에서 생태환경사가 기여할 수 있는 부분과 관련하여 한 가지 제안을 하고 싶다. 세계 환경사 연구를 주도하고 있는 존 맥닐John Robert McNeill의 저작《20세기 환경의 역사Something New Under the Sun》와 같이 '20세기(또는 21세기) 한국의 생태환경사'를 주제로 공동연구를 진행하자는 생각이다. 이 주제와 관련해서는 여러 각도로 기획이 가능하겠지만, 일단 다음과 같은 연구를 상정해 볼 수 있을 것이다.

첫째, 20세기(또는 21세기) 에너지사이다. 또 다른 환경사가 앨프리드 크로스비Alfred W. Crosby의 책 제목처럼 우리는 모두 '태양의 아이들 Children of the Sun'이다. 현재 기후 변화의 주요한 원인인 석탄과 석유 등 화석에너지 사용 문제, 현재 많은 논란을 야기하고 있는 원자력(핵 발전)에 대한 역사 연구를 본격적으로 진행시킬 수 있다. 이는 재생가능 에너지체제로의 전환을 촉진하는 밑거름을 제공할 수도 있다.

둘째, 환경 변화 및 공해, 또는 재난에 관한 역사를 본격적으로 구성해 볼 수 있다. 한국의 지난 20세기는 존 맥닐도 언급했듯이 '방탕한 세기'였고, 이는 최근까지도 4대강 사업으로 인한 환경 파괴와 가습기 살균제 피해사건, 미세먼지 문제로도 이어지고, 불행하게도 앞으로도 계속될 전망이다. 이에 관한 진지한 검토와 반성이 절실한 시점이다.

셋째, 경제성장 신화의 망탈리테 연구, 또는 소비사회 형성과 전개에 관한 연구이다. 전 세계인이 '캘리포니아 드림'을 꿈꿀 때, 지구적 위험 수위는 한층 높아져 간다. 이는 불가피하면서도 남북 문제를 비롯하여 전 세계가 함께 고민해야 할 사안이다. 냉전과 분단체제 아래 눈부신 경제성장을 이룩하며 '캘리포니아 드림'을 실현시켜 간 '우등생' 한국의 상황을 검토하는 것은 세계사적으로도 의의가 있을 것이다.

넷째, 환경 변화 내지 오염, 재해에 대응해 간 지성사로서의 생태사상사 및 환경운동의 역사, 지속가능성을 추구해 간 여러 인간활동의 역사에 대해 좀 더 면밀한 고찰이 요구된다. 투쟁 없이 세상은 바뀌지 않았다. 지구 공동체의 미래를 위한 실천을 어떻게 모색할 수 있을지, 과거의 모습을 거울로 삼아 보자.

주변 동아시아나 서구학계에 비하여 한국학계의 생태환경사 연구가 아직 걸음마 단계에 머물고 있는 점을 감안하면, 오히려 앞으로의 연구 영역은 무궁무진하다고 할 수 있다. 위의 예시는 그 영역의 극히 일부분에 불과할 것이다. 한편으로 연구와 성찰, 실천은 각기 다른 차원의 문제다. 생태환경사 연구를 통해 역사학이 지구생태계의 생존 문제를 환기하고 문제를 풀어 갈 작은 실마리를 제공하는 데 기여할 수 있다면 큰 다행일 것이다. 이와 함께 역사학도 사회와 긴밀하게 소통하며 생태환경 문제라는 인류사적 과제 해결에 동참하는 '실천적 역사학'을 향해 가야 할 것이다. 그 길을 함께 걸어가는 이들이 더욱 늘어나길 바란다. 우주선 '지구호'에 위기가 닥치기 전에. 지구호 공동체의 행복을 위해. *고태우

온실가스 배출로
더 뜨거워지고 있는 지구

4

역사 소비시대, 공공 역사학의 길

오늘날 대중은 다양한 방식으로 역사를 소비하고 있다. 과학기술의 진보가 문화혁명을 추동하면서 역사는 대중화되었고 대중은 역사의 소비자로 부상했다. 이제 역사는 영화, 드라마, 다큐멘터리, 광고 등의 형태를 띤 상품이다. 대중은 역사를 읽기만 하는 것이 아니라 먹고 냄새 맡고 듣고 보며 즐긴다. 과거의 기억을 상품으로 만들어 사고파는 회고回顧산업도 세계적으로 번성하고 있다. 이러한 역사 소비시대를 맞아 역사학은 고유의 방법론 혹은 전문성에 기대기만 해서는 독자적인 영토를 지켜내기 어려운 형편에 처했다. 역사를 전공하지 않은 비전문가가 역사지식을 생성하고 전파하며 대중적인 스타로 부상하는 일이 흔해졌다.

오늘날 역사학은 전문성과 대중성의 경계가 허물어지는 가운데 역사와 대중의 만남 그 자체를 연구 대상으로 삼고 있다. 가령, 대중문화가 역사를 이해하고 활용하고 소비하는 방식을 연구한다. 이처럼 전문성과 대중성을 잇는 역할을 하는 역사학을 공공 역사학이라 부른다. 공공 역사학은 대학과 학계라는 전문 영역 '밖'에 존재하는 공적인 역사 서술과 재현의 모든 형식을 의미하는 공공 역사를 다룬다.

공공 역사학에 대한 관심은 1990년대 이후 민주화 바람을 타고 온 역사 대중화 흐름 속에 처음 등장했다. 임지현은 역사학이 생활세계에 뿌리를 내리기 위해서는 먼저 사회권력의 주체인 민중에게 역사학의 학문적 존재 이유를 납득시켜야 한다고 주장했다. 그는 이러한 작업을 '대중의 역사화'라고 명명했다. 대중의 역사화는 대중을 역사지식의 전파 대상으로 삼는 역사 대중화를 넘어 역사학이 대중의 일상생활에 깊숙이 침투하여 뿌리내리는 것을 말한다.

공공 역사학은 서양에서 1960년대부터 등장했다. 스웨덴에서는 '네가 서 있는 곳을 파헤쳐라 운동'이 펼쳐졌다. 그것은 노동자 스스로가 자신의 역사를 쓰자는 운동이었다. 독일에서는 전문 역사가와 아마추어 역사가가 함께 활동하는 지역사 연구모임이 등장했다. 영국에서는 역사작업장운동이 일어났다. 역사작업장운동은 대학의 성인교육 프로그램이나 지역공동체 프로젝트에서 전문 역사가와 대중들이 만나면서 시작되었다. 그들은 함께 지역사 프로젝트를 수행하고 박물관을 운영하며 역사를 소재로 한 미디어 작품을 제작했다. 이때 대중은 역사의 생산자이자 연구자이며 소비자였다. 프랑스의 환경박물관도 공공 역사학의 대표적 사례다. 본래 박물관은 시민의 삶으로부터 소외된 엘리트 문화공간이었다. 하지만 전문가와 시민이 함께 운영과 기획에 참여하면서 지역공동체의 문화와 역사 그리고 자연사를 생생하게 보여주는 환경박물관으로 변모했다.

이처럼 대중의 역사화에 기반한 공공 역사학은 역사학이 대중의 일상적 삶 속에 깊이 삼투되어 대중의 삶과 호흡을 같이할 때 비로소 가능하다. 역사학은 대중을 계도한다는 발상에서 벗어나 시민사회 저변에 파고들어 대중들의 삶과 호흡을 같이할 때 공공의 이해를 대변하는 역사학으로 거듭날 수 있는 것이다. 이를 위해서는 전문가인 역사가의 적극적인 현실 참여가 요구된다.

그렇다면 공공 역사학은 세계적으로 어떻게 구현되고 있을까. 공공 역사학은 역사지식의 생산보다는 유통과 소비에 치중한다. 공공 역사학은 박물관의 역사 교육이나 대중매체의 역사 프로그램, 구술사 등을 통해서 역사지식의 사회적 유용성을 증진하는 실천 작업을 수행한다. 공공 역사학에 대한 사전적 정의는 다음과 같다.

공공 역사학은 전문성을 갖춘 고도의 학문으로 존립하고 있는 전통적 '역사학'의 밖에서 과거가 아닌 과거를 품고 있는 오늘의 문화재 보존, 기록학, 구술사, 박물관 큐레이터 등을 다룬다. 공간적으로는 박물관, 유적지, 기록보관소, 영화사와 방송국 등에서의 역사지식의 유용에 대해 고민한다. 공공 역사학은 구체적으로 전문적인 훈련을 통해 역사를 소비하는 대중을 이끄는 실천가들을 배출하여 사회 속에서 역사의 유용성을 고취하는 것을 목적으로 한다. 이렇게 훈련받은 실천자는 전문적 통찰력을 바탕으로 대중이 역사에 쉽게 다가갈 수 있도록 이끌어야 할 의무가 있다. 그들은 기록학, 문화재 관리, 디지털 역사, 문화유산 해설, 문화재 관리, 역사고고학, 박물관학, 구술사 등의 분야에서 활약을 펼친다(https://en.wikipedia.org/wiki/Public_history).

1970년대부터 미국, 캐나다 등의 대학에서 공공 역사학 관련 전공을 대학원 혹은 학부에 개설했다. 현재는 20여 군데 대학에서 운영 중이다. 한국에서는 공공 역사학이란 말조차 낯설지만, 공공 역사학이 없는 것은 아니다. 공공 역사학이 문화콘텐츠학이라는 이름으로 자리를 잡고 있다. 문화콘텐츠란 본래 디지털시대에 등장한 다양한 매체에 들어가는 문화적 내용물을 말한다. 즉 디지털 기술에 입각한 지식 정보화에 들어가는 내용물부터 모바일, 게임, 애니메이션, 방송, 영화 등에 들어가는 내용물까지 포함한다. 하지만 오늘날에는 디지털 기술과 관련 없는 문화적 내용물도 문화콘텐츠라 총칭하여 부르고 있다. 문화콘텐츠 개념의 출현과 함께 관련 학회와 학과가 설립되었다. 인문학과 문화 산업을 접목시키는 인문학 관련 문화콘텐츠학 관련 전공은 현재 20여 개 대학에 설치되어 있다.

그렇다면, 왜 문화콘텐츠학이 공공 역사학을 대체하게 되었을까? 문화콘텐츠 산업이 급속히 확산되면서 문화콘텐츠의 원천 소스 중 하나인 역사를 견인하는 힘이 강했기 때문이다. 앞서 살펴본 유럽의 사례처럼 전문가와 대중의 만남이 빈번해지면서 서서히 양자 간의 접촉면이 넓어지는 변화를 겪지 못한 채 문화콘텐츠 산업이, 역사학이 역사 대중화, 대중의 역사화를 모색하는 속도를 압도하며 성장했기 때문이다.

문화콘텐츠 개발의 토대가 되는 원천 소스는 단순한 아이디어만으로 안 되고 그것을 뒷받침해 주는 재미있고 감동적인 캐릭터와 스토리를 갖추고 있어야 한다. 문화콘텐츠가 역사에 주목한 이유다. 이러한 역사를 원천 소스로 하는 문화콘텐츠는 역사학과 어떤 연관성을 갖게 될까? 김기덕은 역사 관련 문화콘텐츠도 디지털 기술을 활용하여 대중적으로 역사적 진실을 말한다는 점에서 역사학과 지향이 같다고 본다. 그럼에도 문화콘텐츠의 경우 역사가가 주장하는 역사적 진실과 다른 해석이 얼마든지 가능하며 역사적 상상력을 많이 활용한다는 점에서 자유롭게 새로운 역사적 진실을 주장하는 장점을 지니고 있다고 주장한다.

실제로 주제로든 소재로든 문화콘텐츠 산업에서 역사가 차지하는 비중은 크다. 한국의 생활문화 및 전통문화를 다루는 문화콘텐츠에서 역사는 원천적인 소스다. 테마파크, 축제, 관광이라는 문화콘텐츠 분야에서도 역사는 절대적 비중을 차지한다. 가령, 포항시에서는 지역에서 내려오던 '연오랑·세오녀 설화'를 가지고 테마파크를 구축했다.

이처럼 공공 역사학이 문화콘텐츠학의 일원으로 자리하고 있지만, 그것이 갖는 사회적 유용성을 넘어 좋은 역사학으로 자리하기 위한 모색은 지속되어야 한다. '좋은 역사학'이란 역사학자가 자신이 처한 현실에 들어가 그것과 상관관계가 있는 역사지식을 생산하고 보급하면서 그가 제시하는 유용성이 과연 공공의 관심사에 부합하는지를 부단히 되묻는 역사학을 가리키는 개념이다.

아직 공공 역사학은 역사학 밖에 존재한다. 문화콘텐츠학이 공공 역사학을 대체하는 현상은 문화콘텐츠 산업의 급속한 확산 때문이기도 하지만, 역사학이 그만큼 역사 소비시대에 능동적으로 대처하지 못한 현실의 반영물이기도 하다. 역사의 전문성과 대중성의 경계가 점점 허물어지고 있는 지금, 문화콘텐츠학 안에 자리한 공공 역사학을 역사학이라는 학문적 공론장으로 끌어내어 좋은 역사학으로 빚은 다음 대중에게 다가는 일을 더이상 미루어서는 안 될 것이다. *김정인

포항시 연오랑 세오녀
설화 테마파크

1793년 6월 10일에 개관한
프랑스 국립자연사박물관

세계 최초의 공공박물관, 영국 대영박물관
오늘날 박물관은 가장 주목받는 공공역사의 현장이다.
역사 소비시대에 역사학과 대중의 만남이 가장 일상적으로 이루어지는 공간이 되었다.
역사 소비 풍토가 확산되면서 지방자치단체에서 다투어
역사를 테마로 하는 공간을 조성하고 있다.
이제 역사는 대중적 상품이 되었다.

5

질병사, 역사학의 새로운 지평

2015년 늦봄 어느 날 장을 보기 위해 마트에 갔다. 그 이전에도 그랬고, 지금까지도 그렇게 마트가 한산한 적은 없었다. 어깨를 부딪치며 물건을 사곤 하던 공간에 사람들이 드문드문 있었다. 쾌적한 쇼핑이 무엇인지 알 수 있는 하루였다. 모두 메르스 때문이었다. 전염을 염려한 사람들은 외출을 삼갔고, 설령 나간다 해도 마스크를 썼다. SNS에서는 근거를 알 수 없는 소문들이 떠다녔다. 185명의 환자, 38명의 사망자를 낳은 메르스는 한국인의 일상을 흔들었다. 질병은 이렇게 한 사회를 변화시킨다. 메르스의 발생 원인 중 하나가 문병문화, 의료 쇼핑이었던 점에서 알 수 있듯이 질병은 한 사회를 반영하기도 한다. 그렇다면 과거의 사회와 변화를 탐구하는 역사학이 질병을 연구하지 않을 이유는 없지 않은가?

그러나 한국의 역사학계에서 질병사는 낯설다. 연구 논문을 찾기 쉽지 않다. 질병사의 연구 의미나 방향에 대한 논의도 없었다. 가장 큰 원인은 '과학적' 역사학에 대한 염원에 있을지 모른다. 역사학이 과거를 연구하여 현재를 이해하고자 하는, 나아가 미래를 전망하는 학문이라고 할 때 돌발적이고 우연적인 변수는 관심의 대상이 되기 어렵다. 지속적이고 필연적인 상수를 찾아 내고 변화의 배경과 동인을 밝혀 냈을 때 그 연구는 대상에 대한 이해를 가능하게 할 수 있다. 하지만 질병은 그렇지 않다. 갑자기 나타났다가 갑자기 사라진다. 모르는 것이 너무 많다. 메르스는 종식되었지만, 우리는 아직도 정확한 감염경로에 대한 정보를 가지고 있지 않다.

그렇다고 포기하기에는 질병사가 줄 수 있는 이익이 크다. 이야기했듯이 질병사를 통해 과거의 사회 변화를 이해할 수 있다. 16세기 잉카, 아즈텍 문명이 천연두에 의해 멸망했다는 가설은 이제 설득력 있는 이론으로 받아들여지고 있다. 천연두에 대해 면역력을 가지고 있던 유럽의 침략자들이 자신의 의도와 상관없이 천연두를 남미 원주민들에게 전염시켰고, 처음으로 그 질병을 접한 원주민들은 속수무책으로 죽어 나갈 수밖에 없었다. 천연두는 백신만 있을 뿐 치료법이 없는 질병이라는 점에서 당시 남미 원주민들이 느꼈을 무력감은 어렵지 않게 이해할 수 있다. 이렇게 질병은 한 문명을 파괴하고 변화시킬 수 있다.

중세문명의 붕괴 역시 질병에서 원인을 찾기도 한다. 잘 알려졌듯이 14세기 페스트로 추정되는 흑사병이 유럽을 강타했다. 유럽 전체 인구의 4분의 1에서 3분의 1 안팎을 죽였다는 흑사병은 지금도 유럽의 주요한 도시에 흑사병 박멸 기념탑으로, 성당에 죽음의 춤이라는 그림으로 흔적을 남기고 있다. 나아가 흑사병은 기존의 가치체계를 뒤흔들었다. 원인도 모르는 채 자신의 가족이, 친구가 죽어 나가는 것을 보면서 사람들은 성당에 대해 지니고 있던 신뢰를 잃었다. 정체가 불분명한 신비주의가 들끓었고, 기존 성당을 대체하는 새로운 믿음이 싹트기 시작했다. 종교개혁의 시작이었다. 질병은 과장해 말하면 사회 변화의 결정적 원인, 겸손하게 말해도 주요한 변수 중의 하나로 기능하였다.

질병은 한 사회를 운영하는 기본원리를 알려주기도 한다. 아니, 질병 그 자체보다는 그 질병을 대하는 인식과 태도에서 원리를 알 수 있다. 20세기 초 중국에 페스트가 유행했다. 서양에서는 전염설에 기초한 검역과 격리를 진행했지만, 중국은 아니었다. 백신이나 치료책이 없는 상황에서 가장 확실한 방역방법은 환자의 격리밖에 없었다. 하지만 중국은 그 방식을 취하지 않았다. 19세기 말 확증된 세균설이 아직 중국에 정착되지 않은 탓도 있지만, 무엇보다 유교적 전통 때문이었다. 사람들은 설령 가족이 불치병에 걸렸을지라도 그들을 버릴 수 없었다. 나아가 화장에 격렬하게 저항했다. 사망한 환자의 병균이 전파되지 않도록 하기 위해서는 화장이 가장 확실한 방법이었다. 서양의학을 배운 중국의 의사들은 사망자들을 파묻고 불태우려 하였다. 하지만 유교적 전통은 그 시도를 막았다. 의사들은 공권력의 힘을 빌릴 수밖에 없었다.

질병은 사회가 담고 있는 한 단면을 보여주기도 한다. 사진은 1919년 한반도에 콜레라가 유행할 때 총독부가 찍은 사진이다. 사진 설명에 따

1919년 한국에 콜레라가 유행할 때
채변 검사하는 장면

르면 서울 마포에서 여행자로부터 채변을 하는 모습이다. 당시 콜레라 감염 여부를 알 수 있는 가장 확실한 방법은 채변 검사였다. 당시 검사관들은 현미경을 통해 변에 콜레라균이 포함되어 있는지 확인했다. 이 여행자는 지금 막 바지를 내리고 채변을 당하기 직전에 있다. 지금의 시점에서 보면, 치욕스러울 수 있는 장면이다. 문제는 이 사진이 총독부가 발행한 공식 자료에 실려 있다는 것이다. 총독부는 방역을 위해 남자의 바지를 내리고 채변을 하는 일을 자랑스럽게, 아니 적어도 부끄럽지 않게 생각하고 있었다. 당시 방역은 경찰이 담당하고 있었다. 콜레라는, 아니 콜레라 방역은 경찰로 대표되는 공권력의 강압성이 얼마나 강했는지 알려준다. 질병은 이렇게 한 사회를 바라보는 렌즈의 역할을 할 수 있다.

여러 장점을 지닌 질병사는 역사학의 입장에서 자신의 지평을 넓히는 역할을 할 것이다. 그 범위의 확대나 속도의 향상을 위해 필요한 도구 중 하나는 질병에 대한 이해다. 천연두에 대해, 페스트에 대해, 콜레라에 대해 더 많은 정보와 지식이 있으면 있을수록 더 좋은 질병사가 쓰일 수 있다. 더 설득력 있는 설명이 가능하다. 한 사회에 대한 이해 못지않게 그 사회를 흔든 질병 그 자체에 대한 이해가 필요한 것이다.

역사학 혼자의 힘으로 힘겨울 수 있다. 대안은 학제 간 연구다. 의료와 역사의 만남이 필요하다. 메르스에 대한 좋은 질병사 서술은 한국 사회나 문화에 대한 고찰, 즉 위에서 이야기한 문병문화, 의료 쇼핑에 대한 고찰과 함께 메르스 그 자체에 대한 연구가 합쳐질 때 이루어질 수 있다. 역사학의 지평 확대는 혼자 힘으로 만들 수도 있지만, 함께 힘을 합쳤을 때 그 범위는 넓어지고 속도는 빨라질 것이다. *박윤재

6

사학사?
학술사도 필요하다

2011년 한국연구재단의 '저술출판 지원사업'에 선정되어 《한국 역사학의 기원》(2016)을 출판하였다. 관심을 가져 주신 분들에게서 고생했다는 격려성 말도 들었다. 그런데 그런 말씀들 중에 '사학사'를 쓴 데 대해 수고했다고 언급하는 분들도 있었다. 책의 첫 머리인 '들어가며'의 제목이 '학술사로서 역사학의 역사 들여다보기'라는 데서 알 수 있듯이, 필자는 '사학사'를 쓰지 않았다. 그럼에도 왜 이런 오해 아닌 오해가 생겼을까.

책의 제목이 '역사학의 기원'이니 통상 사학사 연구서라고 자연스럽게 미리 짐작했을 수 있다. 중국에서와 달리 한국의 역사학계를 포함해 학계 전반에서 학술사라는 말이 매우 낯선 용어인 데에도 이유가 있었다. 무엇보다도 필자가 학술사의 맥락에서 역사학의 역사를 쓰게 되면 사학사와 무엇이 어떻게 다른지를 책의 한 곳에서 일목요연하게 정리하지 않았던 데 더 근본적인 이유가 있었는지도 모르겠다. 그래서 이번 기회에 학술사란 무엇인지 간략히 몇 마디만 언급해 보겠다. 보다 자세한 내용은 〈학술사 연구하기〉(《사회인문학백서》, 2018)를 참조하고, 여기에서는 사학사와 다른 지점에 대해서만 사례를 들어 설명하겠다.

한국학계에서 학술사라는 말은 아직까지 낯선 학문용어다. 단행본으로만 보면, 여전히 학교사의 성격을 벗어나지 못한 채 대학의 몇 십 주년 기념 대학사 책에 조금 나올 뿐이다. 그나마 최근에 와서야 사용 빈도가 늘어나고 있다.

학술사란 제목이 들어간 대학사 책들의 내용을 보면, 학과 소속의 교수가 어떤 연구를 했고, 연구소에서 무엇을 연구했는지 소개하는 내용이 공통으로 들어가 있다. 반면에 어떤 내용을 강의해 왔는지를 짐작할 수 있는 커리큘럼과 강의 내용에 대한 소개와 분석, 그리고 이것들의 변화를 학계의 동향, 대학사 및 고등교육사와 연계하여 맥락을 분석적으로 설명한 내용을 확인하기는 쉽지 않다. 그러다보니 학교는 어떤 학술을 했는지 이미지가 잡히지 않고, 학생은 무엇을 배웠는지 도대체 알 수 없다.

그런데 학술사란 이름의 책이 이런 정도만 언급했다면 분과 학문사에 대한 언급으로도 충분하지 않을까 한다. 왜냐하면 모든 학문은 자기 학문을 연구하고 교육하는 영역에 역사를 포함해 두고 있기 때문이다. 가령 역사학, 문학, 철학에는 한국사학사, 한국문학사, 한국철학사 분야가 있다. 역사학의 경우 한국사학사학회란 연구단체가 있고,《한국사학사학보》라는 학술지도 간행하고 있다. 사학과와 역사교육학과 전공과목의 하나로 한국사학사가 있다.

이러한 연구와 강의의 흐름을 잘 대변해 주는 책이 사학사 개설서다. 한국역사학의 역사, 엄밀하게 말해 한국사 학계의 역사를 체계적으로 정리한 대표적인 사학사 개설서로는 조동걸, 한영우, 이만열의 저서가 있다(조동걸, 《현대한국사학사》, 1998; 한영우, 《역사학의 역사》, 2002; 이만열, 《한국 근현대 역사학의 흐름》, 2007). 세 선학의 연구서가 분석한 대상은 각 시대를 대표하거나 특징을 잘 드러내는 텍스트 중심이라는 공통점이 있다. 따라서 텍스트의 내용을 분석하고 평가하는 데 치중하였다. 물론 조동걸의 연구는 조금 다른 지점이 있다. 그는 역사 관련 조직인 학회, 연구소, 정부기관을 분석하고, 정치사회적인 상황 및 지적 현황과 텍스트를 연관지어 의미를 추적함으로써 텍스트 중심의 사학사에서 벗어나려고 노력하였다. 그럼에도 시대적 상황이나 학계의 현실에 대한 언급이 '형식적 배경' 설명을 넘어 사론史論의 폭과 깊이를 분석하는 데까지 이어지고 있다고 보기는 어렵다.

텍스트 중심의 사학사 연구는 누군가의 역사인식과 어떤 책의 내용을 깊이 있게 이해하는 지름길의 하나이기는 하다. 가령 신채호의 역사인식과 박은식의 《한국독립운동지혈사》가 일제강점기에 갖는 의미는 한국 근대역사학만이 아니라 민족운동과 연관지어서도 매우 심도 있게 되새겨 볼 수 있다. 그럼에도 텍스트의 내용을 설명하는 데 그치는 분석은 식민지라는 결정적 조건 혹은 규정력과 연관지어 텍스트를 설명하는 데 한계를 가질 수밖에 없다. 가령 신채호가 1923년의 〈조선혁명선언〉을 발표한 시점에 말하는 '민중'과 박은식이 꾸준히 제기한 '대동大同'이 두 사람의 역사인식 및 시대적 맥락과 어떻게 접목되는지를 쉽게 포착하기 어렵게 한다. 결국 한국 근대역사학의 특징을 파악하는 지표로서 민중과 대동이 조선인의 주체적 역사 정립에 녹아들어 있는 지점을 파악하기 어려울 수 있다.

자기 학문 분야의 역사를 정리하려는 궁극적인 이유는 현재의 학술을 이해하기 위해서다. 사학사도 인식론적인 자기성찰을 더욱 철저하고 깊이 있게 하려는 주체적 행위의 일부로 인정할 수 있다. 그럼에도 텍스트 분석을 중심으로 하는 사학사가 아니라 학술사로 접근해야 위와 같은 부족한 부분을 폭넓고 깊이 있게 비판적으로 해명할 수 있다.

한국의 역사학은 전통학문인 '경학經學'과 사학을 제대로 계승하지 못했다. 일본식 근대사학의 이식 과정을 거치며 과거와 상당히 단절적이었다. 이를 주도한 일본인의 역사학을 우리는 여러 용어로 불러왔는데 그중 하나가 식민주의 역사학이란 말이다. 하지만 한국사 학계는 식민주의 역사학이 말하는 랑케의 역사학과 실제 랑케가 말하는 역사학을 비교하며 역사적 문맥을 짚어 본 적이 없다. 일본 역사학이 밑바탕에 깔고 있는 민족론을 고려하며 식민주의 역사학의 민족론을 비판적으로 검토한 적도 없다. 지적 상황과 연쇄, 네트워크라는 연구 요소를 고려하지 않고는 이를 해명하지 못할 것이다.

식민주의 역사학을 해명하는 데 반드시 필요한 또 하나의 연구 요소가 텍스트를 기획하고 집필한 당사자들의 사회적·학문적 지위와 정치적·학문적 언동이다. 시라토리 쿠라키치白鳥庫吉나 나이토 코난內藤湖南 등의 지위와 언동을 고려하지 않고 조선반도사 편찬 사업부터 조선사 편수회까지의 역사 편찬 사업을 심층적으로 해명할 수 없다. 또 그들이 침략과 지배 목적에 맞게 조선의 역사지식을 자기중심적으로 재편하고, 지배 이데올로기를 끊임없이 생산하는 최전선에서 활약한 내용을 비판적으로 파악할 수 없다.

한국사 학계가 식민주의 역사학을 체계적으로 분석하기 시작한 때는 북한의 역사학계보다 늦은 1960년대 중반경부터였다. 새로운 움직임은 한일협정을 체결하려는 움직임과 깊은 연관이 있다. 그런데 역사학계는 일본의 식민주의 역사학을 비판하는 움직임을 본격화하기 직전부터 한국학계에서 처음으로 W. W.로스토우가 주창한 근대화론을 학술 담론화하기 시작하였다. 논의를 시작하는 그 순간부터 근대화란 무엇인가, 한국에서 근대화는 언제 시작되었는가, 근대사의 기점을 어디로 잡아야 하는가, 그랬을 때 식민지 지배 시기를 어떻게 역사화해야 하는가에 대한 새로운 문제 제기가 있었다. 이처럼 근대화론을 전유하는 과정에서 근대를 고민하고 식민주의 역사학을 비판하는 움직임이 맞물려 진행되었으므로 지식 변동의 사회사라는 측면까지 적극 고려해야 한다. 텍스트 중심의 사학사에서는 확보할 수 없는 접근인 것이다.

1960년대 한국사 학계에서 식민주의 역사학을 비판한 방법은 실증이었다. 한국의 역사학계에 이 방법을 가르쳐 준 사람은 일본의 식민주의 역사학자였다. 그들에게 실증은 사실과 객관성, 더 나아가 학문이란 이름으로 식민주의를 정당화하는 수단이었다. 물론 실증은 역사 연구의 기본 중에 기본이다. 하지만 한국사 학계도 그것만을 '과학'으로 간주하고 기계적이거나 통상적으로 접근하는 태도를 취하였다. 식민주의를 비판하는 방법도 실증력의 증대를 제시했을 뿐이다. 그래서 누가 더 새로운 자료를 발굴해 정치한 글쓰기를 하느냐를 놓고 경쟁한 측면이 있었음을 부인할 수 없다.

그런데 식민주의 연구자의 연구가 실증에 충실한 연구를 했다고 인정하는 순간 그 모든 주장은 객관적이고 학문적이라는 자장 안에 있다. 결국에는 일본이란 제국주의 국가의 식민주의 정책에 복무한 사람에 대한 비판 자체가 매우 위축될 수밖에 없다. 그래서 식민주의자에 대한

비판의 칼날을 무디게 하거나 그들과 피식민자의 경계를 무너뜨리게
할 수 있다. 우리는 이러한 경우를 선학들이 일본인 역사학자와 교류하
는 모습에서도 드물지 않게 확인할 수 있다. 포스트이론들이 넘쳐났던
1990년대의 식민주의 역사학 비판에서도 확인할 수 있다.

 식민주의 역사학의 비판을 주도한 사람은 당시 대학교수들이었다.
그들이 선택한 비판적 방법, 곧 인식론적인 자기성찰을 방기하도록 조
장한 실증주의에 거리 두기를 하려면, 그들을 둘러싼 안과 밖의 존재
조건과 학술 행위, 그리고 교육 행위를 학술 담론의 생산과 연계지어
살펴보아야 한다. 특히 1980년대 후반에 들어서면 학술 담론의 생산
은 사실상 대학이 중심이었다는 현실을 고려할 때 더더욱 그렇다. 그래
서 고등교육사와 대학사, 학문정책을 학술사 연구의 결정적 요소의 하
나로 보고 적극 고려해야 한다. 지금으로서는 학술사에서 제도의 측면
이 비중 있게 논의될 수밖에 없는 이유도 여기에 있다. 조금 더 멀리 본
다면 고등교육을 재편하려는 세계적인 조류 속에서, 분과 학문에 매몰
되지 않으면서 분과 학문별 또는 인문과
학·사회과학·자연과학이란 기존의 분
류방식을 헤쳐 모아 대학을 재편해야만
대학에 비판적으로 발언하며 개입할 수
있는 근거도 확보할 수 있다. *신주백

《한국독립운동지혈사》 표지

7

역사인구학과 사회경제사의 접점

역사인구학Historical demography은 근대적인 인구조사, 인구센서스census
가 행해지기 이전 단계의 인구자료에 근거하여 인구학 연구방법을 구사
하는 사회과학 연구 분야다. 학문 분야로 성립될 때부터 이 분야 연구자
들은 역사학, 즉 인구사 연구에 대한 비판과 연구자 간의 논쟁을 거쳤
다. 서구에서 발전한 이 연구방법을 동아시아의 역사학에 활용하는 문
제는 이후 더 많은 논란과정을 거치지만, 현재적이고 근원적인 이해를
위해서는 역사인구학 연구 출발 당시의 논쟁으로 돌아가야 한다.

현재 한국학계에서 가장 흔하게 듣는 질문은 역사인구학 연구방법이
한국사 연구에 어떻게 적용되어 무엇을 얻을 수 있는가 하는 것이다.
이에 대한 답변은 두 학문 분야 간의 성격 차로부터 제시될 수 있으며,
근대 분과 학문의 틀을 벗어나서 연구방법을 구상하고자 하는 의지와
도 관련이 있다.

맬서스는 인구가 기하급수적으로 증가함에 따라 식량 부족으로 인한

기아, 전염병, 전쟁 등으로 그 증가가 억제될 것이라 하였다. 이후 그러한 인구 억제—적극적 억제—에 대해 미리 출산 자체를 저지하는 인구 억제—예방적 억제—를 도덕적인 것으로 구분하는 논리가 전개되었다 (신맬서스주의).

'인구'는 특정 지역의 사람 수를 말한다. 즉, 개개인의 삶과 죽음을 집계하여 집단적이고 일률적으로 인식하는 개념이다. 그것은 출생·혼인·사망·이동과 같은 여러 요인에 의해 결정된다. 가령 인구 증감에 영향을 끼치는 출산의 정도는 단지 그 해에 태어난 아이의 총수만으로 측정되는 것이 아니라 15세에서 45세에 이르는 가임여성의 수에 대한 대비율로 제시된다. 그렇게 계산되는 것을 '출산력fertility'이라 하는데, 전체 인구 가운데 출산아 총수의 비율로 나타내는 '출생률'보다 근본적인 인구 변동 요인이라 할 수 있다. 인구학Demography은 인구 변동의 합법칙성을 인구 자체의 운동원리로부터 발견하는 분석적—과학적, 근대적—연구방법으로 제시되었다.

인구센서스는 인구학 분석방법에 의거하여 인구 변동을 예측하고 그 원인을 추적할 수 있도록, 개개인의 성별, 나이, 배우자 유무, 인종 등을 지역 단위로 전수조사하는 것을 말한다. 북유럽에서는 18세기부터 실시되기도 했으나 유럽 전역에서 일반화된 것은 19세기 후반이다. 동아시아에서는 타이완에서의 실험적 조사를 거쳐 1920년에 일본에서 시작되었고 식민지 조선에서는 다음 조사 시기인 1925년부터 시행되었다. 인구센서스로부터 남녀 연령별 인구 분포를 확인할 뿐만 아니라 인구 변동에 영향을 끼치는 '출산력'이나 연령대별 '생존율'—사망률 mortality—등을 측정할 수 있다. 이러한 인구 변동 요인에 대한 예측은 본래 자본주의 사회의 개별 경제활동상 벌어질 수 있는 위험을 최소화하기 위해 마련된 보험제도에서 보험금이나 보험료를 책정하는 방법으로 제시된 것이었다. 말하자면 인구학은 '부국강병'을 기치로 하는 초기 근대국가의 형성에 따라 경제 변동과 관련해서 인구 변동을 예측할 목적에 방법론적 출발점을 둔다고 할 수 있다.

한편, 역사인구학은 2차 세계대전의 참패 원인을 찾으려는 목적으로 프랑스에서 시작되었다. 프랑스의 출산력이 공업화 이전부터 떨어지기 시작하여 전쟁을 치를 연령대가 감소한 것에서 인구학적인 원인을 구했다. 현재의 인구조사에 근거하여 미래의 인구 변동을 예측하는 연구방법을 이제 과거의 인구자료에 적용하게 된 것이다. 인구센서스 이전 시기의 인구자료는 특정 계층의 계보에서도 발견되었지만, 더 많은 인구기록은 교회의 유아 세례, 결혼, 장례 관련 문서에서 찾을 수 있었다. 인구학적 방법론은 삶의 개별 이벤트 자료로부터 생부모의 나이 기록에 근거하여 가족을 재구성하는 '가족 복원'에 근거하여 시행되었다. 여성이 평생 가임 기간 동안 낳은 아이의 수—이것은 장기에 걸친 출산력 지수와 동일하다—와 초산 연령, 이혼과 재혼, 아이들의 출생과 사망, 초혼 연령 등등, 인구센서스에 의거하지 않고 출산력과 사망률을 측정할 수 있는 방법이 고안된 것이다.

역사인구학의 연구방법은 당시의 인구사 연구에 대한 비판을 통해서 방법론적 정당성을 확보했다. 인구사는 인구 변동의 현상들을 인구자료의 표면적 통계를 관찰하여 사회경제사 연구에 기여하는 데 그치고 있음에 반해, 역사인구학은 표면에 드러나지 않는 인구 변동의 요인과 원리를 찾아 냈다. 인구 현상에 대한 인구학적 근거를 제시함으로써 보다 근본적인 사회경제사적 변동을 설명할 수 있을 뿐 아니라, 여러 다른 학문 분야 연구에 논지 전개의 기초를 제공하기에 이르렀다. 가령 출산력이 급격히 감소하기 시작하는 시기를 유럽 각지에서 비교검토해 보면 국경을 넘어서서 동일 언어권에 동일한 출산력 지수가 나타난다. 피임방법에 대한 정보를 포함해서 출산을 억제하는 문화가 동일 언어권에서 공유된 결과로 여겨졌다. 사회문화적 요인이 인구 변동의 주요한 원인으로 제시된 것이다.

역사인구학은 프랑스에서 출발하여 영국에서 꽃을 피우고 미국학계에서 연구방법상의 비약적인 발전을 보였다. 그러나 여기에 역사인구학의 연구 지형을 바꾸어 놓기 시작한 것은 서구 선진 지역을 벗어난 곳을 대상으로 하는 연구에서부터다. 중국과 일본을 대상으로 하는 역사인구학은 인구학적 후진성을 부정하는 연구에 의해 선도되었다.

서구의 역사인구학은 러시아 서부 끝에서 이탈리아 북부를 잇는 선의 유럽 서쪽을 인구학 선진 지역으로, 동유럽을 위시한 기타 지역을 그 후진 지역으로 인식한다. 그리고 그 선후는 출산력 하락 시기의 선후를 기준으로 한다. 프랑스를 비롯한 서부 및 북부 유럽은 산업화 이전부터 만혼과 피임 등으로 임신 기회를 줄임으로써 출산력을 하락시켜 소산소사少産少死 인구의 질적-후생학적-향상을 도모해 온 반면, 기타 지역은 여전히 다산다사多産多死의 후진적 인구 현상을 나타낸다는 것이다.

이에 대해 중국과 일본은 조혼이라 하더라도 초산 연령을 늦추거나 인구 생산의 모체가 될 여아를 살해하는 등의 인구 조절이 공동체 내부의 관습으로 존재했음을 밝히는 연구가 제시되었다. 여아 살해는 '적극적 억제'로서의 인구 조절이 아니라 당시의 공동체 윤리로서 인정되는 '예방적 억제'—도덕적 억제—로 주장되었다.

그런데 동아시아 인구자료는 서구의 인구자료로부터 고안된 역사인구학 연구방법을 그대로 적용하기 어렵다는 사실을 지적하지 않을 수 없다. 나아가 인구자료 자체의 성격을 검토한다면 서구의 역사인구학이 어떠한 연구 목적에서 취해진 연구방법인지를 재고하게 된다. 유럽 가운데에서도 복지국가의 모델로 거론되던 북유럽의 주민등록 형태와 같은 역사인구학 자료와 집권적 인구조사에서 동아시아와 유사한 점을 발견하기도 한다.

서구의 인구자료는 생몰의 개별 이벤트로 존재하지만 지역의 모든 인구에 대한 전수조사의 결과물이 아닌 불완전한 자료다. 따라서 개별 이벤트를 특정 개인의 일생으로 수합하고 모친 중심의 가족으로 재구성함으로써 인구학 연구방법을 적용할 수 있었던 것이다. 동아시아의 호적戶籍이나 SAC(슈몬·아라타메·쵸宗門改帳)와 같은 주민등록 자료나 족보와 같은 계보기록은 이미 어떠한 의도에 의해서 가족 단위로 등재된 기록이다. 이미 가족 복원이 작위적으로 완료된 자료라는 점에서 개개인이란 인구 요소를 무작위의 샘플로 취해 통계학적 분석을 가하기는 어려운 것이다.

서구의 역사인구학 연구로부터 도출된 인구지수에 맞추기 위해서는 가족 등재의 인위성을 넘어선 무작위의 우연한 기록을 발견하고 재조직하는 수밖에 없다. '혼서婚書'나 '출가出嫁' 및 재혼기록, 적자 출산에 대신하는 양자율의 증가 현상, 초산 및 단산 연령의 추정, 양반문화 지향에 따른 '개가改嫁'의 감소 경향 등, 출산력 억제와 관련된 지수가 제시될 수 있다. 이와 함께 가족의 경제적 위상과 그 계승을 결정짓는 요소로서 재산 상속과의 관련성을 검토할 수도 있다.

한국사에 대한 역사인구학 연구의 과제는 우선 세계의 역사인구학 연구와 대비하여 한국사상 인구학적 실체가 갖는 위상을 객관화하는 일이다. 그러기 위해서는 지금까지의 역사인구학 연구방법론에 준거하여 무작위의 자료를 분석하고 대비될 인구지표를 제시할 필요가 있다. 중국이나 일본의 역사인구학도 서구에서 발달한 연구방법론에 근거하여 서구와 공유할 수 있는 점을 발견하는 데 주력해 왔다. 기존의 연구에서 동아시아는 산업화시대에 이르기까지 높은 출산력과 사망률을 견지하는 '다산다사多産多死'의 후진적인 인구 현상을 보이는 것으로 평가되어 왔다. 인구 억제와 관련하여 이미 서술한 중국과 일본의 연구는 서구에 비해 동아시아 사회가 후진적이지 않음을 강변한 것이다. 한국의 역사인구학 연구에는 신분에 따라 서로 다른 이유에 의해 초혼, 초산 연령이 다양함을 제시했다.

그러나 동아시아의 인구자료로부터는 인구조사의 인위성이 인구 현상에 끼친 영향을 고려하는 전혀 다른 측면의 연구 관점도 제기될 수 있다. 출산력을 억제하기보다는 생존율을 높여 인구를 증가 내지 유지하는 인구 현상을 발견하게 된다. 이것은 한정된 토지에 노동력을 다투입하는 집약적 소농 경영, 높아진 인구 압박을 견딜 수 있는 가족 단위의 가장 효율적인 생산 및 소비구조, 소득 분배를 위한 시장 물류의 역할이나 규제, 사회적·국가적 구휼시스템 등등의 유무, 즉 그 지역의 사회경제적 성격과 깊이 관련되어 있다. 사회경제사적 변동과 직결되는 인구 조절이 지역에 따라 다양하게 진행된 점을 돌아봐야 한다.

세계적인 인구 현상으로 주목되어야 하는 것은 19~20세기의 급격한 인구 팽창이다. 이러한 인구 급증이 가능했던 것은 그것을 감당하는 식량 생산의 급속한 증가에 있다. 농산물 가공 및 저장 기술과 농업 기계화에 가장 크게 의거했겠지만, 수리 및 경지 정리를 위한 토목 기술, 화학비료 및 농약 관련 농화학 기술의 발전이 한몫했다. 식량 생산이 인구 증가를 감당할 수 없을 것이라는 '맬서스의 덫'은 극복되는 듯했다. 하지만 여전히 많은 인구가 식량 부족으로 인한 영양실조·면역력 강하로 인한 전염병 확산, 도시로의 밀집과 비위생성으로 인한 사망력 증가에 내몰렸다. 의료의 발전과 대중화가 사망력 증가를 상쇄시켰지만, 부의 편향적 분배를 묵인하는 저출산의 후생학적 인구정책이 여기에 더해져서 고령인구 비율을 높이는 결과를 초래했다. 인구 팽창의 새로운 경험은 사회적 불평등의 증폭과 함께 진행되었다.

서구의 인구학, 역사인구학은 출산력 억제로부터 출발하여 인간 삶의 질적 상승을 추구하는 후생학적 발전의 길을 제시하였다. 선진국 자국에서만이 아니라 그들이 식량을 감당해야 할지도 모를 후진국의 인구 폭발은 억제되어야 했으며, 저출산으로 가족의 경제적 안정을 꾀할 수 있는 자급적 경제가 '개발'되어야 했다. 그러나 한편으로는 상품 소비시장과 노동시장을 풍족하게 확보하기 위해서 인구 증가와 사회 불평등을 묵인하는 딜레마에 빠져 있다. 잘 살아보자고 저출산 캠페인을 획책하던 가족계획정책에서 저출산·고령화 사회에 대한 사회복지정책으로 대전환이 요구되는 한국 사회도 예외가 아니다. 여기에 더해 국제사회의 지역 간 사회적 불평등 심화라는 문제가 당면해 있다.

최근 세계 역사인구학계의 논의 가운데 가족의 사회경제적 계승관계와 다양한 가족형태가 주목되고 있다. 여러 세대에 걸친-multi generation-사회경제적 계승관계에 역사인구학 연구방법을 접목시킨 것이다. 인구조사와 더불어 시행된 개개인의 학력, 수입, 직업에 대한 조사가 삼대를 넘어서 진행됨으로써 그러한 연구방법을 적용할 수 있는 자료가 확보된 결과다. 물론 인구학 관점에서 장기지속적으로 가족을 관찰하거나 사회관계망social network에 주목하는 연구방법론이 진전된 결과이기도 하다. 계승이나 단절로 인하여 새롭게 형성되는 근대의 가족은 대가족 형성의 경향을 띠고 친족집단이나 혼인네트워크의 확대와 관련될 수도 있으며, 독신자들의 쉐어하우스와 같은 것으로부터 출발하는 새로운 형태가 될 수도 있다.

인류는 사회경제적 삶을 영위하는 방법으로, 그 사회 불평등의 심화에 대응하는 방법으로, 개개인 사이의 연대와 협동이 유용함을 역사적 경험으로 터득해 왔다. 그러한 경험은 근대사회를 극복하고 미래에 대응하기 위한 방법으로도 유용하리라 여겨진다. 여기에 십여 년 전에 한국의 역사인구학 연구를 격려하러 방문했던 프랑스와 일본의 역사인구학 연구 1세대 노학자들의 조언이 떠오른다. 역사인식이 부족하고 사회과학적 연구방법의 기술적인 측면에 치우쳐 있는 자국의 2세대 연구자들을 걱정하면서 "역사인구학은 이제 다시 사회경제사 연구를 수용해야 한다"고 했다. 한국의 호적이나 족보에 대해서는 자료적 결함에 대한 우려와는 달리 인구 정보의 풍부함에, 특히 계보기록에 큰 기대를 걸었던 기억이 있다. *손병규

혼서
혼인 증빙문서로 신랑집에서 예단을 갖추어
신부집으로 보내는 서간(국립중앙박물관 소장)

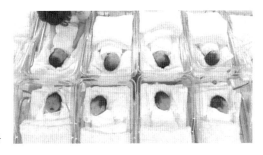

호적 대장
조선시대 호구 정보를 파악하여
기록한 장부(국립중앙박물관 소장)

신생아실 태아들

장애사와 역사인식의
패러다임 전환

"한번만 부모라 생각하시고 마음을 열어주세요."

이 말은 지난해(2017) 강서구 특수학교 설립과 관련된 주민토론회에서 학교 설립을 반대하는 지역주민에게 장애아를 둔 부모가 무릎을 꿇고 애원하며 호소한 말이었다. 특수학교가 들어서면 아파트 값이 떨어질 것이라는 흑색선전이 난무하는 가운데 개최된 주민토론회는 한 마디로 '난장판'이 되었다고 보도될 정도로 극한 대립을 보여주었다. 지난 촛불집회에서 수화통역사가 연단의 발언 내용을 실시간으로 청각장애인에게 전달하고, 장애인을 비하하는 용어를 사용하지 않도록 집회 참가자들 내부에서 자성의 목소리가 나올 정도로 인권 감수성이 높아진 한국 사회에서 왜 이런 일이 일어난 것일까?

특수학교 설립에 대한 일부 지역주민들의 거센 항의에서 보듯이, 장애인을 사회의 일원으로 인정하고 적극적으로 참여시키려는 노력 못지않게, 장애인을 향한 무조건적인 공포와 거부감 또한 건재한 것이 현실이다. 장애가 단순히 '물리적으로 주어진 것이 아니라 역사적으로 구성된 것'이라는 점을 기억한다면, 장애인에 관한 이러한 엇갈린 시선 역시 사회·역사적으로 만들어져 온 것이리라. 그렇다면, 오늘날 한국 사회에서 나타나는 이 복합적인 시선과 감정들은 어떤 역사를 통해 형성된 것일까? 그리고 그 속에서 장애인들은 어떻게 살아온 것일까?

오랫동안 장애인과 같은 마이너리티의 문제는 역사 연구자의 관심 밖에 놓여 있었다. 그러나 최근 마이너리티에 대한 혐오에서 비롯된 각종 갈등과 폭력이 사회 문제로 부상하면서 역사학 내에서도 마이너리티 문제에 대한 관심이 증대하고 있다. 2013년 제56회 전국역사학대회가 '역사 속의 소수자'라는 주제하에 개최되었던 점, 마이너리티와 관련된 각종 역사 연구서들이 출판되고 있는 상황은 이를 단적으로 보여준다. 장애인과 관련된 역사 연구는 아직은 초보적인 단계이지만, 앞으로 더 확대될 것으로 기대된다.

흔히 장애인에 대한 사회적 편견은 그 기원이 아주 오랜 초역사적인 것으로 쉽게 간주된다. 그러나 조선시대까지도 장애인은 몸이 조금 불편한 사람일 뿐 특별히 집단적인 사회적 배제의 대상이 되지는 않았다. 오늘날과 달리 장애인을 지칭하는 명확한 개념조차 존재하지 않았던 조선시대에는 신분에 따라 장애인의 삶은 크게 달랐다. 양반층의 경우 척추장애를 가지고도 정승이 된 허조나 청각장애가 있어 필담으로 대화해야 했지만 형조판서 등 고위직을 역임한 이덕수 등 장애를 가지고도 왕이나 관료로서 활약한 인물들이 있었다. 물론 조선 후기의 탈춤이나 판소리에서 자주 양반들을 조롱하기 위해 그들을 장애인으로 묘사했던 민중들의 시선을 살핀다면, 전근대 사회를 낭만화할 수만은 없다. 장애인에 대한 동정과 무시의 감정이 복합적으로 존재했었던 것으로 보인다. 그러나 오늘날과 같은 집단으로서의 장애인에 대한 체계적인 배제와 차별을 찾아보기는 힘들다.

역사가들이 공통적으로 지적하는 것은 장애인에 대한 제도적인 차별이 본격화된 것은 오히려 근대 이후라는 점이다. 산업혁명이 이루어지기 전의 농업사회에서는 장애인 대다수가 어떤 식으로든 생산과정에 참여하여 일정한 기여를 할 수 있었기 때문에, 장애는 개인적인 불운으로 인식되기는 했지만 사회로부터 배제되거나 분리되어야 할 문제로 인식되지는 않았다. 그러나 산업화로 노동이 가정에서 공장으로 이전되면서 장애인들은 생산과정에서 체계적으로 배제되기 시작했다. 공장노동이 강요하는 속도, 규율, 시간 준수와 생산 기준 등 모든 것들이 장애인들에게는 매우 불리하게 변화해 갔던 것이다. 이러한 배제의 결과, 장애인들은 점점 더 사회와 분리되어 시설에 수용되면서 집단적인 차별의 대상이 되어 갔다.

식민 지배의 아픔을 겪은 한국의 경우, 장애인에 대한 차별의식은 여느 사회보다 더 강하게 자리 잡아 갔던 것으로 보인다. 한말 이래로 나타난 부국강병론과 우생학의 영향으로 건강한 신체가 강조되면서, 장애인에 대한 부정적 시선이 강화되었다. 뒤이어 들어선 식민지 지배권력은 '천황의 시혜'를 과시하기 위한 상징적인 장치로서 시청각 장애아 교육을 위한 시설인 제생원 맹아부를 설치했지만, 장애인의 복지와 관련된 실질적인 노력은 거의 기울이지 않았다. 오히려 이 시기 수용된 근대법을 통해 장애인은 법적 행위능력자의 지위를 박탈당했고, 확산되는 학교 교육의 열풍 속에서 오히려 교육에서 배제되어 갔다.

해방 이후 한국전쟁을 거치며 전쟁 부상자들이 속출하는 등 장애인이 급격하게 증가했지만, 정부는 이를 장애인에 대한 사회적 처우를 개선하는 계기로 삼기보다는 상이군인에 대한 보상의 차원에서 무마하고자 하였다. 본격적으로 산업화가 이루어진 개발독재의 시기에는 노동능력을 상실한 장애인들이 부랑자라는 이름으로 강제적으로 시설에 수용되어 각종 인권유린의 피해를 입기도 했다.

　결국 장애인들은 오랫동안 권리의 주체라기보다는 사회적 낙인과 일방적 시혜의 대상으로만 여겨지면서 사회의 정당한 일원으로서의 권리를 제대로 향유할 수 없었다. 그러나 장애인들은 침묵당하기만 했던 존재는 아니었다. 87년 민주화 이후 본격화된 장애인운동을 통해서 이들은 자신들의 권리를 주장하기 시작했다. 쇠사슬을 몸에 묶고 시위를 벌였던 2000년대의 장애인 이동권투쟁은 가정과 시설에 감금됨으로써 그 존재조차 은폐되어 온 장애인들이 인간으로서의 존엄성과 권리를 주장하며 그 존재를 세상에 알렸던 충격적인 사건이었다.

　이처럼 장애인의 삶과 이들에 대한 사회인식 및 처우가 역사적으로 변화해 왔다는 점을 밝히는 것은, 오늘날 한국 사회가 보여주는 장애인에 대한 편견 역시 시대적 한계를 가진 편견에 그칠 뿐이라는 점을 드러내 주며, 장애인에 대한 혐오 감정을 새롭게 성찰해 볼 수 있는 기회를 제공한다.

　더 나아가 장애사는 역사학이 이러한 혐오에 어떻게 공모해 왔는지를 돌아보게 한다. 그동안 근대역사학이 전제해 온 표준적인 인간상은 젊고 건강한 남성을 모델로 함으로써 인간은 독립적이고 타인의 도움 없이 살아갈 수 있는 존재라는 허구적 인간상을 생산해 왔기 때문이다.

사실 인간은 매우 취약한 존재다. 다른 동물들과 달리 태어나서 한참 동안을 타인의 보살핌에 의지해야만 살아남을 수 있으며, 질병에 걸리거나 사고를 당해 신체 손상을 입거나 노년이 되어 쇠약해지면 누군가의 돌봄 없이 생존하기 어렵다. 이는 누구도 피할 수 없는 인생의 한 과정이다. 그러나 그동안 역사는 지나치게 건강하고 독립적인 인간 모델을 정상적인 것으로 전제하면서 서로 의존할 수밖에 없는 비독립적인 인간 존재의 근원적 측면을 도외시해 왔다. 선천적으로 장애를 입고 태어나는 이보다 교통사고 등 후천적인 이유로 장애를 입게 되는 이가 전체 장애인의 90퍼센트 이상을 점하고 있으며, 인간 수명의 연장으로 각종 질병과 장애에 노출되는 노년의 삶이 연장된 현대사회에서 이러한 인간의 취약성과 의존성은 더욱 중요한 사회적 문제가 되고 있다. 장애는 단지 특정 집단의 문제가 아니며, 비장애인과 무관한 삶의 영역이 아니다.

장애의 역사를 살펴보는 것은 이러한 의존적이고 취약한 인간의 모습을 드러냄으로써 인간은 언제나 독립적이기보다는 서로를 의지하고 도우며 살아 왔고, 살아 갈 수밖에 없는 존재라는 점을 새롭게 환기시킨다. 따라서 장애의 역사는 단지 역사의 한 귀퉁이를 차지하는 데 머무는 '그들만의 역사'가 아니다. 근대문명이 확산시킨 자율적이고 독립적인 인간에 대한 환상을 무너뜨리고 사회적 상호연대와 돌봄의 중요성을 새롭게 자각케 하는 시민교육의 새로운 분야로서의 가능성을 기대해 봐도 좋을 것이다. *소현숙

조선시대 장애인 그림
〈병신〉(김준근, 모스크바 국립동양박물관 소장)

장애인 이동권투쟁

9

사료 비판과 기록학의 접점들

저 들에 푸르른 '□□□'를(을) 보고, 어디서는 소나무라 하고 어디서는 쏭[松 sōng]이라고 하고 다른 곳에서는 파인 트리pine tree라고 한다. 잎이 바늘 같고 오래 푸르른 '□□□'라는 기의記意(signifié)는 같은데, 문자와 발음으로 나타나는 기표記表(signifiant)가 다르기 때문이다. 그 차이는 상당한 노력을 통해서만 메울 수 있는 간극이다. 그러한 간극은 역사학과의 자손 뻘 되는 기록학의 용어와 개념에서도 나타나는 현상이다.

대학에서 역사학개론을 배우면서 1차 사료, 2차 사료라는 말을 들었다. 1차 사료는 당사자가 쓴 일기나 편지, 토지매매 등의 문서, 진흥왕 순수비 같은 금석문 등이고, 이들 사료를 원사료로 해서 편집한 사료를 2차 사료라 지칭한다고 배웠다. 《승정원일기》는 1차 사료, 《실록》은 2차 사료라는 말도 들었다. 수긍이 가면서도 《실록》은 사초를 편집한 것이고, 《승정원일기》도 상소나 차자를 편집한 것 아닌가 하는 의문도 없지 않았다. 기록학을 접하면서 그 의문을 조금 해소할 수 있었다.

기록, 고문서古文書, 사료史料 등 각기 다르게 부를지라도 '아카이브'가 역사학의 바탕이라는 점에는 이론의 여지가 없다. 규장각과 장서각을 'archive'라고 부를 뿐 아니라, 고문헌관리학과의 고문서와 기록 모두 'archives'라고 부른다. 기록은 시공간의 제한을 받는 인간의 경험을 캡처하여 영속화시키는 수단이다. 그래서 진작부터 역사가에게는 '있는 대로 기록하고 지어 내지 않는다述而不作'는 명제나 사료 비판史料批判Quellenkunde이라는 용어가 익숙하였다. 기록학의 몇 가지 주요한 개념은 이러한 역사학의 경험과 실천, 용어에 기초를 두고 있거나, 표현(기표)만 다를 뿐 내용(기의)은 같은 경우가 많다. 기록학의 진본성眞本性Authenticity, 출처주의出處主義Provenance, 원질서原秩序 존중, 정리整理 Arrangement, 기술記述Description, 평가Appraisal 등 중추 개념이 그러하다.

전자기록이 일반화된 현재, 기록의 성격(자격)을 결정짓는 4대 요소가 강조되는데, 4대 요소는 진본성, 무결성無缺性Integrity, 신뢰성 Reliability, 이용 가능성Usability이다. 이용 가능성은 전자기록의 속성상 2바이트 기호를 읽어 낼 수 있는 어플리케이션의 필요에서 유래한 속성이므로, 비교적 근대의 개념이지만, 나머지 세 속성은 이미 오래전부터 사료 비판에 뿌리를 두고 있는 개념이다.

진본성은 기록의 물리적 특징·구조·내용·맥락 등을 포함하여, 내적·외적 증거로부터 추론할 수 있는 기록의 품질로서, 어떤 기록이 위조되지 않은 원래 그대로의 것이며, 훼손된 바 없는 상태인 것을 지칭하는 용어다. 즉, 진眞-위僞를 가르는 기준이 진본성이 된다. 쉽게 말해 '이' 《태종실록》이 조선 실록청에서 편찬한 것이 맞고, '저' 《난중일기》가 이순신 장군이 쓴 일기가 맞느냐를 따지는 것이다. 편지의 수결手決, 전교

傳敎에 찍힌 어보御寶 등은 진본성을 확인하는 중요한 수단이다.

무결성은 그《실록》이나 일기가 훼손, 변조, 손상되지 않고 기록의 아이덴티티를 유지하고 있느냐는 문제다. 진본성이 생산자와 관계된 개념이라면, 무결성은 생산 이후의 관리, 보존 단계에서 문제가 된다. 이를테면 사초史草를 훔치거나, 도려내거나, 누설하거나(비밀일 경우), 지우는 행위가 여기에 해당된다. 일기日記가 전사傳寫되면서 수정, 변개 되는 것에 대한 검증 역시 무결성이란 주제에 해당한다. 전자기록에서 는 접근 제어 기능이나 로그인 흔적을 남기는 메타데이터를 통해 무결 성을 유지할 것이다.

신뢰성은 해당 기록에 담긴 정보의 신뢰성을 말한다. 숙종조 갑술양 전甲戌量田의 전결田結을 기록한《비변사등록》의 내용이 믿을 수 있는지, 2017년 통계청의 인구센서스를 기록한 문서의 통계가 믿을 수 있는 정 보인지를 묻는 것이다.

이렇듯 진본성, 무결성, 신뢰성은 사료 비판이라는 이름 아래 역사 연구에서 일차적으로 맞닥뜨리는 주제이며, 훈련의 첫걸음이기도 하 다. 어쩌면 사료를 다루는 역사학자들은 이 요소와 하루 종일 아니 평 생 씨름하고 있다고 볼 수 있다. 그런 까닭에 유지기劉知幾는 그의《사 통史通》에서, 사료 수집의 적절성[採纂], 인습의 오류와 병폐[因習], 직서 의 전통과 모범[直書], 곡필의 사례와 영욕[曲筆] 등을 서술하여 역사기록 의 진위, 왜곡, 신뢰라는 핵심 주제를 강조하였던 것이다.

《실록實錄》이라는 사료의 성격으로 돌아와 보자. 학계에서는 대개 '역 사서'라고도 하고, 편찬을 거쳤기 때문에 2차 사료라고도 한다. 과거에 필자 역시 이런 애매한 태도를 취하기는 마찬가지였다. 이런 '현대역사학'의 '전통시대 역사학'에 대한 모호한 이해는 기록학 개념을 대입하면 비교적 명료히 설명할 수 있다.

의정부나 사헌부 등 각 관청 업무에서 활용이 끝난 문서는 폐기되거나 보존된다. 조선시대 사관의 사초도 그러하였다. 사관의 사초는 《실록》 편찬이 끝나면 세초하고 그 종이는 재생하여 다시 사용하였다. 그러니까 사초의 운명은 애당초 '사라지게 되어 있는=폐기되는' 것이었다. 이런 점에서 우리가 종종 영구 보존기록archives을 사초에 비유하는 것은 오류라고 할 수 있다. 오히려 영구 보존기록은 곧 《실록》이라고 보는 것이 개념으로 타당하다. 《실록》 편찬과정에서 보면, 사초는 평가appraisal를 거쳐 일부는 폐기되고 다른 일부의 살아남은 사초가 《실록》에 등록謄錄·登錄registering되는 것이다. 이를 조선시대에는 편찬이라고 불렀다.

평가와 등록 때문에 직서直書의 고민이 생긴다. 직서는 진본성과 신뢰성 개념과 관련이 있고, 역사학에서는 오래된 1차 사료, 2차 사료라는 개념과 관련이 있다. 전통적으로 역사기록의 생명처럼 중시된 직서라는 말에는, 첫째, 자격이 있는 사람이 기록한 것이라는 의미와, 둘째, 그 기록을 변조, 훼손하지 않고 믿을 수 있는 기록이라는 의미가 함께 들어 있다.

기록학의 '관할권의 승계와 지속chain of Custody' 개념에 비추어도 이러한 성격은 증명될 수 있다. 앞서 말했듯이 사초는 원래 산삭刪削Appraisal을 거쳐 실록이 되든지 세초가 되도록 작성된 기록물이었다. 이 과정은 공적 권위를 가진 관원과 규정에 따라 진행되었다. 그러므로 해당 문서를 생산하였거나 법적으로 규정에 따라 그 문서를 관리하도록 되어 있는 권한을 가진 사람들, 즉 관할권Custodianship을 가진 사람들에 의하여 수행되는 업무였기 때문에 기록학의 관점에서 보았을 때는 《실록》으로 편찬된다고 하여 전혀 원본의 가치를 해치는 것은 아니었다.

《실록》을 신사信史, 즉 '믿을 수 있는 역사'라고 부른 것은 이런 까닭이었다. 이런 취지를 반영하여 《실록》의 영어 대역어를 'Veritable Records'라고 하였는지도 모르겠으나, 필자는 'Authentic Records'라는 대역어가 기록학의 개념에 부합한다고 생각한다. 즉, 《조선실록》은 '기록(영구 보존기록Archives)'인 것이다.

기록학에서 말하는 정리整理Arrangement의 원칙인 출처주의出處主義 Provenance와 원질서original order 존중의 문제를 살펴보자. 앞서 편찬은 등록과 평가—선별의 의미를 포함한다고 했는데, 편찬은 정리의 의미도 포함하는 중층적 의미의 용어였다. 시정기時政記에서 그 사례를 확인할 수 있다. 시정기는 사관이 《실록》을 편찬하기 전에 사초와 타 관청 문서를 모아 놓은 것으로, 일종의 파일링filing이다. 《승정원일기》를 편찬하는 과정에서 관리하는 전교축傳敎軸 역시 등록謄錄의 하나였고 이 축軸을 만드는 파일링 과정 또한 편찬이라고 불렀다.

출처주의와 원질서 존중의 원칙은 현재도 고문서의 교육과 실제 정리에서 그대로 반영되고 있다. 한국역사학계의 고문서학을 개척한 최승희 선생은 애당초 출처주의에 입각한 고문서학개론이자 입문서인 《한국고문서연구》에서 문서의 발급자를 중심으로 강綱을 삼고, 발급자별로 수급자를 목目으로 삼아 분류하는 방식을 택하였다. 이를테면, 국왕 발급 문서에 왕실王室, 관부官府, 사인私人, 서원書院 등 수신자를 배치한 것이다. 비록 시안試案이라고 했지만, 기실 공문서의 성격으로 미루어 가장 자연스러운 분류방식을 택한 것이었다. '각사등록各司謄錄'이라는 명칭으로 간행된 각 도道의 문서, 승정원일기, 의금부등록義禁府謄錄, 충훈부등록忠勳府謄錄 등 모든 문서는 출처주의에 입각하여 간행되고 있다.

뿐만 아니라 장서각, 국학진흥원 등 고문서를 수집·관리하는 주요 기관들도 가문이나 개인에게 기증받은 문서의 원질서를 지켜 보존하고 있다. 장서각은 고문서의 형태, 제목, 가문별 분류를 이미지로 제공하지만, 서가書架의 관리와 보존은 출처인 가문별로 분류하고 있다. 한국국학진흥원 역시 자료 유형, 주제, 연도, 지역별로 인터넷 서비스를 제공하지만, 서가와 기본분류는 생산자를 중심으로 분류하고 있다.

이렇듯 지역과 시대에 따라 기표가 다르더라도 그 개념 및 의미 내용인 기의는 같음을 알 수 있다. 또는 기표의 부재에도 불구하고, 즉 해당 표현을 쓰지 않음에도 불구하고, 역사기록의 관리, 교육, 실무에 실재하였던 것이다.

학문의 혈연성에 비해 현실의 학과는 서로 소외되어 있다. 지난 몇 년간 한국사 국정교과서 책동이 학계의 핵심 쟁점이었을 때 기록학계는 성명서마저도 인색하였다. 지난 10년간 '2007년 남북정상회담 대화록'의 부당한 공개와 2017년 대통령 기록물 유실이 한창 밝혀졌을 때에 역사학계는 거의 언급조차 하지 않았다. 분업화된 학과는 학문의 혈연성을 부정하고 있다. 무엇을 위한 분업일까? *오항녕

왕의 비서기관인 승정원의 업무일지
《승정원일기》(규장각 소장)

10

사실과 해석 사이에서
방황하는 역사학

오늘도 나는 실록을 뒤적이다, 문집을 뒤적이다 하면서 하루를 보냈다. 역사학자의 숙명, 사료 읽기다. 사료, 사실의 흔적이다. 아까 읽은 사료는 다음 내용이다.

광해군 4년 평안감사 김신국金藎國은 베 1천여 필, 쌀과 콩 1천여 석을 추가로 바쳤다. 광해군은 김신국에게 가자加資했다. 사관은 "서쪽 변방은 사신을 접대하고 군량을 지원하고 있으므로 아무리 적게 거두어서 절약해 쓰더라도 백성들의 힘이 지탱하기 어려울까 염려되는데, 더군다나 원래 분정分定한 것 외에 또 1천 필의 베와 1천 석의 쌀을 더 냈다는 말인가"라고 한탄을 겸하여 평론했다.

이 무렵 평안도는 4만여 결의 경작지에서 5만 석을 내도록 분정받았다. 흉년이 들었던 해였다. 평안도와 황해도 등지에서 추가로 세금을 계속 거둔 이유는 궁궐 공사 때문이었다. 이러한 수탈이 시대적 과제였던 공납제 개혁에 어떠한 영향을 끼쳤는지 검토하고 있는 중이다. 검토란 다름 아닌 '사실을 채굴하고, 연결해 보는' 과정이다.

역사학자는 어떤 사안에 관심을 갖게 되면 먼저 사실을 검토한다. 상충하는 사실, 부합하는 사실의 경중과 비중을 따진다. 유관 사실의 연관성도 잊지 않는다. 그 검토를 바탕으로 의미나 영향이 이러저러했다는 해석을 내놓는다. 이 자명한 실천은 E. H. 카 때문에 흔들리기 시작했다.

"역사가는 필연적으로 선택을 하게 된다. 역사적 사실이라는 딱딱한 속 알맹이가 객관적으로 그리고 역사가의 해석과는 독립하여 존재한다는 믿음은 어리석은 오류이지만, 그러나 뿌리 뽑기는 매우 어려운 오류다."

카는 '역사는 과거와 현재의 대화'라는 말을 통해 역사에 관심 있는 사람들에게는 매우 친숙한 역사학자다. 그의 책을 읽지 않은 사람들도 마치 읽은 듯이 얘기할 수 있는 자신감을 갖게 한 시적 표현이었다.

나는 그의 '역사는 해석'이라는 주장에 동의하지 않는다. 나의 책 《호모 히스토리쿠스》를 읽은 독자들의 독후감이 서로 다르다는 사실이 그 책의 존재를 부정할 수는 없다. 오히려 독자들의 독후감이 다르다는 사실은 그 책의 집필과 독서라는 객관적 사실의 물증이 된다. 사실 카는 스스로도 헷갈렸다. 카는 같은 책에서 다시 "산山(사실의 비유)은 객관적으로 있는 것이고, 나아가 객관적인 해석도 가능하다"는 입장을 밝히고 있다.

또 있다. "정확한 학문에는 약속이 있다. 해석도 그런 기본논리 위에서 해야 한다. 역사에서 말하는 사실은 역사적으로 기술된 팩트다. 1961년에 몇몇 군인이 한강을 건넜다는 것은 팩트다. 그러나 그건 역사가 안 된다. 그들이 한강을 건너 쿠데타를 일으켰다고 우리가 해석해야 비로소 역사다." 이는 평소 개념적 엄밀성과 정확성에 대한 감각을 놓치지 않는 어떤 학자의 언명이다. 인용문은 국정교과서 시도를 비판하면서 한 말이다.

나는 1961년에 군인들이 한강을 건넌 것도 역사가 되고, 그걸 쿠데타라고 판단하는 것도 역사가 된다고 본다. 아니 역사학의 출발은 앞의 사실에 있다. 왜냐하면 1961년에 몇몇 군인들이 한강을 건너지 않았으면 아예 쿠데타라는 말이 성립하지 않기 때문이다. 다행히 이 학자는 다른 책에서 "역사는 사실에 대한 충실한 검증이 우선이라는 사실주의는 마땅히 존중되어야 한다"고 써서 나를 안심시켰다.

역사학의 경우, 사실은 해석의 기초를 이루지만, 해석은 사실이 없으면 애당초 성립이 불가능하다. 이런 이분법적 오류, 역사학을 불구로 만드는 오류가 최근 국정교과서 찬반 논의에서 의외로 많이 발견되었다. 한국사 국정교과서화 초기 단계였던 2011년 10월 28일 서울 서대문 4·19혁명 기념도서관 강당에서 '보수와 진보가 보는 민주주의-한국의 자유민주주의 이론, 헌법, 역사'라는 토론회가 열렸다. 발제를 맡은 발표자가, "임시정부 이래 이승만 정부까지 어떤 헌법, 연설, 인터뷰에도 자유민주주의라는 개념은 없다"고 구체적인 사료와 함께 제시하였다.

그러자 토론을 맡았던 어떤 사람은 "역사학에서 사료가 말을 하는 것이 아니다. 역사는 해석이다. 이는 역사학의 기본이다. 그런데 발표자는 사료에 나오지 않는다고 해서 자유민주주의가 없었다고 말하고 있다"라는 요지의 발언을 했다. 아니다! 역사학에 사론과 해석이 포함되어 있지만 "역사학은 사료가 없이는 말을 할 수가 없다." 이것이 역사학의 기본이다.

아무튼 국정교과서에 대한 상반된 태도를 가진 사람들의 언명이 이토록 똑같다는 사실이 흥미롭지 않은가? 이런 양상은 오랜 연구를 쌓은 역사학의 권위자에게서도 발견된다.

"김대중·노무현 정부 들어 역사 교과서 검인정제도가 재도입되고, 근현대사 과목이 분리되면서 나온 게 금성사 교과서다. 내가 수구 보수는 분명 아닌데, 나같이 온건한 사람이 보더라도 지나치게 좌편향이었다. 그런데 그걸 비판하는 쪽에서 너무 나갔다. 그렇게 나온 게 교학사 교과서 아닌가. 여기나 저기나 균형 감각을 잃은 건 같다. 이런 서술에서 무슨 역사적 교훈을 얻을 수 있겠나."

사실과 해석의 선후관계에 대한 혼란과 함께 역사학에 스며든 오염 중 하나가 '균형 감각'으로의 도피다. 한국사 국정교과서 논의는 우파와 좌파(우파와 좌파, 보수와 진보라는 개념이 한국 사회처럼 혼란스러운 데도 없지만)의 관점 차이에서 비롯된 측면은 있다. 그러나 관점 차이를 지적하는 것으로 그쳐서는 안 된다. 정확히 말하면 그 차이를 지적하는 데만 역사학의 책임이 있지 않다. 정작 역사학에서 책임질 일은 균형 감각 이전에 사실의 문제다.

균형 감각으로 접근하면 역사 안에 존재하는 많은 것을 놓친다. 물론 상치되는 입장이나 이해에 관한 사실 검토에는 균형 감각이 필요한 경우가 있다. 그러나 정의와 불의, 슬픔과 기쁨, 안타까움, 비범함 등을 보여주는 역사에서 균형 감각은 무력한 경우가 많다. 전쟁의 상흔은 아픈 것이고, 부패한 자들의 뇌물은 백성들에겐 피눈물일 뿐이다.

기계적 균형 감각의 출구는 초월자가 되는 길밖에 없다. 전지적全知的 역사학자 시점에 서는 것이다. 역사학자가 졸지에 '좌우 어느 곳에도 치우치지 않는 운운'하는 초월적 존재가 되어야 하는 것이다.

역사학자는 균형 감각조차도 사실에 기초한다. 오직 사실에 기초해야만 균형 감각이 가능하다. 좌파든 우파든, 노동자든 자본가든, 지식인이든 정당인이든, 역사학에서는 사실에 기초한 논증이 우선적인 설득력을 갖는다.

국정교과서를 반대할 때 역사관의 다양성이 국정화를 비판하는 논거로 제시되었다. 타당한 점이 있다. 다양해야 생존 가능성이 높다는 것이 진화론의 가르침이기 때문이다. 그러나 역사학적 비판이라면 다양성이 아니라 사실 사이의 연관이어야 하지 않을까? 다양성이란 결국 다시 해석이나 관점의 문제일 텐데, 그러면 '정치적 견해, 입장'이 우월하게 작동하게 마련이고 정작 역사학이 해 줄 수 있는 말이 없게 된다.

예를 들어 보자. 국무총리까지 나서서 주장했던 '북침을 주장하는 좌파 교과서'는 검정 한국사 교과서 중에 없었다. 국정화를 책동한 이들은 사실의 문제를 해석, 관점의 문제로 바꿔치기 했고, 거꾸로 '왜곡시킨 관점'을 사실화했다. 이것이 국정교과서 책동이 어리석은 눈에는 '좌—우의 패싸움'처럼 보였던 이유다. 당쟁, 당쟁론의 부활이다.

사안을 권력욕, 묵은 감정, 원한 등과 같은 누군가의 의지에 귀속시키고, 그 역사 속의 인간을 미워하고 비난한다. 원래 그 사건이 누군가의 의지나 욕망 때문에 생겼다고 이해하면 사태의 결과에 대해서도 도덕적 잣대가 작동하게 마련이다. 이러한 콩쥐팥쥐=패싸움, 당쟁론은 식민사관의 결과일 뿐 아니라 불성실한 역사 탐구, 안일한 역사 이해의 결과다. 언제든지 생길 수 있고 누구든지 빠질 수 있는 역사의 신이 만든 함정이다.

거듭 강조하거니와, 역사학의 입장에서 볼 때 관점이나 해석의 차이, 수정주의가 용인되어야 하는 이유는 다양성 때문만이 아니다. 언제나 역사수정주의는 사실의 검증에서 타당한 경우에 용인되는 것이다. 홀로코스트나 종군위안부를 부정하는 수정주의가 '관점의 다양성'이라는 탈을 쓰고 용인될 수 없는 이유가 여기에 있다. 그것이 사실을 부정한다는 점에서 반-역사학적이고, 인간의 아픔을 외면하고 호도한다는 점에서 비-인간적이며, 다시 피해자를 만들어 낸다는 점에서 범죄다. 역사학자 역시 시민사회의 일원으로서 민주주의와 휴머니즘의 보편가치를 지키기 위해 노력해야 한다. 그러한 노력과 진지하게 사실을 확인하는 역사학자의 전문성은 결코 배치되지 않는다. *오항녕

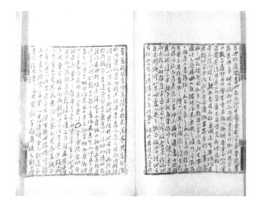

《광해군일기》 중초본(국가기록원 소장)
광해군 재위 기간의 국정 전반이 담긴 기록.
광해군이 인조반정으로 폐위되었기 때문에 실록이 아닌 일기라고 칭했다.

11

답사문화의 활용과 다크 투어리즘

'다크 투어리즘Dark tourism'은 비극적 사건이 일어났던 현장이나 관련 장소에 대한 여행·관광 등을 의미한다. 연구자에 따라 '다크 투어Dark tour'나 '비극 답사' 등의 표현을 사용하기도 한다. 다크 투어리즘의 취지는 밝고 즐거운 소재만이 아니라 비극적 소재를 활용한 관광 코스를 사람들에게 경험하도록 하는 것이다.

다크 투어리즘의 성격상 관련 여행 코스는 역사적 비극이 일어났던 장소가 주 대상이 될 수밖에 없다. 역사적 비극의 내용과 과정 등을 가장 잘 알고 있는 사람들은 바로 역사학자들이다. 역사학자들은 연구와 발표·강의 등을 통해 역사 속 비극적 사건이 발생한 원인과 과정을 설명하고, 의의를 분석했기 때문이다. 특히 여러 차례 답사를 통해 비극의 현장을 직접 다녀온 경험도 많이 가지고 있다.

물론 '다크 투어리즘'이라는 용어와 개념에 비판적 의견이 있는 것도 사실이다. 비극적 사건과 오락 요소를 많이 포함하고 있는 관광·여행을 묶는 것이 부적절한 행위라고 판단하기 때문이다. 무엇보다 관광과 여행이 상업적 요소를 많이 포함하고 있다는 점에서 '다크 투어리즘'이 비극적 사건에 대한 추모와 교육보다는 하나의 상품으로 규정되는 것에 대한 우려가 많다. 상당히 일리가 있는 지적이고 쉽게 대답하기 어려운 문제라고 생각한다.

그렇지만 이미 역사학자들이 수십 년 동안 진행했던 답사는 비극적 요소와 오락적 요소가 동시에 포함되어 있었다. 대학 역사학 전공의 답사는 대부분 '학술 답사'라는 명칭으로 표현하지만 실제 답사에서 학술적 내용만 가득하다면 답사에 대한 역사학자들의 관심은 크게 떨어질 것이다. 학술적 요소가 더 강하게 반영되어 있을지라도 역사학의 답사에는 이미 관광 요소가 상당히 포함되어 있다.

역사학자들이 단종의 비극을 담고 있는 영월 청령포나 민주화운동의 상징인 광주 망월동 5·18민주묘지를 답사했다고 해서 당일 하루 모두를 추모의 분위기로만 답사하지는 않았을 것이다. 비극적 사건의 현장에서는 희생자들을 추모하고 현장이 가지고 있는 역사적 의의를 생각하는 것이 당연하다. 하지만 저녁 일정이나 학술 답사 기간 내내 추모의 분위기로만 일정을 진행하기는 어렵다. 저녁에는 답사에 어울리는 일정이 있곤 했다. 그리고 학술 답사 자체보다 저녁 일정에 더 많은 관심을 갖는 역사학자들이 있다는 점도 부정하기 어렵다.

다크 투어리즘에서 말하는 여행의 진행방식도 학술 답사의 취지와 크게 다르지 않다고 생각한다. 따라서 역사학자들이 이미 수도 없이 해왔던 학술 답사의 경험을 조금 더 확장시켜 대중들과 소통할 수 있는 방안을 연구한다면 '다크 투어리즘'이 하나의 방법이 될 것이라 생각한다. '다크 투어리즘'을 비판하는 입장에서 가장 우려하는 것은 여행자들이 역사적 비극에 대한 추모 없이 비극의 장소를 단순한 여행의 소재로만 소비하는 현상일 것이다. 하지만 비록 여행이라는 표현을 사용하더라도 비극의 장소에서 있었던 일과 의의를 정확하게 설명하고 이를 통해 여행자들이 사건의 희생자를 추모하는 마음을 갖도록 한다면 '다크 투어리즘'이 충분한 의미를 갖게 될 것이다.

그렇기 때문에 역사학자들의 연구와 경험이 '다크 투어리즘'을 활성화하고 일반화하는 작업에 도움이 될 것이다. 이미 알려진 역사적 비극의 의의를 설명하는 것은 물론 새로운 역사적 비극의 장소를 발굴하고 의미를 부여하는 것 자체가 하나의 중요한 연구활동이라 생각하기 때문이다.

역사학자가 역사자료를 읽고 분석해서 논문과 저서를 작성해 역사 속 다양한 모습들을 보여주는 것은 연구활동의 기본이다. 하지만 현재 역사학자들의 연구활동이 지나치게 대학을 기반으로만 진행되는 경향이 강하다. 역사학 연구자들 모두가 대학에만 기반해서 연구활동을 진행하는 것이 사실상 어려워졌다는 현실을 고려할 때, 역사학자들의 연구 영역과 활동 영역을 확장할 필요가 있다.

이러한 상황에서 개인적으로 고민하고 있는 연구 주제가 바로 '다크 투어리즘'이다. 역사학계의 연구 역량과 사회적 필요 요소를 결합하는 방법을 고민하던 중 관심을 갖게 된 주제였다. '다크 투어리즘'의 취지가 역사학계의 '학술 답사'와 큰 차이가 없다고 느꼈기 때문이다.

사실 '다크 투어리즘'의 개념은 종교의 성지순례에서 시작되었다고 이야기한다. 신자들은 다양한 방식으로 성지순례에 참여하지만 코스의 차이가 있을 뿐, 사실상 여행의 성격을 포함한 성지순례 코스도 이미 많이 개발되어 있다. 지나치게 상업적 요소를 강조하는 연구나 여행 코스의 개발은 주의해야 한다. 역사학자들이 자신의 연구 결과를 잘 활용한다면 역사적 비극의 내용과 의의를 전달하는 방식의 다크 투어리즘 코스를 충분히 만들 수 있다고 생각한다.

현재 '다크 투어리즘'의 대상이 되는 지역들은 대부분 현대에 발생한 사건에 기반하고 있다. 국내에서는 제주도를 중심으로 4·3항쟁에 관한 프로그램이 진행되고 있다. 외국에서는 뉴욕의 그라운드 제로나 대량학살이 이루어졌던 지역을 중심으로 프로그램이 진행되는 사례가 많다. 다만 비교적 가까운 시기에 있었던 비극적 사건을 상품의 관점에서 다루는 문제는 조심스러울 수밖에 없다. 사건을 직접 경험했던 피해자가 남아 있는 경우도 많기 때문이다.

그렇다면 '다크 투어리즘'의 대상 장소나 시기를 확장할 필요가 있다. 근현대 시기는 물론 전근대 시기의 역사적 사건과 장소에서 새로운 가능성을 찾아야 한다. 특히 역사적 사건들을 인물이나 정치적 사건의 전개과정에만 초점을 맞추는 것이 아니라 역사의 무대를 장식했던 사람들의 경험을 함께 고민해 보는 기회가 필요하다. 만약 이러한 시도가 가능하다면 역사의 교훈과 여행의 즐거움을 모두 만족시킬 수 있는 역사콘텐츠를 개발할 수 있을 것이다.

역사적 비극의 내용과 의의를 제대로 전달하기 위해서는 관련 내용에 관한 전문적 연구가 수반되어야 한다. 두 개의 영역이 서로를 지지하면서 유기적으로 맞물릴 때 역사학 연구의 역량이 증가하는 것은 물론 역사학자의 활동 영역도 함께 확대할 수 있을 것이다. 아울러 연구

역량과 활동 영역 확대는 역사학 연구에 대한 새로운 문제의식을 던져 줄 것이라 믿는다. *이규철

제주 4·3평화기념관

단종의 비극을 담고 있는 영월 청령포
〈월중도〉 중에서(한국학중앙연구원 장서각)

광주 망월동 5·18민주묘지

02

한 걸음 더, 한국현대사

1

한국의 성소수자에게
역사라는 이름의 계보적 성원권을!

성소수자가 무얼 뜻하는지 모르는 사람이 아직도 있을 것이다. '변태', '성도착자'라 불리다 성소수자란 말로 불리기까지는 진통이 적잖았지만, 지금도 여전히 전자의 용어를 즐겨 사용하는 사람이 많기 때문이다. 그러니 성소수자의 역사라니, 가당찮다고 생각하는 사람도 더러 있을 것이다. 현재의 존재마저 부정당하는 인간들에 대한 과거의 존재와 계보를 파고들어 가는 일이라니, 과연 그것이 가능한가 싶을 수도 있다.

물론 성소수자의 역사를 쓰는 것은 실제로 불가능하다. 일단 그 당시에는 '성소수자'란 말이 없었다. 성소수자란 90년대 이후 정식화된 정체성 개념이므로, 그 전에 이 개념을 소급해서 적용하기 힘든 부분이 있다. 또한 비슷한 그룹들의 사례를 찾는다 한들, 대부분이 통속잡지에서 장난스럽게, 덜 진지한 투로 스치듯 다루어진 것이 대부분이다. 따라서 이것들을 자료로 쓴다고 했을 때는 자료에서의 언급을 어디까지 사실로 볼 것이냐는 문제가 필연적으로 따라붙는다. 더불어 남의 입에서 장난질로 그려 낸 비규범적 성애·성별 실천의 흔적들 안에서, 이들을 역사 속 주체로 복원하는 일은 가능하지도 않을 뿐더러, 심지어는 비윤리적이다. 따라서 한국의 성소수자 역사를 쓰는 것은 불가능하다.

하지만 80년대 이전 한국의 성소수자'에 대한' 역사를 쓰는 것은 가능하다. 앞서 언급한 대로, 과거의 통속지나 의학논문에서는 당대의 비규범적 성애·성별 실천을 다룬 언급이 의외로 많이 나온다. 그 언급들에서 주체로서의 성소수자를 실증하기 힘들다는 것은 앞에서 보았지만, 반대로 그들에게 쏟아진 사회적 낙인을 실증하는 것은 얼마든지 가능하다. 그 낙인들은 사실상 비규범적 성애·성별 실천의 당사자들이 스스로를 주체라 도저히 밝힐 수 없을 정도로 만연했던 셈이기 때문이다. 더불어 그들이 겪었던 젠더/섹슈얼리티 억압과 낙인은 비단 그들만 겪었던 것은 아니다. 따라서 연구 대상과 관점은 그 억압과 낙인을 따라 자연스럽게 확장된다.

가령 당대 신문과 잡지에 등장하는 여장남자, 혹은 남성동성애자 중의 상당수는 유흥업소 종업원들이었다. 물론 이들 업종에 종사하는 사람들이 당대의 비규범적 성애·성별 실천 당사자 가운데 어느 정도의 대표성을 갖고 있었는지는 알 길이 없다. 이제 와서 확인할 수 있는 것은 주체로서의 그들보다, 그들을 희화하고 가십으로 취급했던 당대 언론과 사회의 낙인일 따름이다. 한데 그들이 있었던 유흥업소라는 현장에는 다름 아닌 성판매 여성들도 함께 존재했다. 흔히 '전업 성매매'의 공간으로 이해되는 성매매 집결지 외에도, 유흥업소나 일반음식점, 그 주변 공간에서는 다양한 형태의 '겸업 성매매'가 불법성행했고, 그 자리에는 여성과 오늘날의 성소수자들이 공존하였다. 실제로 게이·트랜

스젠더 여성 등 성소수자의 보금자리로 알려진 종로와 이태원은, 오랫동안 성판매 여성의 집결지이기도 했다.

현장이 겹친다는 것 외에도 둘 사이의 깊은 연관을 암시하는 증거들은 많다. 이른바 '갈보'는 성판매 여성을 뜻하는 은어로, 빈대 '갈蝎'에서 딴 단어라는 설과, 당시 인기를 끌었던 미국의 여배우 그레타 가르보Greta Garbo에서 딴 말이라는 설 등이 있다. 한데 오늘날의 게이·트랜스젠더 여성에 해당하는 은어는 다름 아닌 '보갈'로, 이는 '갈보'를 뒤집은 말이다. 이 말의 유래에 대해서는, "지금보다도 동성애자임을 나타내기가 더 어려웠던 시절 성적 관계의 상대자가 몇몇으로 한정된 상태에서 성관계가 복잡한 사람들을 일컬어 장난스럽게 쓰던 말로 추정"된다는 설과, "공인되지 못한 성性의 외로움, 빈번한 섹스, 게토화된 공간의 축축함"을 의미했다는 설로 미루어, 성판매 여성과 비규범적 성애·성별 실천 당사자를 아우르는 '비규범적 성'의 공통점 위에서 이 은어들이 혼용되었음을 짐작할 수 있다. 더불어 이들은 명실공히 사회의 치부이자 암적 존재로 낙인찍힌 존재였다.

도착倒錯된 성性은 오늘날 병마처럼 세계에 번지고 있다. 이 도착세계를 도망쳐 나온 두 청년이 정신병동 같은 그곳 세계를 폭로했다. '호모', 즉 '보갈'이란 은어로 통하는 그 세계의 체험적 고발기는……

현재 〈보갈〉의 조직은 서울역파, H극장파(종로1가), M극장파(명동), P극장파(종3), K극장파(퇴계로), Y동(용산구)파 등 6군데.

그들의 수법은 서울역의 경우 무작정 상경 미소년들을 노리고 미끼는 "취직시켜 준다"로 꾀어 양동 무허가 하숙집으로 데리고 간다.

극장파의 경우는 옆자리에 있는 관람객을 상대로 처음에는 슬그머니 손을 잡는다.

이때 빙긋 웃어주면 암호가 통한 것. "차 한잔 합시다"에 동의하면 극장을 나와 일단 다방으로 가고, 다방을 나오면 목욕탕으로 직행한다.

Y동파의 경우는 좀 색다르다. 그들은 주로 여장남자들. 외국인 상대가 많고 때로는 밤거리 미도파 앞, 무교동까지 원정을 나와 술 취한 손님을 유혹한다. 이 같은 조직에 걸려든 사람은 다른 '보갈' 집단에게 1인당 1천 원이란 헐값으로 팔려 간다.

특히 "대낮의 극장 뒤에 서 있는 손님 가운데는 파트너를 구하러 나온 '보갈'족들이 9할이 넘는다"고 단정했다.

– 〈고발: 마짜 떼자 전차, 남자끼리의 그 징그러운 서울 〈보갈〉족: 逆SEX 지대에서 탈출한 두 청년의 체험적 폭로〉,《주간경향》203, 1972. 10. 22, 30쪽.

이들이 있던 현장을 이 기사에서처럼 "정신병동"이라 부른 것은 우연이 아니었다. 당시의 비규범적 성애·성별 실천은 정신의학계에 의해 실

《주간경향》1972년 10월 22일
당시 남성동성애자·여장남자는
'보갈'이라는 은어로 불렸고,
'마짜'는 섹스포지션 중 바텀bottom을,
'떼자'는 탑top을 가리켰다.
이 어휘들은 현재도 게이커뮤니티에서
종종 사용되고 있다.

제로 정신질환으로 간주되었기 때문이다. 당대의 정신의학 논문에서는 오늘날의 성소수자에 해당하는 사람들이 '증례症例', 즉 정신병의 사례로 종종 등장한다. 앞서 통속잡지 등에서 언급되는 사례들이 그 진위를 좀처럼 신용할 수 없는 데 반해, 의학논문에 등장하는 이러한 예들은 상당 부분 사실로 신용할 수 있기 때문에 귀중한 자료가 된다. 더불어 대중매체에서 이들을 범법 사례나 희화화의 대상으로 다루고, 의학권력에서 이들을 체계적으로 정신질환자로 규정한 것은, 당대 젠더·섹슈얼리티 억압과 낙인 또한 이처럼 이중적인 성격을 띠었음을 드러내 준다.

그런데 이러한 낙인의 이중적 부과는 비규범적 성애·성별 실천 당사자뿐만 아니라, 성판매 여성도 함께 겪었다. 성판매 여성을 흥미로운 이야깃거리로 소비했던 당대 대중매체는 너무도 많았다. 나아가 이들의 몸과 정신이 '일반 여성'에 비해 어딘가 이상이 있어 성매매로 유입되었다는 '윤락'의 문법은, 대중적 차원과 학술적 차원 양자 모두에서 전개되었다. 특히 후자의 경우, 성판매 여성에게서 높은 확률로 성병과 정신장애가 나타난다는 논문이 제출되기도 했으며, 이는 '윤락'의 낙인이 근대적인 형태로 병리화pathologize되는 과정과 같았다.

나아가 당대의 정신의학자 중 한 사람은, 1970년에 발표한 〈한국인의 성도착증〉이라는 논문을 통해 한국인에 "성도착증", 즉 비규범적 성애·성별 실천이 적게 나타난다고 하였고, 그 까닭으로 한국문화가 성적 억압을 잘하고 여성의 성욕을 말하지 않으며 성을 입 밖에 꺼내지 않는 특성이 있기 때문이라고 주장했다. 이 논문은 이후 십여 년 동안 한국의 비규범적 성애·성별 실천 관련 연구에 즐겨 인용되었다. 더불어 이 연구자는 대중매체에 기고한 글에서 다양한 형태의 여성혐오

misogyny적 발언을 드러내기도 했다. 이처럼 젠더·섹슈얼리티 억압의 전선에는 어느 한 그룹만 존재하지 않으며, 그 낙인 역시 어느 한 그룹에만 머물지 않고 확산된다. 마치 '빨갱이'란 낙인이 민주화운동 당사자들뿐만 아니라 일반 사회, 혹은 민중들에게도 흐르고 스며들었던 것처럼, 젠더·섹슈얼리티의 낙인 또한 결국은 여성·성소수자가 아닌 다른 사람에게도 영향을 끼쳤을 것이며, 따라서 그것의 전모와 성격을 파헤치는 일은 결국 남의 일이 될 수 없다.

사실 이 억압과 낙인의 확장된 존재양태와 그것의 성격 규정에 대한 힌트는 학계 안에서가 아니라, 수년간 몸담았던 성소수자 인권운동 판에서 얻은 것이다. 각각의 운동은 모두 각각의 현장이 있고, 그 현장은 각기 다른 주체와 상처의 얼굴을 가진다. 그런데 공교롭게도 그들 가운데 쏟아지는 사회적 배제와 낙인의 얼굴은 희한하게도 흡사해서, 그것을 매개로 다른 현장의 운동들이 선뜻 손을 잡는 계기가 되기도 한다. 성소수자 인권운동과 여성운동, 노동운동, 이주민·장애인 인권운동이 서로 연대하는 모습은 단순한 교양적 지식 위에서가 아니라, 그런 구체적인 억압과 낙인과 그로 인한 공통의 경험 위에서 가능했다.

한때 역사가 무엇인지, 역사를 왜 쓰며 그것을 대체 어디에 써먹는지 깊이 회의했던 적이 있다. 분명히 내가 배웠던 개설적 지식과 내가 한때 매료되었던 학술적 엄밀성이 모래성처럼 머릿속에서 산산히 부서지는 경험을 했다. 한데 만정이 떨어진 몸으로 운동 판에 수 년을 있고 보니, 역사를 챙길 틈과 여유조차 없이 현재의 역동에 몸 맡기고 충실히 살아 가는 내 곁의 사람들에게, 역사라는 이름의 계보적 성원권을 선물하고 싶다는 생각이 들었다. 그들은 마땅히 자신의 존재와 더불어 그들이 싸우고 있는 억압에 대해 깊은 차원의 설명을 제공받을 자격과 권리가 있다. 역사는 교과서에서 정식화된 것들, 혹은 학계에서 유통되고 있는 것들 외에도, 그 존재의 의미가 얼마든지 편재할 수 있다는 것을 나는 학계 바깥에서 배웠다. 이미 마땅히 존재하고 있는 그것을 발견하는 일은 남은 연구자들의 몫이다. *김대현

2

한국현대사의 '방법론'에 대해 생각하며

역사학계 또는 역사학이라는 학문에 발을 들이밀게 된 나이를 정확하게 기억한다. 정확히 28세. 시작은 일련의 '정동' 때문이었다. 존경심, 분노 그리고 의혹. 이 정동의 연쇄는 한국현대사라는 학문을 접하면서 시작되었다.

　대한민국에서 1990년대를 전후한 시기 경상도라는 지역적 조건, 시스젠더 헤테로 남성이라는 결계 밖을 나와 처음 대했던 학문이 바로 한국현대사였다. 그 첫 만남의 강렬함, 정동은 인생에서 다시 묘사하기 어려울 정도로 인상 깊었다. 그리고 이는 상당 부분 1987년 이전 시대를 '청춘'으로 살아온 전 세대가 만들어 온 '공동체'에 대한 존경으로부터 기인했다. 그렇게 한국현대사라는 학문은 학문 이전에 '도덕' 혹은 정동으로 내게 다가왔다. 하지만 학부 때 접한 사건들에 기초한 분노, 의혹을 바탕으로 한 연료는 석사과정까지였던 것으로 기억한다. 이 연료를 바탕으로 '수련'의 과정이 시작되었고, 이루 말할 수 없을 만큼 많은 선생님들께 배움을 받았다. 그리고 현재.

한국현대사란 무엇일까? 역사란 무엇일까, 라는 생각을 한다. 오늘날 한국현대사의 고전적 쟁점들은 잠시 정체 중에 있다. 1980년대를 전후한 민주화운동의 물결 위에, 한국현대사는 시작됐다. 이렇게 태동한 한국현대사 연구의 목적은 비교적 명확했다. 독재 타도, 민주주의 회복, 남북관계 회복! 이를 운동론적으로 옮겨 보면 여러 가지로 표현될 수 있겠지만, 1980년대 한국의 사회구성체 논쟁에서 드러나듯이, 한국현대사 연구는 구성원 각자의 미완의 혁명을 '민주주의'와 '분단모순' 극복을 통해 이루어 내고자 했던, 사실상 학문과 실천운동이 결합된 영역이었다. 이러한 많은 노력들은 결국 1987년을 맞아 만개하였고, 두 차례의 민주정권의 탄생, 급기야 박정희의 마지막 '타래'가 민주주의의 이름 앞에 탄핵되면서 일정 정도 마무리된 감이 있다.

물론, 현실의 '혁명' 혹은 그 무언가는 전혀 마무리되지 않았다. 제주 4·3을 시작으로 한국현대사에 드리워졌던 학살의 그림자, 신자유주의 시대 이후 악화된 노동 문제 등 여전히 한국 사회의 과제는 산적해 있다. '적폐' 청산의 길도 멀다. 하지만, 한국 사회의 과제와 한국현대사 연구의 과제가 동일하다고 말할 수 있는가? 또 한국현대사 연구는 어떤 방식으로 이러한 한국현대사의 과제에 개입할 수 있는가? 혹은 한국현대사 연구는 현실에 개입할 의도가 있는가? 한국현대사 연구는 결국 학문인가? 운동인가? 라는 질문 등의 연쇄는 멈출 수 없다.

한국현대사 연구는 몇 가지 점에서 역사학 내에서도, 인접 학문 내에서도, 그리고 전 세계적으로도 다소 특이한 지형에 놓여 있다고 보인다. 특히 방법론 측면에서 한국현대사 연구는 고전적 의미에서의 역사학은 물론 서구의 역사학과도 다른 층위에 놓여 있다. 굳이 랑케를 인용하지 않더라도 역사학의 근본은 '사료'와 그 독해에 있다. 그 결과 역사학 연구자들은 각자 고유의 언어를 매개로 자신들의 논의를 전개한다. 이를 통해 한국사의 경우 근현대 이전은 주로 한문 혹은 경전을 읽는 능력을 배양하고, 근현대의 경우는 일본어, 영어, 러시아어 등을 활용해 사료에 접근한다. 한국현대사의 경우, 그 필요한 언어는 주로 러시아, 영어, 일본어 등이다.

문제는 한국현대사의 연구 시기에 있다. 한국현대사 연구는 1945년 이후를 대상으로 진행하며, 그 주된 문제들이 거의 다 현재와 맞닿아 있다. 일반적으로 한국의 역사학은 언어에 대한 수련을 강점으로 다양한 사료들을 바탕으로 논의를 전개한다. 이때 역사학의 '권위'는 다른 학문이 접근하기 어려운 사료, 대상, 시기 등에 대한 전문성을 통해 자연스럽게 확보된다. 하지만 한국현대사 연구의 경우, 그 대상은 주로 현실에서 서로 마주하고 있는 대상이 된다. 그래서 역사학의 여타 분과에는 없는 문제가 새롭게 발생한다. 즉 바로 내 눈앞에서 같은 연구 대상을 바라보고 있는 '청자'를 설득하는 과제가 그 즉시 연구자에게 부여되는 것이다. 이는 곧바로 '방법론'의 문제로 직결된다.

한국에서 당대를 다루는 인문학은 국문학과 정치학, 그리고 복지·여성 등을 포괄한 의미에서 사회학 일반을 대략 언급할 수 있을 것이다. 이 중 국문학을 제외하고 정치학과 사회학 등은 거의 비슷한 방법론을 공유한다. 이들은 연구 설계와 이론을 탐색하고, 가정을 설정한 후 연구를 진행하며, 그 결과를 인접 학문들이 공유하는 방법론을 매개로 공개한다. 그 결과 각자의 결론에 동의하지 못하는 부분이 있을지언정,

그 연구 성과는 동일한 학문체계 내에서 수용되기 쉬운 구조를 지니게 된다. 반면 역사학과 국문학은 그러한 방법론을 함께 공유하지 않는다. 다만 국문학의 경우에는 담론 분석의 영역에서 사회학의 '질적 방법론'과 비슷한 방식을 구사하고 있기 때문에 이마저도 수행하지 않는 역사학과는 또 차별화된다고 할 수 있다.

하지만 역사학의 경우에는 이러한 방법론에 대한 이야기가 없다. 박사 논문의 경우 연구방법론을 적시하도록 되어 있으나, 그것이 수련과정에서 미리 준비된 것은 아니다. 따라서 대개의 역사학 논문은 기존 잘못된 사실, 혹은 밝혀야 될 사실이 존재하고, 이를 시간 순으로 배치한 후 상대에게 제시하는 방식을 택하고 있다. 한국현대사 연구 역시 하고 싶은 이야기를 다양한 사료와 주장을 논문의 장절에 맞춰 완성할 뿐이다. 물론 한국사학사 등의 과목을 통해 역대 학자들의 연구방법론을 살펴보지만, 이는 사실상 인식론의 모색이지 방법론의 모색은 아니다. 그 결과 대중에게 혹은 다른 학문 분과에게 한국현대사의 연구 결과는 거대한 정보가 잠재된 모본으로 간주되지만, 때론 재가공이 필요한 또 하나의 원자료로 종종 인식되기도 한다. 물론 그들의 인식이 옳다고 할 수는 없다.

한국현대사 연구의 중요한 방법론은 여전히 사료 탐색에 놓여 있다. 그리고 이 사료 탐색의 누적이 주는 '정동' 혹은 결과는 여타 근대 학문이 지니지 못한 '정동의 연쇄'를 지니고 있다. 그리고 바로 이 지점이 오늘날까지 한국현대사 연구가 현실에서 운동과 실천을 겸비한 원동력이 되었다고 할 수 있다. 그런 측면에서 '정동의 연쇄'를 의도한 사료의 누적, 그 자체가 한국현대사의 방법론이라고 할 수 있을 것이다. 하지만 한국현대사 연구는 그동안 이러한 방법론을 학술적으로 풀어 내는 것에 무심했다.

'열린 시대' 이전에는 그러한 침묵이 큰 문제가 되지 않을 수도 있다. 하지만 상황이 변했다. 한국현대사 연구가 대상으로 하는 시기는 국문, 사회, 정치, 경제, 영화 등 거의 모든 연구 주체가 함께 참여한다. 하지만 그 연구 주체 중에서 유일하게 한국현대사 연구만이 사료 탐색 외 연구방법론을 적절하게 제시하지 못하고 있다. 이전 시기 그것은 반파쇼 인민전선 혹은 독재 타도 등으로 대체될 수 있었다. 파쇼화된 국가가 사실을 통제하는 국가에서 한국현대사 연구자들은 흡사 인류학자들처럼 현대에서 사료를 다시 발굴하고 이를 대중에게 알리는 '미네르바의 부엉이' 역할을 했다. 하지만 '열린 사회'에서도 한국현대사 연구자가 다시 이러한 역할을 하기를 기대하는 것은 무리다. 그렇다면 미네르바의 부엉이가 될 수 없는 부엉이는 향후 자신의 무엇을 직무로 삼아야 할까?

한국현대사 방법론에 대한 탐구가 그 대답 중의 하나가 될 수 있다고 생각한다. 물론 그 방법론이 그리 대단한 것은 아닐 수 있다. 하지만 아무리 대단치 않아도 공동체의 룰이 있다면, 그 공동체에 속한 이상 다시 한번 이를 고려해 봐야 하는 것이 아닐까? 개인적으로 한국현대사 연구의 변화가 요구된다고 생각되는 시점이다. *한봉석

1987년 6월 명동성당 앞
직선제 개헌 시위의 풍경.
6월항쟁은 한국현대사 연구자들
'정동' 형성의 중요한 시대적 배경이었다
(민주화운동기념사업회).

3

역사의 연속성에서 바라본
남북한의 '수도' 서울과 평양

'역사 연구'를 시작하면서 새로운 주제, 연구방법론, 사료 등에 대해 끊임없이 고민해 왔다. 이에 대해 가장 순수하게 고민했던 시기는 석사학위 논문 주제를 정할 때였던 것으로 생각된다. 논문 주제를 찾으면서 우연히 갔던 세미나, 그곳에서 읽었던 책, 선배들의 조언이 당시 나의 고민과 일치했고, 결국에 필자는 북한사를 전공하기로 마음먹었다. 일제 시기 이후, 국가 건설과정에서 북한이 가졌던 국가 운영 방향과 일제 시기와의 물적·인적 연속성에 대한 궁금증이 연구 주제를 정하게 된 계기였다. 이 중에서도 특히 일제 시기와의 단절을 위한 국가의 노력과 어쩔 수 없이 활용할 수밖에 없었던 일제 시기의 유산 사이의 모순적인 관계를 풀어 내고 싶었다.

이때까지 일제 시기에 대한 평가는 주로 수탈과 저항, 친일과 반일이라는 이분법적 구조에서 진행되어 왔다. 일제 시기와 해방 이후의 시기는 단절되어야만 하는 것이었고, 억압과 자유로 대비되었다. 또한 현대와 근대를 분리하는 시각은 연구자들 내에도 존재하고 있어서 근대사 연구자들은 근대를, 현대사 연구자들은 현대를 연구하는 것이 당연한 공식처럼 되어 있다. 물론 일제 시기 말기와 해방 직후의 상황을 상호 다루고는 있지만, 전사前史로서 설명하거나 후사後史로서 설명하는 정도다. 이와 같은 여러 가지 이유 때문에 식민지 유산에 대한 고민과 연구는 상당히 지체되었고, 근래에 와서 해방 이후 곳곳에 스며 있던 식민지성에 관한 연구들이 진행되고 있지만, 연구 성과가 풍부하게 축적된 상황은 아니다.

　필자 또한 현대사 전공자로서 일제 시기를 염두에 두지 않은 채 연구 주제에 대해 고민하였다. 그러던 중 한 월남민 기술자로부터 해방 이후 북한에 남아 있던 일제 시기의 분위기에 대해 들을 기회가 있었다. 그의 말에 의하면, 해방 이후 북한의 기술학교에서 기술을 배웠는데, 일본어 교수가 일본어로 기술을 가르쳤다는 것이다. 게다가 입학시험 또한 일본어로 치렀으며, 본인도 한국어보다는 일본어를 사용하는 것이 훨씬 익숙했다고 증언했다.

　처음에는 해방 이후 그것도 북한에서 이러한 일이 있었다는 것이 의아했지만 돌이켜 생각해 보니 너무나도 당연한 것이었다. 1920년대생인 구술자는 일본어로 교육받았고 일본어를 사용하도록 강요당했다. 해방 이후 식민지는 사라졌지만, 생활과 사회, 국가 행정에서 일제 시기의 모습이 남아 있는 것은 당연한 것이었다.

　이러한 연속성을 증명해 주는 소재는 인적 구성, 산업시설, 행정체계, 물적 자원, 기술 등 여러 가지가 있지만, 필자는 한국근현대사의 연속성을 밝히는 소재로 '도시'를 선택하였다. 도시는 '공간'이라고 규정할 수 있는데, 이 공간이라는 개념은 고정적이기 때문에 공간을 구성하는 구성원이나 구성 이념이 변화해도 쉽게 그 구조가 변하지 않는 속성을 가지고 있다. 그중에서도 서울과 평양은 전근대 시기부터 근현대까지 오랫동안 도읍과 부도로서 기능해 온 도시이며 각 시기의 역사성이 축적되어 있고, 현재는 각각 남한과 북한의 수도로서 정치의 상징성을 지닌 곳이다. 정리하자면, 남한과 북한 각각의 수도인 서울과 평양에 중첩되어 있는 공간 속의 역사를 통해 근대와 현대의 연속과 단절, 국가 건설기 남북한의 도시계획과 이념 투영에 대해 살펴보고자 한다.

요컨대 필자는 도시계획, 식민지적 연속성, 해방 이후 남한과 북한에 주목하고자 한다. 이 세 가지 포인트에 주목한 아주 순수하면서도 기초적인 이유는 아직 선행 연구가 없기 때문이다. 도시사의 경우에는 10여 년이 넘는 성과가 쌓였음에도 많은 연구가 시기적으로는 근대 시기에, 지역적으로는 한반도 이남 지역에 머물러 있다. 평양의 경우도 이러한 연구사적 영향을 받아 일제 시기, 해방 이후 모두 단독 소재로 연구된 적이 없다. 이 때문에 평양에 대한 연구는 일제 시기 도시계획에 대한 개설적인 내용 정리와 도시의 성격을 규명하는 것에서부터 시작해야 한다. 일제 시기의 도시상이 명확하게 드러나야 해방 이후 소련군과 미군정하에서 각각의 도시계획이 어떻게 이루어졌는지 그 차이가 명확해지기 때문에 일제 시기 평양의 도시계획 연구는 여러 도시사학자들이 주목해야 할 부분이라고 생각한다.

물론 북한 관련 연구에는 사료 부족이라는 근본적인 한계가 존재한다. 경성은 '식민지 수도'로서 문서와 신문자료, 지도 등이 상당수 남아 있는 반면 평양은 군수·공업기지였기 때문에 다양한 이야기를 풀어 낼 수 있는 자료가 충분치 못하다. 해방 이후 평양에 대한 자료 부족은 더욱 심각한 상황이다. 지금까지도 북한자료의 열람이 자유롭지 못하고, 북한자료센터를 경유하지 않으면 국내에서는 북한자료를 거의 볼 수 없는 실정이다. 이 때문에 대부분의 북한사 전공자들이 미국의 국립문서보관소NARA(National Archives and Records Administration)나 러시아, 중국, 일본 등지에서 개인적으로 자료를 수집해 오는 경우가 많다. 필자도 한국전쟁 이후 도시계획 관련 자료는 헝가리 국립기록보존소Magyar Nemzeti Leveltar에 소장된 자료를 확인한 바 있다.

이와 같이 연구자가 직접 외국의 문서고에서 새로운 자료를 발굴하여 새롭게 역사를 해석하는 것도 역사 연구의 좋은 방법이지만, 새로운 자료를 발굴하는 데에는 시간적으로나 물질적으로 상당한 시간을 요하기 때문에 한계가 존재한다. 또한 서울과 평양의 비교연구를 진행할 경우, 자료의 질과 양적 측면에서 편차가 크기 때문에 새로운 연구방법론을 도입해 이러한 한계점들을 극복해 나가야 했다.

필자가 새롭게 도입한 연구방법은 쉽게 말하면 '융복합'이다. 필자의 소속처인 연구소가 도시공학, 건축, 조경, 역사 전공자들이 함께 연구를 진행하는 융복합연구소여서 그 영향을 크게 받은 측면이 있다. 아직도 평양에 대해서는 소련의 사회주의 도시 모델이 이식되었다는 의견과 일제 시기의 도시계획 모델이 그대로 적용되었다는 의견이 충돌하고 있다. 일반적으로 확인할 수 있는 북한의 자료에서는 사회주의식 '민주도시'를 건설한 것으로 서술하고 있는 반면 도시구조에서는 소련식, 사회주의식 도시구조가 명확하게 드러나지 않기 때문에 나타나는 충돌이다. 이러한 점은 건축학에서 사용하는 CAD(Computer Aided Design)를 활용하여 도면을 서로 겹쳐 보면 확실하게 어떤 도시모델을 활용했는지 알 수 있다. 건축학에서는 당연하고도 기초적인 것이지만, 역사학계에서는 HGIS(Historical geographic information system)와 함께 아직도 천착하고 있는 연구방법론이다.

도면을 그릴 수 있는 재료는 여러 가지다. 사료로 남아 있는 도면자료를 직접 그려서 이용할 수도 있고, 지도 위에 도면을 그려서 활용할 수 있는 방법도 있다. 시기별 도면 샘플과 도시건축가, 건축가의 전공 분야, 유학 여부, 수학한 학교 등을 데이터베이스화하여 비교분석할 수 있다. 이 분석방법은 평양을 살펴볼 때 가장 유용하다. 평양은 한국전쟁 당시 폭격으로 인해 도시 전체가 파괴되어, 일제 시기 도시의 흔적도 찾아볼 수 없게 되었다. 이후 1951, 1953년 김정희라는 건축가가 〈평양시 복구건설계획도〉를 작성했는데, 이때 공개된 도면과 1946년 미군이 작성한 지도, 1930년대 평양도시계획도를 직접 비교해 보면, 평양의 도시계획의 밑그림, 즉 가로망계획의 경우에는 큰 변화가 없음을 알 수 있다. 다만, 밑그림 위에 그려지는 그림, 도시의 구성 요소는 사회주의적 요소를 가미하고 있음을 확인할 수 있다.

물론 이러한 기술적인 분석 외에도 국가 이념과 그에 따른 도시계획과 국가 행정을 비교해 볼 수도 있다. 예컨대 토지제도에 있어서 북한은 무상몰수 무상분배, 남한은 유상몰수 유상분배하기로 결정하였다. 북한은 토지의 몰수와 분배를 국가가 주도했기 때문에 도시계획에서 각 땅에 대한 용지 설정(주거용지, 공업용지, 공원용지)이 매우 수월했던 반면, 남한은 소유권을 인정해 주었기 때문에 땅이나 건물의 소유자가 매매를 원하지 않을 시에는 도시계획에 차질이 빚어지는 경우가 많았다. 이처럼 남북은 해방 직후부터 정치·경제사적 측면에서 확연한 차이를 보이고 있었다. 이러한 차이점을 기반으로 한 비교사적 시각 위에서 '도시계획도'를 해석하고, 이것을 시기별로 분석한다면 공간에 남아 있는 시간적 연속성과 단절성을 새롭게 확인할 수 있을 것이라 생각한다.

서울과 평양을 연구 주제로 하는 이유를 한 마디로 정리하자면, 언제 찾아올지 모르는 통일에 대비해 남과 북을 상징하는 도시의 공통점과 차이점, 그리고 공통점과 차이점의 '기원'에 대하여 미리 알아보고자 하는 것이다. 최근 서울시도 이와 같은 맥락에서 평양을 알기 위한 심포지엄을 개최했다. 연구자로서 점차 평양이 연구 주제로서 소위 '시민권'을 얻어 가는 모습과 연구가 축적되어 가는 모습을 눈으로 확인할 수 있는 의미 있는 자리였고, 나아가 나의 한계와 가능성을 확인할 수 있는 시간이었다. *김태윤

평양시가지계획도(1938)
북한의 수도 평양은 전근대−근대로 이어지는
역사의 연속성 위에서 재건되었다.

4

5·18항쟁 연구와 역사학의 몫

1980년 5월 18일 오전 9시경 전남대 정문 앞의 학생시위로부터 시작된 5·18항쟁은 5월 27일 새벽, 광주로 재진입한 공수부대원들의 무력진압으로 끝이 났다. 그것은 끝이 아닌 또 다른 시작이었다. 그로부터 이 땅의 사람들은 새로운 세상을 꿈꾸었다. 5월 27일 직후부터 광주 시민들을 무참히 학살한 전두환 정권을 무너뜨리려는 민주화운동이 정권의 갖은 탄압에도 멈추지 않았고, 그 거대한 물줄기는 1987년 6월항쟁으로 폭발했다. 이렇듯 5·18항쟁은 1980년의 시작이자 한국현대사의 물줄기를 새롭게 만든 계기였다.

변화된 한국 사회의 분위기는 학술 연구에도 영향을 미쳤다. 한국근현대사에서 새로운 영역을 다루기 시작하고 그 대상과 주제도 풍성해졌다. 분단과 독재 아래에서 금기됐던 경계들이 허물어졌다. 인권과 민주주의, 국가폭력, 미국, 북한과 통일 등의 문제가 제기됐다. 그동안의 5·18항쟁 연구는 진상규명으로부터 시작되어 최근까지 이어졌다.

최근《죽음을 넘어 시대의 어둠을 넘어》개정판이 출간됐다. 그럼에도 몇몇 부분은 아직도 풀리지 않은 의문부호로 남아 있다. 이것은 5·18항쟁이 현실에 자리하고 있는 사정을 반영한 때문이다. 무엇보다 아직껏 분명하게 그 진상이 제대로 규명되지 않았다. 뿐만 아니라 5·18항쟁의 의미를 깎아 내리고 사실을 비틀려는 시도 또한 멈추지 않고 있다. 그 역사적 의미에 대한 평가와 사법부의 판단까지 내려졌다. 그럼에도 민주주의와 생존을 지키려던 광주 시민들의 의로운 항쟁을 끌어내리려는 극우파들의 시도는 끊이지 않고 있다. 작년에 출간됐다 사법부로부터 출판금지를 당한 전두환의 회고록은 그 연장선상이자 완결판이다.

5·18항쟁 연구에서 새롭게 접근할 수 있는 분야는 무엇보다 군에 대한 연구다. 지금까지의 연구는 대개 광주 시민들, 피해자들의 입장에서 사실에 접근했다. 이는 1980년대 초·중반까지 정권이 사실을 왜곡하고, 또한 5·18항쟁의 실체적 진실을 파악할 수 있는 핵심 자료를 폐기했다는 필연적인 한계로부터 기인한다. 그로 인해 주로 피해자들의 구술과 언론의 취재에 기초해 사실을 복원할 수밖에 없었다. 또 핵심 자료가 군 자료였기에 그 접근조차 쉽지 않았다. 물론 1988~89년 제13대 국회의 광주청문회를 거치며 군 자료가 알려지고, 이 자료에 근거해 5·18항쟁을 재구성한 몇몇 성과가 있다. 하지만 대부분 광주 시민들의 입장에서 5·18항쟁에 접근한 탓에 군의 활동에 대한 규명은 미약하다. 그 뒤 전-노 재판, 그리고 국방부 과거사진상규명위원회의 활동을 거치며 새롭게 발굴된 자료들이 소개됐다. 이 자료들을 분석한 연구가 일부 있기는 하지만 5·18항쟁을 촉발시킨 군에 대한 연구는 아직도 매우

부족하다.

5·18항쟁과 관련한 한 가지 질문을 던질 수 있다. "왜 군대가 시민(국민)들을 짐승처럼 다루고, 결국에는 발포했는가, 그리고 마치 적을 상대하듯이 국민을 상대했는가?" 그동안 많은 연구 성과가 있음에도 이의문에 대한 답은 명확하지 않다. 그렇기에 군 자료에 근거해 군의 활동을 규명하는 게 더욱 필요하다.

다음으로 앞서 언급했듯이 5·18항쟁을 재구성하는 데 몇 가지 핵심적인 주제는 아직도 미해결인 채로 남아 있다. 첫째, 계엄군의 발포 명령체계와 명령자는 아직도 밝히지 못했다. 사실, 이 문제는 그동안 많은 조사와 연구, 언론에서도 규명을 시도했으나 명확하게 정리되지 않았다. 자료(관련자들의 증언 포함)가 많이 발굴됐음에도 이를 확정할 수 있는 결정적인 자료는 발견되지 않고 있기 때문이다. 정황 증거는 넘치지만 핵심 증거는 나타나지 않고 있다. 이 문제를 해결하기 위해서는 다른 방식의 접근이 필요하다. 그동안 제기된 지휘권 이원화와 발포에 이르는 과정을 연관시켜 살펴보는 것이다. 아울러 관련자들의 용기 있는 증언에 기댈 수밖에 없다.

둘째, 왜 그 같은 국가폭력이 하필 광주에서 저질러졌고 항쟁이 발생했는가를 규명해야 한다. 5월 17일 24시를 기해 전국으로 비상계엄이 확대되고, 서울을 비롯한 전국의 대학가에 군인들이 진주한 것은 비슷했다. 오히려 서울은 학생들의 시위를 막고자 장갑차까지 배치됐다. 또 5월 18일에 광주 이외에도 몇몇 지역−서울, 부산 등지−에서도 시위가 발생하거나 학생들의 간헐적인 저항, 그리고 유인물이나 벽보 등이 등장했다. 또 이날 새벽 공수부대가 전북대를 점거하며 전북대 학생 이세종이 사망한 사건이 발생했다. 즉, 공수부대의 잔혹한 진압은 광주 이외의 지역에서도 있었다. 그럼에도 항쟁이 지속되어 종국에는 한국전쟁 이후 처음으로 무장항쟁이 발생한 곳은 광주가 유일하다. 5·18항쟁과 6월항쟁의 결정적인 차이도 여기에 있다. 5·18항쟁에서 더이상 광주(일부 전남 지역 포함)를 넘어선 지역까지 확산되지 못한 반면, 6월항쟁은 한날한시에 전국 각지에서 국민들이 봉기했다. 그렇지만 1980년 5월 광주는 고독했고, '육지 속의 섬'처럼 고립됐다. 왜 다른 지역에서와 달랐는가는 추후 세밀하게 살펴봐야 할 주제다.

셋째, 국가폭력의 연속성 문제다. 한국근현대사에 국가폭력, 그중에서도 민간인 학살은 역사성이 있다. 일제의 학살은 말할 것도 없지만 해방공간에서의 학살(10월항쟁기의 학살), 정부 수립 전후의 학살(4·3사건과 여순사건), 한국전쟁기의 학살 등이다. 수많은 사람들이 공권력에 의해 죽임을 당했음에도 민간인 학살의 문제는 단 한 번도 제대로 청산되지 못했다. 1951년 2월에 발생한 거창학살사건은 일찍부터 부각되어 국회, 헌병대, 국내외 언론 등에서 조사했다. 그리하여 어느 정도 진상이 규명되고 군법회의까지 열려 관련자들이 처벌됐다. 하지만 얼마 지나지 않아 거창에서 국민들을 학살했던 자들은 다시 사면, 복권됐다. 그 뒤 학살자들은 변함없이 그 직위가 높아졌을 뿐 아니라 그 경험도 자연스럽게 쌓였다. 이것은 그 뒤 베트남전쟁에 참가한 한국군에게 이어졌고, 베트남전에서의 인식과 경험은 광주에서도 계속됐다. 그러나 아직 이러한 국가폭력, 학살에 대한 인식과 경험이 어떻게 전수됐는가는 그리 많은 관심을 받지 못한다. 그동안 민간인 학살 연구가 개별 사안의 진상을 규명하는 데 초점이 맞춰졌기 때문에 나타나는 한계다. 앞으로는 이 같은 연구 성과가 축적되어 그 역사성을 추적하는 작업이 필요할 것이다. 여기에 덧붙여 학살을 매개할 수 있는 논리가 있는데, 이에 대한 분석도 필요하다.

5·18항쟁과 관련해 최근 국방부 5·18특별조사위원회에서 새로 발굴한 자료들을 재검토하는 것이 시급하다. 이미 언론을 통해 알려졌듯이 전두환 정권은 5·18항쟁의 전모를 밝힐 수 있는 핵심 자료들을 폐기하거나 왜곡했다. 어찌 보면 자료들이 '소독된' 채 드러나고 있다. 그렇지만, 이 자료들은 한계가 있음에도 의미 있는 자료다. 무엇보다 군의 활동에 가장 구체적으로 근접할 수 있는 자료다.

거듭 강조하지만 1980년도에 생산된 군 자료는 군의 시각에서 작성되어 사실을 왜곡하고 있는 한계가 있다. 하지만 최소한 5·18항쟁 기간에 광주에 파견된 군의 규모, 이동, 주요 활동, 시민들의 대응 등을 세밀하게 기록하고 있다. 때문에 이 자료와 다른 민간의 자료들과 교차 검토하면 사실을 재구성하는 데 도움이 될 것이다. 국방부 5·18특별조사위원회의 발굴자료 중 상당수는 새롭게 발굴된 자료일 가능성이 크기 때문에 추후 정리와 분석이 필요하다.

5·18항쟁의 연구가 축적돼 정확한 명칭을 개념화하는 것도 필요하다. 정부의 공식 명칭은 '5·18광주민주화운동'이지만 이것으로는 5·18항쟁의 성격을 드러내는 데 미약하다. 그렇다고 5·18광주민중항쟁도 제약된 뜻으로 여겨지기에 새롭게 명칭부터 재검토해 봐야 할 것이다.

마지막으로 한국현대사에서 군의 위상과 역할, 그중에서도 정치군인들의 행태에 대한 검토가 필요하다. 1961년의 5·16군사쿠데타와 12·12군사반란 등은 일정하게 개별 연구가 이루어져 왔다. 하지만 이를 한국현대사 전체적인 시야에서 검토한 연구는 진척되지 않았다. 어찌보면, 5·16과 12·12는 유사점이 많다고 평가할 수 있다. 군인들이 병영을 벗어나 군사쿠데타를 일으키고 뒤이어 과도기의 군정기구(국가재건최고회의와 국가보위비상대책위원회)를 만들어 민간사회를 통제했다. 군정기구가 실행한 정책에서도 유사한 점이 많을 뿐 아니라 이후 한국 사회의 변화를 추동시켰던 점도 있다. 또 군을 정치적 목적에서 동원한 선례는 박정희 정권 때부터다. 그중에서도 공수부대는 때때로 시위 진압에 투입됐는데, 5·17과 공수부대의 시위 진압 투입은 5·18항쟁의 주요 배경으로 작용했다. 그렇기에 한국현대사에서 군의 역할에 대한 비교사적 검토가 필요하다. *노영기

끝나지 않은 5·18항쟁
아직 발포 명령자는 찾지 못했고,
풀지 못한 과제들은 산처럼
쌓여 있다.

5

북한 '연안파' 다시 보기

'연안파'는 해방 이전 중국에서 중국공산당과 밀접한 관계를 맺으며 항일투쟁을 전개한 조선독립동맹·조선의용군 계열을 통칭하는 개념이다. 이들은 북한의 당·정권기관·군대 등 다양한 방면에서 활발히 활동하였고, 특히 건군建軍과정에서 김일성의 '만주파'와 함께 핵심적 역할을 수행하였다. 그러나 조선독립동맹·조선의용군은 결성 당시부터 정체성이 다른 인물과 단체의 연합체로 출발하였고, 입북 이후에도 강력한 결속력이나 확고한 지도자를 가진 집단으로 성장하지 못하였다. 이들은 결국 1956년 '8월종파사건'과 뒤이은 몇 차례의 숙청으로 북한의 역사에서 사라져 갔다.

북한의 역사에 조금이라도 관심이 있는 사람들이라면 '연안파'는 낯선 용어가 아닐 것이다. 이는 그만큼 북한사 연구에서 '연안파'가 언급됐다는 의미다. '연안파'와 관련된 주제를 단독으로 다룬 논저도 적지 않다. 그간 '연안파'에 대한 연구는 주로 조선신민당의 창당과 북조선로동당으로의 합당, 북한 건군과정에서 '연안파'의 역할, 한국전쟁 발발 직전에 이루어진 조선의용군 후신 부대의 입북과 조선인민군으로의 개편, '8월종파사건'과 이를 둘러싼 북한·중국·소련의 관계 등에 집중되었다. 선행 연구들을 통해 '연안파'의 활동과 위상, 몰락과정과 그 의미 등이 어느 정도 밝혀졌지만 아직도 해명해야 할 문제가 적지 않다.

먼저 용어부터 되짚어 볼 필요가 있다. '연안파'라는 용어는 현재 북한사 연구에서 널리 쓰이고 있지만, 이것이 언제부터, 누구에 의해 개념화되기 시작하였고 어떻게 정착되었는지 정리한 연구는 찾아보기 어렵다. 더욱 중요한 것은 북한에서는 당대에 그들을 '연안파'로 지칭한 적이 없었다는 사실이다. 북한 문헌에 '연안파'라는 단어가 등장하기 시작한 것은 그들이 숙청되고 매우 오랜 시간이 지난 뒤였다. 북한에서 통용된 '연안파'와 현재 학계에서 사용하고 있는 '연안파'의 정의와 그것이 포괄하는 세력의 범주가 다를 가능성이 얼마든지 존재하는 것이다. 이렇게 전제하고 보면, 어떤 인물이 "연안파로 지목되어 숙청되었다"는 서술은 역사적 사실을 온전히 반영하지 않는 것일 수도 있다. 즉, 합리적인 기준에 따른 용어 정의와 범주 설정이 선행되어야 '연안파'에 대한 올바른 이해가 비로소 가능해질 것이다.

'연안파'의 정의와 범주가 명확하지 않았기 때문에 그간의 연구는 조선독립동맹·조선의용군 출신 몇몇 고위직 인사들의 활동을 밝히는 데 국한될 수밖에 없었다. 김두봉, 최창익, 무정, 김창만, 허정숙 등이 대표적이다. 하지만 이들 외에도 '연안파'로 분류할 수 있는 수많은 사람들이 있었다. 대표적으로 이들이 해방 이후 중국 동북 지역에서 전개된 조선의용군의 확군擴軍활동을 계기로 참군했다가, 동북민주연군·중국인민해방군으로 국공내전을 경험하고 북한에 들어온 사람들을 들 수 있다. 이들은 주로 조선인민군에 배치되어 중하급 간부로 활동하였지만, 대부분의 연구에서 그 존재만이 언급될 뿐 명단조차 제대로 정리된 바 없다.

해방 이후 조선의용군에 가담한 사람들은 여러 가지 측면에서 그 이전의 '연안파'와 달랐다. 예컨대 이들 대부분은 해방 당시 20대 초반을 전후한 나이였기 때문에 민족해방운동에 관여한 경력이 없었다. 출생지도 식민지 조선이 아니라 만주국의 지배를 받고 있던 중국 동북 지역이었다. 식민지 조선에서 태어나 조국의 해방을 위해 망명하여 중국 방방곡곡에서 평생을 독립운동에 투신해 온 고위직 '연안파'와는 다른 정체성을 가질 수밖에 없는 조건에 놓여 있었던 것이다. 따라서 이들이 조선의용군에 가담하기 전 어떤 경력을 가지고 있었는지, 어떠한 이유로 입대했고 어떤 경로를 거쳐 입북했는지 등을 체계적으로 분석한다면, '연안파'로 범주화된 세력의 다양한 결을 드러내고 '연안파'의 전체상을 조망할 수 있게 될 것이다.

고위직에서 활동한 '연안파'의 행적과 관련해서도 아직 드러나지 않은 부분이 많다. 이를테면 해방 이전부터 무정과 가까운 사이였던 김창만은 해방 후 얼마 지나지 않아 김일성의 가장 충실한 선전가로 변신하였다. 당시까지만 해도 김일성과 무정은 라이벌 구도를 형성하고 있었기 때문에, 그가 김일성을 '선택'한 것은 분명 설명이 필요한 부분이다. 그렇지만 김창만이 어째서 무정이 아니라 김일성 영웅화의 최일선에 나섰는지 추적한 연구는 없다. 또한 '연안파'가 중심이 되어 조선신민

당을 창당했을 때 김창만, 무정, 허정숙 등은 여기에 참가하지 않고 북조선공산당에 입당했는데, 이들이 왜 다른 선택을 했는지는 알려지지 않았다. 다소 박하게 평가하자면, 고위직 '연안파' 인사들의 행적은 눈에 보이는 '현상'만 확인되었을 뿐 그 원인이나 배경에 대한 고찰이 거의 이루어지지 않았다고 할 수 있다.

'연안파' 인사들의 전당轉黨과정과 중국 동북 지역에서 모병된 중하급 간부 및 병사들의 국적 문제 처리방식 역시 중요한 연구 주제다. 해방 이전에 이미 대부분 중국공산당에 가입했던 조선독립동맹·조선의용군 출신들과 국공내전에 참가한 부대 소속의 조선인 중국공산당 당원들은 입북 이후 (북)조선로동당으로 당적을 옮기는 절차를 밟았다. 중국 소수민족의 일원이었던 중국 동북 지역 출신들도 북한의 공민이 되었다. 그러나 이들이 어떤 절차를 거쳐 (북)조선로동당원과 북한 국적자가 되었는지, 이에 대한 규정은 존재했는지, 이와 관련한 북한과 중국의 정책과 태도는 무엇이었는지 등은 선행 연구에서 한 번도 논의되지 않았다.·이 같은 내용들은 '연안파'에 대한 이해를 넘어 해당 시기 북중관계의 새로운 일면을 드러내 준다는 측면에서도 매우 가치 있는 연구 주제다.

이러한 과제들을 해결하기 위해서는 우선 기존 사료의 교차분석 및 사료의 발굴이 필요하다. 사실 이상의 의문들이 풀리지 않았던 이유의 상당 부분은 이를 밝혀 줄 사료가 부족한 것에 기인한다. 북한사 연구자들이 가장 쉽게 접근할 수 있는 북한의 공식 문헌을 통해서는 고위직 '연안파' 인사들의 공개적인 활동만을 확인할 수 있을 뿐, 이면의 내밀한 정보를 파악하기 어렵기 때문이다. 이를 보완하기 위해서는 다른 북한사 연구 영역들에서와 마찬가지로 중국·러시아 자료들을 비교검토해야 한다. 새로운 사료로는 조선인민군 간부들의 '리력서'와 '자서전'을 들 수 있다. 최근 북한사 연구에서 활용하기 시작한 '리력서'·'자서전'은 '연안파' 중하급 간부들의 경력과 입대 이유·입북 경로 등을 보여주는 대단히 귀중한 자료다.

다음으로 고위직 '연안파' 인사들의 해방 이전 활동과 인적 관계망 등에도 관심을 기울여야 할 것이다. 한 개인의 삶에서 현재의 모습에 과거의 이력이 투영되는 것은 너무나도 당연하며, 그러므로 그의 생애를 총체적으로 이해하고자 한다면 특정 시기만을 떼어서 분절적으로 설명하는 방식은 지양해야 한다. 하지만 대부분의 '연안파' 연구는 이들이 입북한 이후의 활동부터 서술함으로써, 이들의 식민지기 활동과 그 시기 형성된 사상적 지향이 해방 이후의 선택과 행보에 지대한 영향을 미쳤으리라는 사실을 간과하고 있다. '현상'을 정리하는 '연안파' 연구에서 벗어나기 위해서는 이러한 단절적 서술과 이해를 극복해야 할 것이다.

마지막으로 강조하고 싶은 것은 '연안파'를 제대로 독해하려면 연변을 비롯한 중국 동북 지역 조선인 사회에 대한 이해와 연구가 절실하다는 점이다. 주지하듯이 조선독립동맹·조선의용군 세력은 식민지기부터 중국 동북 지역을 조국 해방의 기지로 삼자는 동북노선을 주장하였고 해방 후에는 이곳 조선인들을 대상으로 확군운동을 전개했으며, 여기에서 벌어진 국공내전에 참전했다. 북한과 중국에 각각 공식적인 국가가 들어선 이후에도 이곳을 매개로 인적 교류가 진행되어 적지 않은 수의 '연안파'가 국경을 넘나들었고, 한국전쟁 당시 길림성 통화시通化

市에 세워진 조선인민군 후방사령부를 운영한 주체 역시 '연안파'였다. '연안파'에게 중국 동북 지역은 또 하나의 활동 무대였던 것이다.

　다른 측면에서 보면, 동북 지역은 중국의 주권과 정책적 영향력이 미치는 공간이기도 하였다. 이는 중국 동북 지역 조선인 사회와 '연안파'라는 창窓을 통해 국가 대 국가의 틀에서는 포착할 수 없었던 북중관계의 구체상을 확인할 수 있음을 시사한다. 요컨대 한 걸음 더 깊이 들어가서 '연안파'를 다시 살펴보는 작업은 북한 정치사 연구의 시야를 확장하게 해 줄 뿐 아니라, 북중관계에 대한 미시적 접근을 가능하게 함으로써 북한사 연구의 질적 도약을 가져올 것이다. *문미라

연변으로 진출하는 조선의용군 제5지대(1945년 12월, 연길)
해방 후 연변을 비롯한 중국 동북 지역에서 세력을 확대한 조선의용군은
'연안파' 세력의 산실이었다.

6

자서전 자료를 통한 북한사 탐색

현실 사회주의권 국가들은 모든 공직자 개개인들로부터 그들의 활동과 경력을 기재한 문건인 자서전과 이력서 등을 수합하였다. 이 문건들은 국가가 개개인들을 파악하고 관리할 수 있는 유용한 자료로 활용되었다. 북한도 모든 공직자·간부·노동당원·교원·학생 등에게 자서전과 이력서의 제출을 의무화하였다. 국가가 그들의 신상과 경력에 관한 모든 정보를 장악하고자 수집한 이 문건들은 개개인들의 성장 환경과 과거의 활동에 이르기까지 매우 상세한 정보를 수록하고 있다. 당국에 자서전을 제출한 개개인들은 자신이 어떠한 가정 환경에서 자랐고, 친인척 관계가 어떠하며, 누구로부터 사상적 영향을 받았는지 그리고 8세 이후 현재까지의 활동 경력을 구체적으로 드러내 보여야 했다.

1949년경 북한에서 집중적으로 작성된 이 문건들 가운데 적지 않은 분량이 한국전쟁 기간 동안 미군에 노획되었다. 현재 미국 NARA(National Archives and Records Administration)에 소장되어 있는 자서전·이력서류는 RG242 SA2007군, SA2009군, SA2011군에 집중적으로 분포해 있다. 전시 미군이 북한 지역 공공기관에서 노획한 이 문건들은 그 기관에 소속된 구성원 개개인의 기록물이다. 구체적으로 김일성종합대학 교수진, 평양공업대학 교수진, 흥남공과대학 교수진, 평양의학대학 교수진, 함흥의과대학 교수진, 청진의과대학 교수진, 평양교원대학 역사과·지리과·노어과·체육과 학생들, 황해도 재령군 내 각 중학교 교원들, 강원도 금화군·평강군 내 각 중학교 교원들, 함경남도 영흥군·함주군 내 각 중학교 교원들, 황해도 벽성군·송화군·은율군 내 참심원들, 조선인민군 하사관과 병사들, 조선중앙통신사 직원들 등의 자서전·이력서가 미국 NARA에 소장되어 있다.

NARA에 소장된 자서전·이력서류의 상당 부분은 전시 미군의 북한 노획문서를 체계적으로 수집해 온 국립중앙도서관과 국사편찬위원회를 통해 국내에 유입되었다. 필자는 그 두 기관에서 한국전쟁 전 북한 체제하에서 844명의 일반 대중들이 남긴 자서전과 이력서를 수집하였다. 그들의 성별과 출생 연대는 다음과 같다.

출생 연대	1890년대	1900년대	1910년대	1920년대	1930년대	계
남성	8	76	195	455	36	770
여성	0	3	4	50	17	74

(단위: 명)

그들은 대부분 부유한 가정에서 태어나 고등교육을 받은 북한의 상류층 인사들이었다. 필자는 북한 상류층을 대변하는 그들로부터 더 풍부한 정보들을 추출하고자 통계화 작업을 시도할 계획이다. 먼저 출신성분(출생 당시 부모의 직업)과 사회성분(가장 오래 몸담아 온 본인의 직업) 분석은 자서전 작성자의 경제적 지위를 파악할 수 있는 유용한 지표다. 그들의 학력(서당·소학·중학·전문·대학)과 외국유학 경험 여부도 경제력의 판별에 도움이 될 수 있다. 그 밖에 당적, 결혼 당시 연령, 출신지, 소학교 입학 당시 연령, 동거가족 수, 자식 수, 사망한 자식 수와 그들의 사망 원인 등에 관한 통계도 북한의 상류층인 자서전 작성자들을 심층적으로 이해하는 데 도움이 될 수 있는 지표들이다.

그러나 당국에 제출된 자료의 성격상 자서전류는 작성자의 '자기검열'을 수반할 수밖에 없다는 약점을 안고 있다. 이를테면 그들은 과거의 친일 행위를 철저히 숨긴 반면, 일제에 저항한 경력을 적극적으로 드러내 보였다. 친일파와 일제 잔재 척결운동이 적극화됨에 따라, 일본인들과의 로맨스를 회고하거나 일본인 스승을 긍정적으로 평가하는 식의 서술도 자제될 수밖에 없었다. "해방군"으로 선전된 소련군에 대한 부정적 인식이나 소련군의 비행을 기록하는 행위도 같은 범주에 속했다. 심지어 당국의 차별을 우려해 출신성분을 허위로 기재한 학생들도 있었다.

자서전 자료의 가장 큰 약점인 자기검열은 그의 사료적 가치에 대한 의구심을 불러일으킬 수 있다. 그러나 필자는 그러한 약점에도 불구하고, 자서전이 얼마나 객관적이고 가치 있는 자료인지 반론을 제시하고자 한다. 먼저 부정한 전력을 지닌 이들은 그 내용을 왜곡해 기술하기보다, 가급적 누락하는 식의 서술 전략을 택했다. 사실 작성자들로 하여금 허위 기재를 단념케 한 여러 요인이 있었다. 그들은 자신이 작성한 자서전과 이력서에 대한 보증인을 세워야 했고, 검열을 통해 그 기록들의 진위가 밝혀질 수 있다는 강박관념에 결박되어 있었다.

드넓은 영토를 보유한 소련의 경우 출신성분이 좋지 않거나 부정한 전력을 지닌 이들은 자서전을 왜곡해 기술하는 식으로 대응하였다. 자신의 과거를 조작하여 새로운 삶을 시작하려는 소련인들에게, 이주는 과거 전력과 과오를 은폐할 수 있는 효과적 수단이었다. 그러나 영토가 넓지 않은 북한의 경우, 출신성분을 속이거나 부정한 전력을 왜곡해 자서전에 기술한 이들은 여지없이 당국의 검열에 적발되었다. 당국은 자서전 작성자의 지인들을 통해 그 기록의 진위를 확인할 수 있었다. 따라서 자서전 작성자들은 위험 부담을 안고 부정한 전력을 허위 기재하는 모험을 감수하기보다, 그것을 누락하는 식으로 대응하는 경향을 보였다.

자서전과 이력서에 딸린 문건으로 평정서가 있다. 당국이 개개인을 평가한 기록인 평정서는 자서전·이력서와 함께, 그 당사자의 평소 품행에 근거하여 작성되었다. 종종 자서전·이력서의 허위 기재 사실을 적발하고 있는 이 문건은 당사자가 고백한 과거 경력의 진위를 크로스체크할 수 있는 유용한 자료다.

그럼에도 모든 허위 기록이 평정서를 통해 걸러질 수 없다는 점은 분명한 사실이다. 그러면 평정서가 포착하지 못한 나머지 허위 기록들을 어떻게 식별할 수 있을까? 필자는 굳이 그러한 시도를 하기보다, 허위 기록이 지닌 사료적 가치 역시 인정해야 한다고 생각한다. 자신의 부정한 전력을 감추려 자서전을 허위로 기재한 이들은 독자들이 그 기록을 믿게끔, 당대의 상식에 근거하여 서술하는 전략을 택했을 것이기 때문이다.

자서전이 지닌 중대한 사료적 가치는 일반 대중들의 일상적 삶과 심리 상태를 생생히 드러낸다는 점에 있다. 그간 북한사는 지배층의 시각에서 서술돼 왔다. 역사의 재료라 할 수 있는 각종 자료의 기사들을 작성한 이들이 대개 정치·경제계의 잘 알려진 저명인사들에 집중됨에 따라, 그에 기초한 역사 서술도 당연히 그들의 시각을 반영할 수밖에 없었다. 그러나 이 자서전·이력서의 작성자들은 그간 북한의 역사에서 거의 알려지지 않았던 일반인들이다. 대개 일제 시기에 태어난 그들은 자서전을 통해 어떠한 삶을 살아 왔는지 진솔하게 고백할 뿐만 아니라, 일상적으로 어떠한 생각을 품고 있었는지 그들의 의식세계와 사고방식을 드러내 보였다. 지배층의 시선이 아닌 일반 대중들의 시선을 통해 역사를 들여다보려는 이 연구방법은 낮은 수준의 일상사·미시사가 북한사 부문에도 적용될 수 있음을 보여준다.

　자서전의 기록은 대개 작성자가 어떠한 가정에서 태어났고 어떠한 환경에서 자랐는가에 대한 성장 환경 소개에서 출발한다. 누구라도 예외 없이 자신의 가정 문제를 드러내야 하는 이상, 당시 가정문화는 이 연구에 가장 적합한 테마들 가운데 하나다. 필자는 자서전을 통해 풍부히 확보할 수 있는 가족 관련 소재에 기초하여, 일제 시기 가정문화와 해방 후 가정문화를 비교분석하고자 한다. 결혼, 상속과 재산 분배, 친척 간 문중 간 유대관계, 대가족문화 등은 일제 시기 가정문화의 단면을 엿볼 수 있는 효과적 테마들이다.

　해방 후 북한에서도 가족 문제는 매우 중시되었다. 당국은 개개인의 성장 환경을 상세히 파악하고자, 친가 5촌과 외가 3촌까지의 인적 사항을 자서전에 기입하도록 작성자들에게 요구하였다. 북한체제하의 가족은 일제 시기의 가족에 비해, 가족관계로부터 지대한 규정력을 받았다. 이를테면 항일투사의 가족은 국가로부터 우대를 받은 반면, 가족 성원 중에 지주·기독교도·월남자 등을 둔 이들은 다양한 형태의 불이익을 받았다. 이 연구는 당대인들의 직접적 경험과 목소리를 통해, 해방 전후 북한 가정문화의 변화상을 깊이 있게 추적하고자 한다. *김재웅

황해도 재령군 남률인민학교 교장 김유각의 자서전 이력서
북한의 모든 공직자와 간부들은 자신의 성장 환경과 활동 경력을 압축한 문서인
이력서와 자서전을 의무적으로 당국에 제출했다.

7

한국전쟁과 포로

인류의 역사를 표현하는 말로 흔히 '전쟁의 역사'라고 한다. 철학자이자 역사학자 윌 듀란트Will Durant는 "기록된 역사 3,421년 중 오직 268년만 전쟁이 없었다"고 했으며, 미래학자 앨빈 토플러Alvin Toffler는 "1945년부터 1990년까지의 2,340주 동안 전쟁이 없었던 시기는 단 3주일뿐이었다"고 했다. 따라서 인류의 역사를 전쟁의 역사로 부르는 것이 크게 틀린 말은 아닐 것이다.

이러한 전쟁에는 항상 포로가 발생했다. 시대와 지역에 따라 포로에 대한 규정이나 처리 등은 달랐지만, 포로는 전쟁의 부산물이었다. 이들은 정전 혹은 휴전의 전후과정에서 처리되는 것이 일반적이었다. 1950년 6월 25일 한반도에서 발발한 전쟁에서도 포로는 발생했다.

한국전쟁이 발발한 직후, 전쟁의 쌍방 당사자인 한국과 유엔군 그리고 북한은 모두 '포로의 대우에 관한 1949년 8월 12일자 제네바협약(제네바 제3협약)'을 준수하겠다고 선언했다. 이후 참전한 중국군도 포로에 대한 '관대한 정책'을 실시하겠다고 공언했다. 그래서 양측은 전쟁이 끝난 뒤, 포로들을 제네바 제3협약 제118조에 따라 "지체 없이 석방하고 송환"하면 되는 문제였다. 하지만 휴전회담에서 포로 송환을 둘러싼 논쟁은 18개월이나 지속되었고, 전선에서 고지 쟁탈을 둘러싼 전투는 2년 가까이 계속되었다.

휴전회담에서 포로 송환 문제가 핵심 쟁점이 된 것은 1951년 7월 유엔군에서 포로의 자원송환 원칙을 제기하면서부터다. 이 시기는 전선이 지금의 휴전선 부근에서 형성되었고, 소위 고지전이라고 불리는 2년여 간의 공방전이 시작될 때다. 교전 쌍방이 모두 완전한 승리를 장담할 수 없게 된 때이기도 하다. 그래서 양측은 승리를 '대체'할 무언가로 포로 문제를 그 수단으로 삼았다. 당시 냉전적 세계질서의 등장과 더불어 포로 문제는 이념전·심리전에서 전략적으로 중요한 위치를 차지하게 되었다.

제네바 제3협약에 따라 포로들의 성명, 계급, 생일, 소속 군/연대번호, 군번 정도만 진술하면 되었다. 하지만 한국전쟁에서 쌍방은 모두 자신들이 억류한 포로들을 심문해 적군의 정보를 획득하고자 했다. 특히 유엔군, 즉 미군은 2차 세계대전을 통해 일본군 포로를 심문한 경험이 있었다. 이러한 경험을 바탕으로 미군은 이미 1950년 8월에 "전쟁 포로들이 정보원으로써 가치" 있음을 강조하며 포로 수속과 심문에 대한 절차를 지시했다. 이렇게 작성된 심문보고서는 적군에 대한 유엔군의 심리전 자료가 되었는데, 관련 정보 중 가장 중요한 것이었다. 따라서 심문보고서는 북한군뿐만 아니라, 빨치산, 피란민, 그리고 북한군이나 중국군에 억류되었다가 풀려났던 아군들을 대상으로도 작성되었다.

유엔군에 잡힌 포로들은 사단급 이하에서 1단계 신원 확인 및 교전하는 적 부대에 대한 직접적인 정보만을 심문할 수 있었고, 2단계 전술, 3단계 전략에 대한 심문은 군급 이상에서 진행하였다. 각 예하 부대에 파견된 여러 계통 포로심문반들에서 작성한 심문보고서는 미 극동사령부 정보참모부G-2에 보고되었고, 산하 연합통역번역대ATIS에서는 이를 선별·편집, 재간행하여 예하 부대에 배포하였다. 1951년 12월 1일부터는 발행부서가 연합통역번역대에서 군사정보단MISG(Military Intelligence Service Group)으로, 1952년 9월 1일에는 다시 제500군사정보단(500th Military Intelligence Service Group)으로 바뀌었다.

연합통역번역대와 군사정보단 등에서 편집·재간행된 심문보고서는 국내에도 다수가 수집되어 있다. 이 심문보고서들의 내용은 포로들의 자기방어적인 진술과 회피로 크게 신뢰하기 힘들지만 심문보고서는 당시 유엔군에 억류된 포로들을 분석할 수 있는 가장 핵심적인 사료다. 또 심문관은 지속적인 교차검토를 통해 포로에게서 얻어 낸 정보를 검증하고자 했다. 포로가 고의나 허위로 진술했다고 느껴지면 추가 심문이나 이전의 심문보고서, 또는 같은 소속 부대에 있던 포로들의 심문 내용을 비교해 검증하기도 하였다. 그래서 심문보고서와 다른 자료와 교차분석을 통해 내용에 대한 신뢰는 어느 정도 극복할 수 있는 부분이다.

하지만 선행 연구에서는 심문보고서를 적극적으로 활용하기보다는 부분적 활용에 그쳤다. 포로에 대한 기존의 연구 다수가 휴전회담에서의 포로 송환 문제, 포로수용소에서의 포로 대우 문제 등 정책결정적 관점에서 이루어졌기 때문이다. 최근에는 중립국 선택 포로, 중국군 포로, 남한 출신 의용군 포로 등과 같이 특정 포로군에 대한 연구, 포로수용소에서의 미군의 포로 교육이나 전범 조사활동을 통해 미군과 포로 간의 상호작용을 분석한 연구들이 나오면서 연구의 폭이 더욱 확장되었다.

그렇지만 한국전쟁에 대한 이해를 넓히기 위해서는 심문보고서가 좀 더 적극적으로 활용되어야 한다. 양식에 따라 조금씩 차이는 있지만, 심문 내용은 포로가 가지고 있는 정보의 양과 질에 따라 몇몇 항목에 집중되거나, 해당 사항이 없는 항목은 작성하지 않았다. 심문보고서에는 기본적으로 포로의 이름, 포로번호, 계급, 나이, 소속 부대 등과 함께 심문관의 이름과 평가 의견이 작성되어 있다. 그리고 적군의 정보라할 수 있는 포로 소속 부대의 이동경로, 위치, 규모, 사기와 보유 장비에 대한 것부터 부대의 편제와 조직도, 부대 부호, 지휘관 이름과 계급, 유엔군 심리전의 영향 등 세세한 것까지도 기록하였다. 포로에 따라서는 맡은 임무나 병과에 따라 통신체계라든지, 공병 훈련 내용, 장비 운용 등에 대한 내용도 포함하고 있다. 특히 빨치산을 심문한 내용에서는 교육 훈련, 부대 편제 및 구성, 활동 지역 등도 작성되었다.

심문보고서는 한국전쟁 연구의 공백을 메울 수 있는 내용을 풍부하게 담고 있다. Record Group 242(노획문서군)의 포로·포로수용소 관련 문서, RG 554(극동군사령부, 연합군총사령부, 유엔군사령부 문서군)의 전쟁포로사건조사기록, RG 153(미 육군법무감실 문서군)의 전범수사보고서, RG 389(헌병감실 문서군)의 거제도 포로 명단과 포로 조사문서 등과 함께 심문보고서를 분석한다면, 한국전쟁기 포로에 대한 거시적 조망과 함께 미시적 관찰도 가능할 것이다. 이 문서들은 대부분 관련 포로들의 포로번호가 기록되어 있다. 그래서 심문보고서를 중심으로 포로 데이터베이스가 구축된다면, 포로들의 수용소 내에서의 생활과 이후 선택까지 그 궤적을 추적할 수 있게 된다. 그리고 이러한 작업은 포로 연구의 보다 폭넓은 이해에 기여할 것이다. *윤성준

한국군 장교의 인민군 포로 심문(1950년 10월 18일)
앳된 얼굴의 소년들이 포로가 되어 살아남아 백발의 아흔이 넘은 지금,
남과 북은 여전히 '종전'이 아닌 '휴전' 상태다.

8

한국현대사 연구자의 사료 수집에 대하여

역사학은 과거를 탐구하는 학문이다. 과거의 시공간을 상상하고 재구성하는 것이 역사학자의 일이다. 그러나 타임머신이 개발되지 않은 이상, 역사학자들이 할 수 있는 일은 과거에 만들어진 자료를 최대한 많이 수집하고 꼼꼼하게 분석하는 것이다. 역사학에서는 역사적 가치가 있는 이 자료들을 사료史料라고 한다. 과학자에게 실험체가 그렇듯이, 상태가 좋고 신뢰할 수 있는 사료를 확보하는 것이 모든 역사학자의 첫 번째 과제다.

그러니 당연히 역사학자들은 사료가 보존되어 있는 곳을 부지런히 찾아 간다. 서양 고대사를 연구하는 학자라면 유럽으로, 중국 명·청 시기를 공부하려면 베이징 근처에는 가 봐야 최고의 '실험체'를 만날 수 있다. 그렇다면 한국현대사를 연구하는 학자는 어디로 가야 할까? 이상하게도 정답은 미국이다. 1945년 해방 이후 한국의 역사를 연구하는 학자라면 미국 워싱턴에 가야 사료의 정수를 볼 수 있다.

그 첫 번째 이유는 한반도가 해방과 전쟁의 과정에서 미국의 강한 영향력 아래 놓여 있었기 때문이다. 1945년 8월 15일, 일제로부터 해방된 한반도는 38선을 기준으로 남북으로 나뉘어 각각 미국과 소련의 관할하에 놓여 있었다. 이후 미국과 소련은 1950년부터 53년까지 진행된 한국전쟁을 주도하면서 이후 한국의 정치경제에 긴밀히 참여했다. 이 과정에서 미국 정부와 군에서는 남한의 군사, 경제, 외교의 핵심 사안을 모두 문서로 기록하고 수집했으며, 심지어는 북한에서 생산된 수십만 건의 문서를 노획했다. 그리고 많은 세월이 흐른 지금, 그 기록물은 한국근현대사 연구의 중요한 사료가 되었다.

또한 미국 정부의 국가기록 관리시스템이 중요한 역할을 했다. 미국 연방정부는 1934년부터 국립기록보관처National Archives에서 한국 문제와 같이 미국 정부와 군이 관여한 국내외 모든 사안들을 국가문서로 관리하였고, 1966년에는 정보자유법Freedom of Information Act을 규정하여, 기밀문서이거나 개인의 사생활에 해당되는 경우가 아니라면 누구에게나 미국 정부와 군사문서를 공개했다.

이것은 자유를 제일의 신념으로 표방하는 국가에서 누릴 수 있는 혜택이자 권리라고 할 수 있다. 물론 한국도 1970년대부터 본격적으로 국가기록을 보존 관리하기 시작했고, 1990년대에는 구소련의 사료관이 일반에 공개되기 시작했지만, 그 양과 질적인 측면에서 미국 정부의 문서의 방대함을 따라갈 수는 없었다. 전쟁의 폐허와 의식의 부족, 혹은 국가의 폐쇄성으로 사라져 버린 한국현대사의 자료들이 미국에서 쏟아져 나온 것이었다.

그 자료의 양은 실로 어마어마했다. 입방피트라는 단위로 관리되는 엄청난 규모의 미 연방정부의 문서들은 1985년부터 국립문서기록관리청NARA(National Archives and Records Administration)에서 총괄하게 되었는데, 1995년부터는 메릴랜드 주 컬리지파크College Park에 NARA 분관이 세워지면서 사실상 군사, 민간, 일반 관련 문서는 모두 이곳에서 관리하게 되었다. 특히 이곳에 한국근현대사 관련 사료가 집중되어 있어 한국사 연구기관이나 개별 학자들이 거금을 투자해서 컬리지파크로 향하기 시작했다.

30여 년 전 한국역사연구회의 초창기 멤버들이라고 할 수 있는 현現 대학교수님들이 부푼 마음을 품고 NARA로 향했고, 그 결과물을 국사편찬위원회의 〈해외소재 한국사자료 수집목록집〉, 〈미국소재 한국사자료 조사보고〉 등으로 제출하기 시작했다. 이후 국립중앙도서관, 국가기록원에서도 본격적으로 자료를 수집하면서 국내에 자료가 소개되었다. 요즘처럼 전자기기가 발달하지 않았던 시절, 그들은 복사기 앞에서 차례를 기다리다 동전을 넣어 사료를 복사했고 후배 연구자들을 위해 정성스런 해제집을 작성했다. 이상하게도 사료집이나 해제집이 공간되면 그 사료는 잘 쓰이지 않는다는 소문이 있지만 선배 연구자들의 노고 덕에 현재 연구자들은 훨씬 자연스럽게 사료를 접할 수 있게 되었다.

내가 처음 NARA 컬리지파크를 방문한 것은 석사과정을 마친 직후였다. 처음에는 내가 원하는 사료의 원문을 눈앞에서 볼 수 있다는 것이 더없이 황홀하고 신기했다. 그러나 하루하루 시간이 지날수록 이 사료 더미들 속에서 어떤 새로운 자료를 발굴할 수 있을 것인지 점점 두려워지기도 했다. 그만큼 사료의 장벽은 생각보다 높았다.

컬리지파크의 NARA 건물은 아름다운 자연 한복판에 세워진 현대식 건물이다. 조용하고 한적한 시골 마을이지만 매일 오전 9시 아카이브로 향하는 연구자들의 발걸음에 진중한 분위기가 흐르는 공간이기도 하다. 처음 방문한 연구자는 그들의 삼엄한 경비에 놀라기도 하는데, 건물 입구에서부터 보안검색대를 지나야 출입이 가능하고, 외투나 가방은 사물함에 보관하고 소지품을 경비에게 확인받고 나서야 리서치룸에 들어갈 수 있다.

리서치 룸에 들어서면 높은 천장과 유리창 아래 빈 책상과 복사기, 그리고 안내책자들이 놓여 있다. 연구자들이 기대하는 사료들은 아카이브 건물의 3분의 2에 해당하는 문서고에 보관되어 있고, 그 서고는 사서(아키비스트)나 문서를 이동하는 직원들만이 드나들 수 있다.

2014년 어느 날, 필자가 작성한 NARA의 사료 신청서
연구자들은 보고 싶은 사료를 기억하기 위해 사료 신청서를 여러 장 미리 써놓기도 하는데, 그러다 결국 시간과 체력 부족으로 보지 못하고 신청서만 가져오는 경우가 허다하다. 위의 것도 그중 하나.

이제부터 연구자들은 책상 하나에 자리를 잡고, 본인이 원하는 사료가 이 건물 어디에 숨어 있을지를 알아 내야만 한다. 직원들의 도움을 받을 수도 있겠지만 그들도 자신의 전공 분야 일부를 제외하고는 방대한 사료를 파악하고 있지 않기 때문에 원하는 사료를 찾아 내는 것은 결코 쉬운 일이 아니다.

일단 사료를 보기 위해서는 연구자가 위와 같은 신청서Reference Service Clip를 작성해야 한다. 여기에는 사료의 내용 정보와 위치 정보가 들어가야 하는데, 이 정보는 모두 리서치 룸 안쪽에 있는 작은 방 Research Consultation Room에서 알아볼 수 있다.

우선 내용 정보란 사료의 신분증명서이자 등본이라고 할 수 있다. 모든 문서는 그 문서가 태어난 곳, 즉 기록의 출처와 생산 부서에 따라 구분되고 이름이 붙여져서 문서군RG(Record Group)이라는 단위에 묶여 있다. 아카이브는 연대기 순이나 도서관 방식이 아닌 기록의 출처에 따라 사료를 관리하기 때문에 문서군이라는 단위를 만들었고, 일반적으로 정부의 각 부처, 군사령부, 혹은 수집처별로 나누었다. 예를 들어 미 국무부 문서는 RG 59에, 북한 노획문서는 RG 242에 들어 있다.

내용 정보를 파악했으면 다음에는 그 사료가 이 건물의 몇 층, 어느 방, 몇 번째 선반에 있는지 위치 정보를 알아야 한다. 역시 해당 문서군의 문서위치등록부MLR(Master Location Register)를 찾아 보면 마치 우편번호처럼 사료가 있는 서고의 구역area, 열row, 칸compartment, 그리고 선반shelf 번호가 나와 있다. 앞의 신청서에서 631, 34, 19, 3-이라고 적은 내용이다. 이것을 정확히 적어야 직원들이 사료가 담긴 박스를 밀차에 실어 가져다 줄 것이다.

물론 위 정보를 알아 내기 위해서는 한 가지 방법만 있는 것은 아니다. NARA 홈페이지 사료검색시스템을 이용하거나, 문서군 안내서 Finding Aids, 그리고 위치등록부MLR를 서로 대조해 보면서 두서없이 찾다 보면 그때마다 다른 곳에서 문서 정보를 찾아 내기도 한다. 결국 사료를 찾기 위해서 사료를 정리하는 시스템에 대한 공부를 충분히 해야 수월하게 사료를 찾을 수 있다. NARA에서 관리하고 있는 문서의 양이 상상 이상으로 많기 때문이다. 사료 "발굴"이라는 표현이 무색하지 않을 정도로 힘든 작업이다.

다행히도 최근 10년 사이 NARA의 한국근현대사 사료들이 국내에도 대량으로 수집되었고, 그 과정에서 많은 선배 연구자들의 안내서가 공간되어 큰 도움이 된다. 특히 재미사학자 방선주 선생은 1970년대 후반부터 NARA의 한국사 자료를 발굴하는 데 평생을 바치셨고, 그의 가르침에 따라 한국의 연구자, 학자, 언론인, 영화감독들이 NARA에서 한국근현대사의 보물을 두 눈으로 볼 수 있었다. 또한 그 보물 같은 사료들을 수집해서 훌륭한 역사서로 재탄생시킨 선배 연구자들 역시 NARA를 국내에 소개하는 데 큰 역할을 했다.

돌이켜보면 나는 NARA에서 신바람이 나 있었다. 귀중한 자료를 눈앞에서 볼 수 있다는 것에 감사했고, 있는 그대로 담아 가기 위해 열과 성의를 다했다. 특히 사람들의 수기로 작성한 일기자료나 등사판 신문을 볼 때면 타임머신을 타고 과거로 간 것 같아 역사적 상상력이 샘솟았다.

그러나 한편으로는 이 소중한 사료들을 모두 담아 가야 한다는 강박감에 매일 쉴 새 없이 노동하면서 피로에 찌들었던 시간이기도 했다. 주어진 시간에 최대한 많은 양을 수집하겠다고 매일 노동한다는 비장한 마음으로 아카이브에 나서곤 했다. 그런데 10년 전만 해도 모든 사료를 복사기에 동전을 넣고 복사해야만 했다고 하니 선배 연구자들의 노고가 얼마나 값진 것인가!

한국현대사를 공부하는 사람으로서 운이 좋은 경우라고 할 수 있을지도 모르겠다. 정말 무수히 많은 사료가 수집되어 있으니 말이다. 이제 연구자에게 주어진 과제는 보물 같은 사료를 수집해 오는 데 그치지 않고 적극적으로 활용하는 것이다. 소중한 사료들을 하나씩 맞추기 시작하면 한국근현대라는 시공간은 좀 더 그럴듯하게 재구성되지 않을까. 이를 위해서 오늘도 NARA에서는 전 세계의 학자들이 사료를 수집하는 아름다운 '노동'을 하고 있을 것이다. *이선우

메릴랜드 College Park의 NARA 건물
처음엔 삼엄한 경비가 두렵고, 갈수록 사료 수집 노동에 지치지만,
떠날 땐 헤어지기 아쉬운 애증의 공간

9

서울시 도시공간의 변화와 도시민의 삶

1939년 아시아태평양전쟁 직전 일제는 공업 지역인 영등포를 서울에 편입시켰다. 이 당시 서울의 면적은 134평방킬로미터였다. 해방이 된 1949년에 서울은 특별시로 승격되었고, 행정구역도 늘어나 면적이 268.35평방킬로미터로 크게 확장되었다. 1963년에는 인근 경기도 지역까지 편입되어 서울의 면적은 약 2.3배가 늘어난 613.04평방킬로미터가 되었다. 1973년에도 다시 경기도 일부가 편입되면서 서울의 면적은 627.06평방킬로미터까지 늘어났다가 실측을 통해 면적을 재조정하면서 오늘날 서울의 면적은 605.25평방킬로미터다. 약 반세기도 되지 않는 짧은 시간 동안 서울시의 면적은 거의 4배 이상으로 확대된 것이다.

서울의 인구는 그보다 훨씬 빠르게 급증하였다. 해방 직후 서울의 인구는 겨우 90만 명을 웃도는 수준이었는데, 한국전쟁 직전에는 대략 160만 명으로, 1970년에는 무려 500만 명을 넘어섰다. 그리고 2008년에는 1,042만여 명까지 늘어났다가 최근에는 천만 명 안쪽으로 소폭 줄어들었다.

1963년에 서울의 면적을 크게 늘릴 당시 정부는 인구 500만 명이 거주하는 도시를 예상했다. 그러나 그 예상은 10년도 채 되지 않아 무참히 깨졌고, 오늘날의 서울은 산과 공원 외에 비어 있는 땅은 사실상 없다고 보아도 무방하다. 이처럼 반세기 동안 서울은 사람들로 가득 찬 공간이 되었고, 개발할 수 있는 땅은 모두 개발되어 가히 상전벽해를 이루었다.

서울 인구의 증가는 이미 1950년대 말부터 사회 문제로 대두하였다. 당시 서울은 사대문 안의 구도심과 용산을 중심으로 한 강북 지역과 영등포 공업지대에 시가지가 형성되어 있었기에, 그 바깥 지역은 수도나 전기는 말할 것도 없고 도로조차 제대로 정비되지 않은 상황이었다. 따라서 서울로 이주해 온 사람들은 그나마 생활에 필요한 각종 시설이 있는 도심 주변으로 모여들었고, 그로 인해 주택, 식수, 교통, 위생 등 각종 도시 문제가 발생했다. 1960년대 중반 이후부터 구도심 및 한강변과 강남 지역 등지에서 시작된 서울의 개발은 바로 이러한 상황을 타개하기 위해서였다.

그동안 서울의 도시 개발과 그로 인한 문제점 등을 논의해 온 것은 건축학이나 사회학 등의 분야였다. 이들 분야의 학자들은 인구 증가와 전쟁으로 인한 대규모 피해에 대한 우려 등이 서울의 도시 개발을 촉진시켰다는 점을 밝혀 냈으며, 또한 재개발 과정에서의 강제철거와 원주민 소외, 아파트 투기와 강남 개발 등의 문제에 주목하였다. 이 같은 논의를 통해 점차 서울의 개발과 도시 성장사에 대한 관심이 높아지고 있다. 반면 역사학에서는 이제야 비로소 서울이 어떻게 현대도시로서의 모습을 갖추어 왔는지 그리고 그 속에 살던 사람들은 어떤 삶을 영위해 왔는지 관심을 갖기 시작하여 아직 연구 성과는 미약한 수준이다.

그간의 연구가 밝힌 것 중에 특기할 만한 것은 서울시에서 이루어진 수많은 개발 혹은 재개발 사업들이 실제 지역에 거주하는 주민들의 생활 조건이나 환경 및 주거권 등에 대한 고려 없이 진행되었다는 점이다. 나아가 무허가 건축물을 짓고 살았던 빈민들의 경우 정부와 시의 개발정책에서 항상 소외되고 배제된 존재들이었음을 드러내 보여주기도 하였다. 그러나 이들 분야의 연구는 주로 1960년대 후반 이후 전개된 도시공간의 변화에만 주목하거나 혹은 개발이 가져온 문제점에 집중하면서 공간 변화와 도시민의 삶이 과연 어떠한 영향을 주고받으며 이루어져 왔는지에 대해서는 종합적으로 접근하고 있지 못하다. 그러므로 향후 서울의 도시 성장에 대한 연구에는 도시공간과 도시민의 삶이 과연 어떠한 상호관계를 갖고서 전개되어 왔는가에 대한 고민이 필요하다. 이와 관련하여 필자가 앞으로 연구하고 싶은 과제들을 몇 가지 제시하고자 한다.

우선 해방과 전쟁을 거치면서 서울로 모여든 사람들을 통해 새롭게 생겨난 거주 지역에 대한 고찰이 필요하다. 해방 이후 서울로 모여든 사람들은 대체로 기존 거주지에서 생계수단을 잃어버린 피란민이거나 이농민들이 다수였다. 그런 만큼 가능한 벌이를 구하기 쉬운 도심 주변으로 모여들어 불법으로 무허가 건축물들을 짓고 살았다. 이미 정부는 전쟁이 끝난 직후부터 전후 복구계획을 수립하고 도시 정비를 시작했는데, 이때 이렇게 생겨난 무허가 정착지들에 대한 처리 문제는 주요 현안 가운데 하나였다. 비록 재정적인 문제 등으로 무허가 정착지 문제에 적극 대처하지는 못했지만, 정부 나름대로 시 외곽에 집단정착지를 조성하는 한편 공공주택 건립 등의 정책 등도 펴 나갔다. 이때 정부에서 입안하고 실시한 정책의 내용과 그에 담긴 인식, 나아가 실제 정책이 집행되는 과정까지 전반적으로 살펴볼 필요가 있다. 아울러 정부에서 실시하는 정책의 대상이 된 주민들의 생활조건이나 상태, 정부에 대한 인식, 새 이주 지역에서의 적응양상 등도 함께 검토해 보아야 할 문제다. 이는 전쟁 이후 무너진 서울의 시가지를 다시 건설하는 초기의 모습을 고찰하기 위한 주요한 작업이기도 하다.

둘째, 도시민을 바라보는 당국자들의 인식을 검토할 필요가 있다. 이는 도시에 거주하는 사람들 가운데 어느 계층을 대상으로 정책을 펼칠 것이냐와 관련된 문제다. 특히 지금까지도 지속되고 있는 강제철거와 세입자 보상 및 처우와 관련된 문제들에서 당국자들의 도시 저소득층에 대한 배타적이고 소극적인 인식이 여전히 지속되고 있음을 확인할 수 있는데, 이러한 인식이 형성된 배경은 무엇인지 그리고 구체적으로 정책에 어떻게 반영되었는지 밝혀야 할 것이다.

셋째, 도시 개발을 둘러싼 여러 계층 혹은 사회단체들 간의 역관계에 대한 고찰이 필요하다. 기존 연구들을 보면 대체로 1960~70년대까지는 정부 주도하에 도심지 개발과 재개발이 진행되었으며, 1980년대를 넘어서면서부터는 기업이 전면에서 개발 주체로 나타나기 시작했다. 이와 함께 중요한 주체로 등장한 것이 지주와 부동산사업자 그리고 영세한 가옥주와 세입자들이다. 이처럼 개발 주체의 변화를 가져온 요인이 구체적으로 무엇인지 그리고 이렇게 변화된 주체들 간에 나타나는 갈등이나 쟁점에 대해 심층적으로 고찰할 필요가 있다. 이 문제는 개발 이후 달라진 도시민들의 삶과 연결된다. 개발과정에서 나타난 갈등이 향후 어떻게 해소되는지, 그리고 새롭게 개발된 공간에 거주하게 된 주민들은 어떠한 형태로 생활문화를 만들어 내고 적응해 가는지, 반면에 원거주지에서 내쫓겨진 사람들은 어느 곳으로 흩어졌는지 등의 양상을 고찰할 필요가 있다.

50년도 채 되지 않는 기간 동안 서울은 전후의 폐허에서 세계적인 거대 도시로 탈바꿈하였다. 이는 고도의 압축성장으로 이야기되는 한국의 경제개발사와도 맥을 같이 하는 부분이기도 하다. 그래서 한국의 경제성장을 '한강의 기적'이라고 표현하는지도 모른다. 그리고 한국의 경제와 도시가 이렇게 압축적으로 급격하게 성장하는 동안 그 공간에 살던 사람들의 생활도 급격하게 바뀌어 왔다. 먹는 것, 입는 것에서부터 타는 것, 사는 곳에 이르기까지 모든 것이 바뀌었다. 사람들이 맺는 사회관계 또한 그렇다. 이러한 변화에는 공간이 미친 영향도 적지 않다. 본격적인 개발 이전에 갖고 있던 공동체적 분위기는 이제 찾아보기 어렵다. 어느덧 개인 중심의 생활문화가 우리의 삶에 자리 잡았다. 이는 끊임없이 개발하고 떠나야 하는 개발과 이주의 삶과도 무관하지 않다. 도시공간의 변화와 도시민의 삶이 어떻게 서로 영향을 주고받아 왔는지를 살펴보는 것은 현재의 우리 삶과 공간을 이해하는 데에 적잖은 정보와 생각할 거리를 던져 줄 것이다. *서준석

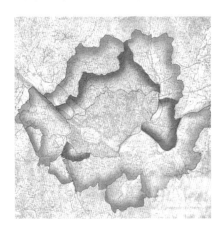

서울도시계획구역 변천도
1960년대까지 서울의 영역 변화를
보여주고 있다.

10

더 넓은 '경제'를 향하여

지난 2007년과 2012년에 있었던 두 번의 대선 모두 '성장'이니 '발전'이
니 하는 구호를 노골적으로 내세운 이가 당선되었다. 이 결과에는 아마
도, 개발독재의 역사가 곧 '성장'과 '발전'의 경험이었으며 그러한 경험
이 현실에서 다시 한번 반복되어야 한다는(혹은 그럴 수 있을 것이라는)
막연한 희망이 깔려 있었을 것이다. 두 당선자 중 한 사람은 독재자의
딸이고 나머지 한 사람은 그 독재자 아래에서 성장한 건설사의 사장이
었다는 사실 역시 이와 무관치 않다. 그러면 두 당선자가 대통령이었던
지난 9년을, '성장'과 '발전'이라는 가치가 한국 사회를 압도한 기간으
로 정의해도 무방할 것이다. 그 시간 동안 '인권'이나 '민주주의' 같은
가치들은 현실을 모르는 놈들의 배부른 투정 정도로 치부되기 일쑤였
다. 그러니까 2007년과 2012년의 대선은 '성장'이나 '발전'이라는 가치
가 여전히 우리에게 강력한 호소력을 가지고 있음을 확인하는 우울한
이벤트였던 셈이다.

하지만 그 시간 동안 우리가 경험한 것들 역시 간단치 않다. 미국산 소고기 수입 반대시위를 비롯해 무상급식과 보편복지 논의, 탈원전과 신재생에너지 논쟁, 국가주의적 역사 교육과 국정교과서 문제 같은 것들이 연달아 일어났고, 거기에 더하여 촛불시위 과정에서는 '혐오'와 페미니즘에 대한 이야기도 주고받을 수 있었다. 우리는 이러한 경험들을 통해 국가와 시장의 관계가 어떠해야 하는지, 거시적인 경제지표만 개선되면 우리 각각의 행복도 함께 보장되는 것인지, 그동안 우리가 '성장'·'발전'·'효율'만을 추구한 나머지 다른 가치들을 너무 경시하고 있었던 것은 아닌지 하는 문제도 함께 생각해 볼 수 있었다. 다시 말해 촛불의 의미는 불의한 권력을 권좌에서 끌어냈다는 '결과'와 우리의 일상을 되돌아보는 '과정' 모두에 있었던 것이다.

경제사 연구의 전망을 논하는 자리에서 지금 현실의 이야기를 이렇게나 장황하게 늘어 놓은 것은, 앞으로 이야기할 경제사 연구가 우리가 발 딛고 있는 현실에 단단히 뿌리내리고 있기 때문이다. 해방 이후의 한국경제를 바라보는 가장 전통적인 관점은 우상향하는 그래프에 복잡한 표와 숫자들을 함께 늘어 놓으며 국내총생산과 국민총생산, 1인당 국민소득의 극적인 성장을 보여주는 것이었다. 이러한 관점은 자연스럽게 경제성장의 공로를 당시의 권력자에게로 돌리곤 했는데, 당시의 권력구조가 권력자 1인에게 과도하게 집중되어 있었기 때문이다.

하지만 이러한 관점은 양적인 성장에만 지나치게 집중한다는 비판에서 벗어나기 어렵다. 따라서 그에 대한 비판은 급격한 경제 개발과정에서 뒷전이 된 민주주의나 크게 벌어진 빈부 격차, 세계경제에 대한 종속성 등을 집중적으로 부각시켰다. 이러한 비판에는 한국의 경제성장의 공을 국가권력에게만 돌리는 것은 부당하고 노동자·농민 역시 성장의 결실을 고르게 누려야 한다는 문제의식이 깔려 있다.

이상의 두 가지 관점은 현실의 권력관계와도 그대로 맞물려 있다. 전자의 관점은 현실 권력이 자신의 정당성을 강화시키는 근거로 사용되곤 했고, 반대로 후자의 관점은 현실 권력을 극복하려는 사람들에게 힘을 실어 주었기 때문이다. 그렇기 때문에 두 관점 모두 궁극적으로는 지난 권력(자)에 대한 최종 평가에 집중하는 경향이 있다("그래서 박정희가 잘 했다는 거야, 못 했다는 거야?" 하는 식이다). 이러한 구도는 지나치게 단순한 이분법처럼 보이기도 하지만, 어찌보면 당연하기도 하다. 지난 수십 년간 한국의 현실 자체가 그렇게 단순하게 왜곡되어 있었기 때문이다. 독재자는 권좌에서 물러났지만 독재(자)가 남긴 것들은 여전히 현실의 권력관계 속에 그대로 남아서 우리의 삶을 규정하고 있(었)지 않은가.

민주와 반민주로 양분되어 있는 현실 앞에서 이분법 해체를 말하는 것은 신중해야 한다. 현실을 멀쩡히 초월해 바람과자 먹고 구름똥 싸는 신선 이야기가 되기 십상이기 때문이다. 아니나 다를까, 2007년과 2012년의 대선 그리고 그 이후 몇 년의 정치적 경험은 여전히 절차적 민주주의를 지키는 것조차 버거운 일일 수 있다는 점을 뼈저리게 알려주었다.

그래서 '촛불'이 중요하다. 앞서 말했듯이 촛불은 우리의 현실을 바꾸었고, 그 과정에서 현실을 바라보는 우리의 관점까지 바꾸었다. 현실과 그 현실을 바라보는 관점이 바뀌었다면, 그에 기초하고 있던 한국경제에 대한 우리의 관점 역시 바뀔 수 있지 않을까. 현실에 존재하던 개발독재를 권좌에서 몰아 내고 민주주의를 회복해야 한다는 당면과제가 어느 정도 해소된 지금, 해방 이후의 경제를 바라보는 우리의 관점 역시 그러한 강박으로부터 좀 더 자유로워질 수 있을 것이다. '긍정 대 부정'의 이분법적 구도에서는 쉬 다루기 어려웠던 주제들, 예컨대 경제성장 과정에서 보였던 개별 민간자본의 동향이라거나 각 분야에서 제기된 경제성장 담론 등에 대한 연구가 최근 들어 속속 발표되고 있는 것이 그에 대한 반영일 것이다.

이러한 관점이 지향하는 바는 명확하다. '성장'을 당연한 목표로 전제하고 그것이 과연 누구의 덕분인지를 따지는 것이 아니라, 우리가 지향해야 할 가치가 반드시 '성장'뿐인지를 묻고 그 '성장'이 과연 어떤 과정을 통해 이뤄졌는지를 파악함으로써 지금 우리 삶이 어떤 요소들로 구성되어 있는지를 따져 볼 수 있어야 한다는 것이다. 우리가 역사를 공부하는 이유가 단지 과거의 어떤 인물이나 사건에 대한 최종 평가를 내리기 위함이 아니라 지금의 우리 삶에 대한 통찰력을 얻기 위한 것이라면, 한국경제의 역사에 대한 연구 역시 지나간 사실에 대한 최종 평가보다는 그 과정과 성격을 묻는 것이 되어야 마땅하다. 이를테면 숙련과 비숙련, 남성과 여성 등의 구도에 따라 노동시장이 재편되는 과정이라든지 화석연료에 과도하게 의존하는 형태로 경제구조가 형성되는 과정 등에 대한 연구는, 작금의 양극화된 노동시장에 대한 분석이나 신재생에너지와 탈원전정책 등에 대해 매우 직접적이고 유효한 통찰을 줄 수 있다.

이러한 문제의식의 밑바탕에는 단지 숫자나 양적 지표만으로는 환원될 수 없는 다양한 요소들이 경제사 연구에 포함되어야 한다는 성찰이 자리하고 있다. 지금까지 우리는 경제를 이야기할 때, 합리성에 기초하여 최선의 선택을 내리는 경제적 인간homo economicus이라는 모델을 상정하곤 했다. 하지만 인간이 어떤 경제적 판단을 내릴 때 인간이라면 누구나 가지고 있는 심리적이고 사회적인 편향과 관성이 크게 작용한다고 본 행동경제학의 관점이나, 가족 내에서 이뤄지는 노동이나 사람들 사이의 유대 같은 것들을 '여성적/감성적인 것'으로 치부하여 '합리성'으로 대표되는 '경제'의 영역에서 배제했음을 지적하는 페미니즘 경제학의 관점은 '경제'에 대한 우리의 고정관념에 꽤 많은 허점이 있음을 시사한다. 단지 표나 그래프만으로 표현할 수 있을 정도로 우리 각각의 삶이 단순하지는 않다는 것이다.

여기까지 생각하고 나니 촛불 이후의 경제사 연구가 나아갈 방향이 얼추 보이는 것 같다. 경제사 연구의 목표가 지금의 우리 삶을 둘러싼 여러 조건들에 대한 통찰에 있다고 한다면, 우리는 그 '경제'라는 말 속에 훨씬 더 많은 것들을 담을 수 있다. 인간의 삶이 단순히 양적 성장과 물질적 풍요만으로는 설명되지 않는다는 사실을, 우리는 촛불을 통해 깨달았기 때문이다. *정대훈

촛불집회
촛불은 현실을 바라보는 우리의
관점까지 바꿨다.

No Record, No History

"과학적·실천적 역사학"을 내건 한국역사연구회 30년······.

나는 30년 전에 연구회에서 한국사와 관련하여 무엇을 했고, 지금은 무엇을 하고 있나? 오늘을 살고 있는 나는 과거에 살았던 수많은 사람들의 이야기 가운데 무엇과 대화했던가?

민족해방운동의 역사, 굴곡과 영광의 현대사, 알 것 같으면서도 알기 어려운 북조선 역사······.

그즈음 나와 우리는 '새로운 관점'으로 《한국현대사》 1~4권, 《바로 보는 우리역사》, 《쟁점과 과제 민족해방운동사》, 《한국역사》 등을 공동연구하였다. 역사의식, 민중, 연관과 발전, 사회 변혁, 인간 해방, 정세 분석, 사회구성체, 체제 이행, 건강한 노동, 흐름과 결, 연속과 단절 등과 같은 범주를 많이 논의했던 걸로 기억난다. 한국사 연구자의 과제로서 이 땅의 자주·민주·통일도 과학, 진보, 실천이란 고민과 함께했고, 당연히 연구회 일도 무엇보다 열심히 했다. 이후 주변 연구자들의 경향

은 연구 시기를 최근으로 접근하는 것과 함께 운동사→정치사→사회사
→문화사 등으로 영역을 넓히며 빠르게 바뀌었다.

　나의 경우 연구회 초창기에 가장 활발하게 연구 성과(?)를 냈지만, 그
만큼 부족감과 공허함에 늘 허덕였다. 관념적 과격을 따라잡지 못하는
실천에서의 부실함이 지속되었다. 《북한정치사 1》은 내 고민의 중간쯤
에 있었다. 예컨대 북조선의 토지개혁은 토지가 없거나, 부족한 농민
에게 어떤 권리를 분여했던 것인가? 처음에 당연히 소유권이라고 봤지
만, 그것이 다만 경작권에 불과한 것이었다면 그리고 이어진 농업 집단
화와 '농업의 공업화' 등 사태의 흐름을 북조선 농민의 입장에서 어떻
게 이해할지 당황스러웠다.

　해방을 맞이한 인민의 가슴 벅찬 자율적 참가를 통해 "흘러라 보통
강, 새 역사의 한 복판"이라고 판단했던 보통강 개수공사가 법을 통한
강제동원으로 가능했던 것이라면……. 허기로 날콩을 씹으며 지하 탄
갱에 들어갔던 노동자들의 이후 삶은 또 어떻고. 김일성 위원장의 만경
대 고향집이 체제 선전과 다르게 기와집이었고, 문화예술인들이 앞 다
퉈 그 사실을 왜곡, 과장한 점들은 또 무엇으로……. 결국 나는 그 책을
강의교재로 쓸 수 없었다. 북한역사 강의를 피했고, 문헌 해제 관련 대
학원 수업만 근 10년을 하고 있다. 이 과정에서 《북한정치사》 2, 3의 집
필도 꽤 했지만, 일단 간행을 중단하고 있다.

　한국역사연구회가 만들어질 즈음 우리는 올바른 관점에 의지하여 열
심히 한 길을 갈 수 있었다. '프레임 전쟁'에서 관점은 여전히 중요하
다. 그렇지만 '오피니언' 이전에 '팩트' 확인이 더 중요하단 것을 아프게
느껴 왔다.

한국역사연구회 30년을 맞이하는 지금의 나는 당시 사람들은 무엇을, 어떻게, 왜 했는지에 대하여 제멋대로의 자료 조각들을 모으며, 다시 그것들을 나름 주목해야 할 사료로서 가공하는 작업을 한다. 또 그 데이터를 집적하여 새롭게 변화할 수밖에 없을 현대사 연구 환경에 대한 준비도 한다. 그사이 나는 북조선 역사 연구자라기보다, 북조선 역사의 밑을 받쳐 낸 인민의 고난과 희생에 관한 채굴 작업자로 바뀌었다. 좀 더 구체적으로 현재의 작업을 말하면, 북조선 역사인식의 기초로 사용할 사료 수집·정리·가공·활용을 통해서 의미 있고 중요한, 나아가 근본적인 아카이브를 구축하고 싶다.

나는 우선 집적한 사료를 연대순으로 정리해 자료집으로 만들고 있다. 더불어 북조선 관련 지식, 정보에 대한 검색 기능 등을 갖춘 데이터베이스를 준비하고 있다. 북조선 연구에 필요한 1차 사료의 체계적 정리가 무엇보다 필요하다고 판단했기 때문이다. 북조선 당국은 해방 직후부터 오랜 기간 문서를 체계적으로 통제, 왜곡해 왔기 때문에 필요한 것을 찾는 것 자체에 큰 어려움과 노력이 든다. 그런데 최근에는 자료가 너무 넘치는 데다가 일부 자료집 등을 통해 잘못 제공된 자료 때문에 이용하는 데 혼란이 많다. 북조선 연구에 필요한 《로동신문》 등을 결호 없이 소장한 기관은 전 세계 어디에도 없다. 괜찮은 '북조선 연표', 사진 아카이브도 물론 없다. 이런 상황에서 학계의 연구 성과가 이용한 자료들에 대해서도 '팩트' 자체에 대한 신뢰성에까지 의문이 일고 있다.

예컨대 국사편찬위원회가 간행한 《북한 관계 사료집》 제1권에 나오는 첫 번째 사료 〈북부조선당 공작의 착오와 결점에 대하야〉는 맨 위에서 날짜를 '1945. 10. 11.'로 했지만, '1945. 12. 17.'이 맞다. 왜 틀렸는지 모르겠지만, 이 자료집에는 오자와 가공하지 못한 부분도 많다. 이 주제에 전혀 무관한 비전공자가 작업했기 때문일 것이다.

비교적 최근에 간행한 경남대 극동문제연구소의《북한 문헌 연구: 문헌과 해제》제1권의 첫 페이지도 한계를 보여준다. 이 자료집은 1946년 8월 29일 김일성의〈북조선로동당 창립대회에서 한 보고〉부터 실었다. 편집자는 "수정된 것이 아니라, 처음에 나왔던 1차 자료를 확인"하여 북조선로동당 출판사 본부가 간행한《북조선로동당 창립대회 제재료》에서 이 부분을 가져왔다고 한다. 그런데 편집자의 기대와 어긋나게 이 보고의 원 제목은〈모든 것은 민주역량 준비를 위하여〉였고,《정로》1946년 8월 30일자에 실렸었다. 내용도 나중에 편집한 대회자료집과 부분적으로 다르다.

통일부가 간행한 자료집은 한글도 제대로 옮기지 못한다. 매년 신년사를 묶은 자료집의 경우,〈1956년 신년사〉는 도대체 무엇을 보고 편집했는지 북조선 발표 원문과 다르다. 일본에서 간행한 일본어 번역문을 다시 한글로 재번역해 실었기 때문이라고 짐작할 뿐이다.

결국 시간을 투자해 자료를 많이 본 연구자가 관련 문헌을 발췌 요약 없이 정리할 필요가 그만큼 절실해진 것이다. 그것을 북조선에 기대할 수도 없지 않은가. 더불어 1차 원시사료를 가공할 필요성도 절실하다. 아래의 신문을 북조선 전공 대학원생들에게 읽혀 보면 의외로 제대로 읽지 못하는 사람이 많다.

한자를 모르며, 어법도 틀리고, 여기에 보존 상태도 많이 나빠졌기 때문이다. 이제《조선왕조실록》을 가공해 일반에 제공했듯이 현대사 자료들도 좀 더 많은 사람들이 편하게 이용할 수 있도록 가공한 것을

1945년 8월 20일

■ 김일성은 소련 브야츠크 훈련기지에서 항일유격대 간부회의를 소집하고, 자파 중심의 당과 정권기관 및 군대조직에 관한 포부를 밝혔다.[1]

해방된 조국에서의 당, 국가 및 무력 건설에 대하여[2]
동무들! 제2차 세계대전에서 반파쑈 민주력량이 승리한 결과(쏘련 군대의 결정적 역할에 의하여)[3] 일본제국주의 침략군대는 격멸되었으며 우리 인민은 조국광복의 력사적 위업을 성취하였습니다(이하 생략 / 실제 자료집은 풀 텍스트).

---

1. 이날의 김일성 연설에 대하여 편집자가 찾을 수 있었던 최초의 기록은 다음과 같다. "해방 된 조국에서 맑스–레닌주의당을 창건하는 것은 하루도 미룰 수 없는 긴급한 과업이다.……우리는 항일무장투쟁의 시련 속에서 당 창건의 조직 사상적 준비를 튼튼히 갖추었다. 지금 우리에게는 15성상의 준엄한 무장투쟁의 불길 속에서 단련 육성된 공산주의 골간부대가 있으며 공산주의 대렬의 사상, 의지, 행동상 확고한 통일단결이 있다. 우리는 조국에 개선하여 이 튼튼한 밑천에 기초하여 하루빨리 조선공산당을 창건해야 한다.……우리는 항일무장투쟁 의 불길속에서 육성된 공산주의핵심을 골간으로 국내각지에서 분산 활동하고 있는 공산주의자들과 그루빠들을 결속하여 먼저 당을 창건해야 한다. 물론 국내 공산주의자들 속에는 종파 악습에물젖은 자들도 있을 것이며 그 영향을 받은 사람들도 적지 않을 것이다. 그러나 그렇다고 하여그들을 다 떼어버려서는 안 된다. 그들을 먼저 믿고 결속하여 당을 창건하고 실지투쟁을 통하여 검열하고 개조하는 것이 가장 옳은 방침이다. 이렇게 하여야만 복잡다단한 정치정세 속에서도 당을 빨리 건설할 수 있으며 또 빠른 시일 내에 당 대렬의 장성과 순결성 을 다 같이 보장하고 그 통일단결을 강화할 수 있다"(림춘추, 〈조선공산당 창건을 위한 그이의 위대한 구상〉《노동신문》 1970. 10. 28.).
2. 김일성이 '조선공작단위원회朝鮮工作團委員會'의 군사정치책임자로서 장래의 활동 전망을 제시했을 가능성은 높다. 그의 연설 전문이 처음 대중적으로 공개된 시점은 1971년 《해방된 조국에서의 당, 국가 및 무력 건설에 대하여》라는 단행본이며, 그 후 1978년 조선노동당출판사가간행한 《인민정권 건설에 대하여》 제1권에 실렸다. 때문에 '자료로 취급할 때 비판적 접근'이반드시 필요하다. 림춘추는 항일유격대집단 가운데 대표적인 인텔리로서, 항일무장투쟁 초기부터 자신의 수첩 에 관련 역사를 기록하였다. 그는 延吉縣 朝陽川에서 김일성의 담화를 기록으로 남긴 때부터 "항일유격대 종군역사가"로서 南胡頭회의를 비롯한 주요 회의들에 참가하여 회의기록을 남겼다(조선노동당 당사연구소 편, 1998 《김일성동지 회고록: 세기와 더불어》(계승본) 8권, 조선노동당출판사, 304쪽). 림춘추는 자신의 일지수첩을 기초자료로 《항일무장투쟁시기를 회상하여》와 연대기식 종합회상기 《붉은 해발아래 항일혁명 20년》, 《불굴의 혁명투사 김정숙동지를 회상하여》, 《불굴의 혁명투사 김철주동지》 등을 집필하였다(박현철, 1997 《등대》 278호, 24~25쪽). 림춘추의 수첩은 현재 평양 조선혁명박물관에 전시되어 있다.
3. 밑줄친 부분 외에 《저작집》, 《전집》 내용이 동일하다.

제공해 주어야 할 것이다.

지금 수행하고 있는 작업 내용과 편집 방향은 다음과 같다. 자료집은 연표와 1차 사료, 사진, 해설 등을 함께 묶어서 편찬 간행한다. 북조선의 주요 사건과 당시 상황을 이해하는 데 필요한 1차 자료를 선별하고, 반드시 전거를 표시하며 필요한 경우 해제 및 편집자 주를 붙였다. 기록의 역사적 가치 평정에서 일관성 유지를 위해 혼자서 선별한다.

결과물은 1945년 8월 15일~1994년 7월 8일까지를 연월일의 편년체 사료집 형식으로 묶고자 한다. 대체로 1~2개월 분량을 800쪽 내외 1권으로 묶을 것이며, 가능하면 약 1,000권을 예상한다. 편집체제와 기술 내용을 예시하면 앞의 자료와 같다.

이와 같은 작업과정에서 가장 큰 고민은 한글 표현의 질을 어떻게 높일지의 문제다. 그동안 여러 차례 한글 언어 규범과 규칙 등에서 중요한 진전이 있었지만 남과 북 사이의 맞춤법과 문장부호 사용 등에서 차이는 여전하다. 새롭게 '원시자료'를 가공하면서, 사람들이 쉽고 편하게 읽도록 하려면 어떤 것을 고치고, 무엇을 예외로 할 것인가는 의외로 큰 문제다. 그냥 틀린 것까지 원문 그대로 옮기는 것을 미덕이라고 할지 모르겠지만, 그것은 전문 연구자들에만 해당하는 요구라고 생각한다. 더 많은 사람들이 쉽고 편하게 접근할 수 있어야 한다. 이 점을 고려해 〈한글 맞춤법 통일안〉과 〈조선어 철자법 개혁안〉을 동시에 참조하면서, 북에서 일반적으로 사용한 용례를 존중하며 작업하고 있다. 여기에 굴곡이 많았던 띄어쓰기의 변화도 가급적 현재에 맞춰 반영하고 있다. 당연히 오자, 탈자는 고치고 있으며, 문장부호는 새로 넣거나 고쳤다. 가독성을 높이고자 예외도 일부 설정하고 있다. 이 작업도 만만치가 않다.

나는 다만 이 일밖에 할 줄 아는 것이 없고, 또 즐겁기에 이 원고 쓰는 시간도 아까워 하면서, 오늘도 여기에 매달리고 있다. ＊김광운

해방 직후 북조선에서 발행된 신문들
북조선 연구를 위해서는 1차 사료를 체계적으로 정리한
데이터베이스와 근본적 아카이브 구축이 절실하다.

12

한국 현대사의 격동 속 난민과 중층의 구조들

오늘날 세계 각국에서 다양한 원인으로 난민이 발생하고 있다. 2차 세계대전 후 유엔은 난민難民Refugee을 "인종, 종교, 국적, 정치적 의견을 이유로 박해 우려와 공포로 인해 국적 국가의 밖에 있는 사람들"로 정의하였다.

난민은 거주가 불안정하고 최소한의 생존조건이 충족되지 않은 상태에 놓여 있다. 1951년에 난민에 대한 정의 및 난민의 권리를 담고 있는 난민협약을 채택하고, 유엔난민기구UNHCR를 창설한 것은 국제적으로 난민 문제를 인식하여 난민을 보호할 기준과 체계를 구축하는 시발점이었다. 난민협약이 제정된 이후에도 각 지역과 국가 내외부에서 전쟁은 계속되었기 때문에 난민의 범주에서 시간과 지역의 제약을 없앤 난민의정서가 채택되었다.

하지만 난민협약 및 의정서의 규정상으로는 난민으로 인정받을 수 있는 사유가 제한적이다. 현실적으로는 천재지변, 환경 파괴, 빈곤 등

국가를 벗어나게 되는 원인이 늘어나고 있고, 곳곳에서 내전과 무력충돌이 발생하며 국가 내에 있으나 생존 위협을 받는 사람들도 더욱 증가하고 있다. 난민이 발생하는 원인이 복합적이고, 많은 사람들이 국내에 있어도 난민과 같은 상황에 처해 있기 때문에 난민 개념과 범주에 관한 논의가 심화되고, 보호 대상이 확대되어야 한다고 강조되는 실정이다.

한국(남한)에서는 역사상 난민협약에서와 같은 국제적인 차원의 협력과 보호를 필요로 하는 난민이 발생한 것이 아니라 국내에서 수많은 난민이 생겨났다. 해외에 이주했던 사람들이 해방을 맞아서 귀환하였고, 분단 시기에 각기 다른 체제를 선택할 수밖에 없는 월남·월북민이 발생하였다. 남한 정부 수립과정에서 벌어진 제주 4·3사건과 여순사건, 내전이자 국제전으로 전개된 한국전쟁으로 인해 한반도 내에 대규모의 피난민이 생겨나기도 했다. 거주지가 불안정하고, 열악한 상황에 처하게 되었던 이들이 근대 이후에 한국에서 처음으로 발견된 난민이었다. 2차 세계대전이 끝난 후 국제적으로 난민 문제가 본격화되고 난민이 규정되는 시점에 한국에서도 난민이 발생하고 있었던 것이다.

이러한 한국의 난민은 어떠한 정치·경제·사회구조 속에서 정착해 갔는지 역사적으로 규명할 필요가 있다. 먼저 해방 후~1960년대 한국(남한)의 난민을 그 발생 계기와 성격에 따라 구분해 보고자 한다. 첫 번째는 분단과 한국전쟁에 의한 '체제형' 난민이다. 이 난민은 다시 ① 남북 간 이주, ② 남한 내 이주로 나뉜다. 남북 간 '월남'과 '월북'은 해방후 전쟁 시기까지 연속되었고, 전쟁 후 복귀가 불가능하였다. 남한 내 이주는 정부 수립과정에서의 제주 4·3사건과 여순사건 당시에 인근 지역으로의 소개疏開, 전쟁 시 피난이 해당된다. 체제형 난민은 그 발생

시기가 전쟁기까지 한정되고 전후에 원주지로 복귀가 가능하거나 타지역에 정착하여 더이상 난민이 아닌 경우를 포함하므로 일시적인 성격을 지닌다. 또 남북 간 극단적인 이념 대립과정에서 발생한 이들 난민은 대한민국의 체제와 사상에 적극 순응할 것을 요구받았다. 한국전쟁이 끝난 후 1950~60년대의 재건과 개발과정에서는 '사회형' 난민의 정착 문제가 부각되었다. 사회형 난민은 주거가 불안정한 존재로서 전 시기에 걸쳐 존재하지만, 전쟁 당시에는 체제형 난민에 비해 정착 문제가 대두되지 않았다. 전쟁이 끝난 후 체제형 난민은 복귀하거나 정착했으나 고아와 부랑인, 도시철거민, 실업자와 영세민 등 사회형 난민은 새롭게 또는 여전히 취약한 지위에서 유동적인 상태에 있었다. 전후 계급의 분화와 공간의 재편이 급속하게 진행될 때 농촌의 빈곤은 지속되었고, 도시 중심의 산업화로 인해 빈부와 도농의 격차는 더욱 심화되며 하위의 빈곤한 자들은 비자발적으로 이주를 하게 되고, 불안정한 상황에 놓인 난민이었다.

1950~60년대 한국에서 이러한 난민의 정착 문제에는 정부의 관점과 정책, 정착이 추구된 지역공간, 난민의 인식과 전망이라는 세 차원이 결합되어 있었다. 그렇기 때문에 제도나 정책과 난민의 삶을 분리해서 다룰 수가 없다. 그간의 연구들에서는 정부나 원조를 제공하는 미국 측의 정책 기획과 의도와 실제 난민의 이동과 정착이 각각 분석되었고, 양자가 복합적으로 다루어지지 못하였다.

향후의 연구에서는 중앙 정부-지방 정부와 지역사회-난민으로 연결되어 있는 구조를 밝히고, 그것이 한국의 사회 변동에 어떠한 영향을 미쳤는지 규명하게 될 것이다. 이를 위해서는 먼저 두 가지 연구 시각과 방법론이 병행되어야 하는데 '지역사'와 '구술사'다. 중앙 정부의 정책 입안과 실행과정은 기존의 역사학 연구방법론에 따라서 문헌자료의 분석을 통해 밝힐 수 있으나 중층적인 구조가 설명되려면 새로운 문제의식과 접근방법이 필요하다.

난민이 농촌 지역에 정착하게 되는 계기 중 하나인 정착 사업의 경우, 지역사와 구술사 연구를 접목하면 난민 정착의 구체적인 모습들을 밝혀내기에 적합하다. 중앙 정부 기관인 국가기록원과 국사편찬위원회에는 지역에서 처리했던 문서들을 수집·보관하고 있다. 이곳의 지역별 사업 관련 문서철을 통해서는 지역 단위에서 사업 실행과정을 볼 수 있다. 행정기관 사이의 지시, 사업 관련 규정, 지시사항 및 사업 진행 보고 등이 그 예다. 정부가 남긴 자료 중에는 뉴스, 공보영화와 같은 영상자료도 있다. 이 자료들은 당시 농촌의 모습과 사업 장면을 생생하게 보여주지만 성공적인 사례나 결과에 치중되어 있다.

지역사 연구에서 필수적인 사료는 현지에서 보관하고 있거나 발굴되는 것들이다. 지방 행정기관에서는 국가기록원에 이관하지 않고 자체적으로 정리·보관하고 있는 자료들이 있다. 마을 단위에서도 사업을 실행하기 위해 만든 위원회나 기존에 있었던 동회 같은 협의기구들이 운영되었던 자료들을 발견할 수 있다.

그러나 공식 기록으로 남겨진 문헌자료만으로는 난민의 삶을 복원하는 데 한계가 있고, 정착 사업의 성과 및 한계를 규명하기에도 부족하다. 따라서 구술사 연구로 사업 참여자의 경험과 기억을 발굴하는 작업이 필요하다. 정착 사업을 기획하고 추진하는 정부와 미국 원조기구의 입장은 최소한의 자원으로 구호 대상을 줄이고, 구호 대상자와 사업장이 되는 마을이 자립해야 한다는 것이었다. 난민들 또한 같은 목표를 가지고 살아가기도 했으나 아무런 사회경제적 기반이 없는 상태에서는 매우 어려운 과제일 수도 있었다.

또 정착 사업에서는 정부가 토지를 빌려 주고, 원조기구가 양곡과 주택 자재를 제공했는데, 기록에 남겨진 것과 다르게 실제로 사업장까지 들어가지 못하는 경우, 물자를 받았으나 한 가지 품목 – 예를 들어 밀가루나 옥수수 가루 – 만 들어와서 계속 먹기가 곤란한 경우, 개간 후 토지를 소유할 것으로 기대했거나 약속을 받았는데 그렇지 않은 경우 등 정착하려는 당사자들에게는 어려움이 많았다. 이러한 상황에서 난민이 토지를 개간하거나 갯벌을 메우고, 저수지를 만드는 일을 해 나갔고, 새로운 마을을 만들어 냈다. 새롭게 만들어진 마을들은 '정착촌', '새마을촌', '협동농장' 등의 이름으로 불렸다. 당사자의 경험은 어려움을 겪고, 해결하거나 갈등하는 과정과 그 의미에 대해서 밝힐 수 있는 근거가 된다.

한편, 앞으로 한국의 역사상 난민 연구는 그 부류에 따라서 다양한 방향으로 진행될 수 있다. 필자는 난민 개념에 여러 사람들을 포함했는데, 이들이 난민이 된 이유는 모두 다르고, 이후의 삶에서도 차이를 보이기 때문이다. 예를 들어 월남민은 냉전시대에 이데올로기 측면에서 빨갱이인지 아닌지에 사회적 관심이 있었고, 정착과정에서 월남민 스스로도 반공주의를 의식하지 않을 수 없다. 하지만 고향으로 돌아갈 수 없는 이들은 농촌과 남한사회에 정착하기 위해서 남다른 생각과 노력이 필요했다.

고아나 부랑아 또한 여러 방면에서 연구할 수 있는 주제다. 왜 부랑하게 되었는지 관련해서 전후 한국의 실상을 파악할 수 있고, 각종 대책들이 있었는데 어떠한 특징을 가졌는지, 1950~60년대 사회의 약자를 대하는 사회정책은 이후의 정책 방향에 어떠한 영향을 미쳤는지 등 중요한 문제들을 해명할 수 있게 한다. 특히 5·16쿠데타 직후에 이들을 '개척단', '건설단'으로 조직해 강제로 농촌에 가두고 정착 사업을 하게 만들면서 심각한 인권 침해가 벌어지기도 했었다. 서산·장흥에서의 사례는 연구된 바 있지만 전국적으로 어떻게 강제동원이 이루어졌고, 그것이 용인되었는지 새로운 연구가 필요하다. *김아람

전남 장흥군 관산읍 고마리 정착사업장 농지분배식(대한뉴스 제573호, 1966. 6. 3)
난민들은 토지를 개간하고 갯벌을 메우고 저수지를 쌓아 새로운 마을을 만들었다.
이들의 삶이 역사로 기록되어야 하는 이유다.

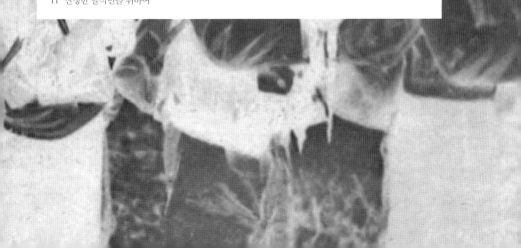

03

두 걸음 더, 한국근대사

1

1910년 국권 상실을
어떻게 표현해야 할까?

1910년 8월 22일 대한제국의 내각총리대신 이완용과 통감 데라우치 마사타케寺內正毅는 '한국병합에 관한 조약'에 날인했다. 1주일 뒤인 29일 일본은 이 '조약'을 공표하였다. 이로써 대한제국은 공식적으로 국권을 상실하고 '조선'이란 지명으로 일본의 일부가 되었다.

그동안 이 사건에 대해 일반적으로 한국에서는 '한일합방', '한일합병', 일본에서는 '일한병합' 등의 용어가 사용되어 왔다. 이 용어들은 사용자의 국적에 따라 '한국'과 '일본'이 앞에 오거나 뒤에 붙거나 하지만 기본적으로는 두 국가를 병렬적으로 나열하는 것이다. '합방', '합병', '병합'은 모두 기존에 독립적으로 존재하던 것을 '합친다'는 의미다. 따라서 이 용어들은 한국과 일본의 두 나라가 '대등하게' 또는 '합의하여' 하나의 나라로 합친다는 뉘앙스를 주는 동시에 일본의 한국 국권 강탈이라는 침략의 성격을 은폐하는 기능까지 한다. 그러므로 이 용어들은 일본의 한국 국권 강탈을 지칭하는 용어로 사용하기에 부적절하다.

이에 이태진은 일본의 식민 지배는 군사력에 의한 강제점령임을 강조하는 '강점強占'이라는 용어를 제안하였다. 이와 같은 시각에는 필자도 전적으로 동감한다. 하지만 1910년 8월 29일 국권이 강탈당한 사건을 '강점'으로 지칭하기에는 적절하지 않다고 생각한다. '강점'은 어느 한 시점의 문제가 아니라, 국권 강탈 이전부터 일본의 식민 지배 전 기간을 아우르는 용어이기 때문이다. 또한 이 사건에 대해 '강점'만을 강조할 경우, 일본에 협력한 친일 관료들의 역사적 책임이 감추어지는 문제가 있다. 이는 침략성이 명확한 '병탄倂呑'의 용어도 마찬가지다. 대한제국은 '조약'을 통해 국권을 강탈당했다. 이것은 물론 일본이 무력을 동원하여 강압한 결과이지만, 그와 함께 이완용·송병준 등 친일 관료들의 협조가 있었기에 가능한 것이었다.

일본의 운노 후쿠쥬海野福壽는 일본이 한국의 국권을 강탈한 조약의 명칭이 '한국병합에 관한 조약'이었고, 이에 따라 당시 일본 사회에서도 "한국병합"을 일반적으로 사용했다는 점 등을 이유로 "한국병합"을 용어로 사용할 것을 제안하였다. 즉 운노의 제안은 당시에 사용했던 용어를 그대로 사용하자는 의미인데, 이는 당시 일본이 '한국병합'의 용어를 사용한 의도를 그대로 묵인하자는 의미가 내포되어 있어서 동의할 수 없는 제안이다.

1909년 일본 외무성 정무국장 구라치 데츠키치倉知鐵吉는 〈대한정책의 기본방침對韓政策ノ基本方針〉을 작성하면서 '한국병합'이라는 용어를 만들어 사용하였다. 그는 '합방'이나 '합병'은 양국이 대등하게 합친다는 의미가 있기 때문에 한국의 식민지화와 성격이 맞지 않고, '병탄'은 침략적 성격이 노골적으로 드러나기 때문에 표현이 과격하며, 한국의 민심을 자극할 우려가 있기 때문에 사용하기에 부적절하다고 했다.

구라치는 한국이 완전히 폐멸되어 일본의 일부가 된다는 뜻을 명확히 하면서도 어감이 과격하지 않은 단어로 '병합'을 선택하였다. 그리고 일본이 주체가 되어 한국을 흡수·통합하는 것이므로 주체인 일본을 생략한 '한국병합'이라는 용어를 사용하게 되었다고 하였다. 즉, '한국병합'이란 용어는 일본에 의한 한국 침략의 성격을 대외적으로 은폐시키고, 한국의 민심을 자극하지 않으려는 고려에서 고안된 용어인 것이다. 그리고 이러한 이유에서 일본은 '조약' 체결의 형식으로 한국의 국권을 강탈하였다.

일본은 군사력을 동원하여 한국을 강제점령하면서도, 그 침략성을 은폐시키기 위해 친일 관료들의 협조를 받아 '조약' 체결의 형식으로 한국의 국권을 강탈했다. 상당히 복잡한 과정을 거쳐 한국을 강점한 것이다. 대외적으로는 일본의 한국 식민지화 과정에서 열강이 개입할 구실을 주지 않기 위해 침략성을 은폐시키려 한 것이고, 대내적으로는 한국 민중의 반발을 피하기 위해서였다.

한국은 당시 일본이 국제사회에 선전한 것처럼 자유의사에 따라 일본과 하나의 국가로 통합된 것이 아니었다. 그렇다고 본국과 명확하게 구별되는 식민지가 된 것도 아니었다. 일본은 대한제국은 완전히 폐멸되어 일본의 신부영토로 통합되었다고 하면서도 한반도에 대해서는 일본 헌법을 시행하지 않고, 일본 천황에 직예하는 총독을 두어 통치했다. 한국은 식민지이면서도 식민지가 아닌 형태로 일본의 일부가 된 것이다. 이 때문에 한국인은 대외적으로 일본인이었지만, 일본의 통치하에서 일본인과 동등하게 대우받지 못했다. 이러한 모순은 일제강점기 내내 지속되었다. 일본은 한반도와 일본이 하나의 국가임을 강조하는

'내선일체內鮮一體'의 구호를 내걸고, 한국인도 '천황의 적자'라고 하여 일본인임을 확인하면서 침략전쟁에 동원하였다. 한국인은 일본인으로서의 의무는 있었지만, 권리는 없었던 것이다.

하지만 현재까지 침략성을 은폐시키려는 일본의 의도를 포함하여 군사력을 동원한 침략이면서도 굳이 '조약' 체결을 통해 국권을 강탈한 사건을 적절하게 설명할 수 있는 용어가 없다. 따라서 이와 같은 한국의 국권 상실의 성격을 제대로 표현할 수 있는 새로운 용어가 나오기까지는 침략의 성격을 은폐시키려는 일본의 의도를 그 자체로 표현할 수 있고, 당시의 사료에 표현된 용어이기에 '한국병합'을 인용하여 사용하는 것이 어떨까 한다.

단 이 용어를 사용하는 것이 그 용어를 만든 구라치 또는 일본의 개념 규정에 동의하는 것은 아니다. 또 운노처럼 당시 사용했던 용어를 그대로 사용하자는 의미도 아니다. '한국병합'에 담긴 일본의 의도를 표현하기 위해서다. 이 때문에 이 글에서는 한국병합이 아니라, '한국병합'이라고 표기했다. '한국병합'의 표현에서 ' '는 강조의 의미가 아닌 인용의 의미이며, 동의할 수 없다는 뜻이다. *한성민

'한국병합' 기념 엽서

2

1896년 한러 비밀협정의 현장

필자는 아관파천으로 석사논문을 쓰고, 19세기 말 20세기 초 러시아 극동정책에서의 대조선 정책으로 박사학위 논문을 썼다. 필자도 선행 연구자와 마찬가지로 한러관계에 어떤 비밀협정이 존재했을 것이라고 추측했지만 물증을 잡는 데는 실패했다. 그런데 다시 아관파천을 둘러싼 외교관계를 정리해야겠다는 생각을 했고, 러시아와 일본 사료를 이 잡듯이 뒤져 보았다. 노력의 결과일까? 한러관계 분야를 연구한 지 20년이 넘어서야 드디어 그 물증을 찾을 수 있었다.

서구학계는 1896년 '모스크바 대관식'을 둘러싼 조선, 청국, 일본, 러시아의 외교관계를 가장 먼저 주목하면서 모스크바 의정서의 의미를 해석하였다. 이를 주도한 이들은 로마노프БАРоманов, 말로제모프A. Malozemoff, 랭거W.L. Langer, 나로츠니쯔끼A.Л. Нарочницкий, 렌슨 G. A. Lensen 등이었다. 그들은 러시아를 포함한 유럽 외교문서를 자유롭게 활용하고 조선과 만주 문제에 주목하면서 러일전쟁의 원인을 추적하였다.

하지만 국내외 선행 연구는 모스크바 대관식에 참석한 청국과 일본의 외교활동에만 집중하여 정작 조선의 비밀 외교활동을 파악하지 못했다. 사료적인 측면에서 서구학계는 한국의 문서를, 한국학계는 러시아 외교문서를 활용하지 못하여, 조선을 둘러싼 열강의 역동적인 외교상황을 입체적으로 구성할 수 없었다. 연구사적 측면에서 한국학계는 러시아의 외교활동을 서구학계 연구 성과에 의존하여 자신의 견해를 세우기가 어려웠고, 서구학계는 조선 문제를 상대적으로 소홀하게 파악하여 조선과 러시아의 비밀협상을 추적하지 못했다.

1896년 6월 특명전권공사 민영환은 러시아 경비병이 고종의 신변을 보호해 줄 것을 요청했다가 구체적인 답변을 받지 못하자, 니꼴라이 II세 대관식이 끝났음에도 본국 귀환을 연기하면서, 3개월가량 페테르부르크에 남아서 끈질긴 협상을 지속하였다.

민영환은 러시아 외무대신 로바노프뿐만 아니라 재무대신 비테와도 비밀협상을 진행하였다. 민영환은 1896년 8월 6일 오후 4시 재무대신 비테를 방문하였다. 오후 7시 재무부 상무국장 란고보이가 인사 차 왔다. 특명전권공사수원 윤치호에 따르면 8월 6일 민영환이 하루 종일 문을 걸어 잠그고 민경식·김득련과 함께 긴 이야기를 나누며 서류를 준비하였다. 비밀외교에서 제외된 윤치호는 톨스토이의 《전쟁과 평화》를 읽으면서 자신을 위로하였다. 그 다음 날 아침에도 민영환은 자신의 방문을 잠그고 윤치호만 배제한 채 모종의 비밀회의를 진행하고선 오후 2시 외무대신 로바노프를 방문하였고, 오후 6시에는 기차 편으로 대령 뿌짜따의 집(황촌 근처)을 방문하였다.

로바노프에 따르면 민영환은 1896년 8월 7일(러시아력 7. 26) 자신과 대담하면서 조선과 러시아의 상호관계에 관한 문제를 언급했다고 한다. 그 자리에서 민영환은 러시아어로 작성된 '서신 сообщение(조선정부명령)'을 전달하였다.

러시아 문서에 따르면 서신에는 "조선은 러시아와 공평하게 수립되고 있는 상호 우의를 지속적으로 강화할 것을 희망합니다. 조선 정부는 조선의 이익 수호를 위해서 러시아의 보호와 협력을 요청합니다"라고 적혀 있었다. 로바노프는 러시아 정부의 이름으로 약속할 수 없는 사항들이 포함되었다고 기록하였다. 이것이 민영환이 한러 비밀협정 체결을 요구한 증거였다.

로바노프는 1896년 8월 13일(러시아력 8. 1) 민영환의 '서신'에 대해서 민영환에게 다음과 같은 '서신 Письмо'으로 답변하였다.

나는 특명전권공사 민영환의 '서신'을 황제에게 전달하는 것을 잊지 않았습니다. 나는 즐거운 의무로서 다음과 같이 공사에게 보증합니다. 러시아 정부는 양국 사이에 오랫동안 존재하는 우호적 관계를 지지하면서, 조선 정부에 대해서 변함없는 위치와 확고한 노력을 확인합니다.

러시아 정부는 앞으로 과거의 지속적인 보호 대상인 조선 왕실의 이익 수호를 위한 가능한 협력을 제공하고 동일한 행동양식을 유지할 것입니다. 나는 이런 약속을 러시아 특사에게 전달하며 조선 정부에게도 알려 줄 것을 부탁합니다.

이러한 사실은 로바노프가 최소한 조선과 러시아의 우호와 발전을 기원하는 서신을 작성하여 민영환에게 제공하였다는 사실을 알려 준다. 무엇보다도 로바노프는 민영환의 서신을 러시아 황제에게 보고하였다. 러시아 황제는 민영환의 의사를 충분히 인지하였고, 로바노프는 외무대신의 지위에서 서신을 작성하였다. 이 서신 내용 중 "러시아 정부가 조선 왕실의 이익을 보호하는 가능한 협력과 행동을 제공한다"라는 대목은 러시아의 조선 보호를 의미하였다. 결국 로바노프 외무대신은 러시아 황제의 승인 아래 한러 우호와 협력을 보증한다는 서신을 민영환에게 전달한 것이었다. 이것은 러시아의 입장에선 조선을 자국의 영향 아래에 두려는 전략이었고, 조선의 입장에선 일본의 군사적 침략을 방어하기 위한 외교적 노력이었다.

조선은 '한러 비밀협정'에 따라 러시아에 비싼 대가를 지불해야 했다. 러시아는 아관파천 이후 조선의 북쪽으로 압록강·두만강·울릉도 삼림채벌권, 함경도 길주의 삼림자원 이권 및 함경도 삼수와 담천 지역의 이권을 획득하였다. 또한 러시아는 러청은행을 통한 조선의 차관 도입을 약속하면서 인천·덕원·부산항의 해관세 및 조선의 조세까지 담보로 확보하였다.

1896년 모스크바 대관식에서의 한러, 러청, 러일의 외교활동은 조선을 둘러싼 러시아와 일본의 세력 균형(모스크바 의정서), 일본의 조선 침략 방어를 위한 한러 협력(한러 비밀협정), 일본의 청국 침략 방어를 위한 러청 협력 및 러시아의 동청철도 획득(러청 비밀협정) 등의 결과물을 만들었다. 그것은 일본의 동북아 침략 방지, 조선의 중립 유지, 러시아의 만주 진출 등이 핵심이었다.

러시아와 일본은 1896년 6월 9일 '모스크바 의정서'를 체결하여 조선에서 상호 군사활동의 영역을 구분하였다. 이 과정에서 조선은 공식적으로 특사단을 파견하여 고종의 신변 보호와 러시아의 차관 제공을 위해서 노력하였다. 무엇보다도 민영환은 고종의 환궁 이후 러시아 경비병이 경운궁을 경비하여 고종의 신변을 지켜 준다는 러시아의 약속을 받기 위해서 노력하였다. 그런데 러시아는 단지 고종의 신변 안전에 대한 '도덕적' 보장만 약속하려고 하였다. 그러자 민영환은 비공식적으로 러시아가 조선에 대한 군사적 보호를 약속하는 '한러 비밀협정'을 제안하여 성사시켰다. 조선과 러시아는 아관파천 전후 명례궁 약정, 조선의 5개 조항 제안서, 러시아의 5개 조항 답변서, 한러 비밀협정 등의 긴밀한 외교관계를 유지하였다. 그것은 1897년 고종의 환궁, 러시아의 함경도 이권 획득, 2차 러시아 군사교관 파견, 한러은행 설치 등으로 구체화되었다.

그렇다면 100년 전 '한러 비밀협정'이 갖고 있는 의미는 무엇일까? 현재 한국은 한미동맹, 한중우호, 한일군사정보보호협정 등의 다양한 외교정책을 펼치고 있다. 한국은 100년 전 한러 비밀협정을 통해 한러관계를 중심으로 다자외교를 추진한 경험을 가지고 있었다. 이것은 현재 동북아의 역동적인 상황에서 한국이 향후 어떤 외교정책을 펼쳐야 할지 곰곰히 생각해 볼 수 있는 대목을 제공한다. *김영수

모스크바 대관식 러시아특사단

3

경계를 넘나드는 주체들의 복원을 통해 재구성한 근대 사회운동사

일제 식민지기 이전 한국 근대(1876~1910) 사회운동사 연구는 주로 특정 운동 주체들을 선별하여 각 운동의 배경과 실태, 성격을 분석하는 방식으로 진행되었다. 예컨대 대표적인 사회운동세력인 동학 계열, 의병 계열 등을 특정해서 연구를 진행하였다. 실제로 각 계열마다 인적 관계망이나 사상적 배경, 지향 등이 다르다는 점을 감안하면 이런 접근은 너무나 당연하다. 또한 이 접근법으로 계열별 운동 주체의 활동과 성격에 대한 심도 있는 분석이 진행되었다.

그런데 연구 성과가 축적되고 분야별 전공의 골이 깊어지면서 역사상의 분절 현상이 일어났다. 또한 동학 계열 전공, 의병 계열 전공으로 각 연구자의 정체성도 구획되었다. 필자 역시 학회 등에서 연구 주제를 묻는 질문에 '의병 전공자'라고 답하곤 한다. 원래 필자의 문제의식은 1907년 의병 봉기를 둘러싼 사회적 관계망을 분석하여 이 시기 사회사를 재해석하는 것이었지만, 그런 구구절절한 설명보다 '의병 전공자'라는 규정이 훨씬 간명하기 때문이었다. 이렇게 구획된 정체성 안에서 각 연구 주제별로 사료총서가 발간되는 것 또한 이 구도를 강화시켰다. 예컨대 의병 연구에서 필수적인 의병장 자료, 일본 군경 자료 등은 모두 《한국 독립운동사 자료-의병편》, 《독립운동사 자료집-의병항쟁사 자료집》 등으로 편집되어서 간행된 것을 들 수 있다. 그 외에 수많은 1차 자료들이 《○○의병 자료》라는 형식으로 편찬되었다. 일찍이 《동학농민전쟁 사료총서》가 발간된 동학 계열에 관한 연구에서도 사정은 비슷할 것이다.

물론 이런 지적이 전혀 없었던 것은 아니다. 운동 계열의 성격과 활동을 분석하는 것을 넘어 지역사회와의 관련성에도 주목한 연구 성과도 이미 제출된 바 있기 때문이다. 대표적으로 항조운동을 주도하여 지역사회에서 지지를 받으며 '개혁'으로 인식되던 일진회의 활동이 결국 '작폐'와 '매국'으로 귀결되었던 맥락을 분석한 연구는 사회운동사 연구의 영역을 넓히는 데 기여했다.

아울러 천주교인과 지역주민들 간의 분쟁사건인 교안敎案을 통해 지역사회의 변화과정을 추적한 연구 또한 필자에게 많은 영감을 주었다. 이 연구에서는 근대 시기 지역주민들이 천주교에 입교한 계기로 지역사회에서 이른바 양대인洋大人으로 불리던 선교사들에게 의지하여 치외법권적인 특권을 행사할 수 있었기 때문이라는 점을 지적하고 있다. 요컨대 이 시기 천주교회는 종교적 공동체를 넘어 하나의 사회세력으로 기능했다는 것이다.

그러나 이 연구들 역시 특정 계열을 중심으로 사회와의 관계를 논했기 때문에 상술한 문제점들을 완전히 해결하진 못했다. 따라서 사회운동사 연구의 방법론 전환을 위해서는 아직도 과제가 남아 있다고 볼 수 있다. 실제로 각 계열의 입장에 서는 것이 아닌 조망하는 관점에서 사료들을 면밀히 살펴보면, 이러한 접근법에서 놓치고 있는 교집합들을 발견할 수 있다. 예컨대 호남 지역 의병장 전해산全海山은 전라도 관찰사에게 보낸 서찰에서 변영서란 인물을 총살한 이유를 다음과 같이 설명하고 있다.

변영서란 자는 천성이 요망하여 사람을 해친 일이 이루 헤아릴 수 없으니 낱낱이 들어 말할 것은 없고 대략만을 따지더라도 그가 머리를 깎고 일진회에 들어갔다가 일진회를 배반하고 야소교에 들어갔고, 또 야소교를 배반하고 천주교에 들어갔고, 또 천주교를 배반하고 또 의병에 들어왔고, 또 의병을 배반하고 순사대巡査隊에 들어갔습니다.

전해산 의진義陣(의병)을 배반한 인물로 보이는 변영서는 일진회에서 활동하다가 다시 일진회를 배반하고 기독교(야소교)에 들어갔고 이번엔 천주교로 갔다가 의병에 들어왔고 마지막엔 순사대에 들어갔다고 한다. 변영서의 사례는 지역사회에서 대립하고 있던 세력들이 상호 분절적이지 않은 점을 보여주고 있다. 아울러 상황에 따라서 일제권력의 협력자가 되었던 이들이 다시 의병으로 전환한 모습은 식민권력과 저항세력이 지역사회의 관계망 속에서 복잡하게 얽혀 있었던 당시의 현실을 알 수 있게 해 준다.

이런 사례를 '기회주의자의 변절 행위' 정도로 치부할 수 있을 것이다. 그리고 모든 사회운동에서 이러한 기회주의자들은 늘 존재했다. 그러나 위와 같은 교집합 사례 등의 발굴은 '운동의 변경지대'에 대한 이해를 넓혀 준다는 점에서 문제적이다.

실제로 기회주의자들의 개인적 일탈만으로 설명할 수 없는 구조적인 부분도 발견된다. 당대 언론에서 '양민良民'이라는 이름으로 호명되었던 지역주민들은 의병과 일진회가 주도한 의병 방어조직인 자위단을 넘나들면서 독자적 생존을 도모했다. 자위단이 읍邑·면面·사社·동洞·리里 등의 지방 단위마다 설치되었고, 통감부의 비호를 받는 일진회원들이 선두에서 지역주민들을 자위단에 가입하라고 강박했던 상황에서 특별한 사정이 없는 한 지역주민들은 자위단에 대부분 가입했다.

그러나 지역주민들이 자위단을 정면으로 거부한 경우도 있었다. 예컨대 군수물자 보급에 대한 압박이 심했던 경기도 양근 분원마을의 사례를 보면 자위단 강제가입에 거부하는 입장을 보였다. 그런데 분원마을 주민들 역시 행정적으로 자위단에 편제되었기 때문에 자위단에 대한 거부감과 저항은 사실 모순적인 것이었다. 그렇다고 이들이 의병에 무조건 협조적인 것도 아니었다. 의병의 대의를 피부로 느끼기 힘들었던 분원마을 주민들에게 반복되는 의병의 군수물자 요구는 또 다른 강박으로 다가왔던 것이다.

이 구도는 크게 보면 친일세력과 민족운동세력의 대립이지만 지역주민들은 주어진 조건에서 양자를 가로지르며 생존했다는 점에서 또 다른 변수로 존재할 수 있다. 친일세력인 일진회가 주도한 자위단에 대한 의병의 저항이라는 구도에서는 이러한 맥락을 읽어 낼 수 없을 것이다.

이와 같은 연구방법론은 운동 계열 간 상호교차하는 맥락을 보여줄 뿐 아니라, 운동 계열을 매개하는 탈정치적인—그러나 언제든지 정치

화할 가능성을 내포한—지역주민의 역할에 대한 적극적 해석을 통해
운동세력과 사회의 관계를 좀 더 입체적으로 그려 낼 수 있다는 점에서
의미가 있다. 또한 각 세력이 분절, 대립하고 있는 와중에서도 그 경계
를 넘나드는 주체들의 복원을 통해 운동의 사회적 배경을 규명하는 것
은 물론, '사회운동을 둘러싼 역사'를 두텁게 읽을 수 있는 연구방법론
의 전환을 가져올 것이라 기대한다. ＊김현주

무장한 의병

4

보수 유림의 근대학문 수용과 민족운동

개항 이후 근대화 과정 속에서 반개화운동의 중심에 있었던 세력은 보수 유림들이었다. 이들은 영남만인소를 비롯하여 유교적 가치와 사상을 지키기 위해 위정척사운동을 전개하였으며, 무장투쟁인 의병운동의 중심에 있었다.

특히, 화서학파는 경기, 강원, 충청을 중심으로 위정척사운동을 주도했으며, 의병운동을 이끈 세력이었다. 이들은 유교적 가치관을 지키기 위해 1896년 의병운동에 참여하였고, 그 누구보다 열정적으로 의병운동을 전개하였다. 또한 1904년 러일전쟁 이후 일제의 주권 침탈이 본격화되는 과정에서 의병운동을 주도했으며, 이후 독립운동에도 영향을 미쳤다. 즉, 보수 유림의 사상은 한말 일제하 민족운동의 사상적 기반의 한 축이 되었다고 할 수 있다.

그런데 보수 유림이 주도한 1904년 이후 의병운동에서 서구에 대한 인식 변화가 나타나기 시작하였다. 유교적 가치관뿐만 아니라 서구 문물을 수용하는 인식 속에서 의병운동의 방략을 추진했다. 이는 19세기 말 이후 근대지식을 수용하는 과정에서 유교적 지식체계 속에 있었던 보수 유림들이 서구 근대학문을 인식하고 나아가 수용하는 방향으로 전환되었다고 볼 수 있다. 따라서 19세기 말 이후 20세기 초까지 동아시아적 차원에서 나타난 지적 패러다임의 변동과 맞물려 전개되었던 보수 유림의 지적 변동에 대해 파악할 필요가 있다.

이는 보수 유림이 중심이 된 의병운동의 운동방략 변화를 이해하는 중요한 단서가 될 것이다. 또한 의병운동 이후 보수 유림의 민족운동의 방향에 대해 파악할 수 있다. 보수 유림이 서구 근대학문 수용과정 속에서 민족운동으로서 '국학'을 인식하고 민족교육과 학문활동을 통한 민족운동의 전개를 파악할 수 있다. 여기에 더하여 몇몇 인물 중심으로 설명되었던 의병과 독립군과의 관계를 학문적 계통 등으로 설명할 수 있다. 이를 위해서는 보수 유림의 민족운동 흐름과 지적 계보를 파악할 필요가 있다.

보수 유림의 지적 변동을 파악하기 위해서는 19세기 후반 근대지식의 수용과정을 이해하고 수용된 지식에 대한 인식과 활용에 대한 분석이 필요하다. 19세기 후반 수용되고 있던 서구 근대지식은 수용 주체에 따라 한국의 실정에 맞게 적용하고자 하는 것이 달랐다. 보수 유림은 서구 근대지식의 수용을 문물에 한정하고자 하는 측면이 강하였다.

그런 면에서 부국강병을 목표로 근대학문을 수용하고 있던 대한제국의 개혁정책을 살펴볼 필요가 있다. 특히, 강병이라는 측면에서 서구의 군사지식을 수용하여 편찬한 대한제국군의 군사교본은 의미 있는 자료라고 하겠다. 대한제국 군사교본을 통해 서구 근대 군사지식의 수용과 한국의 실정에 맞게 적용하는 과정을 파악할 수 있기 때문이다. 대한제국에서 발간된 군사교본으로는 《보병조전步兵操典》, 《전술학교정戰術學敎程》 등이 있다. 이들 교본은 당시 프랑스, 독일, 오스트리아, 일본의 육군사관학교 및 육군대학교에서 교재로 사용하고 있던 군사교본을 바탕으로 편찬된 것이었다. 대한제국 군사교본의 제작과정과 내용 분석을 통해 서구 문물의 수용만 추구했던 국가 중심의 근대지식 수용과 활용의 한계에 대해 파악하고자 한다. 이는 급변하는 19세기 말 20세기 초의 국내외 상황에서 서구 문물만 받아들이려는 소극적 대응의 한계를 밝히는 것이다.

이와 함께 서구 문물의 적극적인 수용을 주장하였던 개화론자들의 보수 유림에 대한 인식도 파악해야 한다. 이는 19세기 말 20세기 초 근대지식의 창구였던 근대 신문이 보수 유림이 주도한 의병운동을 어떻게 인식했는지를 통해 일면 이해할 수 있다. 이 시기 대표적인 근대신문인 《황성신문》, 《대한매일신문》, 《제국신문》 등은 대개 교육을 통한 자강과 여성 계몽의 강조, 풍속개량론과 국문론으로 대표되는 문화주의적 경향, 식산흥업을 통한 부국의 기치 표명 등을 표방하였다. 즉, 거대 담론 혹은 정치 담론뿐만 아니라 여성·풍속·문화·교육·식산 등 다양한 논제를 통해 국가와 국민의 자강을 위한 담론을 설파하였다.

이런 근대적 신문이 당시 무장투쟁을 통한 국권 회복을 추구하였던 의병운동에 대한 인식을 파악하고자 한다. 이는 서구 근대학문의 수용에 따른 근대 한국학의 지적 기반이 형성되는 과정에서 상호 인식을 달리하는 세력의 사유체계와 그 간격이 좁혀지는 가능성에 대해 분석하는 것이다. 보수 유림의 지적 변동과 민족운동의 흐름을 이해하는 연구인 것이다.

서구 근대지식의 인식, 수용, 적용에 대해 파악했다면 유교적 지식체계 속에 있던 보수 유림이 근대학문을 수용하는 과정과 이에 따른 지적 변동에 대해 살펴보고자 한다. 한말 위정척사로 대표되는 보수 유림의 사유체계는 근대 서구사상의 수용을 거부하였다. 특히, 경기, 강원, 충청, 평안도 일대에서 큰 세력을 형성하고 있던 화서학파는 유교적 사유체계 속에서 근대지식을 이해하였으며, 가장 강력한 투쟁인 의병운동을 통해 당시 근대사상의 수용에 따른 유교적 사유체계의 위기 상황을 극복하고자 하였다.

이런 보수 유림의 사유체계의 변화가 감지된 것은 20세기 초에 들어서면서다. 20세기 초 일제의 침략이 본격화되는 상황에서 근대지식의 사유체계를 인정하고 이를 받아들여 유교적 사유체계의 변화를 가져왔다. 보수 유림의 인식 변화는 1905년 의병운동, 1907년 의병전쟁에서 내세운 운동방략, 논리 등을 통해 파악할 수 있으며, 당시 출간되고 있던 문집을 통해서도 이해할 수 있다. 보수 유림의 인식 변화과정을 분석함으로써 근대 한국학의 지적 체계에서 유교적 사유체계를 기반으로 한 지적 계보의 형성과정을 파악한다.

한편, 보수 유림의 인식 변화 속에서 자국사와 중화에 대한 인식을 살펴본다. 한말 보수 유림의 근대지식 수용에 따른 지적 사유체계의 변화는 자국사와 중화에 대한 인식과 해석의 변화에서도 나타나고 있었다. 화서학파의 종장으로 대표적인 위정척사 인물인 유인석의 경우 《우주문답宇宙問答》이라는 마지막 저술을 통해 조선의 문화적 우위 속에서 부국강병책으로 서구 문물의 수용, 오민제五民制와 같은 신분질서의 변화 필요성, 국제사회 일원으로서 연대 문제를 제기하는 등 기존의 사유체계에서 변화된 모습을 보여주고 있다.

즉, 보수 유림의 20세기 초 저서와 편찬 사업에 대한 분석을 통해 근대지식의 수용과 사유체계의 변화에 대해 파악할 수 있다. 화서학파의 경우 《화동강목》을 통한 역사인식, 《우주문답》을 통한 서양인식 등에 대해서는 일부 연구가 되었다. 따라서 기존 연구성과를 바탕으로 보수 유림의 사유체계 변화와 지적 계보를 분석하여 근대 한국학의 지적 기반에 있어 한 부분을 차지하고 있던 것을 밝힐 수 있다. 이러한 연구를 통해 중화 중심의 유교적 지식체계가 근대지식을 수용하여 근대적 사유체계로 전환되어 가는 과정을 이해한다.

근대학문의 수용에 따른 지적 변동으로 유교적 지식체계에서 근대적 사유체계로 전환되어 가는 과정에서 민족운동의 방향에 대해 알아보고자 한다. 우선, 의병운동 이후 독립운동과 민족교육으로 확대되는 과정을 보고자 한다. 의병운동에 참여하였던 유인석을 비롯한 보수 유림은 만주와 연해주 일대 독립운동기지 건설에 참여하였다. 당시 독립운동기지는 군사적 측면에서 건설되고 있었지만 신흥학교, 오산학교, 동창학교, 명동학교 등 민족학교를 설립하여 민족교육을 실시하였다. 특히, 조선역사 교육을 실시함으로써 민족의식을 함양하였다. 따라서 이들 학교에서 실시하였던 민족교육과 역사인식의 형성을 파악한다면, 보수 유림의 의병운동, 편찬 사업 등을 통한 민족운동과 1910년대 민족교육 등을 통한 민족운동의 상관관계를 파악할 수 있다. 이를 위해서는 이들 학교에서 사용하였던 교재를 추적하고, 또 대표적으로 사용되었던 《대동역사》, 《독사신론》, 《배달족 강역형세도》, 《발해태조건국지》 등을 분석하여 당시 민족교육과 역사인식의 형성 등을 파악해야 한다. 이와 함께 지적·인적 계보의 흐름을 분석해야 한다.

이어서 국내에 남아 있던 보수 유림에 대해서도 밝혀 볼 필요가 있다. 특히, 근대 교육체계가 확립되고 일본 유학이 확대되기 시작한 3·1운동 이후 근대 교육체계 속에서 근대학문 수용과 민족운동에 대해 알아보고자 한다. 3·1운동 이후 1920년대 일본으로 유학하는 조선인유학생이 증가하기 시작하면서 일본의 근대 교육체계 속에서 근대학문이 수용된다. 이들이 수입한 근대학문은 근대 한국학의 지적 기반을 형성하는 데 중요한 역할을 하였다. 또한 이들은 1920~30년대 지식인으로 국내 민족운동에서도 중요한 역할을 하였다. 따라서 이들이 수입한 학문이 국내에 정착하는 과정과 출신에 대한 분석이 필요하다.

이를 조선인유학생의 유학형태와 인적 계보를 통해 확인하고자 한다. 특히, 사립대학에 진학한 조선인유학생의 유학과정을 전문부, 대학부 등으로 구체화시켜 분석하여 그들이 수용한 근대학문과 인적 계보를 파악한다. 또한 이들을 중심으로 1910년 이전의 인적 계보, 1930년대 이후 인적 계보를 분석하여 근대 한국학의 형성과정의 일면을 보고자 한다.

이러한 연구를 통해 보수 유림의 유교적 지식체계의 변동이 민족운동을 거쳐 민족주의로 확대되는 과정과 근대 학문체계를 접하면서 근대적 지식체계로 넘어가는 과정을 이해한다. *심철기

의암 유인석 초상화
의병운동을 이끈 화서학파 종장이자
연해주 13도의군 도총재

5

근대적 실무형 외교관의 탄생

– '친일파' 박제순을 중심으로

필자는 개항기 외교사 전공자이다. 구체적으로는 19세기 후반 조선과 영국의 외교관계를 주로 다루고 있다. 그러기에 영국외교문서는 석사 과정에 있을 때부터 지금까지 필자 연구의 원천이 되었다. 박사학위 논문을 쓰기 전까지, 필자는 영국외교문서 예찬론자였다. 사람들은 '영국이 조선에 관심이 있었어?', '영국 외교관의 보고서는 일본 측이 불러주는 것을 받아 적는 수준 아니야?'라고 폄하하기도 하였다.

하지만 영국외교문서를 분석한 필자의 생각은 전혀 달랐다. 영국 외교관들은 적어도 청국 혹은 일본에서 20년 넘게 근무한 이들이었다. 일본 외교관들에게 기대지 않아도 자신들이 원하는 정보를 얻을 수 있는 동아시아 전문가였던 것이다.

굳이 영국 외교관을 언급한 이유는 그들이 상대했던 조선 측 외교관리에 대한 아쉬움 때문이었다. 조선에 주재했던 영국 외교관들의 불만은 '조선의 외교 수장'이 전문성이 떨어질 뿐만 아니라 자주 교체된다는 데에 있었다. 안면을 틀 정도가 되면 교체되고, 교체된 외교 수장은 외교관계에 무지했기 때문에 그럴 만도 했다.

조선이 서구식 근대 외교관계에 무지하거나 서툴렀기 때문이라고 이해할 수도 있다. 하지만 필자는 이에 전적으로 동의하지 않는다. 그들은 어려운 관리 임용제도를 거쳤다. 물론 관리 임용과정에서 부정부패가 없다고는 말할 수 없다. 조선의 제도는 서구식 근대적 외교제도와는 다르다. 더욱이 조선의 대외관계는 '사대교린'이 아니었던가? 그럼에도 필자가 감히 말할 수 있는 것은 어려운 관리 임용제도, 즉 과거를 치렀던 능력이라면 다른 누구보다 새로운 제도를 빠르게 받아들일 능력이 있었을 것이라는 기대감이다.

필자가 조선과 영국의 외교관계를 연구하면서 김홍집과 김윤식을 주목했던 것은 바로 그런 능력이 있다고 보았기 때문이다. 김홍집은 '조선책략', 즉 조미조약의 단초를 제공한 인물로 알려져 있지만, 사실은 개항 초기 통상제도를 조선에 적용시키는 데 큰 역할을 했다. 김윤식은 친청적인 성향으로 비판을 받지만, 그럼에도 영국의 거문도 점령 당시 서구식 외교 교섭에 정통했던 인물로 평가하기에 충분하였다.

이런 생각을 하던 중, 우연히 2016년 7월에 한국역사연구회의 근대사 분과에서 신작을 서평할 기회가 있었다. 서평 도서는 사카이 히로미酒井裕美 선생의 《개항기 조선의 전략적 외교開港期朝鮮の戰略的外交, 1882~1884》(大阪大學出版會, 2016)였다. 사카이 선생은 조선의 실무적 외교 교섭을 분석함으로써, 1882~1884년간 조선의 외교정책을 전략적 관점에서 규명하였다. '조선은 서구식 외교에 무지했기 때문에 당하기만 했다'는 고정관념을 깨기에 충분하였다. 김홍집에 대한 막연한 기대

(?)가 있던 나로서는 사카이 선생의 책이 반가울 뿐이었다.

그런데 사카이 선생의 책에서 나의 석사 시절 기억이 떠올랐다. 바로 통리교섭통상사무아문 관리에 대해서 치밀한 분석을 한 부분이었다. 그 분석은 외아문 일지와도 같은 《통서일기》를 기반으로 하고 있었다. 필자도 석사논문을 작성하면서 《통서일기》에 나오는 관리들의 소위 출근명단에 주목한 바가 있었다. 그때는 조선 내 최고 조약 전문가였던 '김홍집'을 찾는 데 목적이 있었다. 하지만 경기감사로 있었던 김홍집을 찾기란 어려웠다. 그 대신 명단 마지막에 자리한, 즉 외아문의 말단 관리인 주사가 눈에 띄었다. 바로 박제순이었다.

당시 대학원 동료들에게 "박제순이 외아문 주사였어!"라고 떠들고 다녔던 것으로 기억난다. 그 이후로도 박제순이 한 번 더 필자의 눈에 들어온 적이 있었다. 유럽 주재 공사로 임명되었기 때문이다. 하지만 조선의 대영정책에서 그가 차지하는 비중이 적었기에 이내 박제순에 대한 관심은 가라앉았다. 그러다가 사카이 선생의 책을 읽으면서 박제순에 대한 오래전 흥미가 되살아났다.

2017년 19대 대선을 경험하며 박제순에 대한 관심은 한층 강화되었다. 당시 대선을 앞두고 유력하게 거론되었던 인물 중에는 외교부장관을 역임한 반기문 전 유엔 사무총장이 있었다. 유엔 사무총장이라는 이력 하나만으로도 한국을 빛낸 위인이 되었기에, 반기문 전 총장의 인기는 높았다. 그렇기에 그를 분석한 기사들이 쏟아졌다. 그 기사에는 외무고시를 통과한 전문 외교관으로 화려한 이력과 함께 내 눈을 사로잡은 단어가 있었다. 바로 "실무형"이었다. 실무형은 전문성을 바탕으로 업무 자체에 대한 처리 능력을 높게 평가한다는 표현이었다. 정무형과는 대칭이 되는 단어로, 상대적으로 정치적인 현안을 조율하고 풀어 가는 능력에는 약점을 보인다는 의미이기도 했다.

반기문이 조기에 대선 레이스에서 물러나긴 했지만, 실무형이라는 단어는 필자의 뇌리에서 지워지지 않았다. 그러면서 박제순의 삶에 주목하였다. 박제순은 1883년에 별시 문과에 급제하였다. 과거에 합격한 직후 그는 통리교섭통상사무아문의 주사로 관직을 시작하였다. 통리교섭통상사무아문은 조선 정부가 서구 열강과 조약 체결을 계기로 근대적 외교와 통상 사무를 전문적으로 관장하기 위해서 설치한 관청이었다. 박제순이 관직에 입문하면서 시작한 관직생활은 전통적인 관료조직이 아닌 근대적 개혁을 추진하는 현장이었던 것이다.

통리교섭통상사무아문 주사를 시작으로 박제순은 주로 근대적 외교 업무를 관장하는 직책을 수행하였다. 조청상민수륙무역장정의 제1관에 의거해서 톈진에 주차관을 임명하여 파견할 때, 박제순은 서기관의 임무를 수행하였다. 인천 개항장을 관리하는 감리서에서 근무하기도 하였다. 그리고 1890년에는 비록 실현되지 못하였지만, 고종이 반청자주를 실현하기 위해서 파견을 추진한 영국, 프랑스, 독일, 러시아, 이탈리아 주재 공사로 임명되었다. 그리고 1895년 외부협판을 시작으로 한국의 외교정책을 입안하고 결정하는 지위에 오르게 되었다.

박제순은 1895년 외부협판과 외부대신 직을 수행하면서 외교정책의 전면에 등장하였다. 이후 박제순은 한청통상조약, 한국과 벨기에의 수호통상조약을 체결하는 데 주도적인 위치에 있었으며, 1902년에는 주청공사로 임명되기도 하였다. 그리고 러일전쟁 직전인 1904년 1월에 외부대신에 임명되었으며, 법부대신을 거쳐 1905년 9월에 외부대신에 다시 기용되었다.

이상과 같이 박제순은 과거 급제 이후 주로 외교 관서에서 말단, 중간 관리로서 근대적 외교 업무를 익혔다. 그리고 국제정세가 급변하는 1895년 이후부터 외교정책의 결정권자로 등장하였다. 우리는 역사에서 박제순을 1905년 을사늑약에 서명한 을사5적으로만 기억하고 있다. 이 부분은 부정할 수 없는 사실이기도 하다. 하지만 박제순의 관직생활 전반의 과정을 추적하고 분석하는 작업은 개항 이후 등장한 근대적 실무형 외교관의 탄생과 성장이라는 관점에서 연구할 가치가 있다고 생각한다.

고백하건대, 필자는 작년 모 기관에 "근대적인 실무형 외교관의 탄생이라는 관점에서 박제순을 연구하겠다"는 제안서를 제출했었다. 박제순에 대해 지금까지 설명한 것도 그 제안서에 이미 썼던 내용이기도 하다. 선행 연구가 이루어지지 않았기에 나름 기대가 컸지만, 결과는 탈락이었다. 탈락 이유야 전적으로 필자가 작성한 제안서의 내용이 부족했기 때문일 것이다. 무엇보다도 서구의 근대적 관료제와 외교제도 및 외교관, 그리고 그 상층부에 위치한 근대국가에 대한 이해가 부족했기 때문이라고 생각한다. '실무형'을 강조하는 것만으로는 부족했던 필자의 제안서였던 것이다.

해방 이후 개항기 연구는 국내외 사료 발굴과 아울러 다각도로 진행되었다. 선학들의 노고 덕분에 많은 부분이 해명되었다. 하지만 외세 침략을 극복하고 근대 국민국가 수립이라는 명제 속에서 근대적 관료로 성장하는 인물에 대한 연구는 상대적으로 소략한 감이 없지 않다. 선행 연구가 없다손 치더라도 무턱대고 쓰기에는 부족하다. 그렇기에 당장에 '박제순' 연구를 수행하지는 않을 것이다. 비슷한 고민을 하는 연구자들과 함께하면 좋을 것 같다. 개항기 인물 중에서 김옥균은 잘 알려져 있지만, 그렇지 않은 이들도 많다. 박제순이 그 대표적인 인물에 해당한다.

마지막으로 필자는 이 글에서 '박제순'을 다룬다고 했지만, 영국 외교문서로 시작해서 박제순을 경유해서 개항기 관료까지 왔다. 독자들에게 미안할 뿐이다. 다만 주제와 상관없어 보이는 뜬금없는 이야기로 글을 마무리하고자 한다. 필자는 개항기 관료들을 통해서 보고 싶은 바가 또 있다. 개항기 관료들은 한반도 전체를 대상으로 정책을 추진한 마지막 세대라는 사실이다. 일제강점기와 분단을 거치면서 한국인들의 통치관념은 남과 북으로 줄어들었다. 개항기 관료들을 통해서 이 축소된 관념을 한반도로 확장시킬 수 있지 않을까 하는 뜬금없는 생각을 적으며 이 글을 마치고자 한다. *한승훈

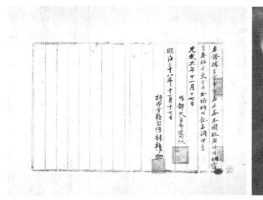

외무대신으로 을사늑약(1905)에 조인한 박제순

6

독립의 심리, 친일의 심리

– 역사심리학에 기대어

이광수는 1949년 2월 반민특위에 체포되었다. 그가 재판정에서 피력한 최후 진술은 세상을 놀라게 했다.

우리 국민은 문맹자도 많고, 경제 자립도 어려워 일본과 싸워 이길 힘이 없습니다.⋯⋯나는 민족을 위해 친일하였소. 내가 걸은 길이 정경대로는 아니오마는 그런 길을 걸어 민족을 위하는 일도 있다는 것을 알아주오.

오늘날까지도 사람들은 "민족을 위해 친일했다"는 말을 궤변 혹은 변명이라 치부한다. 그런데 이 평가는 이광수 본인이 마음으로는 친일이 부끄러운 일인 줄 알았기 때문에 자신의 행위를 합리화하려 했다는 전제에 기반한다. 새삼 이런 의문을 품어 보자. 이광수는 자신의 친일 행위를 정말 수치스럽게 생각했을까? 세상의 이목이 쏠리는 재판정에서 내뱉은 "민족을 위해 친일을 했다"는 언설은 궤변이 아니라 솔직한 자기고백이 아니었을까?

　해방 후 이광수는 안창호의 전기를 집필했고 1947년 5월에《도산 안창호》라는 제목을 달아 출간했다. 그는 마지막 장을 '상애相愛의 세계'라 제목 짓고 다음과 같이 끝을 맺었다.

　도산은 우리나라를 사랑의 나라, 미소의 나라로 하고 싶어 했다. 그리하기 위하여서 자신이 사랑과 미소를 공부하고 또 동지들에게 사랑과 미소 공부를 권면했다. '훈훈한 마음, 빙그레 웃는 낯' 이것이 도산이 그리는 새 민족의 모습이었다. 100년이 되거나 1000년이 되거나 이 모습을 완성하자는 것이 도산의 민족운동의 이상이었다.

　자신이 존경하는 스승의 전기를 마무리하면서 이광수는 왜 민족운동의 이상으로 '사랑과 미소'를 강조했을까. 이때 이광수의 마음과 생각(心+理)은 2년 후 재판정에서 진술한 '민족을 위해 친일했다'는 언설과 관련이 없을까?《도산 안창호》는 여느 전기와 마찬가지로 역사적 사실에 기반하고 있지만, 대화 장면이 많고 곳곳에서 안창호의 심리를 묘사하는 특징을 보인다. 대표적 친일파로 각인된 이광수가 안창호의 전기를 쓴 후과는 적지 않았다. 이후로 한참 동안 안창호는 이광수처럼 준비론과 실력양성론을 주장한 대표적인 민족개량주의자라는 오해를 받았다. 하지만 독립운동사 연구가 진전되면서 안창호가 자치론과 실력양성론을 신랄하게 비판한 사실이 드러났다.

　이광수는 안창호의 영향을 받아 민족개조론을 내놓았다고 주장했으나, 이광수가 말하는 개조와 안창호가 말하는 개조가 다르다는 점도 드러났다. 이광수는 식민 지배를 받는 조선인으로서의 패배주의와 열등 감을 떨쳐내기 위한 개조를 강조했다. 2017년에 유선영이 쓴《식민지 트라우마》(푸른역사)에 따르면 식민지 트라우마를 극복하기 위한 선택 이 바로 개조였던 것이다.

반면 안창호는 독립적 개인의 내면적 각성, 즉 철저한 자기비판 의식 에 기반한 개조를 주장했다. 이처럼 개조의 주체를 개인으로 본 안창호 는 일관되게 독립운동가의 삶을 살았다. 반면 민족의 개조를 강조한 이 광수는 변절했고 친일의 길을 걸었다. 그렇다면, 두 사람의 개조에 대 한 인식 차이가 두 사람의 선택에 영향을 미쳤던 것일까? 개조에 대한 인식 차이에 영향을 미친 것은 무엇일까?

이광수에게 변절자라는 꼬리표를 붙일 수 있는 건 그도 독립운동 전 선에서 활약한 적이 있기 때문이다. 그는 안창호와 함께 상하이 임시정 부에서 활동했다. 열여섯 살 나이에 상하이를 찾은 김산에게 제일 먼저 영향을 준 사람은 "민족주의의 쌍벽"으로 이름난 안창호와 이광수였 다. 당시 안창호는 임시정부의 노동총판이었고 흥사단의 지도자였다. 이광수는《독립신문》의 편집장이자 임시정부 사료편찬위원회의 주임 이었다. '조선에서 사제지간이었던 때부터 친밀한 동지'였던 두 사람의 행보는 이광수가 국내로 들어오면서 균열을 보였다. 안창호는 중국과 미국을 오가며 독립운동에 매진했다. 이광수는 민족개조론과 자치론을 설파했고, 끝내는 친일의 길을 걸었다. 김산은 두 사람의 성향에 대해 다음과 같이 논했다.

안창호는 부르주아적 원칙을 따른 민주적 대중운동을 대변하는 반면에,

이광수는 그것과 평행한 상층 부르주아와 부르주아 지식층의 자유주의적 문화운동을 대변하고 있다. 이광수는 프롤레타리아의 세력 증대에 반대하지만 안창호는 프롤레타리아의 혁명적 역할을 인정한다. 이광수는 가부장제 귀족주의 경향을 가지고 있지만, 반면에 안창호는 참으로 자유주의적이고 민주적인 지도자이다. 쑨원과 중국 민족주의자들이 중국의 복잡다단한 문제를 해결하기 위하여 마르크스주의로 전향함과 동시에 안창호는 공산주의의 이론과 전술에 관심을 가지게 되었다. 안창호는 결코 공산주의자가 되지는 않았다. 하지만 아직 미숙한 조선공산당을 반대한 적이 한 번도 없다(님 웨일즈·김산, 《아리랑》, 동녘, 2014, 152~153쪽).

이처럼 김산은 안창호에 대해서는 '자유주의적', '민주적'이라는 수식어를 썼고, 이광수에 대해서는 '가부장제 귀족주의'라는 개념을 사용했다. 즉, 독립운동을 함께했음에도 결국 독립과 친일의 길을 걸었던 두 사람에 대해 김산은 자유주의적인 안창호와 가부장적인 이광수, 민주주의적인 안창호와 귀족주의적인 이광수로 대비했다. 그렇다면, 안창호는 자유주의적이고 민주주의적인 성향을 갖고 있어 독립의 길을 걸었고, 이광수는 가부장적이고 귀족주의적인 품성을 갖고 있어 친일의 길을 걸었던 것일까?

평소 독립운동을 들여다보면서 안창호와 이광수가 갈라선 지점은 어딜까 궁금했다. 그러던 중 김산의 평가를 접하면서 독립과 친일의 길을 가른 지점은 두 사람의 정동emotion과 지각, 그리고 성향 등을 포함한 심리가 아닐까 생각했다. 흔히 '반드시 독립한다'는 굳센 신념의 유무가 독립과 친일의 길을 가른다고 말한다. 이러한 신념 역시 심리의 영역에 속한다.

이런 고민을 하다가 역사심리학을 접하게 되었다. 이제껏 역사학계는 연구 대상이 되는 인물의 언설에 초점을 맞추어 현실인식을 따지고 정치노선을 구분했다. 하지만 인간은 사회적·문화적 배경이 빚은 심리를 바탕으로 현실을 파악하기 마련이므로 우선은 그와 같은 심리의 형성과정을 따지고 그것이 현실인식에 어떤 영향을 미쳤는지를 살펴야 하는 것은 아닐까?

루마니아 출생인 사회학자 제베데이 바르부가 쓴 《역사심리학》(창작과비평사)이 한국에서 번역된 것은 1983년이었다. 하지만 지금까지 역사학계에서는 역사심리학 분야를 크게 주목하지 않았다. 역사심리학에서는 인간의 심리를 역사적인 현상으로 본다. 그것은 특정한 사회의 역사적 변화, 특히 사회적이고 문화적인 변화에 의해 규정된다. 역사심리학은 과거의 인물과 사건을 다루면서 심리적 요인이나 결과를 간과했던 경향을 비판한다. 비심리적 배경이 심리적 결과를 낳고 그것이 다시 원인이 되어 비심리적인 사회와 문화를 바꾸기도 했다는 것이다. 히틀러와 나치즘의 등장이 대표적인 사례다. 히틀러는 개인적으로 망상적 성향을 갖고 있었다. 그의 망상적 성향은 1차 세계대전 패배 이후 독일을 뒤흔든 위기가 초래한 불안의식을 배경으로 한다. 독일 사회에서 망상적 성향의 히틀러'들'이 많아지는 가운데 마침내 히틀러는 지도자가 될 수 있었다. 그리고 히틀러의 망상적 성향은 새로운 변화, 즉 나치즘의 등장을 가져왔고 유럽을 전쟁의 포화 속으로 몰아 넣었다.

다시 말해 역사심리학은 과거의 경험이 어떻게 심리를 규정하고 또한 그 심리가 어떤 변화를 초래하는지에 관심을 갖는다. 역사심리학은 일반 심리학처럼 임상 결과를 분석하는 것이 아니라, 과거의 기록에서 간접적이고 불완전한 증거를 모아 심리를 규명하고 행동과 엮어 내는 작업을 요구한다는 점에서 녹록치 않은 분야다.

안창호와 이광수의 얘기로 돌아가 보자. 함께 독립운동을 하다가 한 사람은 독립의 길을, 한 사람은 친일의 길을 가게 된 원인으로서의 심리 변화는 어떻게 추적해야 할까. 독립과 친일의 심리에는 사회적·문화적 배경이 있다는 점을 전제로 한다면 결국 두 사람이 살아 온 시대를 배경으로 개인적 삶과 사회적·문화적 환경의 공통점과 차이점부터 찾아야 한다. 그로부터 형성된 심리의 결과가 독립과 친일이라는 행동으로 발현되는 과정 또한 면밀히 살펴야 할 것이다.

여기서 한 가지 짚고 넘어가야 할 점은 독립과 친일이라는 이분법적 구도 속에서 두 사람의 심리를 추적하지만, 그 결과로서 구성되는 두 심리가 명쾌하게 구분될지는 알 수 없다는 사실이다. 이광수는 《도산 안창호》를 쓰면서 안창호의 심리를 풍성하게 묘사했다. 친일의 행적을 가진 저자가 독립운동가의 심리를 헤아리려 했던 것이다.

필리프 아리에스는 심성사 분야를 개척한 아날학파 3세대를 대표하는 역사학자다. 그는 심성사적인 시각에서 쓴 자서전인 《일요일의 역사가》(이마, 2017)에서 인간의 심리와 행동은 모순적이고 복합적일 수밖에 없다는 것을 말하고자 했다. 인간의 심리는 개인이든 집단이든 단순 명료하지 않다. 하지만 복잡하고 모순적인 심리를 갖고 있는 인간'들'

이었음에도 각기 독립과 친일이라는 다른 길을 걷도록 만든 심리적 변곡점이 어떻게 형성되고 변화되었는지를 들여다보는 작업으로 역사심리학 연구를 시작해 보고자 한다. *김정인

이광수가 집필한 안창호의 전기 《도산 안창호》
해방 직후 변절과 친일 행각으로 지탄받던 이광수가 독립운동에 매진하다 결국 해방을 보지 못한 안창호에 관한 전기를 썼다. 이광수는 왜 자기반성은 하지 않고 감히 일편단심 독립운동가인 안창호에 자신을 투사하며 그를 스승으로 불렀을까? 역사심리학은 이광수의 심리적 자기합리화의 형성, 발현, 결과에 주목한다.

임시정부 사료편찬부
주임 시절의 이광수, 앞줄 가운데

7

민족운동사의 재구성을 향하여

2019년이면 3·1운동과 대한민국 임시정부 수립 100주년이다. 이듬해인 2020년은 봉오동전투와 청산리전투 100주년이다. 한국 사회는 한 세기 전에 일어난 뜻 깊은 역사를 기억하고자 여러 기획을 준비하고 있다. 기념비적인 사건들은 한국 사회가 되새김을 할 때마다 새로운 느낌을 툭 던져 줄 정도로 한국 민족운동사에서 매우 중요한 전환점이었다.

이들 역사는 식민과 냉전 그리고 전쟁으로 압축할 수 있는 150여 년의 한국근현대사에 의미 있는 메시지를 남기고 있다. 그래서 독립 자주 정신을 더욱 높이 강조하거나, 엄혹한 상황에 굴하지 않고 치열하게 싸운 태도를 부각시키는 역사적 경험에 주목한다. 또 다른 사람은 민주공화주의라는 헌법 정신을 되새기는 기회로 삼는다. 그런 가운데 역시 가장 뜨거운 논쟁은 1919년 4월 13일자와 1948년 8월 15일자로 갈라진 건국절 논쟁일 것이다. 어느 쪽이냐에 따라 3·1운동, 대한민국 임시정부, 봉오동전투와 청산리전투의 역사가 달리 평가되고 후대에 기억될 것이기 때문이다.

　필자는 논쟁의 어느 입장에 서느냐는 차치하고, 한국 민족운동사에 관한 연구가 여기까지 올 수 있었다는 데 우선 격세지감을 느낀다. 사실 민족운동사에 관한 연구 논문은 1945년으로부터 한참 지난 1960년대 중반 이후에야 발표되기 시작하였다. 국가기관에서 발행한 민족운동사에 관한 자료집도 1965년부터 1969년까지 1년에 1권씩 간행된 국사편찬위원회의 《한국독립운동사》 1~5권(탐구당)이 처음이었다. 1970년대에도 일본 측의 청구권 자금으로 간행한 《독립운동사자료집》(1971~1977) 17책과 《독립운동사》(1971~1978) 10책 정도였다. 임시정부와 3·1운동의 역사도 이때 처음으로 국가기관에 의해 자료와 글로 정리되었다.

　그런데 이 시기는 남북한 사이에 체제 경쟁이 가장 치열한 때였다. 경제력에서 한국이 북한을 막 앞섰던 즈음이고, 수교국가 수에서도 남북한이 1975년에 가장 근접할 만큼 유엔을 비롯해 국제사회에서 매우 치열하게 외교 경쟁을 벌일 때였다. 남북한은 치열함도 부족해 적대적이기까지 한 태도를 항일운동사 인식에서 극명하게 드러냈다. 북한이 김일성의 항일투쟁만을 내세우며 대한민국의 역사성을 배제했듯이, 한국에서도 북한정권의 역사성을 인정하지 않았다. 딱 이 기간에 중고교를 다닌 필자는 사회주의운동 계열과 북한정권을 반민족적 사대주의 집단으로 묘사한 국정의 《국사》 교과서로 한국사를 배웠다.

　심지어 역사자료를 모아 간행한 자료집들도 이들에 대해 적대하고 배제하는 태도를 드러냈다. 《독립운동사자료집》 간행에 참여한 조동걸은 사회주의운동 계열에 관한 자료를 포함시키려다 고초를 겪기도 했다. 위에서 언급한 자료집에는 일본 측 정보자료를 번역하면서 같은 문서의 일부 내용으로 기술되어 있음에도 불구하고 사회주의 운동 계열의 움직임이 기록된 부분을 생략한 곳도 있다. 원문을 보지 않으면 번역이 생략되어 있다는 사실을 알 수 없게 편집까지 하였다.

남북한 사이의 적대적이든 비적대적이든 경쟁하거나 배제하려는 역사 연구는 세계적인 차원에서 냉전이 해체된 1990년대 들어서도 여전히 이어졌다. 일제강점하 사회주의운동 계열을 '민족운동'의 범주에 넣지 않거나 넣더라도 주저하는 경우가 허다했다. 필자가 1990년대 초 광주에서 신간회 지회에 관해 발표할 때 좌파 단체를 민족운동이라 했다고 비판한 역사교사도 있었고, 그즈음까지도 1929년 광주학생운동을 언급할 때 성진회와 독서회를 중심으로 한 운동사를 공개적으로 분석하는 연구는 부담스런 접근이었다. 그러다보니 그때까지도 광주학생운동은 사실상 '광주'에서 일어난 운동, 지역에 갇힌 운동, 사회주의 성향의 독서서클과 연계지어야 하는데도 그 진실을 회피한 채 기억되는 운동이었다.

그래서 1990년대 들어 좌우합작의 측면에서 부각시키기에 편리한 주제인 조선의용대와 조선의용군의 활동이 강만길 등에 의해 우선 연구된 현실은 우연이 아니었다. 필자가 박사학위 논문의 심사본 마지막 부분에서 언급한 1940년대 전반기 만주 지역 민족운동사를 최종 인쇄할 때 수록하지 못했고, 3년 후《만주지역 한인의 민족운동사 (1920~45)》(아세아문화사)란 책을 간행할 때 '제6장'에 수록한 경험도 시대적 한계를 반영한 결과였다.

그런데 21세기 들어 발행된 민족운동사에 관한 개설서는 사회주의운동을 민족운동의 중요한 흐름으로 인정하여 기술하고 있다. 《통일지향 우리 민족해방운동사》(역사비평사, 2000)를 비롯해 《한국독립운동사》(독립기념관, 2013), 박찬승의 《한국독립운동사》(역사비평사, 2014)의 서술이 단적인 보기다. 세 저서는 사회주의운동 계열의 활동을 인정하고 기술했을 뿐만 아니라 민족운동사의 뚜렷한 중심으로 내세웠다. 강만길 등은 '통일' 지향을 내세웠고, 김상기 등은 '자유롭고 평등한 사회를 추구'한 민족운동까지 해명했으며, 박찬승은 '건국'운동에 주목하였다. 더구나 세 편의 모든 성과를 압도하는 결과물도 나왔다. 독립기념관 산하의 한국독립운동사연구소가 광복 60주년을 기념하여 2008, 2009년 60권의 시리즈로 발간한 '한국독립운동의 역사'가 바로 그것이다.

역사 연구 영역만이 아니라 역사 교육의 영역에서도 변화가 일어났다. 제7차 교육과정 때인 2003년부터 사용하기 시작한 고등학교의 《한국 근현대사》 교과서에서도 조선공산당을 항일운동의 한 갈래로 기술하였다. 교과서 필자들 상당수가 중고교 시절에 반민족적인 단체로 배웠는데, 이제는 그들에 의해 역사 발전에 관여한 집단으로 조명되고 있는 것이다. 심지어 동북항일연군에 관해서도 언급하고 있다.

이제 일제강점하 사회주의운동 계열을 포함하는 항일운동사를 민족운동이란 이름으로 포괄하며 서술하고 교육하는 태도는 정착되었다. 민족운동사에 관한 새로운 역사인식은 1980년대 후반부터 학문 후속세대가 급속히 늘어나며 이전과 비교할 수 없을 정도로 많은 성과를 낸 결과였다. 냉전체제가 해체되는 와중에 남북한 관계가 빠르게 바뀌어 온 시대 환경도 무시할 수 없는 견인 요인이었다.

그런데 '민족'이란 이름으로, '항일운동'이란 명분으로, 민족주의운동 계열과 사회주의운동 계열을 병렬하지 말고 이제부터라도 좀 더 조밀하고 체계적인 민족운동사를 서술할 필요가 있다. 사회주의운동 계열의 활동은 조선혁명이란 이름으로 정리하는 접근이 일반적이다. 그런데 민족주의운동 계열의 움직임은 임시정부를 중심으로 가르치고 있지만, 그 이외의 민족주의운동 계열까지를 포함해 그 움직임을 하나의 단어로 정의 내리고 체계 있게 설명하지 못하고 있다. 필자는 역사용어인 '독립전쟁'이란 말이 적절하다고 본다.

독립전쟁이란 용어는 애국계몽운동가들이 1907년 대한제국의 군대가 해산당하는 시점을 전후하여 일어난 저항운동의 움직임에 이름을 붙이면서 유통되기 시작하였다. 우리의 상황에 빗대어 프랑스혁명, 곧 사회대혁명이란 말보다 미국이 영국에서 독립한 과정을 표현한 독립전쟁이란 말이 더 적절한 단어라고 보았기 때문이다. 그래서 그로부터 10여 년이 지난 1920년 봉오동전투를 독립군 스스로 '독립전쟁 제1회전'이라 말했고, 임시정부도 1920년을 '독립전쟁 원년의 해'라고 선언하였다.

민족주의운동 계열의 활동을 체계 있게 정립하기 위해서는 임시정부의 지향점에 대해 구체적이고 풍부한 해석이 우선 시급하다. 주지하듯이 1987년에 제정된 현행 헌법의 제1조는 1919년 4월의 임시헌장 '제1조 대한민국은 민주공화국제로 한다'에서 유래하였다. 입헌공화도, 자유공화도 아닌, 민주공화였다. 99년 전 임시정부가 말한 '민주공화제'란 선거를 통해 정권을 교체하고 대의제로 협치를 실현하는 '계급이 없는 일절 평등'한 사회제도였다. 그렇다고 사유재산제를 부정하지도 않았다.

하지만 민족운동사 연구는 1919년의 시점에 왜 민주주의와 공화주의를 하나로 묶어 말했을까, 나라가 망해서 수입 언어인 민주주의를 말하고 공화주의를 내세웠을까, 임시정부가 내세운 평등이란 마르크스-레닌주의자들이 말하는 평등과 같은 것일까, 1919년 임시헌장의 평등과 1940년 '건국강령'에서 말하는 균등은 어떤 관계일까, 민주공화제를 내세운 임시정부의 정신은 1948년 이후 어떤 모습으로 구체화했을까 등에 대해 해명하고 있지 않다. 이 질문은 1919년 4월 13일이 건국절이어야 하는지의 여부, 더 나아가 건국절로 한다면 그날을 임시정부 수립 기념일로 기억해 오고 있는 지금과 같은 기억방식을 바꾸어 국경일로 삼아야 하는지의 여부와도 연관되어 있다.

　민족운동사 연구는 민족주의운동 계열과 사회주의운동 계열로 분화한 이후의 움직임을 연관지어 제대로 설명하고 있지 못하다. 두 계열이 같은 공간에서 동일한 시기에 존재했는데 분리시켜 설명하거나 서로의 배경으로 설명하는 경우가 허다하다. 가령 1930년대 전반기에 활발했던 조선학운동과 사회주의운동을 하나의 시야에서 동시에 보고 평가하지 못했을 뿐만 아니라, 그것을 역사 교육과 연계짓는 노력이 없었다. 민족운동사 연구는 만주에서 1920년대 중반경에 진행된 삼부통합운동을 민족유일당결성운동 속에서 바라보아야 하는데 이러한 시각이 결여되어 있을 뿐만 아니라, 그 운동 속에 사회주의운동 계열도 참가했다는 사실을 간과함으로써 그 당시 역사상을 왜곡한 경우도 있었다.

　이념이 다른 계열에 대한 배제와 왜소화 문제는 민족운동 공간의 단절과도 깊은 연관이 있다. 한국의 민족운동은 매우 다양한 지역에서 일어났다. 시간의 장기성이란 측면에서 말하고자 하는 것이 아니다. 아일랜드, 미얀마, 베트남, 인도의 독립운동이 우리의 35~40여 년간의 민족운동보다 훨씬 길었기 때문이다. 한국의 민족운동은 이들 지역보다 여러 국가에서 전개되었다. 이는 민족운동가 개인이 어느 활동공간을 선택하느냐, 특정 단체가 어디에 있었느냐에 더 직접적이고 구체적인 영향을 미친 요인은 국내 상황보다 활동하고 있는 그 지역의 정세였음을 의미한다. 그러므로 운동의 전개과정과 구체적인 양상을 공간의 특성과 세월의 변화를 반영해 다양하게 분석해야 한다는 생각이 무엇보다 중요하다. 그러면서도 국내와의 연계 또는 비교의 시선을 거두어서도 안 된다.

가령 1927년 2월 신간회가 결성되고, 국내 곳곳에 지회가 결성되었다. 심지어 일본의 수도 도쿄에 동경지회가 설립되었다. 하지만 중국의 본토와 만주, 곧 관내와 관외 지역에는 지회가 없었다. 그렇다면 국내와 중국에서의 활동은 전혀 별개의 움직임, 달리 말하면 분열된 좌우연합운동이었을까. 아니라면 왜 그렇게 다른 듯이 움직였을까. 이를 해명한다면 1920년대 후반기 민족운동사를 시공간의 제약에서 벗어나 병렬하되 나열하지 않게 서술할 수 있다. 그래야 중국에서 일어난 움직임을 민족유일당결성운동이라 말하면서, 신간회 관련 움직임을 이렇게 부르지 않던 분절을 넘어설 수 있다.

1930년대 들어 비슷한 지향을 보였던 움직임인 국내의 신민족주의, 관내 지역 민족혁명당의 진보적 민족주의, 그리고 김구의 한국독립당도 마찬가지다. 이들의 지향점을 자세히 들여다보면 만들고 싶은 국가는 비슷했는데, 민족운동사 연구는 각 공간의 단체나 활동에 대해 고착화된 용어를 습관적으로 사용해 왔다. 민족운동의 광역성과 다양함이란 특징을 고려하여 시공간을 초월하는 연관과 비교의 시야가 민족운동사 연구에 부재했던 것이다.

그런데 팩트를 재구성하고 역사적 의미를 확대 심화시켜야 할 민족운동사 연구는 최근 한국 사회의 새로운 현상에 더욱 주목해야 할 필요까지 있게 되었다. 2018년 평창 동계올림픽에서 여자 아이스하키의 남북단일팀을 구성하는 문제를 놓고 반발하는 선수와 국민이 있었다. 같은 민족이니 단일팀을 구성하여 평화올림픽을 만들자는 기성세대와 주류 권력의 관행적인 사고에 반기를 든 것이다.

비판여론이 함축하고 있는 지점은 단일민족론으로 남북한 관계의 모든 정책을 정당화할 수 없다는 점이다. '민족' 만능론을 내세우지 말라는 것이다. 대신에 동의를 구하는 과정이 민주적이어야 하며 그 과정이 공정해야 했는데 그렇지 못했다고 비판한 것이다. 그래야 국가와 개인이 같이 발전할 수 있다는 의미다.

비판자들은 한국 사회에 분명하게 메시지를 던지고 있다. 통일을 먼저 말하지 말고 민주주의와 평화를 말하라고. 단일국가체제만을 통일이라 말해야 할지에 대해 아직 사회적 합의는 없지만, 분단을 극복하는 과정에서 남북한이 평화롭게 오랜 기간 공존할 수도 있다고. 그래서 평화적 민족통일론도, 흡수통일 지향의 통일대박론도 모두 위기일 수밖에 없는 처지임을 이번 단일팀 구성을 둘러싼 논란이 보여주었다.

사실 21세기 들어 꾸준히 조사된 국민의 통일의식을 보면, 통일 찬반론자의 비율이 7대 3으로 바뀌어 왔다. 통일을 찬성하는 이유로 평화 정착, 국력 증대, 이산가족 찾기를 드는 비중이 시간이 흐를수록 늘어났고, 단일민족이기 때문이라는 이유는 3순위에서 밀려난 지 이미 10여 년 가까이 되었다. 더구나 4월 27일 남북정상회담 이후 한반도 분단체제의 구조가 바뀔 수도 있는 초입 단계에 들어서려 하고 있다.

그렇다면 앞으로 민족을 내세워 왔던 민족운동사를 어떻게 기술하고 교육해야 할까. 민족의 주체성을 되찾기 위한 항일운동이었으니 민족운동사의 근본을 부정할 수는 없다. 그럼에도 반제국주의로 정당화하며 개인을 기리는 서술은 극복해야 한다. 배타의식을 배양하는 진영논리, 그리고 정통 경쟁에서 벗어나 좌우 민족주의 구도를 극복하는 방향이어야 한다. 2019년과 2020년 100주년의 이벤트를 일회성 행사로 그치지 않고 현재를 넘어 미래를 보기 위해 민족운동세력의 민주공화주의에 더욱 주목해야 하는 이유가 여기에 있다. 그 가치가 한국현대사의 질곡 속에서 오늘에 이른 과정을 유일정통론, 달리 말하면 배제론이 아닌 비판적 계승론의 맥락에서 성찰해야 할 이유도 여기에 있다. ＊신주백

8

장소 단위로 구축된 DB들, 역사학적 이용의 가능성과 한계 탐색

지리학에서는 공간과 장소의 개념을 구별한다. 물리적 공간과 인문학적 장소의 구분은 상식일 것이다. 여기다 장소 경험이 강조된 장소성 논의, 자본주의 사회에서 장소성의 상실과 복원, 현대도시에서의 비장소성 개념의 부각 등은 그 연장이다. 특히 비장소성은 장소에 대한 '애착'이나 '거주'의 부재, 진정성이나 고유성이 없는 공간을 말하며, 지하철역과 같이 많은 사람들이 잠시 모였다가 스쳐지나가는 공간에서 사람들은 일시적인 정체성만을 부여받는다. 여기는 역사적 맥락도 없으며 오직 현재만이 존재한다. 익명성과 비일상성이 주목받는다. 물론 재현되고 복제되는 현대적 장소 현상을 단지 '비장소'로 치부하기에는 그 영향력이 막대하기 때문에 장소성 개념의 확장을 시도하기도 한다. 장소의 정치경제학은 지리학의 오랜 논의 주제다. 장소에 대한 관심은 건축학도 예외는 아니다. 문학, 예술, 디자인, 관광 등 다양한 분과에서 논의되고 있다.

역사학의 세 축인 시간, 공간, 인간에 대한 논의 가운데 근대역사학은 공간(장소)에 대한 논의를 거의 하지 않았다. 장소는 물리적 공간 이상의 적극적 의미가 부여되지 않았고, 장소 경험으로 정리하기를 주저했다. 이유는 장소 경험이 지닌 고유성(폐쇄성) 때문일 것이다. 특정 지역, 혹은 장소를 경험적으로 규정할 때 그 장소 경험의 본질주의적 성질 때문일 것이다. 때문에 장소 경험은 배타적 독점성을 지닌다. 그런 특정 장소에 대한 의미 부여는 곧 정체성 형성의 원천이지만 배제의 논리가 되기도 한다. 민족주의나 지역주의는 장소애로 설명할 수 있으며, 이것들은 비판받는 위치에 가 있다. 장소성 논의가 지닌 원천적인 한계일 것이다.

최근 한국근현대사 연구에서 정치권력에 의한 장소의 구성, 다양한 사회 단위에서의 장소 경험 등에 대한 관심이 높아지고 있다. 장소를 점유하는 사람들의 장소 경험과 짝하여 그들이 장소를 만들어 가는 곳으로 의미를 부여하고 있다. 장소와 사람의 관계 맺기에 대한 역사적 변화와 정치경제적 맥락을 추적하는 셈이다.

필자는 개항기부터 현대까지 접할 수 있는 다양한 언론매체에 등장하는 장소를 정리하고 있다. 구체적으로 동과 지번 정보로 개별 자료를 재구성하는 것이다. 예를 들어 서울 종로구 가회동 11번지(필지 분할이 이루어지면 그것대로 가회동 11-25)에서 어떤 사건과 인물 관련 정보가 파악되면, 해당 지번의 폐쇄 토지대장 정보로 보완하여 종합하고 있다. 필요할 경우에는 건물대장이나 등기로도 보완할 수 있다. 사건과 인물은 소유자가 아니라 임차인, 혹은 하숙생과 관련되는 경우도 적지 않다. 운동사에서 학생들의 거주지 정보는 학생사회의 지역 네트워크 이해의 한 단초가 된다. 졸업앨범에 담긴 주소 정보도 많은 도움이 된다. 호적이나 민적자료까지 연결하면 좋겠지만 개인 정보와 정보 처리량의 문제 등으로 현재 그것까지 연결시키지는 못하고 있다. 공간적으로는 서울 종로구 북촌 전체가 대상이며, 응당 4대문 안, 현재의 서울까지 확장하고자 한다.

이렇게 하면 북촌에 살았던 사람들의 시기별 변화상을 추적할 수 있다. 다른 사회네트워크가 변수로서 충분히 설명되지 않고, 단지 거주, 소유 정보만을 가지고 풀어 낼 수 있는 이야기의 한계는 있겠지만, 장소 단위를 기본으로 삼고 여기에 주변 자료를 복합적으로 배열해 낸다면 자료의 재해석에 따라 흥미로운 결과를 도출할 수 있지 않을까 생각한다.

좁게는 지번 단위의 역사공간을 재현할 수 있고, 넓게는 북촌과 남촌에 대한 질문을 시야에 둘 수 있다. 1920년대 지방에서 적지 않은 지주들이 북촌에 진입한 것은 어느 정도이고 이 가운데 교육 문제는 어느 정도 영향을 미쳤을까? 1970년대 강남 개발이 북촌에 미친 영향은 무엇일까? 남부의 일본인 소유의 주택 적산 불하의 규모는 어느 정도였고 대상은 누구였을까. 그리고 그 역사적 의미는 무엇일까? 질문거리가 너무 많다. 현재 연구에서 개괄적 정리는 이루어졌으나 구체적인 실상이나 자료로 답이 이루어진 적은 없는 것 같다. 과연 이상의 작업과정에서 의미 있는 성과가 나올 수 있을까. 최소한 새로운 공부 방향과 부족한 부분이 무엇인지는 확인할 수 있을 것으로 기대한다.

한 가지 예를 들어보자. 일제 초기에 작성된 《경성부토지조사부》(국가기록원 소장)의 인물 정보를 통해 흥미로운 결과를 도출할 수 있다. 이 자료는 토지조사부 가운데 경성부에 해당하는 것으로, 지번별 토지의 가격, 면적, 소유자 정보, 소유자의 거주지 정보를 담은 일람표다. 이 가운데 공동소유 필지의 경우에는 해당 지번에 공동소유자 '홍길동 외 000명'이라 쓰고, 해당 동洞의 말미에 공동소유자 명단을 적시해 두었다. 많은 경우에는 수백 명의 소유자 이름과 그 주소를 확인할 수 있다.

《경성부토지조사부》의 공동소유 필지는 거의 대부분 종로 일대에 위치한 시전상인들의 도중都中이었다. 명단을 신문자료 등과 연결해 보면 어떤 시전인지 확인할 수 있다. 이를 바탕으로 종로 일대에서 상업활동에 종사하던 시전상인들의 거주지 정보는 도시사 연구에서 어떤 흥미로운 결론을 이끌어 낼 수 있지 않을까 생각한다.

아래 표는 《경성부토지조사부》에서 300명 이상의 공동소유자가 기록된 필지에서 그 소유자의 거주지 정보를 지역별로 정리한 것이다.

《경성부토지조사부》의 종로 2정목 1번지
혜전의 공동소유자 393명의 명단 일부

〈표 1〉에서 볼 수 있는 것처럼 일제 초기 대부분의 시전상인들은 종로에 도중을 두고 주로 북부와 서부에 거주하였다.

그런데 북부와 서부의 거주지를 구체적으로 살펴보면 〈표 2〉와 같다. 시전상인들은 북부 순화방과 서부 인달방에 많이 거주하고 있었다. 순화방은 오늘날 서울 종로구 효자동, 신교동, 창성동, 체부동, 누하동, 누상동, 통의동 등에 해당하는 곳이며 흔히 서촌으로 불리는 곳이다. 서부 인달방은 오늘날 필운동, 사직동, 내자동, 내수동, 신문로 1가, 당주동 등에 해당하는 곳으로 앞의 순화방과 연결되는 곳으로 그 남쪽이다. 이곳 가운데 일부는 현재 서촌으로 불리고 있다.

이처럼 시전상인들은 북부 순화방과 서부 인달방에 주로 거주하였는데 지역적으로 보면 청계천 상류 일대다. 그런데 이들 지역을 지칭하는 말이 있다. 바로 웃대[上村]다. 《황성신문》 1900년 10월 9일자에서 "북촌 사람들의 말투는 매우 부드럽고 조심스러우며, 남촌 사람들의 말투는 빠르며, 상촌 사람들의 말투는 공경스러우며, 중촌 사람들의 말투는

구분	백목전	저포전	지전	혜전	계(명)
남부	56	38	47	43	184
동부	41	20	57	23	141
북부	**114**	**127**	**69**	**106**	**416**
서부	**266**	**123**	**153**	**121**	**663**
중부	67	76	60	88	291
기타 (지방, 불명)	23	39	14	12	88
계(명)	567	423	400	393	1,783

〈표 1〉 시전상인의 거주지 현황《경성부토지조사부》에 의거)

기민하며, 하촌 사람들의 말투는 상스러우며……"라며 도성 내 지역별 말투에 대해 비교한 바가 있다. 또 1924년《개벽》에서는 "우대는 육조 이하 각사에 소속된 이배, 고직 족속이 살되"라고 하여 하급 관료들의 거주지로 지목한 바 있다.

그런데 1898년 독립협회 시기의 민권운동에 대해 상세히 서술하고 있는《대한계년사》에서는 상촌인(웃대 사람들)의 사회적 의미를 적극적으로 부여하고 있다.

구분			백목전	저포전	지전	혜전	계
북부	북촌	가회방	1	3	5	2	11
		관광방	13	15	7	8	43
		광화방	0	2	1	2	5
		진장방	12	15	2	12	41
		안국방	3	0	2	2	7
		양덕방	0	0	0	1	1
	서촌	순화방	71	74	40	68	253
		준수방	12	17	8	6	43
		의통방	1		1	3	5
	기타(성외,불명)		1	1	3	2	7
서부		반석방	8	3	21	5	37
		반송방	59	23	33	13	128
		여경방	23	22	21	11	77
		인달방	123	67	47	64	301
		적선방	32	8	13	22	75
		양생방	13		11		24
		기타(성외, 불명)	8		7	6	21
계			380	250	222	227	1,079

〈표 2〉 시전상인의 방坊별 거주지 현황《경성부토지조사부》에 의거)

상촌인은 평민 중에서 각 부의 서리 및 공경가의 겸인이 되는 자인데, 그
들은 평민 중에서 가장 우수한 자라고 칭한다(《대한계년사》 1898년 7월 8일).

겸인이란 상촌인으로 삼는데 공경대부의 집안을 배종하는 자이다. 차,
약, 식사, 편지 등 제반 사소한 일까지 하지 않는 일이 없다.……나수연(전
군기시 판관의 직함을 가졌던 자), 임진수(주사직 이름만 빌렸던 자)는 모두 상촌
인인데, 상촌인 중에 세력이 있는 자는 관직 이름을 빌리거나 낮은 관직을
얻었다(《대한계년사》 1898년 11월 6일).

탁지부재무관 염중모(본래 상촌인이다. 갑진년에 일진회에 들어가 내부참서관이
되었다)(《대한계년사》 1898년 11월 7일).

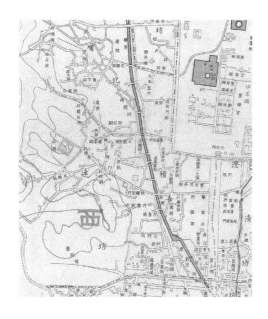

〈최신경성정도〉(1907)에 표시된
북부 순화방과 서부 인달방

남궁억은 보부상의 동향을 알고서 오지 않았다(상촌인과 남궁억은 보부상과 정부와 몰래 통하는 자로 또한 오지 않은 자가 수백 명이었다). 이날 밤 보부상 홍종우가 종로에 사람들이 모인 곳에서 연설하기를 "만민공동회가 금번에 쫓겨난 대신을 가르켜 매국적이라 하였는데 이는 사리를 알지 못하는 자의 말이다"(《대한계년사》 1898년 11월 20일).

한석진과 송긍섭은 송병준에게 아부하여 상촌인을 많이 천거하여 군수 자리를 얻었고 남궁억 역시 진석에 붙어 일진회와 몰래 통하여 관직을 구하였으나 얻지 못하였다. 나수연 역시 진석에게 붙어 그 힘으로 철원군수와 내부참서관을 받았고 진석은 국민신보 사장이 되어 의기양양하게 득의하였다(《대한계년사》 1909년 12월 11일).

정교는 《대한계년사》에 독립협회 주도층의 일부로 상촌인을 적시하면서 굉장히 부정적으로 묘사하였다. 상촌인들은 몇 대 올라가면 신분적으로 양반이 아닌, 물론 경화벌열도 전혀 아니며, 정치적으로 대한제국 집권세력들의 사주, 혹은 그들과의 거래를 통해 민회의 폭발적 활동을 기회로 관직 진출을 도모하려던 자이며, 만민공동회 활동에 대한 원칙적인 입장을 견지한 자신과는 분명히 차별되는 인물들이었다. 나수연, 임진수, 염중모, 남궁억 등이 바로 그들이다.

이처럼 상촌은 시전상인들의 거주지이자 대가집 양반의 겸인들의 거주지였던 것이다. 한말 일제 초기 이들이 자제 교육을 위해 모여든 곳이 바로 보인학회輔仁學會와 보인학교輔仁學校였다. 보인학회는 대한제국의 군대 해산 후 현역 및 퇴역군인들이 친목모임으로 시작했지만 곧 바로 교육구국을 주창하며 1908년 한성부 인달방(오늘날 내수동)에 보인학교를 세웠던 것이다. 2대 교장이 나수연이었다.

상촌 지역 거주자 정보와 지역사회에 대한 몇 가지 설명으로 대한제국기부터 일제 초기까지 서울의 상촌 지역 네트워크를 그려 낼 수 있을까? 아직까지는 부족하다. 과연 이들이 이곳에 산다는 것이 무슨 의미를 가지는 것일까? 《경성부토지조사부》와 《대한계년사》를 통해 상촌 거주자의 조그만 실체를 드러내는 데는 성공했으나 주변과의 관계나 그 역사적 의미를 찾아내기에는 부족하다. 다만 다양한 사료들을(일기류 등) 중첩시켜 낸다면 제한적으로나마 정리할 수 있지 않을까?

그렇다면 상촌의 장소성은 무엇일까. 정교가 경험한 상촌은 바로 권력지향적인 인물들이 다수 거주하는 곳이었다. 독립협회 실패의 책임을 상촌 사람들에게 덧씌우고 있다고 할 정도다. 정교가 경험한 상촌과 달리 보면, 한말~일제 초라는 정치사회적 변동기에 권력의지가 강했던 중간층 지식인 그룹과 경제적 부를 획득한 시전상인들이 다양한 변주를 보여주는 공간이 아닐까 생각한다. 조선 후기 이래 여항문학을 향유하던 중인층들의 마지막 모습이랄까?

거창하게 시작했지만 결론은 미약하다. 지리학, 건축학 등의 공간 정보를 역사학에 어떻게 활용할 수 있을까 하는 문제로 시작했다. 그리고 그러한 측면에서 접근하면 그동안 관심을 기울이지 않았던 자료들이 부각되고, 그동안 특정한 방향으로만 해석되던 자료들이 다시 보이게 된다. 이 글은 근대사 연구의 정체를 느끼는 요즘, 더욱 갈급한 상황에서의 토로임을 밝힌다. *은정태

9

'민족문화'의 기표와 기의, 문화 헤게모니

역사 연구자가 다루는 문자사료와 그것을 토대로 한 역사 서술은 언어 기호들의 집합이다. 언어기호는 소리 나는 형태인 기표signifiant와 의미를 담고 있는 기의signifier가 결합되어 개념을 표상한다. 역사 연구도 하나의 기표가 담고 있는 기의를 해석하는 궁리와 긴장을 통해 시간 속 낯선 나라로 여행을 떠나는 것이다. 그런데 기표는 랑그langue로서 발화되지만 발화자의 의도와 맥락에 따라 기의를 담고 있는 빠롤parol은 달라질 수 있다.

하나의 기표로서의 랑그가 다양한 의미로 사용됨으로써 인간의 언어생활은 보다 분화되고 다양해졌다. 특히 근대 이후 인쇄 자본주의의 발흥과 자국어로 된 대중매체의 확산과 지식의 대중화가 진전되면서 언어·문자를 사용하는 다양한 주체가 형성되었고 사회적 의미 소통도 복잡해졌다. 소쉬르F. Saussure의 언어학이나 가다머H.Gadamer의 해석학은 다양한 주체인 발화자들의 언어 생성·유통 및 의미 전달의 구조에 대해 다루고 있는데, 기표형태로 소환되는 문자사료와 역사 서술에 대한 고착된 기의를 비판하는 데에 적절한 시사를 제공한다.

여기에서는 '민족문화'에 대해 말하고자 한다. 한국사에서 '민족문화'라는 기표는 민족문화=전통문화=고유문화라는 기의로 해석되어, 오래 전부터 있었던 '민족'의 독보적인 문화로 생각하는 경향이 지배적이다. 그러나 민족이라는 단어가 근대에 등장한 기표이자 랑그이고, 그러한 민족이 주인공이 되는 문화를 '민족문화'라고 한다면, '민족문화'의 기표와 기의는 근대라는 시대적 맥락에서 읽혀져야 할 것이다.

집단적 정체성collective identity을 민족이라는 단위의 문화를 통해 설명하고자 한 것은 국민국가의 세계사가 등장한 이후부터다. 국민국가 nation state가 형성되기 위해서는 왕조국가나 중세의 신분적 정체성을 대체하는 새로운 근대인의 정체성이 필요하였다. 또한 그러한 정체성을 갖는 집단은 주변 국가와의 관계에서 자신들을 보호하는 독립된 영역을 지키고자 하였다. 그들은 봉건시대 신분계급 대신 새로운 근대국가와 영토의 주권자라는 국민·민족으로 자신의 정체성을 확인하고자 했다. 국민·민족=nation으로서 자신들의 정체성을 표시하는 nationality라는 용어가 사용되기 시작하였고, 그것은 해외여행의 필수품인 여권에 개인의 정체성을 표시하는 기본항목으로 적혀 있다. 타자와의 집단적 정체성 확인은 신분제의 해방, 자본주의의 전 지구적 확산, 국민국가체제의 세계화가 촉진되면서 더욱 필요해졌다고 하겠다.

이러한 시대에 새로운 근대국가 구성원의 집단정체성 문화로서 '민족문화national culture'라는 것이 근대문화로서 만들어졌다. 국사national history나 국어national language가 대표적인 예다. 근대 국민국가는 사회구성원을 통합하고 규율하는 국민 보통교육을 제도화하는 가운데 민족문화의 내용들을 만들고 보급하였다. 문화의 대중화와 공공성을 표방하며 국가 문화시설들도 제도화하였다. 국립박물관, 국립도서관, 국립미술관을 지칭할 때 영어로 National Museum, National Library, National Gallery라 하여 'National'이 붙는 것도 그러한 역사성을 담고 있는 것이다. 민족문화는 근대 국민국가를 지향한 근대 주체, 정치세력의 문화적 활동의 결과이자, 근대문화로서 인류 역사에 등장한 것이다.

그러나 한국의 경우 근대 국민국가를 만드는 과정에 일제 식민지 시기를 겪게 되었고, 독립운동이 중요해졌다. 식민 지배에 저항하여 독립운동을 한 것이 해방 후 수립할 국민국가의 정체성에 중요한 기준이 되었다. 그러면서 민족=반일이라는 단순함으로 타자와의 경계 짓기가 관성이 되어 갔다. '민족문화'는 외래=일제와 대립되는 저항문화=고유문화로 표상되어, 민족문화=전통문화=항일문화라는 해석으로 저항 민족주의적 기의가 우세하게 작동하였다. 그리하여 식민지 시기 문화 연구에서 '민족문화'는 전통문화이자 항일과 반일의 문화, 독립운동의 문화로 정의되었다. '민족문화 수호운동'은 "민족정신과 전통문화를 토대로 하여 국권의 회복을 도모하는 독립운동"으로 이해되는 것이 일반화되었고, 역사교과서 서술에서도 빠지지 않는 항목이 되었다.

그러나 이러한 단일한 기의와 서술은 '민족문화'를 '원초적으로 고유한 전통문화'라는 문화적 상상에 가둬 놓았다. 그것은 민족의 고유성, 순혈성, 유구성을 강조하는 배타적 민족주의의 정서를 부추기며, 독립운동의 역사성, 근대성, 민주성을 설명하기 어렵게 만들었고, 한국근현대 문화사의 시야를 좁히는 또 다른 결과를 낳았다.

일제에 대한 독립운동을 근대의 민족운동으로 설명하기 위해서는 민족의 역사성·시대성을 설명해야 한다. 살수대첩이나 임진왜란 시기의 동족으로 20세기 민족을 설명할 수는 없다. 저항 속에서 커 가는 근대적 자기다움 속에서 근대 민족이 형성되었고, 그들의 저항의 역사 속에서 근대인의 공동체로서 국민국가를 만들기 위한 독립과 민주의 역사가 개척되었다. 그 길은 다양한 주체들에 의해 개척되었다. 민족문화는 그들의 정체성을 만드는 문화였다. 따라서 그러한 정체성 문화는 그들이 만들고자 하였던 '민족'에 대한 기획에 따라 다양할 수 있었다.

더욱이 번역어인 '민족'이라는 기표가 국민국가의 민족nation과 종족적 민족ethnicity의 기의로 혼용되면서, '민족문화'는 항일문화가 아닌 경우에도 사용될 수 있었다. 식민주의의 근대 기획은 후자를 강조하였기 때문이다. 일본은 제국주의 국민국가 영역이 넓어지면서 포섭한 신영토에 대한 지역성·향토성을 강조하였다. 식민주의 문화다.

1920년대 '문화정치' 기간에 시작된 조선미술전람회의 심사 기준은 조선의 향토성을 강조하는 것이었다. 또한 침략전쟁을 일으키면서 대동아공영권을 주장하였던 일본은 ethnic적인 각 민족의 전통이나 문화 특성을 발휘하도록 조장하기도 하였다. 일본 국가 내의 향토성과 지역성을 인정하는 문화권력하에서 한반도 주민의 문화정체성을 민족적인 것이라고 주장했다고 해서 그것을 반일적이라고 할 수 있는가? '국가'로서 일본을 인정하고 '민족'으로서 한민족만을 주장한다면, 그것을 항일독립의 민족의식이라고 할 수 있는가?

거기에 민족 문제와 계급 문제가 각각 민족주의와 사회주의(공산주의)로 대립적이었다는 이념의 틀을 대입하면, 민족은 반공의 기표가 되기도 한다. 반일과 반공의 표식이 된 '민족'이라는 기표를 독점하고 배타적 민족 감정을 확산시키면서, '민족문화'를 민족의 고유하고 독창적이며 특정한 이념적 성향을 가진 사람들이 옹호하는 문화라는 의미로 사용되었다. '민족', '민족문화'의 기표를 사용하며 친일=반독립을 합리화한 지식인이 있었다는 점을 환기해 보자. 권력의 비민주성을 은폐하고 반공과 국민동원을 합리화하며 '민족', '민족문화 창달'을 강조하였던 독재권력이 있었다는 점을 생각해 보자.

그람시A. Gramsci는 문화를 통해 지배계급이 헤게모니를 장악하게 된다는 것을 발견하는 동시에, 문화를 통해 지배계급 이데올로기를 역전시킬 수 있음을 역설했다. 문화는 움직이는 것이다. 문화라는 것은 이미 사람들이 그 속에서 살아 왔던 익숙한 것으로 한 세대에서 다음 세대로 물려준 어떤 종류의 지식이나 기술, 상징들에 대한 개념들을 포함하고 있다. 따라서 문화라는 개념에는 전통의 개념들이 포함된 것이라고 보는 외국의 문화사학자들도 있다.

나는 그 점에 동의한다. 특히 한국인의 조상들은 국민국가nation state 이전에도 생산경제를 영위하며 한반도와 주변 공간에 살아 오면서 '국가'라는 집단적 정체성을 만드는 문화 생산의 특징을 갖고 있었다. 한국인의 고대신화가 '건국'의 신화'일 정도로 '국가'는 개인이나 가족, 집단의 생존과 정체성의 중요한 기준이었다. 그러한 정체성을 갖는 집단을 족류, 동포라고 생각했었다. 이러한 정체성 문화 덕분에 한국인들은 20세기 들어 접한 '민족'이라는 번역어 기표를 그들의 기의로 쉽게 수용했던 것이다. 그것은 전통을 보는 한국인의 문화유전자이기도 하다.

이러한 문화유전자를 배경으로 '민족문화'를 근대 문화정체성 만들기와 문화 헤게모니 관점으로 설명할 때, 한국근현대 문화사는 보다 풍부하게 완성되리라고 본다. 거기에는 전통을 '민족문화'라는 기표로 호출하여 문화 헤게모니를 만들고자 했던 다양한 문화권력, 주체agent들에 대한 이야기가 포함될 것이다. 조선 후기 이래 변혁을 지향했던 사람들이 새로운 문화정체성 만들기에 고민하였던 것에서부터 한말 계몽운동기에 왜 계몽적 지식인들이 국수國粹(nationality의 번역어)를 강조했는지, 일제강점기 다양한 정치세력들, 심지어 일본 제국주의 지배권력까지 왜 조선인의 문화정체성을 장악하고자 했는지, 1945년 해방 직후 새로운 국가 건설의 논의에서 왜 '민족문화' 수립의 열기가 활발했는지, 분단 이후 남북한 모두 국가권력에 의해 왜 '민족문화'가 중요한 정책 이슈가 되었는지를 설명하는 것이 포함될 것이다.

'민족문화'라는 기표는 태곳적부터 있어 온 문화를 지칭할 수도 있고, 근대 상상의 공동체의 문화를 지칭할 수도 있고, 그 중간쯤에 걸쳐 있을 수도 있는, 흐르는 물과 같은 것이다. 흐르는 물을 떠다가 약을 만드는 사람도 있고, 독을 만드는 사람도 있다. 화엄경에 같은 물이라도 소가 마시면 우유가 되지만, 뱀이 마시면 독이 된다고 하지 않았던가. 물이 중요한 것이 아니라 물을 떠다가 무엇을 만들었는가에 대한 이야기가 더 중요한 것이 아닐까. 문화 헤게모니와 고착된 지식 담론을 비판적으로 다시 볼 수 있을 때 새로운 문화 창조의 능력이 길러질 것이다.

역사에서 하나의 박제화된 랑그가 아닌 다양한 빠롤을 읽고 다면적으로 생각할 수 있는 능력, 하나의 기의, 하나의 역사가 아닌 다양한 역사, 다름의 역사를 읽을 수 있는 능력, 기표 정보 간의 맥락을 읽고 통찰할 수 있는 능력을 갖게 된다면, 기표적 빅데이터가 압도하는 4차 산업혁명의 인공지능시대에 역사학은 시대에 필요한 새로운 도움을 줄 수 있을 것이다. 21세기 세계 75억 지구인들의 삶에 trans-national과 국민국가체제가 공존하는 가운데, 여전히 통용되고 있는 '민족문화'라는 기표를 다양한 기의로 읽을 때 우리는 닫힌 경계를 넘어서 세계와 소통하는 한국근현대 문화사 연구에 좀 더 다가갈 수 있을 것이다. *이지원

조선어학회 사건으로 옥고를 치른 생존자들

10

식민지 조선의 비식민화decolonization, 그 세 가지 길

청일전쟁과 러일전쟁에서 승리한 일본은 대한제국을 군사적으로 점령한 상태에서 이른바 보호조약(1905)을 체결하였다. 이후 통감부를 설치하고 보호국이라는 실험을 거쳐 1910년 '한국병합'을 단행하였고, 대한제국은 대일본제국 판도 아래 식민지 조선으로 전락하였다. '일제강점기'라는 말은 병합조약의 강제성과 무효성을 지적하는 데서 온 표현인데, 일본의 한국 지배가 통상적인 식민 지배보다 더욱 폭력적인 성격을 띠었다는 판단이 저변에 깔려 있다.

실은 당시 일본 정부도 조선을 식민지라고 부르는 데 신중하였다. 한국병합에 즈음하여 일본이 발표한 칙령에서는 중화질서를 본떠 일본 천황이 대한제국의 황제를 조선 왕으로 책봉하는 레토릭을 구사하였다. 일본 정부는 조선이나 타이완 등에 대해 식민지 대신 '외지'라는 표현을 사용하였다. 1929년에는 조선을 포함한 외지를 관할하는 부서로서 '척식성拓殖省' 설치계획을 세웠으나 조선은 식민지와 다르다는 반대에 부딪혀 이름이 '척무성拓務省'으로 바뀌기도 하였다. 일본 정부로서는 조선의 상황이 서구 열강의 아시아, 아프리카 지배를 뜻하는 식민지와는 다르다는 입장이었다.

한국의 처지가 식민지 이하였다는 판단과 그래도 식민지보다는 나았다는 주장이 맞선 셈이다. 다만 시대와 지역에 따라 다양한 식민지가 존재했다는 점을 잊지 않는다면, 일본의 한국 지배는 역시 제국주의의 식민지 통치라는 세계사적 보편성 속에서 이해할 필요가 있다. 굳이 말하자면 조선은 일제에 의해 강점된 식민지였다. 물론 보편성과 더불어 특수성도 존재했다. 일본 정부는 인종적, 문화적 유사성을 근거로 일선동조론日鮮同祖論을 내세워, 일본의 한국 통치는 서양의 식민 지배와는 다르다고 선전하였다. 예컨대 영국의 인도나 아프리카 통치보다는 아일랜드 통치에 견주어 볼 만하다. 또 하나, 한국이 식민지로 전락한 지 불과 몇 년 지나지 않아 발발한 1차 세계대전의 결과 국제적으로 식민지 획득 및 보유를 정당화하는 논리가 부인된 점도 특별하다. 바로 국제연맹의 설립과 위임통치제도의 도입이다. 한국은 대항해시대 이래 세계적인 식민지화 흐름에 버티고 버티다 아쉽게도 그 끝자락에 말려들어간 거의 마지막 식민지였다.

1차 세계대전은 노동자, 농민은 물론 식민지 인민까지를 동원한 총력전이었다. 전쟁으로 각성된 민족의식은 민족운동의 분출로 이어졌다. 아울러 효율적인 지배와 수탈을 위해 여러 식민지에서 개발정책이 실시되었다. 산업의 발달과 교육의 보급은 다시 민족의식의 자각으로 이어져 식민지 제국의 변용, 즉 비식민화decolonization의 조류를 가속화시켰다. 영국의 식민지인 아일랜드는 1919년 이후 계속된 독립전쟁의 결과 1922년 영국의 자치령인 아일랜드 자유국으로 새롭게 태어났다. 1차 세계대전에서 100만 명 이상이 영국군으로 징병된 인도에서는 간디, 네루가 지도하는 국민회의파가 중심이 되어 '스와라지(자치)'를 얻기 위한 투쟁이 이어졌다. 미국의 식민지인 필리핀은 1916년에 자치를 인정받았고, 1934년에는 10년 후 독립을 약속받았다.

3·1운동 역시 한국병합 및 식민 통치에 대한 근본적인 문제 제기였다. 세계대전의 와중에서 일어난 1917년의 러시아혁명은 자본주의를 넘어서는 새로운 사회의 가능성을 보여주었다. 1차 세계대전의 전후 처리를 위해 1919년 1월 파리강화회의가 열리게 되자, 조선의 지식인들도 바쁘게 움직였다. 미국 대통령 윌슨이 주창한 민족자결주의가 전해지면서 19세기적 식민지 통치의 종언과 새로운 국제질서의 형성에 대한 기대 속에 파리강화회의에 파견할 대표를 준비하는 등의 움직임이 일었다. 때마침 1919년 1월 고종의 죽음이 가져온 충격은 파리강화회의에 대한 기대와 맞물리면서 조선 사회를 혁명적 분위기로 몰아 갔다. 3월 1일을 시작으로 수개월에 걸쳐 전국적으로 벌어진 3·1운동은 그 규모와 성격에 있어서 한국근현대사를 그 이전과 이후의 둘로 나눌 대사건이었다.

19세기적인 식민 통치가 부정된다고 할 때 '민족자결'의 기운이 향할 양 극단은 독립과 동화였다. 동화를 자결의 방향에 포함시키는 것이 어색하게 느껴질 수 있으나, 피식민자 스스로 제국 본국과의 통합을 결정하는 것은 논리상은 물론 현실적으로도 가능한 일이다. 훨씬 뒤의 일이지만 1960년 유엔은 총회결의 1514(XV)호 '식민 국가와 인민에 독립을 부여하는 선언'에 뒤이은 총회결의 1541(XV)호에서, 비식민화decolonization

의 선택지로서 '독립국가와의 자유로운 연합', '독립국가로의 통합', 그리고 '독립'의 세 가지를 들었다. 독립과 동화는 영제국의 예를 들자면 각각 아일랜드와 스코틀랜드가 걸은 길이 될 것이다. 그리고 독립과 동화 사이에는 자치가 존재했다. 19세기적 식민 통치를 넘어서고자 하는 비식민화의 도정에는 독립, 동화, 그리고 자치라는 세 가지 방향성이 존재한 셈이다.

먼저 독립의 방향성을 살펴보자. 무엇보다 3·1운동 자체가 거대한 독립운동이었다. 자결自決, 즉 조선 사람들이 스스로의 결정을 드러낼 통로를 갖지 못한 상황에서, 수개월에 걸쳐 전국적으로 벌어진 독립 만세 시위 이상의 의사 표현은 있을 수 없었다. 그러나 총독부 권력은 무너지지 않았고 독립의 열망은 망명정부인 대한민국 임시정부의 수립으로 드러났다. 식민지 조선의 담론 공간에서 공공연하게 독립을 내거는 것은 물론 불가능했지만, 독립 지향은 동화정책과 자치운동에 대한 격렬한 비판이라는 형태로 명백히 존재감을 과시했다.

다음은 동화다. 1918년 최초의 정당내각인 하라 다카시原敬 내각이 성립되면서 일본 정부 내에서도 식민지 통치방식의 변화가 검토되었는데, 3·1운동이 결정적인 계기가 되어 구체적인 정책으로 옮겨지게 된다. 그 방향성은 3·1운동 직후 나온 천황의 칙어에서 사용된 일시동인一視同仁이라는 말이 상징하듯 그때까지의 식민지 특수주의를 비판하고 내지 연장주의를 펴는 데 있었다. 특히 조선에서는 한국병합 이래의 '무단정치'를 비판하고 '문화정치'가 펼쳐졌다. 문화정치의 기만성에 대한 지적에도 불구하고 총독부의 통치방식에 커다란 전환이 이루어진 것은 사실이었다.

자치는 총독부의 자치공작의 형태로 등장했다. 총독부 관리와 그 주변 인물이 몇 차례 사안私案을 작성해 검토했고, 일부 조선인에 대한 회유와 포섭도 시도했다. 이광수의 민족개조론도 이러한 과정과 밀접히 관련된 것이었다. 자치론을 품은 조선인들은 1926년 자치운동 단체인 연정회研政會 결성을 시도했지만 심한 비판에 부딪혀 좌절된다. 다만 문화정치는 무단정치에 대한 반성이라는 점에서, 조선의 전통과 문화를 배려하는 조치도 포함되었다. 자치는 독립이나 동화와 달리 식민 통치의 연착륙을 지향했다는 점에서 독특하며, 때문에 묘한 흡인력을 가지고 형태를 바꾸어 가며 등장하게 된다.

1920~30년대 식민지 조선을 지배한 것은 개발, 즉 교육 보급과 산업 발전에 대한 열망이었다. 식민지는 농촌/농업, 제국 본국은 도시/공업이라는 도식에 금이 가기 시작하면서 식민지 제국의 재편성이 운위되었다. 한편 개발과 자본 침투의 결과 구래의 사회관계가 변형되면서 식민지 민중이 역사의 전면에 등장하였다. 계속되는 동원과 이산은 식민지 민중을 정치적 주체로 각성시켰고, 이는 민족운동, 사회운동의 고양을 낳았다. '식민지 근대'라는 개념은 개발은 물론 그에 대한 저항까지를 포함하여 더욱 풍부해질 필요가 있다.

일본의 한국 지배는 점점 강도가 더해져 중일전쟁기 이후 전시기에 그 정점을 맞게 된다는 인식이 일반적이다. 다만 1920년대 이후 식민지 조선의 움직임을 비식민화라는 세계사적 흐름 속에 자리매김한다면, 전시기 역시 비식민화의 압력이 극에 달한 시기로 재해석할 수 있다.

일본 근현대사 연구를 중심으로 활발하게 제기된 총력전체제론은, 총력전의 과정에서 사회 전체가 효율적인 전쟁 수행을 위한 합리성을 극대화하는 방향으로 전개되고, 동시에 '사회 전체의 구성원을 전쟁 수행에 필요한 사회적 기능의 주체적 담지자로 삼기 위한 정책'이 취해진다고 지적함으로써, 전쟁의 비합리적·파괴적 측면만을 강조하던 기존의 인식을 넘어서는 새로운 시좌를 제시하였다.

다만 총력전체제론은 식민지 문제에 대해 관심이 옅다는 한계를 갖는다. 종주국에서의 합리화의 진전과 주체성의 동원은 강조되지만, 식민지는 온전한 분석의 대상이 되지 못하고 여전히 '총력전체제'의 외부, 즉 비합리성·몰주체성의 영역에 남겨져 있다. 그러나 종주국의 총력전체제가 '계급 화해' 정책으로서 나타났다면, 식민지 제국 차원에서의 총력전체제는 식민지 및 점령지의 총동원을 위해서도 '민족 협화'의 구상을 띨 수밖에 없었다. 즉 내선일체 캠페인은 식민지 조선인을 총력전의 '주체적 담지자'로 세우고자 한 일종의 '강제적 균질화' 정책이었다고 평가할 수 있다.

끈질기게 맥을 이어간 국내의 비합법 결사, 중국 관내와 동북 지역에서의 민족통일전선과 항일무장투쟁이 독립의 지향을 명확히 했다면, 내선일체로 대표되는 황민화 정책은 국민국가 만들기, 즉 동화의 방향성을 띤 것이었다. 그리고 그 사이에는 전향 지식인들의 '협화적 내선일체론'으로 상징되는 일종의 자치론도 존재했다. 적지 않은 지식인들이 일본 사회 일각에서 제기된 동아협동체론에 담긴 협동체의 논리를 영유appropriation하여 총독부가 내건 내선일체와 결합시킴으로써 '협화적 내선일체론'이라고 부를 법한 주장을 편다. '협화'와 '일체'라는 형용모순을 저지름으로써 독립과 동화 사이에서 떠돌던 '종속 발전'의 현실을 논리화한 것이다. 전시기 역시 독립, 동화, 자치라는 거센 비식민화의 흐름이 식민지 제국의 임계에 육박하던 시기였다.

이러한 세계사적 흐름 위에 연합국의 대서양헌장, 그리고 이를 의식한 일본의 대동아선언이 나온 것이다. 그리고 여기에 카이로선언, 포츠담선언이 겹쳐지면서 2차 세계대전 이후 한반도의 운명은 틀지워지게 된다. 국제연맹의 위임통치를 계승한 국제연합, 즉 유엔의 신탁통치 구상과 그에 대한 한국 민중의 반응도 세계사적인 비식민화 조류 속에 정당히 자리매김될 필요가 있다. *홍종욱

1919년 파리강화회의에 파견된 대한민국 임시정부 대표단

11

진정한 탈식민을 위하여

– 식민지 유산 연구의 동향과 과제

콜럼버스가 아메리카대륙에 발을 디딘 1492년을 상징적인 기점으로 이후 식민의 역사는, 일찍이 레닌이 언급했듯이 19세기에는 제국 열강에 의해 세계가 최초로 완전히 분할되고, 20세기에는 재분할과 세계전쟁을 거쳐 탈식민의 물결이 세차게 일어난 과정을 겪었다. 현재도 식민주의는 전 세계 사회경제 구조와 언어·문화에 많은 영향을 주고 있으며, 그로 인해 과거 식민 역사를 겪었던(또는 지금도 겪고 있는) 곳곳의 사람들은 여전히 빈곤과 문화적 종속성 아래 폭력에 노출되며 살아 가고 있다.

한국 역시 식민 역사의 영향을 강하게 받았다. 한국현대사는 대체로 식민지로부터 해방된 1945년을 기점으로 상정하고 있는 점에서 탈식민 과정 그 자체이기도 했다. 이 점에서 '식민지 유산'을 논의하고 해명하는 작업은 한국근현대사 연구에서 매우 중요한 과제 가운데 하나가 된다.

일본은 조선을 일본 자본의 상품시장, 식량 및 원료의 공급지로 만들고 대륙 침략의 교두보로 삼았다. 이를 위해 각종 제도와 기구를 이식하고 협력세력을 양성하면서 식민 지배체제를 구축했다. 더구나 일제는 아시아태평양전쟁 기간 동안 '내선일체'로 상징되는 황민화 정책, 전시 총동원 정책을 추진하면서 한국인의 삶과 의식, 민족적 정체성을 뒤흔들었다. 동시에 상당한 규모의 친일 협력세력이 등장하기도 하였다. 해방 후 독립국가 건설, 여러 세력을 통합하는 민주적인 정부 수립의 전제는 바로 이러한 식민지 지배질서의 청산이 될 수밖에 없었다.

그럼에도 그 청산은 동아시아에 냉전 구도가 형성되고 한반도에 분단체제가 성립하면서 왜곡된 형태로 진행되었다. 남한의 경우 미군정과 이승만 정부 아래 일제하의 협력세력이 반공투사로 변모하는 등, 식민지 유산은 분단모순과 결합하면서 반공국가주의 정치경제 구조를 지탱하고 문화와 윤리 영역에서도 사회 갈등을 재생산하는 요인이 되었다.

이러한 식민 지배 청산과 유산 문제를 연구하고 해명하기 위해서는 좀 더 복합적인 상황을 전제할 필요가 있다. 역사 해석이 그런 것처럼 식민지 유산은 시기·상황에 따라 다르게 정의되고, 그것이 미치는 사회적 영향도 국면에 따라 다르게 발현될 수 있다. 그동안은 청산과 관련하여 유산을 주로 인적 희생, 물질적 수탈의 차원으로만 국한시키는 경향이 강했다. 그러나 식민지 유산은 형태적으로도 인적·물적 유산, 제도적 유산, 사상·문화적 유산, 기억이나 관행 등의 경험적·체험적 유산으로 구별할 수 있다. 그만큼 식민지 유산은 다양한 층위에서 접근할 수 있으며, 이 문제를 논의하고 밝히는 작업도 복합적인 것일 수밖에 없다.

그동안 한국학계에서는 식민지 유산을 청산해야 하는 당위로 설정하고 일제의 정책과 제도 및 기구, 친일 협력세력이 해방 이후 남한의 사회경제체제와 어떠한 연관성을 가지고 있는지, 또는 식민지기 굵직한 행보를 보인 인물들의 협력 행적을 밝히며 이를 규탄하고 비판하는 데 공력을 기울인 측면이 강했다. '청산'은 앞서도 지적했듯이 당대에도 그 이후에도 중요한 과제였다. 그럼에도 이러한 연구 경향은 한국근현대사의 기본 추이와 성격을 수탈과 저항, 친일과 항일, 민주와 반민주, 자율과 타율, 반공과 통일이라는 이분법적 논리로 파악하는 연구 시각의 한계와 맞물려 있었던 것도 사실이다.

또한 식민지 유산의 '연속과 단절'이라는 각도에서 기존 역사학계에서는 일제 잔재의 부정성을 강조하면서 독립 이후의 '민족사적' 발전과정을 거론하며 단절을 강조하는 입장이 두드러졌다. 그러나 1990년대 이후 뉴라이트 경제사학계에서는 연속론의 입장에서 식민지 시기 경제성장을 주목하고 이 유산이 해방 이후 산업화와 경제성장으로 이어졌다는 것을 강조했다. 뉴라이트 계열에서의 연구는 대한민국의 '번영'만을 강조하고 시장자본주의의 성장만을 주목하며 '성공사관'에 국한되는 인식의 한계를 보였다. 무엇보다 '연속과 단절'에만 주목할 경우 식민지 유산의 다양한 층위를 드러낼 수 없다는 문제를 갖는다.

그러나 최근 들어 인적 청산의 문제만이 아니라 해방 후 지배질서 형성과 재생산 과정에 결부된 식민지 유산의 다양한 실체가 조금씩 연구되고 있다. 이를 앞에서 언급한 형태적 분류대로 열거하자면, 우선 인적·물적 측면에서는 해방 후 친일 협력세력의 동향에 대한 연구 이외에 경제관료의 식민지 기원과 1960년대의 교체를 다룬 연구, 식민지 공업화론을 비판하면서 남한 지역에서의 식민지체제와의 단절성 및 주권의 중요성을 강조한 연구, 전시 경제통제체제가 해방 후 한국자본주의에 미친 영향을 검토한 연구, 근현대 과학기술시스템과 과학자 사회에 주목한 연구 등이 있다.

법·제도 분야에서는 사상통제 차원에서 치안유지법(또는 국방보안법)과 국가보안법의 연관성을 밝힌 연구, 한국 법원·검찰제도 속의 식민지 사법구조와 의식 문제에 대한 연구, 조선민사령의 이념이 해방 후 한국 민법과 가족법에 지속된 상황에 관한 연구, 경성제국대학 등 식민지 고등교육제도가 해방 이후에 남긴 흔적에 관한 연구 등이 진행되었다.

사회문화 영역에서는 일제 말기 주민동원체제와 해방 후 주민동원 기구 및 조직, 새마을운동 등을 살펴보며 주민들의 희박한 자치성과 국가에 대한 종속성을 식민지적 기원으로 파악한 연구, 화교 문제를 중심으로 인종주의 유산 문제를 검토한 연구, 교과서 논리를 중심으로 일제 파시즘 교육체제의 재생산 구조를 지적한 연구, 식민지 성매매제도의 해방 후 변형에 관한 연구 등도 제출되었다.

이밖에 구술사 방법론을 활용하여 농민, 은행원, 학생 등 여러 주체들의 해방 전후 삶을 추적하며 식민지 유산 문제를 검토한 연구들도 진행되고 있다. 압축성장과 경직된 사회구조의 형태를 만주국의 경험 속에서 찾으려는 연구, 현재 한국 사회의 불안이나 사회심리적인 트라우마의 기원을 식민지에서 찾으려는 시도도 이어지고 있다.

이처럼 현대사 연구에서도 식민지 유산을 다양한 각도에서 고찰하고 있는데, 논자별로, 주제별로 '연속과 단절'을 보는 시각의 편차가 큰 상황이다. 연구의 고양을 위해 끝으로 향후 연구 과제를 제기하고자 한다.

첫째, 식민지 유산 문제가 주로 박정희체제와의 관련성을 중심으로 논의되는 경향이 있다. 식민지기와 직접 연결되는 시기로서 해방기와 한국전쟁의 경험을 유산 문제와 연관하여 규명할 사안이 많다. 역사에는 여러 시간대가 중첩되어 있다는 페르낭 브로델의 언급과 같이, 여러 경험은 굴절되면서 서로 영향을 줄 수 있다. 박정희 정부 시기 개발독재를 설명할 때에도 박정희 등의 일제 군부파시즘 학습이나 만주 경험이 강조되고 있지만, 여기에는 해방정국기의 경험, 미군정이 남긴 유산, 전쟁으로 인한 남북의 큰 변화 등이 중첩되어 있다는 점도 염두에 두어야 할 것이다. 식민지 유산이 미군정기와 이승만 정부를 거치면서 어떻게 변용되었는지, 왜 식민지 경험이 특정 시기에 호명되고 재발굴되었는지를 면밀히 보려는 시각이 필요할 것이다. 이때 그 '경험'은 이미 선택적 과정을 거치면서 변용된 형태, 당대 사회에 재주조된 형태라는 점도 감안해야 할 것이다.

둘째, 여전히 부정적인 측면에서만 유산을 사고하는 경우가 많은데, 몇몇 연구자가 언급했듯이 그 의미를 넓혀서 항일 주체들의 '저항의 유산'에까지 생각의 틀을 확장할 여지가 많다. 조선 사회의 역동적 저항과 순응, 적응이 현대 한국의 민주주의의 형성과 발전에 어떤 영향을 주었는지 등의 문제까지도 연결하여 사고할 필요가 있는 것이다.

셋째, 다양한 각도에서 유산 문제가 검토되고 있다 하더라도 여전히 식민지 유산에 대한 구조 분석은 불충분한 상태이며, 일반 식민지 인민이 경험했던 다양한 층위의 '유산'에까지 얼마만큼 다가갔는지는 의문이다. 아직은 각계각층의 사상과 문화의식, 일상생활에 깊이 침윤되고 분식된 여러 경험과 기억에 이르는 심성사적 측면에까지 체계적인 검토가 이뤄지지는 못한 것이 아닐까 한다.

넷째, 유산 문제에 대한 공간적 확대다. 북한에서의 식민지 유산 문제는 어떻게 이해해야 하는가? 동아시아 차원에서의 유산 문제는 어떨까? 예컨대 북한의 경우 일제 말기 전시체제의 경험은 해방 직후 혁명을 위한 기지국가로 연결되었다는 지적이 나온 바 있다. 남한에 비해 친일파 청산을 비교적 유연성 있게 대처했다는 상황만을 강조한 나머지 북에서의 식민지 유산 문제가 간과되고 있는 것이다. 북한에 대해서도 행위자 차원 이외에 사회경제의 재생산 차원 등 식민지 유산 문제를 심층적으로 접근해 갈 필요가 있다. 또한 현재 '위안부' 문제를 둘러싼 한·중·일 사이의 갈등을 보듯이 식민주의 청산과 유산의 문제는 일국적인 것이 아니라 동아시아 지역 차원에서도 해당되는 것이다.

이처럼 식민지 유산 문제는 한국현대사 연구에 여러 과제를 남기고 있다. 현재 1945년을 기준으로 한 근대사와 현대사 연구 또는 연구자 사이의 분절성이 상당히 큰 편이다. 1930년대 이후 전시체제기와 해방 이후 시기를 동시에 아우르는 연구가 부족한 실정이다. 식민지 유산 연구가 그러한 연구 지형의 한계를 벗어나는 데도 일정 부분 기여할 수 있지 않을까 한다.

식민지 유산은 넓고도 깊으며, 불가피한 것일 수도 있다. 식민지 유산에 주목하는 것은 한국 사회에 '지속되는 식민주의'를 경계하는 관점을 기르는 일이 될 수도 있지 않을까 한다. 로버트 영Robert J. C. Young의 언급처럼 박해를 받고 이주해 간 소수자들이 그다음에는 소수자를 박해하는 자들이 된 것은 식민주의의 공통된 이야기다.

국가 단위의 탈식민이 이뤄졌다 하더라도 여전히 지방은 서울의 식민지가 되고 있지 않은가. 최근의 젠더 갈등이나 이주노동자, 난민에 대한 시선 등 사회의 소수자를 끊임없이 타자화하고 혐오시하는 행위는 어디에서 비롯된 것일까. '수저 담론'에 개재된 사회 불평등의 심화와 박탈감의 확대를 인지하더라도 그와 같이 끊임없이 위계화하는 방식의 사고는 19세기 말 문명 담론과 식민지 시기의 인종주의와 닮아 있기도 하다. 다양한 각도에서의 식민지 유산에 대한 관심은 이와 같은 사회 문제를 극복하는 데에도 도움을 줄 수 있지 않을까 기대한다. 진정한 탈식민을 위한 여정은 아직 많이 남아 있는지도 모른다.   *고태우

서울역 광장에 모여
광복의 기쁨을 함께하는 서울시민들

04

세 걸음 더, 조선사

1

조선 후기 사신의 외교활동

'인신무외교人臣無外交'라는 말이 있다. '신하는 외교를 해서는 안 된다'는 뜻으로, 유교문명권에서 경전으로 간주되어 온《예기》에 나오는 말이다. 사신으로 파견된 신하는 군주의 말을 전달만 하며 상대 제후와 교류를 하지 말아야 한다는 의미다. 이러한 원칙은 종종 정치적 논의 과정에 등장하면서 마치 법규처럼 일관적으로 적용된 듯한 착각을 가져다 준다. 더 나아가 해당 원칙이 전근대 중국 중심의 국제질서의 중요한 특징으로 제시되기도 한다.

그렇지만 국제관계를 포함한 모든 정치적 행위는 일방적일 수 없고 상대방의 태도에 따라서 언제든지 유동적인 성격을 갖는다. 따라서 상대방과 교섭하지 않는 일방적 메시지 전달만으로 원하는 정치적 목표를 얻을 수 없다는 것은 자명하다. 그럼에도 해당 원칙이 조선 후기 자료에서 빈번히 등장하는 것은 특정 부분과 시점에서, 교류가 제한되었을 가능성을 보여준다. 그렇지만 피상적이 아닌 구체적 영역에서의 실상을 파악해 보도록 한다.

조선과 청의 관계와 현대의 그것에는 몇 가지 중요한 차이가 있다. 가장 큰 차이는 양측에서 합의된 관원을 제외하고는 국경 이동이 엄격히 금지되었다는 것이다. 청에서는 황제의 명령문서를 지닌 관원이, 조선에서는 국왕 명의의 문서 혹은 외교 공문을 지닌 관원만이 국경을 넘어 상대국의 수도에 갈 수 있었다. 동시에 장기적인 체류가 불가능했다. 조선 사신은 공문에 대한 답서를 받으면 곧 북경을 떠나야 했다.

아울러 의주에서 북경에 이르는 이동로도 규정된 도로를 이용해야 했다. 모로 가도 북경에만 가는 것은 금지되었으며 성경(지금의 심양)→광녕→산해관→북경으로만 이동이 가능했다. 이로 인해 북경으로 가는 길[使行路] 이외의 지역에 근무하는 관원과는 아예 만날 기회가 없었다. 마지막으로 북경에 도착한 후에는 정해진 숙소[會同館]에서만 머물러야 했으며 공무 이외에 숙소 밖으로 외출할 경우, 허가를 받아야만 했다. 이것을 문금門禁이라고 하는데, 조선 사신들의 실제적 교류를 제한하는 가장 중요한 요인이었다.

지금까지 문금의 존재와 변화에 대해서는 그다지 알려져 있지 않다. 18세기 초, 중반, 후반에 각각 작성된 김창업, 홍대용, 박지원의 연행록을 보면 세 명 모두 문금에 영향을 받지 않고 비교적 자유롭게 숙소를 벗어나 청의 실상을 기록했다. 더하여 홍대용의 경우 반정균潘庭筠과 엄성嚴誠이라는 한족 지식인을 만나 문학사에 남을 만큼 깊은 교유와 우정을 나누기도 하였다. 그런데 주의해야 할 부분은 이들 모두 현직 관원으로 사신단에 참여한 것이 아니라 종사관 혹은 군관이라는, 사신의 수행원이었다는 점이다. 조선의 사신단 중 정식 관원은 보통 세 명이며, 정사, 부사, 서장관이 여기에 해당하였다. 이른바 이들 '삼사신三使臣'은 조선 조정의 정책 결정에 참여하는 인원이었던 만큼 이들과 청 관원과의 교류가 가지는 의미는 정치적으로 매우 중요했다. 이제 초점을 삼사신에 맞추도록 하자.

'외교' 영역에서의 정치적 활동을 '교섭negotiation', 개인적인 활동을 '교류private exchange'로 구분할 수 있다. 정도의 차이는 있지만, 교섭은 시대와 장소를 막론하고 모든 정치집단에서 이루어진 행위라고 할 수 있다. 반면 교류는 정치적 대립, 물리적 거리, 사회적 편견 등으로 인해 제한적으로만 이루어질 수 있다. 조선과 청의 관계 속에서 조선 사신들은 자국의 이익을 위해 병자호란 이전부터 교섭활동을 지속했지만, 청의 문금門禁정책과 조선 사신 스스로 관원과의 교류를 꺼리는 풍조로 인해 교류는 한 세기 이상 동안 나타나지 않았다. 북경과 의주를 오가는 사이 지방의 한족 출신 중 관원이 아닌 지식인들과 문답하는 것이 교류의 전부였다. 18세기 중·후반 청 고관들의 우호적 태도와 문한文翰 교류의 시도에도 불구하고 조선 사신들은 마지못해 응하는 모습을 보였으며, 개인적인 초청은 일관되게 거절하였다.

19세기를 전후하여 조선과 청은 극히 우호적인 관계로 전환되었다. 이는 아마도 건륭제 칠순 행사를 전후하여 그동안 청 황실 및 고관만이 참여했던 행사를 외국에 개방한 조치와, 여기에 정조가 적극적으로 호응해 행사 당일에 도착하도록 사신을 파견한 것[進賀使]이 주요 원인이 되었을 것이다. 이때부터 형성된 우호적 분위기 속에서 조선 삼사신과 청 관원의 교류가 시작되었으며 19세기 초에 들어 본격적으로 전개되었다. 이는 홍대용 등 사신 수행원들의 교류에 비한다면 약 반세기 이상 늦은 시점이었다.

19세기 사신의 교류는 두 가지 흐름을 보였다. 첫째는 사신과 청 문인의 개인 대 개인의 만남에서 점차 청 문인그룹과의 교류로 확대된 것이다. 청 문인그룹에는 현직 관원들이 대거 포함되었다. 김정희와 그의 문인들이 주로 교류했던 옹방강翁方綱 그룹 외에도, 강남 및 호남 지역 출신들의 문인그룹과 연결되었고 해당 교류는 다음번 사신에게도 이어지는 모습이 나타났다. 둘째, 교류 대상이 한족 문인에서 점차 만주족 관원으로 확장되었다. 일부 만주족 관원들은 조선 사신과의 교류를 지속적으로 시도했고 점차 교류망이 만들어졌다. 한족 문인그룹과의 지속적 교류, 만주족의 참여 등은 한문을 매개로 조선과 청의 지식인이 점차 동문同文의 장을 만들어 가는 흐름을 보여준다.

조선 사신들과 청 문인들의 교류는 개인적인 만남으로만 그치지 않았다. 정치적 결정권을 가진 조선 사신들과 현직 관원이 대거 포함된 청 문인그룹의 교류는, 외교적 현안이 발생할 경우 정치적 교섭의 장으로 얼마든지 전환될 수 있었다. 제2차 중영전쟁, 태평천국운동 등 청에서 심각한 내우외환이 발생하자, 조선 사신들은 친숙한 청 문인들을 통해 실상을 파악하고자 했다. 1866년 병인양요 시기, 북경에서 프랑스의 조선 침공설을 들은 조선 사신들은 기존의 교류망을 이용해 예부의 최고 책임자와 직접 접촉해서 정확한 내용과 전쟁 방지를 촉구했다. 1870년대에는 기존 교류망에 있던 청 고관들에게 새로운 국제법 질서의 편입 여부를 자문하는 모습들이 지속적으로 확인된다. 한 세기 전만 하더라도 지방의 비관원 지식인들에게 부정확한 정보를 파악하던 것과 비교하면 놀라운 변화였다.

청의 압력과 조선 사신 스스로 수용했던 사적 교류의 물리적 제한은 19세기 초부터 소멸하기 시작했다. 그리고 19세기 중반 이후 동아시아의 국제정세가 요동치는 상황에서 조선 사신들은 사적 교류망을 정치적 교섭의 장으로 점차 전환시키기 시작했다. 여전히 이동로와 거주 기간이 제한되는 물리적 한계가 존재했지만, 점차적으로 변화하고 있던 사신의 활동을 어떻게 정의해야 할까? 적어도 근대 국제법 질서 속에서 활동한 '외교관'의 그것과 공유되는 부분이 존재한다는 점은 명확하다. 정확한 정의와 비교를 위해서는 앞으로 조선 사신의 활동에서 외교의 보편성과 특수성을 균형 있게 파악하는 것이 우선되어야 할 것이다.

*김창수

연행도(숭실대학교 기독교박물관 소장)
조선 사행이 북경 정양문에 들어서는 모습

2

조선과 청 관계의 외교적 특징

조선시대 중국에 대한 정책 또는 태도를 일반적으로 '사대事大'라고 표현한다. 동시에 조선과 중국의 교섭, 그리고 외교관으로 볼 수 있는 조선 사신의 활동은 '외교'라는 용어를 사용하기도 한다. 이러한 흐름의 연장선에서 고등역사교과서와 백과사전에는 '사대외교'라는 말이 하나의 항목으로 제시되어 있다.

그런데 '사대'는 '대국을 섬긴다'는 표현으로 국제정치의 입장에서 볼 때는 너무도 당연한 얘기다. 약소국이 강대국을 상대로 적대적 태도를 취하거나 자국의 이익만을 주장할 수 없기 때문이다. 그렇다면 남는 것은 '외교'다. 유럽 외교사를 기준으로 볼 때, 외교는 크게 외교정책과 외교활동으로 구분된다. 이것은 조선이 중국과 교섭할 때 자신의 이익을 주장할 수 있는 주체성을 가지고 있었는지, 동시에 외교관이라고 할 수 있는 조선 사신이 대표권을 갖고 교섭활동을 했는지와 연결되는 문제다.

이와 관련해서 전근대와 근대 대외관계사 연구자들은 입장이 갈리는 것으로 보인다. 전자는 조선 조정에서 이루어진 대중국 정책과 북경에서의 조선 사신들의 활동을 모두 '외교'라는 용어로 서술한다. 반면 개항 이후 시기의 연구자들은 전근대의 '사대질서'와 근대의 '국제법 질서'를 대비시키면서 그 변화과정에 주목하고 있다. 흥미롭게도 양자는 모두 '외교'를 의식하고 있지만 정작 조선과 청의 관계 속에서 작동한 외교방식 혹은 외교체계에 대해서는 거의 설명하지 않는다.

'외교'의 작동방식에 대한 구체성이 담보되지 않는 상태에서는 조선 후기 대외관계의 특징 및 그것과 근대 외교의 차이를 파악하기란 쉽지 않다. 이 글에서는 비록 소략하지만 조선 정부의 외교정책, 즉 교섭권과 조선 사신의 외교활동을 정리하도록 한다.

청 태종은 남한산성에서 포위되었던 조선이 항복 의사를 밝히자 양국의 새로운 관계 수립과 관련된 조건을 전달했다. 그중 명에서 하사한 조선 국왕의 임명문서, 즉 고명誥命과 인신印信을 반납하라는 것과, 정조正朝와 동지冬至 그리고 황실의 경조사에 반드시 사신을 파견해서 문서[表文]를 올리라는 내용이 포함되어 있었다. 조선 국왕의 자격을 요청하는 사신과 청 황실의 주요 행사에 참석하는 사신, 그리고 그 과정에서 강제되는 세세한 의례儀禮를 통해 '조공책봉관계'로 불리는 불평등한 양국관계가 형성되었다. 조선은 위의 사안들에 대해서는 일말의 여지도 없이 사신을 파견해야 했으며 해당 영역에서 조선의 자율성 혹은 주체성이 발휘될 여지는 거의 없었다.

그렇지만 인접한 두 나라가 정치·경제적으로 관계를 맺고 있는 한, 다양한 현안이 발생할 수밖에 없고, 그것은 수직적 의례질서에 기반한 사신 파견만으로는 해결하기 어려운 것이 현실이었다. 현안을 해결하기 위해 보다 적극적인 움직임을 보인 곳은 조선이었다. 조선에서는 규정된 정식 사신을 통해 자신들의 요청을 전달하는 방식을 이용하였다. 중국 사서史書에 잘못 기록된 조선의 정통성 문제, 금지 물품 휴대, 불법적인 월경越境, 국경선의 조정 등의 사안에 대해 정식 사행단을 꾸려 황제에게 올리는 문서를 가지고 북경으로 가는 방식을 택하였다. 18세기 양국의 정치적 상황이 안정되면서 200명 이상으로 구성되던 정식 사행단은 점차 10여 명만 파견하는 약식 사절단으로 바뀌었다. 대국의 입장에서 무례하다고 질책할 수도 있는 일이었지만, 사신단을 축소시키는 문제는 조선 측에서 주도했다.

황제에게 올리는 문서가 아닌 일반 현안은 어떻게 처리했을까? 조선과 청 양국은 일반적으로 자문咨文이라는 문서를 통해 현안에 대한 의견을 주고받았다. 조선은 국왕 명의로, 청은 대외 업무를 담당하는 예부禮部에서 이를 처리하였다. 조선의 입장에서 자문의 전달방식은 크게 두 가지였다. 하나는 별도의 약식 사신단을 통해 북경으로 직접 전달하는 방식이었다. 자문을 가지고 간다는 의미에서 이러한 사신단 또는 책임자를 재자관齎咨官이라고 하였다. 두 번째 방식은 군관을 파견해 압록강 건너편에 있는 청의 관아鳳凰城로 문서만 가져다 주는 것이었다. 이를 받은 청 관원은 역참을 통해 북경으로 조선의 자문을 전달했다. 자문의 전달방식도 조선에서 자율적으로 결정했으며, 이 과정에 청의 간섭은 존재하지 않았다.

사신 파견 및 외교문서의 발송에서 조선의 자율적 영역이 존재했다면 북경에 도착한 조선 사신들은 얼마만큼의 권한을 가지고 있었을까? '외교diplomacy'는 통행허가증 나아가 왕의 권한을 대리한다[全權]는 의미를 지닌다. 다시 말해 '전권'의 보유 여부가 외교관을 인정하는 중요한 기준이 된다. 이러한 의미에서 전근대 외교관인 사신에 대해 전권 없이 군주의 의사를 전달하는 '메신저'로 보는 경향이 있다. 그렇지만 정치·경제·국경 등 다양한 관계를 맺고 있는 상황에서 사신의 권한이 없을 수 있었을까? 그것은 현실적으로 불가능한 일이었을 것이다.

통신 속도가 인력 또는 말의 주행거리로 제한되었던 시기, 북경에 도착한 조선 사신들은 특정한 사건이 발생할 경우 독자적인 판단을 내려 처리해야 했다. 천 킬로미터나 떨어져 있는 한양으로부터 지시를 받기에는 시간이 너무나 부족했기 때문이다. 조선 사신의 활동은 공식과 비공식 영역에서 이루어졌다. 공식적 방식은 사신의 접대와 대외관계를 담당하고 있는 청 예부에 정식 공문인 정문呈文을 보내 조선 측 요구를 전달하는 것이었다.

숙소가 불편하니 수리해 달라는 사소한 일부터 심지어는 황제의 결정을 재고해 줄 것을 요청하는 일도 정문을 이용하였다. 정문은 규정된 문서는 아니었지만 외교 공문의 위상을 갖고 있었기에 예부에서 이를 받으면 반드시 황제에게 보고해야 했다. 때문에 사안이 심각한 경우, 예부에서는 정문 행위 자체를 차단하려고 했고 이를 둘러싸고 조선 사신과 갈등이 일어나기도 했다.

비공식 교섭은 말 그대로 오늘날에도 상상할 수 있는 비밀 교섭이라고 할 수 있다. 조선이 요청한 사안이 잘 처리되도록, 또는 조선에게 부과되는 불리한 조치를 막기 위해서, 또는 청의 정보를 수집하기 위해서 조선 사신들은 갖은 노력을 다했다. 19세기 이전까지 가장 신경을 쓴 부분은 원활한 책봉 승인이었다. 청의 책봉 승인은 조선 국내의 정치적 권위와도 무관하지 않았기 때문에 신속한 승인을 위해서 담당 부서의 고관에게 비밀리에 로비 자금을 전달하는 일이 한 세기 이상 지속되었다. 아울러 청의 정세를 파악하기 위해 청의 하급 관리들로부터 비공식적으로 공문을 구매하는 일은 모든 사신들이 기본적으로 해야 하는 업무에 속했다. 중앙 정부에서 이러한 로비 자금을 미리 마련하는 일은 대청관계의 관행으로 자리 잡을 정도였다. 사신이 국왕의 문서만 전달한다는 것은 관념상 혹은 제한적으로 적용된 원칙이었으며 실제 국가의 이해관계를 앞에 둔 상황에서 유지되기란 어려웠다. 조선 사신들은 적어도 조선의 이익과 관계된 사안에 대해서는 공식, 비공식에 걸쳐 모든 수단을 동원했고, 중앙 정부에서는 이를 지원하기 위한 비용을 마련해 주었다. 이것이 조선 사신의 외교활동의 실상이었다.

중앙 정부의 주체적 교섭권, 그리고 사신의 다양한 외교활동은 조선 후기 대중국관계에서 '외교'의 영역이 존재한다는 것을 보여준다. 이러한 조선·청 관계의 구조는 앞으로 시공간적으로 확장하여 연구할 필요가 있다. 공간적으로는 베트남, 류큐와 같은 다른 외국과의 비교를 통해 동아시아 속에서 조선·청 관계의 특징을 추출하는 것이 가능하리라 본다. 아울러 시간적으로는 19세기 후반 조선이 새로운 국제질서에 편입된 시기, 기존의 구조가 어떻게 변화되는지를 추적하는 일은 전통의 지속과 변용을 파악할 수 있는 좋은 시금석이 되리라 판단한다. ＊김창수

자문咨文(국립중앙박물관 소장)
조선과 청 양국 사이에 현안에 대해
교섭하거나 알릴 일이 있을 때 보내던 공식적인 외교문서

3

정치와 삶의 만남

− 사노私奴 철생의 권리 찾기로 본 정치사 연구 확장 가능성

'정치'라고 하면 권력구조나 정치세력들이 권력을 두고 경쟁하는 것을 먼저 연상한다. 그런데 정치는 국가 구성원들의 삶과도 무관하지 않다. 한 국가가 어떠한 권력구조를 가지고 있고, 어떠한 정치세력이 정권을 잡고 있는지에 따라 정책 방향이 달라지기 때문이다.

전근대 시대에 일반 백성들은 지배 대상으로만 여겨졌을 뿐 정치에 참여할 수 있는 길이 거의 없었다. 따라서 그들은 위정자들의 시혜에 기대서야 그들의 삶을 안정시킬 수 있었다. 그런데 하나의 정책이 백성들을 위한 정책이라 하더라도 그 효과는 정책 입안자들이 의도했던 방향으로만 나타나지는 않았다. 당시의 관습이 어떠했는지, 국가 구성원들이 정책에 대해 어떠한 반응을 보이는지, 혹은 개인과 집단이 그 정책을 어떻게 활용하는지 등에 따라 여러 가지 양상이 나타날 수 있다. 정치와 생활상, 사회상이 유기적으로 관계를 맺으면서 시대 성격을 드러내는 것이다. 이를 고려한다면 정치사의 주요 주제였던 정치구조, 정

치 역학관계, 정치사상을 넘어선 연구가 이루어져야 조선 사회, 더 나아가서는 조선의 정치를 더 잘 이해할 수 있지 않을까?

이에 대한 논의를 전개하기 위해 1661년(현종 2) 사노私奴 철생과 정승철 형제 간의 소송과정과 판결문을 수록하여 서원현에서 발급한 결송 입안決訟立案을 검토하고자 한다. 이 소송은 철생이 자신의 동성 3촌인 복룡의 수양녀 논월과 그 소생들을 자신들의 노비라며 추심한 정승철 형제를 상대로 소송을 제기한 사건이다.

원고인 철생은 복룡이 1620년(광해군 12)의 대기근에 2, 3세쯤 되는 버려진 아이를 수양하여 논월이라는 이름을 지어 주었다고 하며, 정승철 형제가 논월을 추심하는 것이 부당하다고 주장했다. 그리고 그는 복룡이 논월을 수양한 이듬해에 그녀를 3세 전에 수양한 사실을 관에서 공증받은 입안을 증거문서로 제출했다.

이에 대응하여 피고인 정승철은 논월이 자신의 아버지가 처가에서 물려받은 여종 귀인개의 소생 설매라고 하며, 설매와 그 소생들이 자신과 형제들의 소유 노비라고 주장했다. 그리고 그 증거문서로 아버지가 귀인개를 포함한 노비와 토지를 나누어 받은 분재기와 자신이 논월과 그 소생들을 추심한 후 형제들과 추심한 노비를 포함한 노비와 토지를 화회和會하여 나누어 가진 문서를 제출했다.

노비인 철생이 소송을 통해 양반인 정승철 형제의 노비 추심에 대항하기 위한 법적 조치를 취할 수 있었던 것은 기근이 심할 때 버려진 아이를 살린 사람들에게 부여한 법적 권리가 있었기 때문이었다. 《경국대전》에는 버려지거나 부모를 잃은 어린아이는 한성부나 지방관에서 기르고자 하는 사람에게 맡겨 관에서 옷과 식량을 지급하도록 하는 법이 수록되어 있다. 관에서 주관하여 개인에게 양육을 맡기되 관에서 양육 비용을 부담하는 방식이었다. 그리고 열 살이 될 때까지 아무도 그 아이를 찾지 않으면 양육자가 부릴 수 있도록 했다.

그런데 이후 기근이 심하여 버려진 아이가 많아졌을 때 경제력이 있는 개인이 버려진 아이를 거두어 살리는 데 참여하도록 유도하기 위해 친부모 등이 아이를 되찾아 갈 수 있도록 한 기간을 짧게 하자는 의견이 제시되었다. 이에 따라 1547년(명종 2)에는 버려진 어린아이를 양육하고자 하는 사람은 관에 고하여 문안을 분명하게 만든 후 수양하고, 본 주인이나 부모·친족 등이 3개월 내에 추심하면 양육에 든 곡식을 배로 보상해 주고 데려갈 수 있게 했다. 그리고 3개월이 지난 후에는 데려갈 수 없게 하고 아이를 거두었던 사람이 영원히 부릴 수 있도록 했다. 경제적 손해를 감수하면서까지 아이를 거두고자 하지 않았던 사람들에 대한 유인책이자 버려진 아이들이 죽는 것보다 노비가 되더라도 사는 것이 낫다는 판단에 의거한 정책이었던 것이다.

당률唐律에서는 이성異姓 양자 금지 규정의 예외 규정으로 3세 이하의 버려진 아이를 양자로 삼는 경우 이성이라 하더라도 허용하도록 했는데, 이 규정은 고려의 법과 조선의 법에도 변용되어 활용되었다. 고려와 조선에서는 남편의 동성同姓 친족뿐 아니라 이외의 친족, 심지어 혈연관계가 없는 사람까지 입양하는 것이 가능했다. 그리고 조선시대에는 입양 시점 나이가 3세 이하인지 아닌지에 따라 수양收養 자녀와 시양侍養 자녀로 구분하여 그들의 법적 권리와 의무를 차별화했다. 종법적 가계 계승을 위한 양자인 계후자繼後子 외에도 고려시대부터 있었던 이러한 형태의 양자녀도 존속했던 것이다. 법적으로 수양 자녀와 시양

자녀가 명확히 구분된 조선 초 이래 수양 자녀의 권리관계를 기술한 법에는 '3세 전에 버려진 아이를 수양하면 곧 자기 자식과 같게 한다'는 구절이 수록되어 있었다. 3세 전에 입양한 수양 자녀의 법적 권리를 자기 자식과 같게 한다는 내용이었다.

1621년(광해군 13)에 복룡은 자신의 거주지인 괴산군 관아에서 자신이 3세 이하의 아이를 거두어 자식으로 삼았다는 것을 증빙해 준 입지立旨와 입안立案을 발급받았다. 복룡이 '3세 전에 버려진 아이를 수양하면 곧 자기 자식과 같게 한다'는 법 구절을 인용하며 입지, 입안 발급을 청했고, 관에서 이를 발급해 준 것이다. 3세 이하의 버려진 아이를 구제하는 데에 조선 초부터 시행되던 양자녀의 법적 권리에 관한 법을 이용했던 것이다.

인조 21년(1643)의 수교에는 3세 이하의 버려진 아이를 양육한 자에게 관에서 입안을 발급하고 아이의 옷에 도장을 찍어 주었다면 이 아이가 장성한 후에 아들이나 노비와 같게 하는 것이 상례常例라고 했다. 또한 이 수교에서는 이때 3세의 나이 기준이 8, 9세로 올라가기도 했음을 알 수 있다. 그런데 위 복룡의 수양 사례를 통해 이 수교에서 언급한 '상례'가 이미 1621년에 통용되고 있었음을 확인할 수 있다.

《경국대전》과 명종 대 수교에서는 아이의 보호 기간이 지난 후 수양한 사람이 그 아이를 부릴 수 있도록 했을 뿐, 자식으로 삼도록 한다는 내용은 규정되지 않았다. 그러나 현실에서는 국초부터 이용되어 왔던 법전 구절에 근거하여 자식으로도 삼을 수 있도록 탄력적으로 운용되고 있었음을 알 수 있다. '3세 전에 버려진 아이를 수양하면 곧 자기 자식과 같게 한다'는 구절은 정승철 형제가 이 소송 전에 논월 등을 추심할 때 복룡이 정승철 형제에게 대항하는 법적 논리로 이용되기도 했다. 그리고 이 소송에서 결국 철생의 주장과 증거문서가 받아들여져 원고인 철생이 승소했다.

《속대전》에서는 흉년에 버려진 아이를 거두어 길러 구활하여 아들이나 노비, 고공으로 삼을 수 있도록 했고 아이의 나이 제한이나 수양 기간은 임시 사목事目에 따르도록 했다. 이는 수양하여 아들이나 노비, 고공으로 삼을 수 있는 나이 기준을 3세로 설정하고, 흉년의 정도에 따라 나이 기준을 8, 9세, 심지어는 15세까지 올리는 등의 방식이었다. 《경국대전》 이후 제정된 법과 이후 대기근 때 반포되었던 사목을 반영하여 정리한 규정이었다.

법전과 연대기 자료를 통해서는 법과 사목의 내용과 그 내용에 대한 조정에서의 논의는 파악할 수 있다. 그런데 위의 결송 입안을 통해 법과 사목이 조정에서 논의되고 반포되기 전에 자신의 권리를 찾고자 하는 개인과 백성들의 청원을 듣고 소송 판결을 담당했던 지방관들이 각각의 자리에서 해당 사안에 어떤 법조문을 이용하고 적용해야 할지에 대해 고민했음을 알 수 있다.

이렇게 '상례'가 만들어지고 이 '상례'가 법조문화되기까지 소송과 청원을 통해 권리를 확보하고자 했던 개인의 역할과 해당 사안에 적용시킬 수 있는 여러 법조문을 검토하고 조합하여 합리적으로 판단하고 판결하려 했던 지방관의 역할이 있었음을 파악할 수 있다. 이렇게 결송 입안과 같은 고문서 자료에서는 민民의 권리 주장과 관官의 역할이 어우러져 정책이 만들어지고 정제되어 갔던 현실을 구체적으로 확인할 수 있다.

한편, 아이를 거둔 후의 보호 기간을 단축하고, 기근 정도에 따라 수양하여 노비, 고공, 자식으로 삼을 수 있도록 한 나이 기준을 올리는 등의 조치들은 버려진 아이들을 보다 많이 살리기 위해서였지만 양반계층에서 노비를 늘리는 수단으로 악용되었을 가능성이 많다는 근거들이 조선 후기 여러 문서에서 나타난다. 기근에 시달리는 사람을 살려 준 사람에게 살린 사람을 부릴 수 있는 권리를 관으로부터 부여받고 이를 증빙받은 구활 입안, 자신이나 자신의 가족을 노비나 고공으로 판 자매 문기와 이를 공증받은 사급 입안 등이 그러한 문서들이다.

법 제정과 법 제정의 의도는 법전과 연대기 자료를 통해 파악할 수 있다. 그러나 법 시행 결과 나타나는 현상이나 정책과 현실 사이의 상호 작용은 이러한 자료를 통해 파악하기에는 한계가 있다. 정책의 적용을 받는 사람들의 생활 모습이 나타난 자료를 발굴·이용함으로써 정치와 사회, 정치와 생활의 만남이 이루어졌을 때 정치의 본래 목적이 재조명되고, 정치사를 연구하는 이유가 보다 분명해지지 않을까 생각해 본다. *박경

구활 입안(한국학중앙연구원 장서각 디지털아카이브 제공)
굶주려 죽어 가는 사람을 거두어 살린 경우에 사람을 부릴 수 있도록 인정한 입안.
이 문서는 1594년(선조 27) 길에서 굶주리던 세 소녀를 거둔 후
이들을 부리게 해 달라고 청한 이정회의 소지所志에 따라
진보관에서 발급한 입안이다.

4

권력으로서의 언론
― 조선시대 언관에 대한 새로운 접근

소위 '사림 진출기' 혹은 '사화기'라 불리는 15세기 말~16세기 중반의 역사에서 '언론'이 갖는 의미는 매우 크다. 이 시기의 언론이 특별히 주목되는 이유는 중앙 정계에 등장한 사림파가 훈구파에 맞서는 수단으로 언론을 적극 활용했기 때문이다. 사림파의 진출과 언론 활성화가 상호 연동되어 있다는 전제 속에, 사림파가 진출하면 훈구파에 대한 탄핵이 증가하여 언론이 활성화되고 사림파가 실각하면 탄핵이 줄어들며 언론이 위축되는 패턴이, 사화기 내내 거듭되었다고 이해하고 있다. 이런 구도에서 선조 대 훈척세력이 몰락하고 사림파가 집권하게 된 뒤로 언론은 지속적으로 활성화된다. 언론을 제약하는 훈구파가 사라져 사림파의 언론활동이 안정적으로 보장되었기 때문이다. 그런 의미에서 사화기의 언론(기관)은 사림파가 훈구파에 저항하는 수단이자 집권을 위한 공격 무기로 인식되어 왔다고 할 수 있다.

언론에 대한 이 같은 이해에는 신진 개혁세력(사림파)만이 '정당한 언론'을 제기한다는 인식이 깔려 있는 것이라고 할 수 있다. 훈구파 집권 하에서 언론이 그다지 활성화되지 않았다는 이해는 보수화된 훈구파가 자신들의 치부를 드러내는 언론을 달가워하지 않아 언론이 활성화되지 못했다는 인식이 전제되어 있다. 반대로 사림파는 도덕 수양에 기초하여 자율적인 향촌 운영을 추구하는 세력으로서, 중앙 정계로 진출하면 자연스럽게 언론을 통해 조정 내 비리를 드러내고 개혁을 추진하는 존재로 전제되고 있다. 따라서 이 시기 《실록》에서 보이는 대신들에 대한 탄핵이나 개혁에 대한 요구는 자연스럽게 사림파의 언론활동으로 간주되는 가운데, 적극적으로 언론활동에 임했던 인사들을 은연중에 사림파로 규정되고 있다.

일반적으로 중소 재지지주 출신의 개혁 성향 인사들을 사림파로 분류하고 있다. 하지만 이들이 중소 재지지주 출신인지는 확인되지 않거나 그와 배치되는 경우가 더 많다. 통설의 사림파 분류방식은 도통론의 계보에 들어 있는 김종직·김굉필·정여창·조광조 등을 중심에 놓고, 이들과 사승·혈연관계로 연결되는 사람들을 사림파로 규정한 뒤, 여기에 언론활동에 적극적이었던 인사들을 포함시키는 방식이다. 다시 말해 '학연'과 '적극적인 언론활동' 두 가지 조건 가운데 어느 하나를 충족시키면 사림파로 규정되고 있는 셈이다. '전향사림파'라는 개념은 이같은 규정방식이 갖는 한계를 극복하기 위해 제기되었다. 분명 사회적 배경은 훈구파의 그것이나 이들이 적극적인 언론활동에 동참하고 있는 모순을 해소하기 위해 훈구이지만 사림의 행보를 보였다는 전향사림파라는 개념이 등장하였다. 그런 측면에서 사림파라는 정치세력의 분류는 출신 배경에 입각해 있기보다 그들의 언론활동에 기초하고 있다고 할 수 있으며, 궁극적으로 사림파라는 개념은 《성종실록》 이후 지속적으로 나타나는 언론 활성화 현상을 특정 정치세력의 활동으로 전제한 해석이라고 생각한다.

사화기의 언론에 대한 당대적 맥락을 파악하기 위해서는 언론을 정파활동과 직결시켜 이해해 온 그간의 접근방식으로부터 벗어날 필요가 있다. 사림파와의 연계 속에 언론을 이해하는 것은 언론 활성화 요인에 대한 맥락적 이해는 물론 이 시기의 역사상 자체를 오도하는 측면이 있다. 이 같은 문제점은 언론 활성화를 정파 간의 대립 구도를 통해서, 보다 근본적으로는 정치사 이해를 보혁 갈등 구도에 입각해 진행해 온 기왕의 연구방식에 기인한 것이라 할 수 있다. 하지만 이분법적 대립 구도는 조선 전기처럼 관료사회나 정치세력의 분화 정도가 크지 않은 시대에 적용될 경우 치명적인 약점을 갖게 된다. 따라서 사림 진출기 언론에 대한 새로운 이해를 위해서는 무엇보다 유교왕정의 형태로 통치가 이루어지고 있던 조선 사회에서 언론이란 무엇인가 하는 원론적인 물음부터 던져 볼 필요가 있다.

언론에 대한 새로운 접근은 언론기관과 언관들이 관료조직 내에서 어떤 위상을 갖고 있었는지를 고민하는 것으로부터 출발할 필요가 있다. 즉, 사헌부와 사간원 소속의 언관들과 새롭게 언론 권한을 인정받은 홍문관원은 기본적으로 청요직淸要職 관료였다는 사실을 주목해야 한다. 청요직이란 엄격한 자격 심사를 거쳐야만 진입이 허용되었던, 관료조직 내에서도 높은 위상을 갖고 있던 관직군이다. 청요직은 유교적 가치를 현양하거나 국정의 주요 실무를 담당하는 엘리트들의 관직임과 동시에, 인사상의 특혜가 주어져 승진 경쟁에서 유리한 고지를 점하고 있던, 다시 말해서 청직淸職으로서의 도덕적 권위와 요직要職으로서의 정치적 파워를 동시에 갖고 있던 관직군이었다. 따라서 문과 급제자들 중에서도 일부만이 청요직에 진입할 수 있었으며, 조선 전기의 경우 일단 청요직에 들어서면 당상관 진입에는 별다른 어려움이 없었고, 대신과 재상에 오른 인사들 대부분이 청요직을 거쳤다고 해도 과언이 아닐 만큼 위상이 높았다. 따라서 홍문관원을 포함한 언관들이 청요직으로서의 높은 위상을 갖고 있었다고 할 때, 상대적으로 한미한 중소 재지지주 출신들로 전제되는 인사들이 일거에 청요직 전체를 장악했다고 보는 것 자체가 불가능한 일임을 알 수 있다. 이 같은 상황이 가능하려면 기왕에 진출해 있던 관료들과는 별도로 당하관 전반의 인사를 진행할 수 있을 정도의 대대적인 인적 청산과 수혈이 수반될 때 가능한 것인데, 적어도 사료상으로는 그 같은 양상을 확인하지 못했다.

사화기 동안의 지속적인 언론 활성화는 청요직군이 관료조직 내에 독자적인 영역을 구축한 것과 연관이 있다. 단순히 도덕적으로 각성된 몇몇 인사가 조정에 진출해 강개한 언론을 행사했기 때문에 언론이 활성화될 수 있었던 것이 아니다. 16세기 언론의 활성화는 권력구조의 변동과 밀접한 연관을 갖고 있는 것으로, 언관을 비롯해 청요직 전반이 상호 연대하는 가운데 관료조직 내에 자신들만의 고유 영역을 구축함에 따라 가능한 것이었다.

성종 대 이전의 청요직들은 국왕과 대신들의 공고한 결합에 눌려 당상관에 오르는 계제로서 만족해야 했다. 하지만 세조 사후 신왕新王과 유주幼主가 연이어 등장하여 관료조직에 대한 장악력이 약화되고 공신권력 또한 퇴조함에 따라, 청요직들은 다양한 언론 관행의 확대를 통해서 긴밀하게 연대할 수 있는 기초를 다졌다. 횡적 연대의식의 확장을 위해 동료 언관이 처벌을 받으면 연대책임을 지려 했고, 반대로 언론에 적극적으로 참여하지 않는 동료들은 청요직 인선에서 배제하는 방법으로 적극적인 동참을 유도했다. 피혐避嫌을 통해 대간 내부의 의견을 통일시키는 수단으로 활용하며 공론으로서의 언론의 위상을 강화시켰다. 서경署經을 통해서는 물의를 일으킨 인사나 언관으로서의 품위를 지키지 못했다고 판단되는 인사들을 제재했다. 뿐만 아니라 서경을 5품 이하 관료들의 인사에 개입하는 수단으로도 활용했다. 이 같은 관행들은 홍문록弘文錄을 통한 홍문관 선발과 더불어 상호 유기적인 조합을 이루는 가운데 자율적 인선권의 확보로 이어졌다. 결국 청요직들은 국정 운영에서 국왕과 공신이 독점력을 발휘하지 못하는 상황에서, 긴밀한 연대체제의 구축 속에 당하 청요직 인사권을 확보할 정도로 성장하고 있었던 것이다. 성종대 이래 언론이 지속적으로 활성화될 수 있었던 것은 바로 이 같은 청요직들을 중심으로 하는 권력구조의 개편에 기초하고 있다고 할 수 있다.

청요직을 중심으로 하는 권력구조의 구축 속에 청요직들은 자신들의 주장을 공론과 도덕적 권위에 가탁하며 수직적 위계질서에 균열을 낼 수 있는 파워를 키워 갔다. 청요직들은 대신들에 비해 상대적으로 낮은 직급에 있었음에도 한편으로는 당하 청요직에 대한 인사권의 구축 속에 다른 한편으로는 공론과 도덕적 권위에 가탁하여, 스스로를 시비是非의 주재자로 자임하며 국정 현안마다 적극적인 목소리를 냈다. 이 과정에서 청요직들의 입장을 표출하는 창구로 활용되었던 것이 바로 대간 언론이었다. 그런 측면에서 대간 언론은 강화된 청요직들의 주장을 표출하는 수단이자 도덕적 권위를 현실화시키는 매체로서, 이전과는 다른 차원의 영향력을 갖게 되었다. 물론 이러한 흐름을 용인하지 않으려는 반동 속에 사화가 일어나 고초를 겪기도 했다. 하지만 이 같은 기조를 뒤엎을 만큼 강력한 왕권의 회복이 어려운 상황에서, 그리고 청요직이라는 엘리트 관료들을 중심으로 운영되는 관료조직의 생리 때문에, 청요직 중심의 권력구조와 그에 입각한 언론의 영향력은 지속적으로 확대되어 갔다.

결국 16세기를 거치는 동안 언론이 지속적으로 활성화되면서 정치적 갈등의 요인이 되고 있었던 것은 사림파와 같은 일군의 정치세력이 등장해서라기보다, 언론 그 자체가 청요직과의 연계 속에 하나의 독립된 권력체계로 자리 잡으며, 수직적 위계질서에 기초한 기왕의 정치 지형을 뒤흔들고 있었기 때문이라 할 수 있다. 이제 조선시대 언론을 개혁세력의 등장이라는 도덕적 시선으로 바라보는 것에서 벗어나 엘리트 청요직과 연결된 '권력'이라는 관점에서 새롭게 접근할 필요가 있다. *송웅섭

〈미원계회도〉
사간원 관리들의 모임을 그린
조선 초기 계회도(국립중앙박물관 소장)

5

법전과 재판기록을 통한
조선시대 법률문화의 재구성

요즘 부쩍 TV 드라마와 영화 속에서 조선시대 사극이 유행이다. 사극을 통해 많은 사람들이 역사 이야기를 쉽고 재미있게 접할 수 있다는 자체는 고무적인 일이라 하겠다. 하지만 드라마에서 재현한 당대의 모습을 눈여겨보면 사극 고증에서 실망스러운 점이 한두 가지가 아니다. 양란 이후에나 본격적으로 사용되던 곤장棍杖이나 주리[周牢]가 조선 전기를 배경으로 하는 사극에 버젓이 등장하는 것이 그 한 예다. 이런 문제는 비단 법제도에 대한 기초적인 사실인식의 오류에만 머무르지 않는데, 특히 전통법과 조선시대 법률문화에 대한 오해와 편견이 여전히 반복, 재생산되고 있는 것이 안타깝다.

사극이나 대중 역사콘텐츠의 법 집행 장면에서 유독 잘못이 많이 발견되고 있는 것은 조선시대 법사, 법제도, 법률문화 분야에 관한 연구가 지금까지 충분히 축적되지 못한 결과라 하겠다. 법전과 법률 연구는 역사학의 주류 분야가 아닐 뿐더러 법학계의 한국 법사학 연구자 규모도 매우 제한적이다. 따라서 조선시대 법률문화에 관심을 갖는 연구자와 연구 성과는 턱없이 부족하다고 할 것이다. 법의 역사를 탐구하는 연구는 조선시대 사람들의 다양한 법률생활, 법제도의 실상, 재판기록을 통한 갈등과 분쟁의 내용을 상세히 추적할 수 있다는 점에서 최근 서구 역사학의 새로운 경향에 자극을 받아 관심이 증대되고 있는 생활사, 미시사Microhistory 연구의 활성화에도 기여할 수 있다. 여기서 연구 대상 자료, 연구방법론을 중심으로 법률문화 연구의 필요성을 지적하고자 하는 것은 이 때문이다.

지금까지 조선시대 법률문화에 대한 깊이 있는 탐구가 부족했던 것은 사실이지만 최근 이 방면 연구에 대한 관심이 높아지고 연구 환경이 크게 개선되고 있는 상황은 고무적이다. 여러 해에 걸쳐 국가예산을 투입한 역사자료 DB 구축 사업이 착실히 수행되면서 조선시대 법전과 재판기록에 대한 접근 또한 이전에 비해 훨씬 용이해졌기 때문이다. 먼저 조선시대 주요 법전은 규장각, 한국법제연구원 등에서 영인, 번역 작업을 통해 이미 활자화된 바 있으며, 최근에 진행되고 있는 국사편찬위원회의 법전 정보화 사업은 인터넷을 통해 손쉽게 법전에 실린 다양한 법조문 검색을 가능케 해 주었다.

또한 까다로운 내용, 방대한 분량 때문에 이용하기 쉽지 않았던 조선시대 주요 재판기록을 담고 있는 사건판례집, 사례집의 경우도 속속 번역되었거나 번역이 진행 중이다. 예컨대 조선 후기 국사범, 정치범 등에 대한 심문, 재판기록에 해당하는 《추안급국안推案及鞫案》이 얼마전 번역, 출간된 바 있으며, 대한제국기 사법제도 운영을 파악하는 데 중요한《사법품보司法稟報》와 법원 소장 민사판결문 자료도 현재 한창 번역이 진행되는 등 법률자료들이 속속 번역되어 DB로 구축되고 있다.

현존하는 법전, 재판기록 등이 비교적 풍부하다는 점에서 앞으로 이들 자료의 활용 가능성과 연구 전망은 낙관적이라 생각한다. 특히 살인사건 관련 수사 및 재판기록의 경우, 판례집과 사건모음집의 형태로 규장각 등에 다수 보관되어 있을 뿐만 아니라 《조선왕조실록》, 《일성록》 등 연대기 자료에도 해당 사건에 대한 기록이 비교적 풍부하다. 최근 주목받고 있는 검안檢案자료의 경우도 비록 살인사건을 둘러싼 진술이기는 하지만 일반민의 생생한 목소리가 실려 있다는 점에서 매력적이다. 다만 현존 재판기록은 살인사건 이외의 향촌사회 단위의 형사사건에 관한 정보가 부족하다는 약점이 있다. 이 문제를 어떻게 극복, 보완할 것인가는 연구자들의 숙제라 하겠다.

법전과 형사재판 기록을 활용하여 수행할 수 있는 연구 주제로는 먼저 기초연구로서의 법 제도사의 천착을 들 수 있다. 법전 조문과 함께 연대기 자료와 실제 판례를 비교분석함으로써 재판제도와 형벌, 조선시대 사법제도 운영의 특징 등을 면밀히 파악할 수 있다. 다음으로 각종 범죄사건에 대한 미시적 분석을 통해 당대 백성들의 사회상을 복원하는 작업도 가능하다. 현재까지는 주로 정조 대의 《심리록》을 분석하여 범죄사건의 유형, 판결의 특징에 대한 개괄적 접근에 머무르고 있지만 향후 자료 이용의 범위를 새로 발굴한 자료까지 확대하고 분석 시각도 다양화할 필요가 있다.

그런데 재판기록 중에는 향촌사회에서 백성들이 수령에게 올린 민원, 청원 내용을 모아 놓은 《민장치부책民狀置簿册》, 낱장 형태로 기관이나 개별 문중에서 고문서 형태로 보관하고 있는 소지所志·소장訴狀 등도 적지 않다. 이들 중 주로 규장각에 소장되어 있는 《민장치부책》은 이미 상당수 영인본으로 출간된 바 있으나, 고문서는 한국학중앙연구원 장서각 등 기관에서 여러 문중의 자료들을 일일이 수집, 정리하고 있음에도 불구하고 여전히 새로운 자료의 발굴 가능성은 높다. 조선의 관리들은 공자의 가르침처럼 분쟁이나 갈등이 없는 이상사회를 꿈꾸었지만 현실은 전혀 그렇지 못했음을 이들 자료가 웅변하고 있다고 하겠다.

우리는 '원님재판'이라 하면 조선시대 수령들이 원칙 없이 임의대로 소송을 처리했다고 떠올리기 쉽다. 그런 '불량한' 수령들이 왜 없었겠는가? 문제는 서양과 달리 조선 사회에 소송이나 재판시스템이 아예 제대로 갖추어져 있지 않아 근대화에 뒤처졌다는 법률 오리엔탈리즘 Orientalism이 아닐까 한다. 이와 같은 과거의 오래된 선입견을 극복하기 위해서도 소송문서에 대한 본격적인 공동연구가 이루어져야 할 것이다.

이때 자료 분석 시각과 관련해서는 최근에 제기된 중국소송사회론中國訴訟社會論에 주목할 필요가 있다. 일본의 몇몇 중국사 연구자들이 세운 이 가설은 전통시대 중국이 우리의 일반적 통념과 달리 소송이 매우 활발한 사회였다는 주장인데, 자신들의 권리를 지키기 위해 거리낌 없이 관아에 소장을 제출했음을 몇몇 소송기록 사례 분석을 통해 밝히고 있다. 이러한 주장이 과연 당시의 현실을 제대로 반영하고 있는지는 좀 더 따져 볼 문제다. 하지만 중국 법률문화권에 속한 조선에서 수령이 19세기에 많은 양의 소장을 접수, 처리해야 했음을 고려할 때 조선의 사정도 중국 사회와 크게 다르지 않았을 가능성을 시사한다.

소송문서의 이용과 관련해서 한 가지 지적할 사항은 그동안 특정 지역이나 시기의 고문서 사례 연구에 집중되었다는 아쉬움이다. 초기 연구에서 이와 같은 작업은 불가피한 측면이 있다. 앞으로는 고립적이고 개별 분산적인 연구의 한계에서 벗어나 해당 사례들을 종합하여 소송의 유형과 제도, 재판 운영의 특징까지 시야를 확대한 성과가 나올 필요가 있으며, 종국에는 중국, 일본 등 주변 국가와의 비교사적 고찰로 이어져야 할 것이다.

마지막으로 향후 연구의 방향에 대해 한두 가지 의견을 덧붙이고자 한다. 서양 미시사 연구의 대표적 성과의 하나로 꼽히는《치즈와 구더기》,《마르탱 게르의 귀향》과 같은 저술에서 중세 유럽의 재판이나 이단 심문기록이 적극 활용되고 있는 것은 잘 알려진 사실이다. 사회제도, 이데올로기, 여타 문화적 차이로 인해 조선시대 법률문화는 유럽의 그것과 동일선상에서 비교하기는 어렵지만, 현존하는 조선시대 재판기록을 적극적으로 활용한다면 당시 농촌사회의 다양한 분쟁이나 갈등의 양상, 백성들의 법의식 등 풍부한 이야기를 재구성할 수 있을 것이다. 나아가 이러한 연구가 내재적 발전론, 소농사회론 등 여러 학설의 충돌 속에서 현재 답보 상태에 있는 조선 후기 사회 변동의 특징 해명에 새로운 돌파구를 제시하지 못하리라는 법은 없을 것이다.

최근 낙성대 경제연구소의 경제사 연구자들이 장기간의 공동 작업을 통해 조선 후기부터 현재까지 경제·사회 등 역사 통계를 집대성한《한국의 장기 통계》를 출간한 것처럼 법사학 연구자들 또한 협업을 통하여 조선시대 사건DB의 구축 등과 같은 다양한 공동연구를 모색해 볼 만하다. 다음으로 사건판례 분석 시각 정립을 비롯한 장기적 전망과 모색이 필요하다. 자료가 아무리 좋아도 문제의식, 연구방법론에 대한 진지한 고민이 동반되지 않을 때 연구사의 진전으로 이어지기 어려우므로 관련 연구자들이 적극적으로 머리를 맞댈 필요가 있다. 앞으로 활발한 논의와 탐색이 이루어진다면 조선시대 법률문화의 재구성 작업은 그리 먼 미래의 이야기는 아닐 것이라 믿고 싶다. *심재우

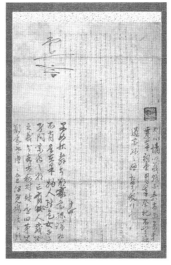

소지所志(국립중앙박물관 소장)
조선시대에 관에 청원할 때 올리던 문서다.
1713년(숙종 39) 7월에 고 참찬 문숙공文肅公의 증손녀가 올린 한글 단자이다.
부모 대에 와서 대를 이을 자식이 없자 친족들이 봉제사를 위해
문숙공의 양증손養曾孫을 삼았는데 그들이 제사를 모시기 위해
경작하는 땅을 몰수하는 등 불순한 일을 일삼자, 외손인 자신이
가묘를 모시길 바라며 처분을 요청하는 내용이다.

6

〈국왕시책〉으로 읽어 내는
조선 국왕의 역할과 위상

〈국왕시책國王諡册〉은 왕에게 시호를 올릴 때 사용되는 의물儀物의 하나다. 국왕의 업적을 간략히 소개하고, 해당 국왕의 묘호와 시호를 어떤 근거로 정했는가를 밝히는 내용으로 구성되었다. 일정한 양식에 따라 서술되었지만 세밀한 부분은 사람과 시대적 배경에 따라 약간의 차이를 보인다. 이 때문에 〈국왕시책〉을 통해 우리는 시기별로 조선 사회가 국왕에게 요구했던 역할과 위상이 무엇이었는가를 읽어 낼 수 있다. 이 글에서는 〈국왕시책〉의 자료적 가치에 대해 이야기해 보고자 한다. 독해 편의상 소개 대상은 조선 초 세종까지의 〈국왕시책〉으로 한정할 것이다.

조선에 〈국왕시책〉이 처음 등장한 때는 1392년(태조 즉위년)이었다. 태조 이성계가 조상 4대를 왕으로 추존하고, 시호를 올리면서 그에 따른 〈국왕시책〉을 만들었던 것이다. 이 〈국왕시책〉에는 4대 조상들이 대대로 인덕을 쌓고, 선행을 베풀었다는 서술이 주를 이룬다.《주역》에는

"선善을 쌓은 집안은 자손에게 반드시 경사가 있다積善之家, 必有餘慶"라는 구절이 등장한다. 4대의 〈국왕시책〉에서 인덕과 선행은 천명天命이 이성계와 조선에게 감응한 배경으로 서술되었다. 이처럼 4대의 〈국왕시책〉은 조선 개국의 필연성을 설명하기 위한 내용으로 채워졌다.

조선의 두 번째 〈국왕시책〉은 1408년(태조 8) 태조 서거 후 제작되었다. 앞서 추존되었던 4대와 달리 태조는 조선을 세운 개국 군주의 위상을 갖고 있었다. 이러한 태조의 위치는 〈국왕시책〉에도 그대로 반영되어 나타난다.

전조(고려) 말기에 여러 난을 평정하시고, 하늘의 두터운 돌봄을 받아 큰 기업을 처음으로 만드시었습니다. 무위武威를 바람과 우레처럼 떨치시었고, 문치文治는 해와 달처럼 빛났습니다. 황제의 명을 받으시어 국호를 고쳐 새롭게 하시었고, 새 도읍神都을 두루 살피시어 백성들을 삶이 오랠 수 있도록 하시었습니다. 우리에게 끝없는 운을 열어주신 것은 실로 호생한 마음好生之心에서 근원한 것이라, 정사는 곤궁한 이를 먼저 생각했고, 은혜는 동식물까지 미쳤습니다.

인덕이나 선행 같은 추상적 내용으로 채워졌던 4대의 〈국왕시책〉과 달리 태조의 업적은 매우 구체적으로 밝히고 있다. 이 〈국왕시책〉에 서술된 태조의 업적은 '국가의 창업', '국호의 개정', '한양 천도' 크게 세 가지이며, 이 모든 일이 그가 갖고 있던 호생好生한 마음에서 비롯된 것이라 표현했다. '호생'이란 군주가 갖춘 인애仁愛와 자비의 미덕을 나타나는 말로《서경》〈대우모大禹謨〉에서 순 임금이 가졌던 덕으로 칭송된 것이었다. 이처럼 태조의 〈국왕시책〉을 통해 당대 지식인들이 태조를 유교적 이상군주 혹은 성인聖人의 모습으로 부각하려 했음을 알 수 있다.

1418년(세종 4)에 제작된 태종의 〈국왕시책〉의 서술양상은 앞선 태조의 그것과 유사하다. 태종의 업적으로 거론된 것은 '개국 주도', '대명관계 개선', '역적 토벌을 통한 종사의 안정' 등이다.

고려의 국운이 이미 다한 때를 당하여, 천심天心이 돌아가는 바를 알고, 태조를 도와 만세의 기업을 처음으로 여셨습니다. 고황제(홍무제)께 입조하여 특별히 세 번이나 뵙는 총애를 받으시었고, 분명히 드러나지 않았음에도 낌새를 파악하시어 종사를 길이 평안케 하시었습니다. 오직 어버이를 사모하시어 승안承顔의 효를 돈독히 하시었고, 마음에서 우러나온 우애로써 양덕讓德의 빛을 실어 내려주셨습니다. 무위武威는 바람과 우레보다 엄숙하고, 문치文治는 해와 달보다 빛나셨습니다. 교린에는 도道가 있었고, 사대에는 정성이 있었으니, 덕화가 모두를 흡족하게 되었고, 은혜는 동물과 은혜는 동식물까지 미쳤습니다.

앞선 태조의 것과 달리 태종의 〈국왕시책〉에는 어버이에 대한 효와 형제에 대한 우애가 기록되었다. 이는 왕자의 난으로 집권했던 태종의 특수한 상황을 반영했기 때문이다. 정변으로 정권을 잡은 태종은 즉위 과정에서 부왕이었던 태조의 인정을 받지 못했다. 이는 왕조의 발상지라 할 수 있는 함경도에서 조사의趙思義가 반란을 일으킬 빌미가 될 만큼 태종 정권의 큰 약점이었다. 이런 까닭에 태종은 재위 기간 내내 아버지 태조와 형 정종을 편안히 섬기는 데 많은 노력을 아끼지 않았다.

〈국왕시책〉에 나타난 효와 우애에 관한 서술은 이러한 태종의 모습을 미화하기 위한 것이었다.

세종의 〈국왕시책〉은 1450년(문종 즉위)에 제작되었다. 세종의 시책에는 문물제도를 정비하고 태평성대를 이룩한 국왕으로서 그의 모습을 담담하게 서술하고 있는 것이 나름의 특징이다.

유학을 높여, 덕화를 일으켰으며, 농사는 장려하고, 형벌은 신중히 하셨습니다. 조祖를 높이고, 종宗을 공경하는 데 정성을 드렸고, 사대와 교린의 도道를 다하셨으며, 구족九族의 질서를 도탑게 하는 것을 실로 균일하게 하시어 백성들이 모두 태평한 정치로 모여들었습니다. 예禮가 갖추어지고, 악樂이 조화로워지니 문치文治가 해와 달처럼 빛났으며, 가까운 곳을 편안하게 하고, 먼 곳을 정돈하시니, 위무威武가 바람과 우레처럼 떨쳐졌습니다. 먼 나라에서는 존경하는 정성을 바치고, 상국上國에서는 포상을 두터이 하는 은총이 더했습니다. 상서로운 일들이 누차 일어나고, 칭송의 소리가 번갈아 오르니, 아! 30여 년 태평의 융성은 진실로 천 년 사이에 만나기 어려운 행운인 것입니다.

"아! 30여 년 태평의 융성은 진실로 천 년 사이에 만나기 어려운 행운"이라는 이 마지막 한 구절은 세종에 대한 당대 지식인들의 인식이 어떠했는지 보여준다.

태조와 태종, 세종의 〈국왕시책〉에는 두 가지 공통점이 발견된다. 하나는 유교적 덕목을 갖춘 군주였음을 드러내려는 서술이 있다는 점이고, 다른 하나는 대명관계, 즉 사대事大에 관한 서술이 포함되었다는 점이다.

국왕을 포함해 조선 초 국가체제를 설계했던 지식인들은 '중화中華'라 표현되는 선진문명의 한 축으로서 조선을 위치시키기 위해 다양한 노력을 기울였다. 유학의 고전古典에서 대국과 소국 간의 상호 존중을 바탕으로 한 공존의 논리인 사대 역시 이러한 맥락에서 이해할 수 있다.

홍무제의 개인적 성향, 조선의 북방정책과 맞물려 태조 재위 기간 내내 조명관계는 일촉즉발 그 자체였다. 이 때문에 태조는 명으로부터 책봉을 받지 못했다. 태조의 〈국왕시책〉에 책봉이 아닌 국호를 받은 사실이 기록된 것은 이러한 까닭에서였다. 조선의 지식인들은 국호를 받은 사실을 책봉과 등치시켜 태조에게 "처음 제후로 책봉된 군주始封之君"의 위상을 부여할 수 있었다.

고황제, 즉 홍무제를 알현한 내용은 태종에게 특별한 의미를 갖는다. 유교적 가치를 지향하는 조선에서 군주는 윤리 실천의 모범이 되어야 했다. 태조의 인정을 받지 못해 효를 과시할 수 없는 상황에서 태종은 제후 위상의 강조와 이를 통한 충을 실현함으로써 그 약점을 보완하고자 한다.

태종이 왕자 시절 실제 사신으로 파견되어 겪었던 홍무제와의 일화는 이를 강조하는 유용한 수단이었다. 태종의 사행使行을 주제로 한 악곡 '근천정覲天庭'이 창제되는 것 역시 이러한 맥락에 따른 것이다. 앞서 태조와 태종이 진행한 사대의 노력은 세종에 이르러 결실을 맺는다. 세종 이후 명과 조선은 큰 충돌 없이 200년간 평화공존의 관계를 유지했다. 세종 이후부터 선조 이전까지 국왕의 시책에서 사대와 관련된 특별한 내용은 더이상 등장하지 않는다. 이는 대명관계의 안정으로 사대와 관련된 문제가 태조나 태종의 경우처럼 국왕의 업적이 될 만한 큰 변수가 되지 못했기 때문이다.

이처럼 〈국왕시책〉은 시기에 따라 해당 국왕이 수행한 또 그를 계승할 후계 왕이 수행해야 할 국왕으로서의 역할이 무엇이었는지가 드러나는 유용한 자료다. 특히 조선 후기에 이르게 되면 국왕 서거 후 제작되는 문서들 중 업적 관련 문서들의 내용이 길어지는 경향이 발견된다. 이는 서거 후 제작되는 문서들이 당대 국왕과 신료들이 지향했던 정치적 이념을 드러내는 수단으로써 주목을 받았기 때문이다. 〈국왕시책〉역시 조선 초에 비해 내용이 보다 풍부해지는 경향을 보인다.

그동안 〈국왕시책〉은 사료로서의 가치를 높게 평가받지는 못했다. 찬양을 목적으로 하는 자료의 성격이나, 고사를 인용한 현학적 표현들 때문이었다. 하지만 당대 지식인들의 지향을 반영하여 국왕의 역할과 위상을 드러낸다는 점에서 〈국왕시책〉은 매우 중요한 의미를 갖는다고 할 수 있다. 〈국왕시책〉을 통해 조선이 추구했던 지도자상에 한 걸음 더 다가갈 수 있기를 기대해 본다. *안기혁

《문종실록》에 수록된 세종의
시책 내용의 일부(국사편찬위원회 제공)
정상적으로 재위를 마친 국왕은 서거 후 어김없이
조·종의 묘호와 여덟 글자의 시호를 받았다.

7

조선시대 불교사를 어떻게 볼 것인가
– 불교와 유교의 이항대립적 담론을 넘어서

'조선시대 불교사'는 대중이나 연구자들에게 그다지 익숙한 주제가 아니다. 조선은 '유교의 나라'로 알려져 있기 때문이다. 과연 조선시대 불교 관련 주제는 연구 가치가 있는가? 간혹 듣게 되는 이 질문은 사실 우문에 가깝다. 주지하다시피 불교는 과거 우리뿐 아니라 동아시아 사상의 한 축을 담당해 왔으며 그 영향으로 현존하는 문화재의 과반이 불교와 관련되어 있다. 특히 불교를 기반으로 불경·사찰·불화·불상 등의 서적·건축물·회화·조각물이 현존하며 이를 제작하고 지원했던 장인들과 시주자들의 명단이 구체적으로 남아 있다. 조선을 포함하여 한국 역사의 고대부터 현대까지, 수도부터 외방까지, 왕실부터 민간까지, 추상적 사상부터 구체적 실물까지, 지역·계층·성별을 막론하고 하나의 주제하에 서술할 수 있는 분야가 바로 불교다.

그럼에도 조선시대 불교는 한국사상 가장 분절적으로 이해되는 분야다. 즉, 고려까지 융성하다 조선의 개창과 함께 쇠퇴하였다는 이해가 그것이다. 불교는 4세기 후반 삼국시대에 전래된 이래 14세기 후반 고려 말까지, 천 년 동안 국가와 사회의 지배적 이념이자 중심적 문화였다. 그러다 고려 말, 이른바 신진 사대부세력이 조선을 개창하면서 사상적으로 불교와 유교의 교체가 이루어졌다고 평가된다.

숭유억불崇儒抑佛의 조선. '유교를 숭상하고 불교를 억압한 조선'이라는 이 틀은 학계뿐 아니라 대중의 상식이라 할 만한 거대한 통념이다. 이 통념은 정치사상사 입장에서 보면 일면 타당하다. 특히 조선 개창의 정당성과 그 개혁 성과를 강조하는 여러 연구에서 이 대립적인 통설은 강력한 힘을 발휘한다. 고려 후기 체제 모순의 집적체로 타락한 불교계를 부각하고, 조선 개창의 신기운 아래 유교를 숭상하는 정치세력에 의해 불교는 억압당하여 쇠락하게 된다는 설명은 설득력이 있다.

다만, 이러한 통념은 조선시대가 억불의 시대이기 때문에 이 시기 불교는 '거의 사라졌을 것'이라는 오해를 불러일으킨다. 실제로 이런 인식 아래 조선시대 불교는 연구 주제에서 소외되어 왔다. 그러나 관련 사료를 검토하다 보면 곧 난감한 상황에 부딪히게 된다.《조선왕조실록》만 보아도 조선 건국 직후 조정에서는 "민의 3할이 승僧"이라고 지적하고 몇 십만 단위로 승도僧徒를 헤아리고 있으며, 조선 개국 후 100여 년이 지난 15세기 후반에도 전국의 사찰 수가 1만이라고 적고 있다.

이는 조선의 현실에서 보이는 지속적인 숭불의 양상과 관련이 있다. 조정에서는 개국 초부터 유교적 명분을 내세우며 체제 개혁을 선도하고자 하는 반면, 현실 사회에서는 불교를 신앙하고 불경을 간행하며 전국 각지에 절을 중창하거나 고승高僧의 비석을 건립하는 등 불사가 끊이지 않는 이중적인 흐름이 나타나는 것이다.

그렇다고 이 현상들이 조선 사회의 '흥불興佛'을 이야기해 주는 것은 아니다. 조선 개국 후 정책 방향으로 보았을 때 이전 시기보다 불교계 지원을 축소하려는 의도가 확인되기 때문이다. 그렇다면 조선 사회의 저런 양상을 어떻게 이해해야 하는가?

　무엇보다, 구체적 현상의 분석 없이 '유불 대립'이라는 최상층 위정자들의 이념 구도를 가지고 조선시대 불교의 현실적 변화를 그려내기에는 한계가 있다. 앞서 언급한 《실록》의 기록에서 보듯, 소수 위정자의 정치 이념이 변화했다고 해서 현실에 광범위하게 존재하던 불교적 자산이 단기간에 사라지는 일은 일어나지 않았다. 사상은 추상적이지만 불교는 현실에 구체적으로 존재하던 인적·물적 실체를 거느리고 있었기 때문이다. 그럼에도 조선 사회 전체에 유불이라는 도식적 이념 구도를 대입하는 것은, 천 년의 장기지속적 문화로서 불교의 영향력을 간과하게 만들고 조선 불교사에 대한 이해가 조선 성리학과 유교 정치체제의 발달사로 수렴되는 결과를 가져왔다. 혹, 현재 조선시대 연구자들조차 부지불식간에 조선 개창을 계기로 불교가 거의 사라졌다고 인식하는 것은 아닌지 돌아볼 필요가 있다.

　조선의 불교는 사상과 신앙, 생활풍습과 사회 윤리, 건물과 토지 등의 재산, 출가자와 재가자를 포함한 인적 자원 등 그 내용이나 규모 면에서 단기간에 바뀌기 힘든 이전 사회의 토대를 이어받았다는 점을 분명히 인식할 필요가 있다. 조선 전기 《실록》에 수록된 관인 유자층의 언급을 정리하다 보면 얼핏 불교를 일소하려던 것으로 보이기도 한다. 그러나 요즘 흔히 승려라고 부르는 불교 출가자 '승'은 앞서 언급했듯 그 수가 대단히 많았다. 조선시대 들어와 없앴는데도 많고 줄였는데도 다수인 승이나 사찰, 불서佛書 등은 당시 사회의 불교계 규모에 대해 우리가 잘 모르고 있음을 의미한다. 조선시대 불교 연구사에서 폐불·억불·흥불 등에 대한 논란이 이는 것은 이렇듯 정책과 현실이 불일치하는 듯 보이는 데서 기인하는 면이 크다. 이러한 것들이 어느 시기에 왜, 어떤 형태로 변화하여 고려와 다른 조선적인 특성을 보이게 되는지 살펴보기 위해서는 유불 대립이라는 추상적·이념적 관점 외에, 현실 사회의 변화를 파악할 수 있는 다른 차원의 방법론이 필요하다.

조선이 이전 사회와 달라져 갔다면, 필자는 그 변화상이 불교적 현상의 변화를 통해 구체적으로 확인될 수 있으리라 생각한다. 불교는 위에서 언급한 유형과 무형의 형태로 사회 전반에 걸쳐 광범위하게 존재하고 있었기 때문이다. 이에 대한 구체적 규명 없이는 조선 사회에 대한 이해도 요원하다 하겠다.

예컨대 조선의 불교는 핍박받았으므로 승은 거의 사라져 갔고 천민으로 전락했다는 식의 기존 인식을 생각해 보자. 이러한 이해는 조선 500년 사이의 '어느 시점에, 어떻게'라는 증명과정을 결하고 있다. 조선시대 승의 사회적 지위가 점차로 낮아진 것은 사실이지만, 이들은 천민이라는 동일 신분으로 묶일 수 있는 부류가 아니며 일거에 없앨 수 있을 만큼 소수집단이었다고 보기도 어렵다. 승 가운데에는 양천이 모두 존재하고, 양인 가운데 관인층의 자제가 포함되어 있었으며 전기로 갈수록 그 수가 많았다.

이와 같은 사회상에 접근하기 위해서는 해당 시기 국가의 관련 제도부터 면밀히 검토하여 점차 현실 사회로 시야를 확장해 갈 필요가 있다. 이러한 문제의식하에 필자는 조선 최초의 공식 법전 《경제육전經濟

六典》과 조선 통치체제의 틀이 되는 《경국대전》의 불교 및 승 관련 법조문을 모두 추출하여 분석을 시도한 바 있다.

그 결과 조선 초의 상황을 보여주는 《경제육전》에는 현재의 일반적 인식과 다른 불교정책을 여럿 확인할 수 있었다. 국가가 직접 절차에 따라 승을 출가시키는 도승度僧제도를 설치하고 그 대상을 최상층 신분인 관인 자제로 제한했다든가, 관리를 뽑는 과거제와 같이 승관僧官을 뽑는 승과제도가 법제화되어 시행되었다든가, 승이 환속하는 경우 관직에 나가기 위한 시험을 면제해 주고 승직僧職에 준하여 서용하도록 하는 제도 등이 대표적이다. 이 제도들은 조선 초 승 가운데 지배층에 해당하는 부류가 포함되어 있었음을 보여주고 있다.

15세기 후반 성립된 《경국대전》에도 도승제와 승과제는 여전히 수록되었다. 도승은 예조를 거쳐 왕의 허락을 받도록 하고, 승직의 경우 그 임명장은 일반 관직과 같이 이조에서 주도록 하고 있음을 확인할 수 있다. 또한 도승이나 승과에서 어떤 불교 경전을 어떻게 시험할지, 승과는 몇 년마다 치르고 합격자는 몇 명을 뽑을지, 여러 사찰의 주지는 어떻게 정하고 그 임기는 몇 년으로 할지 등을 구체적으로 규정하고 있었다.

다만 이러한 규정들은 좀 더 상세한 분석과 해석을 기다리고 있다. 조선의 공식 법전류에 이러한 규정이 있었다고 해서 숭불 혹은 억불의 논리로 도식화하려는 것은 곤란하다. 혹자는 이들 제도가 유명무실했을 것이라고 추측하기도 한다. 그러나 도승과 승과제도는 적어도 15세기까지는 시행되었고 16세기에 부침을 겪게 되며 17세기 들어 사문화된 것으로 보인다. 설사 법전의 저 규정들이 처음부터 제대로 지켜지지 않았다 하더라도, 우리가 생각해 보아야 할 점은 국가체제의 틀을 만들던 중요한 시기에 왜 이러한 제도를 법전에 수록하였고, 왜 제대로 지켜지지 않았는가와 같이 '왜'에 대한 것들이다. 또한 이 규정들이 이전과 어떻게 차이가 나고 이후에 어떻게 바뀌어 가는지, 현실에서 어떻게 시행되고 있었는지, 그 영향으로 승도와 사찰 등의 불교적 자원이 어느 시점에 어떻게 달라졌는지까지 드러나야 조선 사회가 이전과 달리 어떤 방향으로 변화해 갔다고 비로소 이야기할 수 있을 것이다.

이렇게 볼 때 조선시대 불교사는 비단 사상사의 영역만이 아님을 알 수 있다. 국가의 제도, 승도호적, 건물 및 토지 관련 문서, 관련 전적과 풍부한 내부 기록물, 다양한 형태의 조형물 등으로 그 흔적이 남아 있어 조선시대의 사회상을 들여다보고 변화를 추적할 수 있는 사회·경제·문화사의 보고라 할 수 있다. 이제 유불의 이항대립적 담론을 넘어 조선의 현실을 이해하기 위해 조선시대 불교를 바라볼 때다. *양혜원

《월인석보》에 수록된《석보상절》(국립한글박물관 소장)
세종의 한글 창제 후 최초로 쓰인 한글 산문작품이자
최초의 번역불경은 석가모니의 가계와 일대기를 기록한 것이다.

8

역사학 전공자의 조선 후기 소설 읽기
— 《춘향전》을 중심으로

약 20년 전 쯤 《춘향전》을 한번 깊이 읽어보기로 했을 때 필자는 큰 혼란을 느꼈다. 필자 눈에 들어오는 《춘향전》의 내용이 그때까지 교육받고 전해들은 내용과 큰 차이가 있었기 때문이다. 고등학교 때부터 상식적으로 배워 왔고 지금도 교육 현장에서 설명되는 《춘향전》의 주제는 기생 춘향의 '신분상승에 대한 열망'이다.

하지만 그것이 과연 특별한 것인가 하는 의문이 있다. 기생이 지체 높은 남자를 만나 일평생을 일부종사하고자 하는 것은 어느 시대에나 찾아볼 수 있는 보편적인 열망이며, 실제로 조선시대에도 많은 사례를 찾아볼 수 있다. 그렇다면 그 보편적인 주제를 풀어 가는 구체적인 내용은 어떠한가.

먼저 춘향이 기생인가 아닌가에 대한 많은 논란이 있었다. '기생이면서 기생이 아니다' 하는 명제도 널리 퍼져 있다. 그러나 필자가 보기에 제도적인 신분에서나 그 의식에서나, 그리고 춘향 본인에게서나 이 도령에게

서나 춘향이 기생임을 의심할 만한 근거를 찾을 수 없었다. 지금까지의 설명에 의문이 가는 대표적인 장면으로 춘향이 이 도령을 만나는 대목을 들 수 있다. 《열녀춘향수절가》(완판 84장본)의 해당 부분을 보자.

> 춘향이 거동 보소, 팔자청산 찡그리며 주순을 반개하여 가는 목 겨우 열어 옥성으로 여쭈오되, "충신은 불사이군이요 열녀불경이부절은 옛글에 일렀으니, 도련님은 귀공자요 소녀는 천첩이라. 한 번 탁정한 연후에 인하여 버리시면 일편단심 이 내 마음 독수공방 홀로 누워 우는 한은 이내 신세 내 아니면 누구일꼬. 그런 분부 마옵소서."
> 이 도령 이른 말이, "우리 둘이 인연 맺을 적에 금석뇌약金石牢約 맺으리라. 네 집이 어디메냐?"
> 춘향이 여쭈옵되, "방자 불러 물으소서."

춘향은 '열녀불경이부절'을 들어 "그런 분부 마옵소서"라고 하였다. 그에 따라 지금까지 춘향이 광한루에서 이 도령을 처음 만났을 때 인연을 맺자는 이 도령의 제안을 거부했다고 설명해 왔다. 그러한 거부가 주인공 춘향이 자신의 기생 신분을 부정하는 핵심이라고 보았으며, 그 이후 《춘향전》의 전개도 이에 바탕을 두어 해석하였다. 하지만 과연 그러한가.

춘향이 말한 "그런 분부 마옵소서"는 거부가 아니다. 〈만화본〉을 비롯한 다른 이본들에서는 춘향과 춘향모가 장래를 보장하라고 요구하자 이 도령이 서약서를 써 주는데 그 '불망기 화소'는 춘향과 이 도령의 인연 맺기가 양반 도령과 기생의 계약이었음을 보여주는 상징이다. 인용문에서 "그런 분부 말라"는 춘향의 말은 거부가 아니라 버리지 않겠다고 약속하라는 요구다. 이 도령의 '금석뇌약'이 그에 대한 대답이며 이 도령의 그 약속에 따라 춘향은 방자를 시켜 자기 집을 알려 주었다. 문서가 직접 작성되지 않았으며 주고받는 대화가 매우 완곡하고 세련되게 변용되었을 뿐, 내용은 기생 춘향과 사또 자제의 계약을 맺는 '불망기 화소' 바로 그것이다. 이어지는 대화에서도 기생 춘향의 면모가 거듭 확인된다. 그날 밤 자기 집에 오겠다는 이 도령에게 춘향은 "나는 몰라요"라는 말로 응낙의 답을 대신하였다. 월매는 광한루에서 돌아오는 춘향을 맞아 둘 사이의 대화를 확인한 후 "잘 하였다"라고 칭찬하였다.

《열녀춘향수절가》의 경우 '춘향은 기생이 아닙니다' 하는 언명이 들어 있는 것은 사실이지만 그것 또한 전후 맥락을 보면 궁극적 사실이 아님이 확인된다. 예를 들어 그 말에 바로 이어서 이 도령이 서울로 가면서 춘향에게 장가 든 후에 데려가겠다고 한 약속을 소개하였다. 전임 사또의 자제가 따로 결혼한 후에 데려가겠다고 한 존재, 춘향은 기생일 수밖에 없다.

《춘향전》을 새로운 각도에서 읽어야 할 필요성은 여러 부분에서 확인된다. 소설 주인공의 사랑을 해석하는 것은 역사학자에게 매우 조심스러운 일일 수밖에 없다. 하지만 춘향의 저항이 진정성과 설득력을 지니기 위해서는 그가 저항의 길로 나서게 된 데 대한 필연적인 이유가 있어야만 한다. 춘향과 이 도령의 사랑 이야기가 중심 주제인 《춘향전》에서 춘향의 저항은 결국 사랑의 맥락에서 설명되어야 하며 역사학자 또한 그것을 외면할 수 없다.

지금까지 주목받지 않은 대목으로 신관 사또가 춘향을 처음 만나는 장면이 있다. 《열녀춘향수절가》의 대목은 다음과 같다.

"춘향이 대령하였소."

사또 보시고 대희하여, "춘향일시 분명하다. 대상으로 오르거라."

춘향이 상방에 올라가 염슬단좌뿐이로다.

사또 대혹하여, "책방에 가 회계 나리님을 오시래라."

"자네 보게. 저게 춘향일세."

"하, 그 년 매우 예쁜데. 잘 생겼소. 사또가 서울 계실 때부텀 '춘향 춘향

하시더니 한번 구경할 만하오."

사또 웃으며, "자네 중신하겠나?"

이윽히 앉았더니, "사또가 당초에 춘향을 부르시지 말고 매파를 보내어

보시는 게 옳은 것을, 일이 좀 경히 되었소마는 이미 불렀으니 아마도 혼

사할 밖에 수가 없소."

사또 대희하여 춘향더러 분부하되, "오늘부터 몸단장 정히 하고 수청으로

거행하라."

춘향을 잡아오게 하여 앞에 앉혀 놓은 사또는 정작 춘향에게는 말도
걸지 않고 책객을 불러 둘이 함께 춘향을 구경거리 삼았다. 자기들끼리
웃으며 농담을 주고받다가 신관 사또가 불쑥 춘향에게 수청 명령을 내
렸다. 이와 같이 신관 사또가 책객을 불러 춘향을 구경거리로 여기는
내용은 여러 이본, 특히 한글본에서 공통적으로 나타난다.

이 내용이 없는 한글본으로 《신재효 남창》을 들 수 있으나, 그 이본
에서는 신관 사또가 춘향을 모욕하는 정도가 한층 심하게 나타난다. 즉

신관 사또는 춘향에게 당연히 다른 정인[愛夫]이 있을 것이라고 하면서 관속이든 한량이든 바른 대로 말하라고 캐물었다. 춘향의 이 도령에 대한 사랑을 원천적으로 부정하는 모욕을 가한 것이다. 이 도령과의 진정한 사랑을 경험한 춘향에게 그 하나하나가 더할 수 없는 인간적 모독이었다. 춘향의 저항은 여기서 시작된다. 춘향에게 신관 사또와의 대결은 정절이니 충렬이니 하는 이념의 문제가 아니었다. 그것은 삶의 현장의 문제였다.

통설에서는 춘향이 그 시대의 신분제도에 반기를 들었다고 설명한다. 신관 사또의 수청 요구를 춘향이 거부했다는 것이다. 하지만 그러한 춘향의 저항이 제도적으로는 새로운 것이 될 수 없다. 조선시대 형법으로 이용된 《대명률》을 비롯하여 《속대전》에서 《대전회통》에 이르는 법전에서 기생과 동침한 수령을 처벌하도록 되어 있었다. 실제로는 수령과 기생의 동침이 다반사였겠지만, 금지 규정 또한 수시로 강조되었고 그로 인해 처벌받는 경우도 드물지 않았다. 따라서 《춘향전》은 사회 이념과 제도에서 새로운 질서를 명확하게 제시하는 것은 아니었다. 오히려 조선시대 제도와 법률이 춘향의 정당성을 완벽하게 보장했다.

그렇다면 《춘향전》의 시대적 의미는 어디서 찾을 것인가? 전근대의 마지막 시점에서 《춘향전》이 지니는 역사적·사회적 의미는 춘향으로 대표되는 하층민이 어떤 논리를 가지고 있었느냐가 아니라, 저항 장면을 문학작품으로 구성해 낸 데 있다고 생각한다. 국가권력에 맞서 하층민 여성의 피가 튀고 저주가 난무하는 저항의 현장을 생생한 이미지와 급박한 문체로 재현해 낸 것 그 자체에 《춘향전》의 역사적 성취가 있다고 해야 할 것이다.

사회 이념과 제도를 탐구하는 역사학자가 소설을 이해하는 데 강점을 지닐 수 있으며, 역설적으로 소설의 문체나 이미지 구성에 대한 평가에서도 새로운 시각에서 접근할 수 있다고 생각한다. 문학의 본령에 대한 전문적 훈련을 받지 않은 역사 연구자가 문학작품을 이해하는 데는 큰 함정이 있을 수 있다. 그러한 위험성을 깊이 의식하면서 자기 분야의 장점을 살린다면 역사학자는 소설을 비롯한 문학작품을 통해 한 시대의 역사상을 밝히는 데 큰 기여를 할 수 있을 것이다. 물론 그러한 성과는 문학 전공자들과의 대화를 통해 더욱 확대될 것이다. ＊오수창

춘향이 사또로부터 형벌을 받는 장면
《열녀춘향수절가》에 따르면 이 장면은 춘향이 사또에 맞서
'포악하게' 저항하는 장면으로 교체되어야 마땅하다.(남원시 광한루원 춘향관 소재).

9

시詩, 버려 두었던 일기

역사학자는 자료와 씨름하는 일이 일상이다. 조선시대가 전공인 필자가 뒤지는 '역사자료', 즉 사료에는 '조선왕조실록', '승정원일기' 같은 기록도 있고, 토지나 집 매매문서도 있다. 거기에 사상사에 관심이 큰 나와 같은 사람은 문집을 포함하는 경우가 많다.

문집에는 대개 맨 앞에 시詩가 나온다. 예를 들어 퇴계 이황의《퇴계집》에 권1~5가 시이고, 율곡 이이의《율곡전서》역시 초판본 11권 중 맨 앞 권이 시였다. 이어서 상소 같은 공문이 나온다. 그다음으로 편지나 잡저가 실리고, 제문, 묘비문, 행장 등이 이어진다. 나는 문집의 맨 앞에 시가 배치되어 있는 이유를 알 수 없었다.

두 가지 의문을 풀어야 했다. 첫째, 조선 학자들은 시에 마음을 빼앗기지 않도록 경계했다. 시를 지을 때 글자놀이의 맛에 빠지기 쉽기 때문이다. 시를 쓰다 보면 글자를 고르느라 골몰하게 되고 말단의 일에 마음을 쓴다고 보았다. 수양과 성찰이 되어야 할 공부가 말단에 흐르면 본연의 공부를 놓치기 쉽다고 걱정했다. 당시 쓰던 시란 주로 7자, 5자에 운韻을 맞추어 쓰는 한시漢詩로, 글자의 선택이 시 쓰기의 주요 프로세스였던 점을 고려하면 이해가 가는 일이다. 그러면 왜 그 사람의 일생을 담은 문집의 맨 앞에 시를 실었는가? 그렇게 시를 경계했으면서.

둘째, 한때 역사학과에서 논문을 쓸 때 문집에서 시는 건너뛰고 공문서 중심으로 자료를 찾았다. 시를 '허구의 문학작품'으로 보았기 때문이다. 한시를 읽지 못하는 역사 연구자들의 사료 독해 수준도 한몫했을 것이다. 무슨 이유에서인지 모르더라도 문집 맨 앞에 실려 있는 '자료'를 건너뛰는 일이 타당한가? 대수롭지 않은 것을 맨 앞에 수록했겠는가 말이다.

그러다가 퇴계 이황의 연보인《퇴계선생연표월일조록退溪先生年表月日條錄》이라는 업적을 낸 정석태 선생을 뵙고 궁금증을 풀었다. 시는 당시 일기이기도 했다. 연보는 대개 당사자의 사후에 동료나 제자, 후배들이 작성하지만, 시는 본인이 남긴 생생한 일기였다. 이문건李文楗(1494~1567)의《아이 키운 기록[養兒錄]》이나 이순신 장군의《난중일기》도 시이자 일기다. 조선시대에는 일기를 시로 쓰는 것이 더 보편적인 형식이었다. 우리가 '날짜, 날씨, 다음에 무슨 일, 반성' 같은 '형식'을 갖추어야 일기라고 알고 있었기 때문에 문집에 실린 시를 일기로 보지 못했던 것이다.

시를 일기라고 생각하고 읽어보니, 시는 그 사람의 일생을 따라 시기 순으로 배열되어 있었고, 시를 따라 가면 그 사람의 일생이 보였다. 귀양을 가서도, 중국으로 사신을 가거나 지방관으로 나가서도, 친구가 와도 그 일을 시로 남겼다. 여럿이 모이면 연구시聯句詩를 짓거나 서로 차운하여 나누어 가지고 기념하였다.

여행을 가거나 지방관으로 가는 일정 역시 시로 남겼다. 최근 신익상申翼相(1634~1697)이란 분의《성재유고醒齋遺稿》중《함경도 변경 가는 기록[北關錄]》을 번역한 일이 있었다. 그는 현종 15년(1674) 8월 4일, 북평사北評事에 임명된 뒤 조정에 하직하고 한양을 떠나면서부터 일정과 부임과정을 시로 남기기 시작하였다.

한양을 떠나며 동대문 밖 길가에서 이단하李端夏, 박선朴銑 같은 친구들과 이별주를 나눈 일부터, 죽은 동생 생각과 못 만나고 온 매형 생각, 노원역 근처를 지날 때는 옛 집 생각을 시로 남겼다. 영평永平 창옥병蒼玉屛에서는 박순朴淳을 생각하고, 김화金化에서는 가까운 강원도 금성金城에 현령으로 와 있던 벗 이인환李寅煥을 만나 술잔을 기울였다. 회양, 철령, 학성, 춘성, 정평, 함흥을 지나면서는 언제면 부임지에 도달할지, 집에 부친 편지는 잘 도착할지 싱숭생숭한 마음을 시로 남겼다. 남구만에게 시를 보내기도 하고, 김상헌이 남긴 시의 운자에 맞춰 시를 지었다. 그러다가 현종의 승하 소식을 듣고 또 긴 시를 남겼다. 부임지인 경흥에 도착하여 보堡를 돌아본 과정도 같이 실려 있다.

신익상은 부임지에 도착했을 때 "길 떠난 지 30일, 1,600여 리를 와서 비로소 임소에 도착했으니, 길이 얼마나 먼지, 나그네로 보낸 날이 얼마나 지리했는지 알 수 있다"면서 다음과 같은 시를 남겼다.

필마로 표표히 변방으로 나섰는데	匹馬飄飄出塞庭
벽유는 오늘 저녁 비로소 행차 멈췄네	碧油* 今夕始驂停
떠나온 여정 거의 사천 리의 반이고	行程將半四千里
나그네 날짜 이미 삼십 일 흘렀네	客日已更三十冥

수염은 쓸쓸하게 숱한 한이 서렸고 　　　　鬢髮蕭蕭多少恨

산천은 줄지은 단정 장정 거쳤도다 　　　　山川歷歷短長亭*

언제나 서쪽 돌아가는 길 다시 밟나 　　　　何時復踏西歸路

한 점 종남산 꿈속에서만 푸른데 　　　　　一點終南夢裏青

* 벽유는 벽유당碧油幢의 준말로, 푸른 휘장을 두른 장수의 수레를 말한다.
　북평사인 자신이다.

* 단정, 장정은 역 사이사이 길고 짧은 거리에 있는 쉼터이다.

　시가 일기라는 깨달음을 얻은 뒤로, 나도 가끔 시로 일기를 쓴다. 한
시 능력이 짧기 때문에 그냥 글자 수만 맞추어 쓴다. 연습이다. 다음은
군에서 휴가 나왔던 둘째를 생각하며 일기장에 끄적거린 시다. 제목은
〈지성이를 그리며[思誠之*]〉이다.

완산 학교 가는 길 전화 소리 잊었다가 　　　　完山*登校忘電跡

아이가 감나무 밑 도착했음 문득 알았네 　　　　纔覺二兒到柿下*

징발된 님 그리는 시 대충대충 넘겼는데 　　　　詩云征夫*泛泛看

지금도 군대 가는 일 그 맘보다 더한 듯 　　　　役是當今有甚焉

* 성지誠之는 작은 아들 지성志成이의 자字다. 《중용》을 읽다가 "성실함 그
　자체는 하늘의 길이다. 성실해지려고 노력하는 것은 사람의 도이다誠者,
　天之道也; 誠之者, 人之道也"라는 말에서 따왔다. '지성'의 한글 음을 바꾸
　면 '성지'가 되기에 장난기도 섞여 있다.

* 완산은 전주 완산구인데, 전주대학교가 거기 있다.
* 시하柿下, 감나무 밑이란 인천 우리 집을 말한다. 사랑스런 감나무 두 그루가 서 있는 집. 내 책에는 모두 그 감나무 얘기가 나온다.
* 《시경》에 보면 변방으로 군대 간 님=남편을 그리는 시가 많다. 언제 돌아올까 기다리며 마음 아파하는 시다.

퇴계든 율곡이든 그들의 시를 따라 가면 그 일생의 행적과 주요 사건을 만날 수 있다. 조선만이 아니었다. 중국도 마찬가지였다. 중국 당나라 백거이가 쓴 〈장한가〉의 일부를 보자. 바로 현종과 양귀비 이야기다.

어양의 북소리 땅을 울리며 다가오니	漁陽鼙鼓動地來
크게 놀라 부르던 노래 가락 멈추었고	驚破霓裳羽衣曲
구중궁궐 연기와 먼지 피어오르니	九重城闕煙塵生
임금 수레 수만 기병 서남으로 피란 가네	千乘萬騎西南行
황제 깃발 휘날리며 가다가는 멈추면서	翠華搖搖行復止
연추문 나서 장안 서쪽으로 백여 리쯤	西出都門百餘里
군대가 멈춰서니 임금도 어쩔 수 없다	六軍不發無奈何
미인은 임금 말 앞에 떨어져 죽는구나	宛轉蛾眉馬前死

어양은 당나라 때 지방장관 안록산의 근거지이고, 북소리라는 것은 반란을 일으켰다는 말이다. 그 소리에 현종과 음악을 즐기던 양귀비는 놀라서 거문고를 텅 내려놓는다. 이어 안록산이 장안을 점령하자 궁궐은 한순

간에 불타는 연기와 놀라 피란 가는 행렬이 일으키는 먼지에 휩싸인다.

피란 가는 황제를 태운 가마는 길을 트는지 가다, 서다를 반복한다. 장안을 나서 100리쯤 갔을 때, 장수들이 군대를 움직이지 않는다. 바로 이 반란의 원인이 양귀비에게 있으니 그를 처단하라는 것이었다. 황제의 군대가 버티고 요구하니 피란을 가야 하는 현종은 어쩔 도리가 없다. 때는 천보天寶 15년(756), 장소는 마외역馬嵬驛이었다. 지금의 섬서성陝西省 흥평현興平縣 서쪽으로 25리 거리였다. 아끼고 사랑하던 양귀비는 군사들에게 끌려가 불당佛堂에서 목 졸려 살해되었다. 양귀비의 시신은 누가 거두지도 않았고 마외역 뜰에 버려졌다. 이 시의 내용은 모두 사실이다. 시이기 때문에 축약, 생략은 있지만, 사실의 형상화다. 정사正史인《당서唐書》에도 이 사실이 그대로 나와 있다.

시가 일기였기 때문에 문집을 만들 때 맨 앞에 실었던 것이다. 그 사람의 하루하루, 일생을 쭉 볼 수 있는 자료이므로. 이런 점을 모르면 정작 가장 중요한 당사자의 일기는 쏙 빼고 엉뚱한 자료를 먼저 뒤적이게 된다. 이는 무궁한 사료가 우리를 기다리고 있다는 말이기도 하다. *오항녕

〈사인시음士人詩吟〉(강희언 작)

10

3인칭 관찰자 시점으로 '실학' 바라보기

1920년대 이후로 한 세기 가깝게 연구가 진행된 최근까지도 '실학'의 개념이 재론되는 상황은—《다시, 실학이란 무엇인가》(푸른역사, 2007); 2016년 한국실학학회 공동학술대회 '실학을 다시 생각한다' —새로운 방법론의 계발이나 새로운 자료의 발굴에 노력하는 이상으로 '실학'을 접근했던 시각을 근본적으로 재검토할 필요성을 보여주고 있다. 한 세기 동안 연구자가 부족했던 것도, 새로운 자료가 발굴되지 않았던 것도, 새로운 방법론이 추구되지 않은 것도 아니기 때문이다. 한 세기 동안의 '실학' 연구를 관통했던 기본시각은 무엇이었으며 그것의 역사성은 무엇일까? '실학' 연구가 직면한 한계를 극복하기 위한 새로운 시각은 무엇일까?

'실학'을 연구했던 시각을 재검토하기 위해서는 마땅히 조선시대 연구자들의 시각을 재검토하는 것이 순서상 옳을 듯하다. 조선시대 연구에 임하는 연구자들의 시각은 연구자들의 숫자나 문제의식만큼 다양할 것이기 때문에 단일하게 규정할 수는 없다. 그렇지만 부분들을 고립된 상태가 아니라 커다란 전체 속에서 파악해 본다면 한 세기 동안 그들의 시각을 공통적으로 구속하였던 요인을, 칼 만하임Karl Mannheim의 표현을 빌리자면 '존재구속성Seinsgebundenheit'을, 조심스럽게 이야기할 수도 있을 것이다.

이렇게 보면, 기왕의 수많은 조선시대 연구들은 1인칭 주인공 시점에 입각한 연구가 큰 비중을 차지했다고 설명할 수 있다. 여기서 말하는 1인칭 주인공 시점이라는 표현은 두 가지 의미를 내포하고 있다. 첫 번째는 연구자 스스로가 자각하든 아니든 '한민족'의 구성원이라는 시각에서 조선시대를 바라보았다는 의미다.

중고등학교 한국사 교과서나 한국사 개설서 등에서 보이듯, '우리 민족', 혹은 '한민족'을 우선 설정한 후 그 존재의 총체나 그 총체의 한 구성원을 주인공으로 삼아 자신과 동일시하며 연구하는 방식은 '우리 역사', '우리가 발해였을 때', '바로 찾는 우리 땅의 역사' 같은 서명이나 '수·당과의 투쟁', '여진 정벌', '4군6진의 개척', '선진 문물의 전달자, 조선통신사' 등과 같은 표현에서도 잘 드러나듯이 역사를 '나'와 '타자'로 이분해서 바라보는 시각을 전제하였고 그 과정에서 다소 지나친 미화가 이루어지기도 했다.

이런 연구 시각은 신채호에게서 시작된 것으로서 민족주의 역사학의 공통된 특징이지만, 이런 시각이 갖는 한계는 더러 지적되면서 극복이 시도되기도 했다. 특히 한국사가 '국학'의 차원에서 강조될수록 동·서양사와의 소통에 어려움을 겪게 된 현실을 반성하는 움직임은 주목할 만하다. 과목으로서 '동아시아사' 신설, 한·중·일 삼국 공동의 근현대사 저술, '임진전쟁' 용어 사용 등은 그런 움직임과 무관하지 않은 결과일 것이다. 따라서 첫 번째 의미로서의 1인칭 주인공 시점보다는 두 번째 의미로서의 1인칭 주인공 시점에 논의의 초점을 맞출 필요가 있다.

1인칭 주인공 시점의 두 번째 의미는 연구자 스스로가 자각하든 아니든 '대한민국'의 시각으로 조선시대를 바라보았다는 의미다. 즉 대한민국을 그 이전에 존재했던 국가들 모두와 질적으로 차별되는 독존적 존재로서 인식하는 전제 위에서 조선시대를 완전히 끊어 내야 할 전조前朝로서 바라보는 시각이다. '나'와 '타자'로 이분하는 시각은 동일하지만 그 대상이 '대한민국'과 '그 이전의 시대'로 달라졌다. "우리 반만년의 역사는 한마디로 말해서 퇴영과 조잡과 침체의 연쇄사였다"라는 박정희의 발언은(《국가와 혁명과 나》, 1963) 대한민국의 구성원이라는 1인칭 주인공 시점으로 한국사를 바라보는 시각을 상징적으로 보여준다. 역사가의 발언은 아니지만 그 발언이 넓게 공유될 수 있었던 공감대가 있었음을 부정하기는 어렵다.

이와 비슷한 언급은 《대안 교과서 한국 근·현대사》(2008)에서도 "우리는 이 책에서 대한민국이란 나라가 태어나는 역사적 과정에 특별한 애정을 쏟았다. 그것은 이 국가가 인간의 삶을 자유롭고 풍요롭게 만들기에 적합한, 지금까지 알려진 한 가장 적합한, 자유민주주의와 자유시장경제에 그 기초를 두고 있기 때문이다"라는 표현으로 거의 유사하게 반복되었다. 이런 시각이라면 대한민국 이전의 역사는 사실상 별 의미 없는 역사로 전락할 가능성이 높다.

그런데 긴 호흡에서 보면, 이런 시각은 사실 통역사적인 현상이다. 르네상스 인들이 앞선 긴 시기를 '중세'라고 간단히 부르며 '암흑'과 동질적 상태로 규정한 것에서도, 고려인들이 왕건에 의해서 삼한이 처음으로 하나가 되었다고 이해하면서 바로 앞선 궁예와 견훤을 왕건에게 백성을 몰아준 걸桀, 주紂 같은 흉악한 인물에 비유한 것에서도, 모토오리 노리나가가 도쿠가와 이에야스 덕분에 아시카가 가문 말기의 혼란을 극복하고 찬란한 시대로 번영하고 있다고 바라본 것 등에서도 흔히 드러나기 때문이다. 앞시대를 가치적으로 부정하는 비슷한 경향의 역사인식이 반복되는 것은 이것이 새롭게 탄생한 자기 존재의 정당성을 제고하는 가장 손쉬운 방법이기 때문이다. 앞시대가 부정되어야 새로운 시대가 등장할 이유가 발생하므로.

그러나 좀 더 생각해 보면 이런 인식은 자신들의 존재가 아직은 위태롭다는 걱정과 염려를 반증하는 것이기도 하다. 새로운 국가가 왕망의 신新이 될지, 유수의 후한後漢이 될지는 당분간 알 수 없기 때문이다. 자신들의 존재가 안정화될 만큼의 시간이 충분히 지나기까지, 이런 걱정은 일정 기간 지속될 수밖에 없다. 그 과정에서 한편에서는 앞선 시대와의 완전한 단절을 강조하면서, 특히 바로 직전 시기를 끊어내기 위한 비난을 지속하면서도 다른 한편에서는 새로운 방법을 고안하기도 한다. 그것은 자신들의 존재가 사실 옛것을 계승한 것이라는 점을, 혹은 이전부터 준비되고 있었다는 점을 강조하는 것이다. 즉, 자신들의 기원을 앞선 과거에서 찾음으로써 치명적인 약점인 시간성의 부족을 상쇄하려는 것이다.

대혁명 후 새로운 달력을 사용할 정도로 과거와의 완전한 단절을 추구하던 공화국 프랑스가, 로베스피에르에게서 보이듯 또 다른 측면에서는 스스로를 다시 태어난 로마로 인식하고 있었던 것이나, 조선의 건국으로 전조前朝 고려의 폐단을 모두 극복했을 뿐 아니라 '동국사'의 기나긴 '결여' 상태를 벗어나게 되었다고 자부하던 조선 왕조의 건국자들이 한편으로는 먼 고대의 기자, 혹은 단군의 계승자라고 자처했던 것은 바로 이 때문이었다. 조선 왕조의 지배층들이 '동국'의 과거를 대부분 '야만'으로 바라보면서도 고려 말 정몽주와 같은 '도학자'들이 출현함으로써 '문명'이 서서히 밝아지고 있었고, 그 정점에 조선 왕조의 건국이 놓여 있음을 특기한 것도 이런 측면에서 이해된다.

따라서 대한민국의 구성원들이 대한민국의 탄생에 이전 역사와는 질적으로 다른 역사의 시작이라는 단절적 의미를 부여하면서 바로 앞선 조선 왕조를 완전히 끊어 내야 할 과거로 인식하는 경향이 강한 것은 자연스러우며, 이 맥락에서 '못난 조선'이라는 제목의 서적이 간행되어 읽히는 현상을 이해할 수 있다. 게다가 대한민국은 존재의 정당성을 놓고 전쟁까지 벌였던 다른 '정치적 존재'가 한 공간에 병존하고 있다는 조건까지 갖추고 있다.

결국 대한민국이 시간적으로 이전 시기 전체뿐 아니라 공간적으로 '북쪽'을 모두 '타자'로 돌리면서 비판하고 격하하는 1인칭 주인공 시점을 견지한 것은 일종의 생존 본능으로 이해된다. 민족해방운동의 역사 속에서 사회주의 계열을 제외하였던 것, 대한민국의 '태조太祖'인 이승만은 애써 긍정적으로 보면서 '참칭僭稱 위주僞主' 김일성은 전쟁을 감행함으로써 대한민국에게 '북쪽의 백성'을 몰아 준 흉악한 인물로 보는 것도 이 맥락이다. 그래도 '북쪽'을 타자화하던 1인칭 주인공 시점은 때로는 '한민족' 대 외세의 구도라는 첫 번째 의미의 1인칭 주인공 시점을 이용하는 방식을 통해서, 때로는 '분단시대'라는 역사인식을 이용함으로써 극복이 시도되었던 반면, 조선을 비롯한 이전 시기 전체를 타자화하는 1인칭 주인공 시점의 시각은 여전히 강고한 것으로 보인다. 제헌절 노랫말에서 보이듯 역설적으로 억만년을 꿈꿀 수밖에 없던 초기의 불안감이 쉽게 해소되지는 않은 데 기인하는 것 같다.

'조선학 운동'에 연원을 둔 '실학' 담론은 이 맥락에서 해방 후에도 지속적으로 강화될 수 있었던 것 같다. 즉, 기자조선을 제외한 어떤 시대에도 존재하지 않았던 '유교적 이상'의 실현인 조선 왕조의 건국이 모순적이게도 가장 어두웠던 전조前朝 말의 '도학자'들로부터 시작되었다고 이해함으로써 자신들에게 부족한 시간성을 상쇄하려고 노력했던 것처럼, 이전의 어느 시대에도 존재하지 않았던 민족주의와 자본주의라는 대한민국의 가장 큰 특징이 사실은 가장 '암흑'이었던 전조前朝의 후기에 존재했던 특정 학풍으로부터 기인한 것이라는 인식은 대한민국의 '부족한' 시간성을 상쇄할 수 있는 좋은 수단이 될 수 있었다.—대한민국이 대한제국의 '역사적 계승자'라는 주장도 유사한 의도를 지녔다고 할 수 있다.— 조선 후기의 '실학' 학풍을 강조할수록, 대비적으로 그것을 핍박, 혹은 무시했던 조선 왕조의 한계와 '몰역사성'은 더욱 뚜렷해지면서, '실학의 계승자'인 대한민국의 정당성과 독존성은 강화되는 것이다.

물론 '실학'을 강조하는 계열은 이승만, 박정희, 그리고 《대안 교과서 한국 근·현대사》의 집필자들과는 정치적으로 구별된다고 보인다. 그러나 신채호와 이광수 같이 식민지 시기 정치적으로 전혀 다른 길을 걸은 인물들조차도 조선 왕조를 완전히 끊어 내야 한다는 전제만큼은 공유했던 것과 마찬가지로, 대한민국만을 특별히 대우하면서 바로 앞선 시기인 조선에 대해서 극도의 부정적인 인식을 갖는 것은 정치적인 입장의 차이를 넘어서서 대한민국의 구성원이라는 공통의 정체성에서 흘러나오는 일종의 '존재구속성'인 듯하다.

이상의 설명처럼 자신을 대한민국과 동일시하지 말고 관찰자의 시점에서 '실학'을 바라보는 것이 '실학'의 역사성을 파악하는 효과적인 방법일 수 있다. 1인칭 주인공 시점은 그 주인공의 시각에서 역사를 심판하고 평가하게 되는 한계를 면하기 어렵다. 하지만 역사에서 심판하고 평가하는 것보다 우선시되어야 할 것은 설명하는 것이다. 설명하려면 1인칭 주인공 시점보다는 3인칭 관찰자 시점이 필요하다.

조선 왕조에 대해서 중화주의에 빠진 몰주체성의 국가였으며, 세상의 변화에 뒤처진 '못난' 존재였다고 비난할 수 있다. 하지만 이것은 신채호와 이광수가 조선의 500년 학술은 중국사상의 번역이고, 산업을 쇠잔케 하였으며, 서양의 신문명을 수입하여 대경장大更張을 행하지도 못함으로써 전 민족으로 하여금 철천의 한을 품게 하였다고 외친 소리에 주석을 다는 모습 같으며, 조선을 설명하는 데에는 별 도움도 되지 않는다. 아리스토텔레스에게 유클리드 기하학을 몰랐다고, 세종에게 노비를 인류로 간주하지 않았다고 비난하는 것도 가능은 하겠지만 아리스토텔레스와 세종을 이해하는 데 어떤 도움이 되겠는가.

대한민국은 왕망의 신新은 물론이고 견훤의 후백제보다도 오랜 시간 동안 지속되고 있다. '실학'이라는 이해 틀로 대한민국 존재의 시간성을 과도하게 발굴하려는 시도는 더이상 필요하지 않을 듯하며, 조선 왕조를 이해하는 데에도 별 도움이 되지 않을 듯하다. 자신의 사유를 상대화해서 그것을 다시 사유하고, 그 사유하는 것을 다시 상대화해서 사유해 보자. 그렇게 되면 앞으로는 '실학'을 조선 후기의 사상계를 이해하기 위한 개념으로서가 아니라 20세기 한국의 지성사를 이해하는 담론으로서 바라보게 될 것이다. *허태용

중국 화가 나빙이 그린
실학자 박제가의 모습(과천문화원 소장)

11

조선 후기 재정구조의
질적 전환과 역役의 문제

경제학에서 흔히 생산요소로 꼽는 토지, 노동, 자본은 자본주의 생산관계를 전제로 한다. 자본주의 시스템하에서 토지는 개인이 재산권을 행사할 수 있는 대상으로 자본과 동일한 속성을 지니게 된다. 반면 노동은 '임금'과 같은 반대급부가 제공되면서 '경제외적 강제'가 약화되거나 은폐되는 과정을 밟는다.

인류 역사에서 노동이 그것의 생산물이 아닌, 노동 그 자체로 가치를 인정받기 시작한 것은 '본원적 축적'으로 인한 생산관계의 변화에서 비롯되었다고 알려져 왔다. 토지를 경작하여 수확물을 얻던 생산자가 점차 토지에서 유리되어 임금을 취하는 노동자 계급으로 전환됨에 따라 노동이 곧 새로운 계층구조를 형성하는 하나의 조건이 되었다는 말이다. 특히 산업자본주의 사회에서 상품을 만드는 데 투입된 노동시간은 상품의 시장 가격에 반영되었다. 노동가치가 곧 시장의 상품가치를 결정짓는 요인이 된 것이다.

이처럼 노동가치가 시장에서 재평가되고, 노동자 스스로가 하나의 계급으로서 역사의 전면에 출현하는 과정을 고전 마르크스주의에서는 근대적 생산양식의 출현으로 평가한다. 한국사에서 과연 이러한 근대적 생산양식이 출현하였는가 하는 질문은 언제부턴가 다소 철 지난 문제의식으로 여겨졌다. 그러나 이 오래된 질문 속에서 우리가 먼지를 털어 또렷이 주목해야 할 개념이 한 가지 있다. 바로 노동의 또 다른 이름인 '역役'이다. 오늘날 '역'은 개념상 '특별히 맡은 소임' 정도로 풀이되지만, 역에 내포된 역사적 무게는 그리 간단치 않다.

역役은 전근대 왕조국가들이 자신의 신민臣民에게 부과하던 세금의 일종이다. 정치권력을 통해 피지배 신분의 노동을 강제로 징발하는 행위를 법적으로 용인한 형태가 바로 역인 것이다. 따라서 역은 기본적으로 '권력을 통해 강제되는 노동'을 일컫는다. 조선 왕조는 백성을 호적상에 직역職役으로 구분하여 파악했으며, 양인 장정에 대해서는 법제상 60세까지 군역軍役과 요역徭役을 징발하였다. 직역은 백성이 맡고 있는 업業에 가깝지만 완전히 일치하지는 않았으며, 대를 이어 세습되는 경우가 많았기 때문에 신분을 규정하는 근거가 되기도 하였다. 반면 군역과 요역은 국가의 군사력과 재정 수입에 직접적으로 연결되었다. 군역은 전시에 대비해 군사 훈련에 동원되는 역이며, 요역은 현물공납의 운송, 궁궐 영건, 산릉 조성, 산성 축조 등 국가에서 필요로 하는 각종 역사에 징발되는 역이다. 요역의 경우 역을 징발하는 기준에 따라 호역戶役, 결역結役이라고도 불렀다.

애초에 조선 왕조는 국가가 역을 동원할 때 백성에게 그에 대한 반대급부를 상정하고 있었다. 조선 초 과전법 시행을 통해 국가에서 세금을 거둘 수 있는 땅이 늘어남에 따라 민전을 경작하는 다수의 소농에 대해 국가는 그에 따른 토지세와 공물, 역을 부과하였다. 토지를 경작하지 않는 시전상인에 대해서는 국가에서 필요로 하는 물품을 조달하는 시역市役을 지도록 하고 이에 대한 반대급부로 상업활동을 할 수 있는 권한을 부여하였다. 이외에도 역인驛人, 진부津夫, 궁시인弓矢人, 의녀醫女 등 특정한 역을 수행하는 자들과 충신, 열녀, 효자 등 국가가 내세우는 유교 이념에 충실한 자들에게 면세결을 지급하는 조치[復戶]를 취하였다.

그러나 다수의 양인에게 부과되는 공납과 요역은 토지와 호를 기준으로 마을 단위에서 공동으로 납부하는 방식을 취하였기 때문에 가난하고 힘없는 이들에게 역이 편중되었고, 군역 또한 양반 관직자나 경제력을 갖춘 양인에게 대가를 받고 역을 대신 지는 자들이 늘어나면서 국역체제는 흔들리기 시작했다. 여기에 임진왜란 이후 중앙관서에 역을 지는 하급원역과 노비들의 이탈은 국가 운영에 필요한 노동력을 어떻게 충당할 것인가에 대한 근본적인 고민을 불러일으켰다. 16세기에 이미 방군수포나 급가고립級價雇立의 관행이 확대되면서 역을 일방적으로 동원하는 방식에 한계가 드러난 것이다. 흔히 조선 최고의 개혁으로 평가받는 대동법의 중요한 의의 역시 국역체제에 미친 영향에서 찾을 수 있다. 대동법은 국가가 역을 무상 동원하는 방식에서 급가給價체제로 전환하는 공식적인 계기가 되었다.

기존의 연구 성과를 통해, 조선 사회는 양란을 거친 후 상품화폐경제가 발달하고, 대동법의 시행으로 고용노동이 활발해진 점이 지적되었다. 최근에는 공계인이 자체 계契를 창설하여 모군募軍을 고립하는 한편, 시전 내에서 분업조직을 형성하여 노동시장이 형성되었다는 주장도 제기되었다. 조선 후기 재정 자료상에 역가役價를 지급하기 위한 항식恒式이 마련되어 있는 경우가 많고, 왕실 행사와 국가 행정에 필요한 역인을 모립募立하는 기사들이 자주 등장하는 점을 볼 때, 노동시장의 형성을 일방적으로 부정하기는 어렵다. 다만, '고용' 혹은 '노동시장'이라는 표현이 함축하고 있는 맥락은 한국사에서 노동가치를 임금의 형식으로 인정받는 노동자층이 조선 후기에 출현하였고, 이들이 특정 계급으로 성장할 수 있는 동력이 한국 사회에 내재해 있었음을 입증하려는 의도를 담고 있다. 다시 말해 자본주의적 생산양식으로의 전환 가능성을 타진하려는 담론의 틀 속에서 조선 후기 역의 문제가 거론되어 온 것이다.

그러나 토지에서 유리된 농민이 임금노동자로 재편되는 데 결정적인 역할을 한 것은, 조선의 경우 대농장 지주나 자본가가 아닌 조선 정부였으며, 조선 후기 국역체제의 재편을 유도한 것은 앞서 언급한 바와 같이 대동법, 균역법과 같은 정부의 정책이었다. 주지하다시피 임진왜란 이후 현물공납제의 모순을 타개하기 위해 정부는 공물을 토지세로 전환하는 한편 조달시장을 통해 경비물자를 구매해서 사용했다. 이 과정에서 각종 운송, 역에 드는 비용을 대동세로 충당하는 규정이 마련되었다. 대동법은 엄밀히 말하자면, 국가 행정에 필요한 현물과 노동력에 대한 비용 지불을 법제화한 조치였다. 정부는 백성들에게 부과된 노동지대를 화폐지대로 바꾸어 과세 부담을 줄여 주는 한편, 역인을 고용하여 국역을 부담시키는 방식을 한 세기에 걸쳐 확대해 나갔다.

18세기 중반에는 양인들에게 부과된 군역을 대폭 줄여 주는 균역법을 단행하였다. 양란 이후 신설 군문이 늘어나고, 군역자 확보를 위한 과도

한 양역 수괄정책이 전개되면서 이른바 백골징포, 황구첨정 등과 같은 문제가 발생하였다. 정부는 신설 군문의 재정을 충당하면서도 백성의 군역 부담을 줄여 주는 방안을 마련해야 했는데, 영조 대 들어서 양인의 군포 수납액을 2필에서 1필로 줄이는 한편, 노·비의 신공身貢도 절반으로 삭감하는 조치를 취하였다. 균역청은 이처럼 일반 백성의 군역을 줄여 준 대가로 부족한 군포 수입을 메우기 위해 설치된 기구였다.

조선 후기 중앙 정부는 국역체제를 지탱했던 공물과 요역, 군역의 상당 부분을 경감시켰으며, 국가 행정을 지탱하는 내시노비의 신공 역시 폐지하였다. 이러한 균역, 견역의 방식은 왕조의 민본民本 이념에 부합하는 조치였기에 첨예한 신료들의 논쟁 속에서도 관철되어 시행될 수 있었다. 문제는 이러한 정부의 노력이 아이러니하게도 소위 '임노동'을 증대시키는 효과를 불러일으켰다는 사실이다.

조선 왕조는 토지에 긴박된 백성의 역은 부단히 줄여 주고자 노력한 반면, 토지에서 유리된 다수의 가난한 농민들은 정부 재원을 덜어 역인으로 고용하는 구조를 창출해 갔다. 이로써 국가 혹은 정부 조달상인에게 고용된 다수의 역인들은 정부 재원에 기대어 근근이 생계를 유지해 갔다. 요컨대, 조선 후기 임노동자는 조선 정부가 국역체제를 재편해 가는 과정에서 출현한 정책적 산물로 이해할 수 있다. 이것이 조선 후기 고용노동의 진면목이다.

그간 조선 후기 사회경제사의 연구 대상이 주로 토지와 부세제도에 집중되어 왔으나 향후 역의 재편이라는 측면에서 사회경제 구조가 어떻게 변했는지를 진단하는 연구들이 진행되어야 하리라 본다. 필자는 국역체제의 변동이 재정구조와 시장에 미치는 영향이 상당했으리라 생각하고, 특히 중앙의 재정 지출에 역제役制의 변동이 큰 부담으로 작용했을 것이라는 입론을 제기한 바 있다. 현물과 노동을 직접 징수하던 방식에서 모군을 고용해 역가를 지급하는 방식으로 전환함에 따라 국가의 경비 지출이 가시적으로 늘어나는 효과가 발생하였기 때문이다.

이러한 관점에서 19세기 조선 왕조의 재정 위기를 설명하는 방식에도 새로운 해석의 틀이 필요하리라 생각한다. 다시 말해 19세기의 위기를 세도정치로 인한 왕조의 단기적인 무능과 만성화된 부정부패로 단정짓기보다, 조선 후기 재정구조가 19세기에 문제 상황을 일으킬 수밖에 없었던 장기 변동 요인을 객관적으로 설명하는 작업이 필요하다. 이에 대한 실마리를 풀기 위해서라도 앞으로 조선 후기 다양한 역종役種이 어떻게 변화하였고, 국가에서 이를 어떻게 관리했는지 규명하는 연구들이 이어지기를 기대한다. *최주희

〈벼타작〉(김홍도 작)

05

네 걸음 더, 고려사

1

'만부교 사건' 유감

한국 사람이라면 적어도 한 번쯤은 '만부교 사건'에 대해 들어봤을 것이다. 입학 전 어린이들이 보는 이야기 한국사 책에도 빠지지 않고 나오는 이야기다. 이 사건은 942년(고려 태조 25) 10월에 일어났다.

거란이 사신을 파견하여 낙타橐駝 50필을 보내왔다. 왕은 '거란이 일찍이 발해와 더불어 평화를 이어오다가 갑자기 의심을 일으켜서 맹약을 어기고 멸망시켜 버렸으니, 이는 매우 무도하므로 멀리 화친을 맺어 이웃으로 삼을 만하지 않다'라고 하였다. 드디어 교빙交聘을 끊고 그 사신 30명을 섬으로 유배 보내고 낙타를 만부교萬夫橋 아래에 매어 두었더니 모두 굶어 죽었다(《고려사》 권2, 태조 25년 10월).

이 기록은 호승胡僧 말라襪羅가 후진後晉(936~946)의 고조 석경당石敬瑭에게 왕건의 발언이라고 전하였다는, 발해는 '나와 혼인한 관계渤海

我婚姻也'혹은 '친척의 나라渤海吾親戚之國'라는 《자치통감》의 기록, 서희가 993년 소손녕(소항덕)과 담판할 때 '고려는 고구려의 후신'이므로 압록강 남·북은 물론 거란의 동경遼陽도 '고려의 영역이어야 한다'라고 한 발언과 연관되어 해석되어 왔다. 그 해석은 "태조의 통일 이념의 역점은 신라와 백제의 통합에 그치지 않고 고구려 구강의 회수에도 있었다.……왕건 태조가 발해의 멸망에서 비로소 표시한 바와 같이 고구려 후신인 발해 왕조에 대한 긍정적 태도……구3국 왕조에 대한 인식은 당면한 건국 과제에 크게 반영되고 하나의 건국 이념으로 정립되었으니 우리는 이를 북진정책이라 한다"(박현서, 〈북방민족과의 항쟁〉, 《한국사》4, 1974)로 서술되었다. '발해에 대한 긍정적 태도'는 맥락을 고려하면 '동족(국가)의식'으로 표현할 수 있을 듯하다. 이들 사료를 근거로 하는 고구려 계승국가로서의 동족의식, 고구려 옛 영토 수복을 위한 북진정책의 수행이라는 명제는 해방 이래 정설로 받아들여져 중고등학교 교과서는 물론 각종 한국사 개설서에도 예외 없이 서술되었다. 관련 사료의 사실성 여부, 거란 적대정책의 실제적 이유나 그 타당성 여부를 비판적으로 검토한 적 없이 말이다.

그런데 고려가 발해를 동족국가로 인정했는지, 혹은 동족의식을 가지고 있었는지는 위의 기록 이외에는 명확하지 않다. 고려인들은 발해를 '우리我', 혹은 '동족同族'으로 지칭한 적이 없다. 《고려사》와 《삼국유사》에서는 속말말갈粟末靺鞨, 또는 '발해인'이라고 타자화하여 불렀다. 926년 거란이 발해를 멸망시켰을 때 고려가 어떻게 대응했는지 《고려사》에는 아무런 기록이 없다. 이때는 건국한 지 8년밖에 되지 않은, 후삼국 전쟁 중이라 발해 멸망에까지 관심을 표시할 겨를이 없었다고 치자. 고려의 중앙·지방조직이 안정된 이후에 발해인들은 거란으로부터 벗어나 발해를 계승한다는 기치를 내걸고 부흥운동을 일으키고 있었다. 후발해(929~1003), 흥요국興遼國(1029~1030)이 대표적이며 거란이 멸망하던 1116년에도 대발해국이 다시 한번 발해 부흥을 기도했었다. 흥요국은 독립전쟁을 일으키면서 고려에 원병을 요청하기도 하였다. 그런데 이러한 발해 부흥운동에 고려는 한 번도 호응한 적이 없다.

여기에서 우리가 유의해야 할 점은 두 가지라고 생각한다. 첫째는 위에 언급한 사료들이 과연 사실史實인가를 확인하는 것이다. 만부교 사건 당시 왕건은 거란을 발해와의 맹약을 저버린 무도한 나라라고 하는데 그쳤을 뿐이다. 고려와 발해가 어떠했다고 한 현재의 서술은 대부분 '우리가 추가하여 해석'한 것이다. 후진과 고려 양국에게 이방인이었던 말라가 전했다는 '나와 혼인한 관계'라는 기록은 사실로 인정하기에 곤란한 점이 있다.

왕건시대로부터 근 400년 뒤에《고려국사》를 편찬하기도 했던 이제현이 말했던 것처럼 혼인의 증거를 찾을 수 없다. 고모한高模翰이라는 발해인이 왕건의 딸과 결혼했다는《요사遼史》의 기록이 유일한 사례이나 사실 여부는 의문스럽다. 그는 진작에 죄를 짓고 거란으로 도망쳤으며, 어쨌든 고려시대에는 잊힌 역사여서《고려사》에 기록조차 되지 않았다. 말라가 과연 왕건의 발언을 그대로 전하였을까? 전쟁이 끊임없이 이어지고 나라들이 멸망하고 새로 건국되던 10세기 전반기 중국 대륙에서, 승려인 말라는 고려와 후진을 오가면서 왜 거란을 상대로 전쟁을 부추겼을까? 쉽게 말하여 정치 승려였던 그가 전쟁을 부추기려고 '전했다는' 말을 과연 왕건의 발언으로 믿을 것인가?

두 번째로 유의해야 할 점은 왕건의 거란 적대정책이 타당했는가 하는 점이다. 후삼국을 통일한 조상이자 건국 시조인 왕건의 정책은 후손들에게 규범이 되었을 것이다. 실제 이 정책은 993년 거란이 고려를 침입할 때까지 계속되었다. 892년 후백제 건국 이후 수십 년간의 전쟁을 겨우 끝낸 고려의 산업과 민생은 피폐해졌을 것이다. 왕권은 개국세력인 호족의 견제를 받아 지방관을 파견하거나 인구조사도 못하고 있던 상황이었다. 이러한 상태의 고려가 노골적으로 거란 적대정책을 유지하는 것은 국력을 기울여도 버거웠을 것이다. 947년(정종 2) 이전 언제쯤에는 거란의 침략에 대비해 30만 명의 광군光軍을 조직하였다. 고려의 정규 병사가 전성기에도 4만 2,000명 전후였다는 사실을 고려하면, 광군조직이 얼마나 부담스러웠을지 짐작할 수 있다.

당시에 거란은 고려와 친선관계를 맺기 위해 공들이고 있었다. 그럼에도 왕건은 비외교적이며 비상식적인 만부교 사건을 일으켰다. 천년신라 왕국의 변방 중의 변방에서 몸을 일으켜 후삼국을 통일한 왕건은 한국사상 협상과 타협의 귀재로 평가받는다. 그런 그가 왜 거란을 도발하여 군사적 긴장을 자초했을까? 후손들에게 엄청난 군사적 긴장을 남겨 준 그 정책을 사료에서 확인되지 않는 '발해와의 동족의식'을 근거로 정당화하는 게 타당한가? 귀화해 온 수만 명의 발해인들은 고려와 거란의 적대관계에 어떻게 작용했을까? 왕건이 조성한 북풍 효과는 호족연합정권하 왕권에 어떻게 작용했을까?

고려 당대에 의문을 표시한 왕건의 후손이 있었다. 충선왕은 '(한) 나라의 군주가 수십 마리의 낙타를 가지고 있다고 해도 그 폐해가 백성을 상하게 하는 데에는 이르지 않을 것이다. 또 물리치고 안 받으면 그만이지 어찌 받아가지고 굶겨서 죽이기까지 하였을까?'라는 식으로 태조의 조처에 의문을 표시하였다. 당대의 석학이자 정치가인 이제현은 '태조가 이러한 일을 한 까닭은 장차 오랑캐들의 속임수를 꺾으려고 한 것인지, 아니면 후세의 사치심을 억누르려고 한 것인지, 아마 반드시 미묘한 뜻이 있었을 것'이라고 하는 데 그쳤다. 합리적인 의문 제기에 두둔만으로 응대한 것이다.

필자가 보기에 한국사학자들의 한국사 서술에는 몇 가지 성역이 있는 듯하다. 고려시대사 서술도 마찬가지다. 고구려 옛 영토 수복을 위한 '북진정책'과 그 정당성, 발해와의 동족의식, 그에서 연장된 거란 적대정책의 정당성도 이 성역에 포함될 것이다. 이들 성역은 무슨 주의, 주장처럼 해방 이래 지금까지 한결같이 서술되어 왔다. 그러나 논증되지 않았거나 논증이 취약한 문제가 남아 있다. 현재의 역사학자들이 '해석'하고 '판단'하여 '인정'한 것도 적지 않다. 논증된다고 해도 그 사실을 어느 정도 강조하여 서술할 것인가는 여전히 남아 있는 문제다. 고려인들이 발해인을 '우리', 또는 '동족'이라고 표현한 기록을 찾지 못하면서도 전쟁을 부추겼던 정치 승려의 입에서 나온 몇 글자만을 금과옥조로 삼아야 할까? 12세기 전반기에 신흥 강대국인 금金을 상대로 '우리도 황제국을 칭하고……금을 정벌하자'고 전쟁을 부추긴 묘청(일파)에 대해 언제까지 자주성을 고취했다고 칭송할 것인가? 고려시대의 대외관계를 연구해 오면서 5세기를 관통하는 북진정책론이나 북방 종족과 그 왕조에 대한 적대정책을 한결같이 옹호해 온 우리 시대의 역사 해석이 새로운 주의, 주장이 되어서는 곤란하다고 생각해 왔다. 고려시대인들이 그러했던 것처럼 동아시아의 정세 변화에 따른 유

연한 시각으로 표방하는 바와 감추어진 의도를 함께 읽어 낼 수 있기
를 기대한다. *김순자

왕건 초상화(개성 현릉 소재)

만부교(낙타교) 상상도
(북한 사회과학원 고고학연구소)

2

족두리는 정말 몽골풍일까?

전통혼례의 폐백의식을 보면 신부는 활옷을 입고 관모로 족두리를 착용한다. 여섯 모가 난 모자를 검은 비단으로 감싸고 그 표면에 진주, 산호·밀화 구슬, 금은 등으로 장식한 관을 족두리라 한다. 조선시대 궁중 예식에서 내명부의 일정 품계 이상의 여성들이 착용하고, 사대부 집안의 혼례 예식에서 부녀자들이 착용하던 것이, 오늘날 전통혼례 풍습의 일부로 전승된 것이다.

　이러한 족두리의 기원은 몽골풍이라고 널리 알려져 있다. 대중서와 개설서에서는 고려 후기 몽골의 침략 이후 원[몽골]과 고려의 긴밀한 외교관계가 100여 년간 지속되었고, 이 과정에서 몽골문화가 유입되어 전승된 것으로 설명된다. 이런 몽골의 문화를 '몽골풍', 반대로 몽골에 전해진 고려의 문화는 '고려양'이라고 칭한다.

　특히, '몽골풍'은 의식주와 같은 생활문화의 전반에 걸쳐 영향을 미친 것으로 확인된다. 증류식 술인 소주는 육류 위주의 몽골[원]의 식문화와 함께 이 시기에 원으로부터 전래된 대표적인 음식이라 한다. 또한 '장사치' 등 말 끝에 '치赤'를 붙이는 등의 언어 습관 역시 몽골어의 영향인 것으로 여겨진다. 이와 같은 '몽골풍'을 이야기할 때 반드시 언급되는 것이 바로 족두리다. 오늘날 전통혼례에서 착용할 만큼 '우리의 전통'이라고 알려진 족두리가 왜 '몽골풍'의 대표적인 상징물일까? 과연 족두리는 몽골에서 온 것일까?

　족두리를 소위 '몽골풍'으로 인식하기 시작한 것은 조선 후기 지식인들로부터였다. 안정복(1712~1791)은 이익(1681~1763)에게 보낸 편지에서 고려 시기에 원 공주가 온 이후 (복식이) 호복으로 바뀌고 궁인들 역시 원 풍속을 따랐는데 그 풍속 가운데 당대 부녀자들이 착용하는 족두리가 충선왕 대 원 태후가 하사한 고고姑姑일 가능성을 제시했다. 이덕무(1741~1791) 역시 당대 부녀자들의 복식문화를 서술하면서 "부녀자들의 머리를 땋은 큰 다리와 짧고 좁은 저고리는 몽골의 유속遺俗이니 말할 것도 없고, 족두리[族兜]와 북계北髻는 무슨 장식이란 말인가?"라고 하여 그것이 몽골풍임을 언급하였다. 한편 어원의 측면에서는 이규경(1788~?)이 고려 시기 원에서 보낸 '고고리'가 발음이 비슷한 '족두리'로 와전된 것이 아닐까 추측하였다. 이러한 인식은 근대 이후로 이어져서, 최남선(1890~1957)은《고사통古事通》에서 당대까지도 여성들의 의식용 복식에 몽골풍이 많이 가미되었고, 그 가운데 족두리는 원의 고고에서 왔다고 정리하였다.

　그렇다면 왜 족두리가 다른 민족도 아닌 '몽골'의 풍습이고, 그것이 한국 복식문화의 일부로 전승되었다고 여기게 되었을까? 이익이 언급한 바와 같이 고려 시기에 100여 년간 몽골 복식이 널리 착용되기도 하였다. 1231년 몽골군의 고려 침략으로 시작된 전쟁은 30여 년간의 항전 끝에 강화의 체결로 마무리되었다. 그 후 원의 부마국이 된 고려에는 일본 원정을 위한 정동행성이 설치되었으며, 원 황제의 책봉권이 실질적으로 발휘되는 등 고려는 원의 제후국이 되었다. 이 과정에서 고려와 원 사이에는 사람과 물자의 교류가 다양하게 이루어졌고, 각자의 풍속이 상대에게 영향을 주게 되었는데, 복식 역시 예외가 아니었다.

기존의 고려 복식은 고대 이래로 한반도에서 착용해 온 한족韓族의 복식과 함께, 관인들의 관복은 당唐·송宋의 한족漢族의 복식을 기본으로 함으로써 양자가 함께 병존하는 구조였다. 반면에 13세기 고려가 처음 접한 몽골(원)의 복식문화는 기존에 고려가 보유하고 접하였던 복식문화들과는 달랐다. 그들은 유라시아의 스텝 지역에서 유목생활을 하며 기마활동이 발달되어 있었다. 이에 양·낙타 등의 털과 다양한 가죽 등을 복식의 재료로 활용했고, 활동이 편리한 바지와 좁은 소매에 주름이 들어간 넓은 밑단을 지닌 '호복胡服' 등이 일반적인 복식이었다. 아울러 머리 양식은 도드라져 두정부의 머리를 깎고 남은 부분을 땋아 올리는데, 이를 개체·변발이라고 했다.

이렇듯 다소 이질적인 몽골의 복식이 13세기 후반부터 한반도에 도입, 확산되었다. 충렬왕은 원과의 신뢰관계를 구축하기 위해 전국의 관인들에게 개체·변발을 하고 몽골식 의관을 입도록 하였다. 더욱이 이후 양국 사이의 정치외교적 관계가 밀접해지고 양국의 경계가 약화됨에 따라, 보다 많은 고려인들이 원에 거주하거나 왕래하였다. 물적 교류 역시 크게 증대하면서 고려에는 보다 많은 몽골의 복식들이 수용되었다.

특히 통혼으로 양국이 연결되었던 만큼 몽골 복식을 수용하는 데 가장 먼저 앞장선 주체는 왕실이었다. 원 세조 쿠빌라이의 딸 제국대장공주와 혼인한 충렬왕은 왕비에게 선물하기 위해 몽골 귀족층의 연회복인 진주의眞珠衣를 구매해 오기도 하였다. 또한 원 황실의 부마인 충렬왕은 몽골식 연회인 '지순연只孫宴'에 참석하곤 했는데, 연회 참가자가 모두 같은 색 의복인 지순을 착용하는 등 몽골식 복식문화의 영향이 두드려졌다. 한편 충선왕 대에 이르러서는 원 황실의 황위계승전 등 원의 정치세력들과도 긴밀한 관계를 맺게 됨에 따라, 이들과의 교류과정에서 원의 복식이 고려에 유입되기도 했는데, 고고관이 바로 이러한 경로를 통해 고려에 들어오게 되었다.

원에서 오랜 기간 숙위생활을 하던 충선왕은 무종 카이산·인종 아유르바르와다 형제 및 그들의 모후인 다기 태후와 돈독한 관계를 구축하였고, 귀국 이후 자신의 후비인 숙비와 순비를 위해 원 황태후에게 고고姑姑 하사를 요청해 받아 왔다. 몽골어로 복탁botaq이라 하고, 한자로 고고[姑姑, 顧姑, 故姑, 몸몸, 몸古, 固姑]라 하는 이 관은 새·솟대 샤머니즘에서 파생되어 고대부터 몽골의 부인들이 착용하던 몽골의 대표적인 여성 관모 가운데 하나다. 나무를 이

원대의 고고姑姑
(쿠빌라이 칸 황후 어진, 타이완 고궁박물원 소장)

용하여 짧게는 길이가 2척, 길게는 4~5척의 심을 만들어 비단 등으로 감싼 표면에 금·진주 등으로 화려하게 장식한 것이 특징이며, 이러한 고가의 장식들로 인해 지배층 여성들의 쓰개류로 자리 잡고 있었다.

바로 이러한 고고가 족두리의 원형으로 인식되어 왔다. 하지만 고고는 여성들이 착용하는 의례용 쓰개라는 점과 관모의 표면을 천으로 감싸고 그 위에 보석들로 장식한다는 점에서 족두리와 비슷하지만, 이외에는 양자 사이의 공통점을 크게 찾기 어렵다. 특히 고고의 경우에는 충선왕이 특별히 원의 태후에게 요청하여 이루어졌다는 점과 몽골의 풍습에서도 상위 지배층 여성들의 전유물이었다는 점에서, 그것이 수백 년이 지나 조선에 전승이 될 만큼 널리 착용된 것이라고는 보기 어렵다.

따라서 족두리의 기원에 대해서는 이와 다른 견해들도 상당히 존재한다. 기원 자체를 고고관이라고 보는 입장에서도 족두리와 고고관의 실질적인 모습이 상당한 차이를 보인다는 점에서 그것이 조선 시기에 이르러 변형이 이루진 것으로 보기도 한다.

《연려실기술》·《임하필기林下筆記》에 따르면 족두리를 검은 비단으로 하여 머리에 쓰게 한 것이 광해군 연간부터라고 한다. 한편 족두리와 동일한 것으로 여겨지는 화려한 장식의 화관花冠은 원대 몽골족의 고고보다는 오히려 청대 만주족 부녀자들의 전자鈿子와 상당히 유사한 형태로 평가되기도 한다. 전자는 팔기八旗의 부녀자들이 착용한 관모로, 철사 혹은 등나무 줄기로 뼈대를 만들고 검은 비단으로 감싼 다음 그 표면은 진주와 비취 등으로 장식하여, 상투를 튼 머리 위에 써서 비녀로 고정하였는데, 그 모습이 화관과 유사하다.

이와 같은 다양한 가능성이 제기되는 이유는 족두리 관련 사료가 조선 전기에 거의 나타나지 않기 때문이다. 족두리[화관]에 관한 공식적인 기록은 선조 연간 명에 다녀온 조헌趙憲이 당시 중국의 복식문화를 살피고 조선에서 이를 시행할 것을 건의하는 상소에서 결혼한 여인의 풍습으로 화관을 언급한 것에서 시작되었다. 그 후 족두리가 본격적으로 기록에 등장하게 된 것은 영·정조 대에 체발髢髮, 소위 가체加髢의 사치함이 문제가 되고 그 대용으로 족두리가 주목받으면서부터다. 당시 조정에서는 중국에서 널리 통용되고 있는 화관의 제도 도입에 관해 그것이 과연 사치를 단속할 수 있을지, 아니면 주옥 등으로 장식함으로써 그 비용이 가체를 능가할 것인지를 지속적으로 논의하였다.

　족두리가 고려 시기 수용된 몽골풍이라는 인식은 바로 이러한 과정에서 만들어진 것일 수 있다. 영·정조 대에 가체의 대용품으로 족두리를 사용할 것인지 여부를 둘러싸고 조정에서 치열하게 논의가 이루어졌지만, 역설적으로 이 과정에서 이미 지배층 부녀자들의 머리 장식으

화관花冠
(국립민속박물관 소장)

족두리
(국립민속박물관 소장)

로 족두리가 자리 잡게 되었다. 앞서 살펴본 이익·이덕무 등이 남긴 기록 역시도 당대의 확산된 문화 현상에 대한 연원을 밝힌다는 점에서 이러한 사실을 뒷받침한다. 하지만 이들도 당대 부녀자들이 착용하는 족두리가 북방의 모습과 유사함을 언급하고 그 기원을 고찰하는 과정에서 몽골의 고고에 대해 지적했으나, 실질적으로 고고의 모습이 어떠한지에 대해서는 의문을 표하고 있다.

따라서 오랜 기간 족두리는 몽골풍이라고 여겨지고 있었으나, 이는 실제 사실과는 다르다 하겠다. 오히려 족두리가 몽고의 고고에 기원을 두고 있다는 인식이 조선 후기 지식인들을 중심으로 '생산된 것'이고, 이것이 이후에 '전승된 것'이라고 할 수 있다. 양란 이후 사치와 검약의 논의가 이루어지고, 만주족이 중원의 주인이 됨에 따라 화이관이 변화하는 속에서 족두리의 착용이 사회적 화두가 되었고 이 과정에서 전통으로 만들어진 것이다. 족두리는 고려 말 사회를 비춰 주는 문화적 상징물이라기보다는 조선 후기 사회를 투영하는 문화적 상징물이라 할 수 있다. * 김윤정

3

'발해인'은 우리에게 무엇인가

발해 멸망 이후의 '발해인'에 대한 연구는 요나라가 발해를 멸망시킨 직후 그들을 요나라 내지로 강제천사(이동)시켰던 점, 그리고 발해 유민 다수가 고려에 내투(귀화)한 점에만 그 초점이 맞춰진다는 느낌이 없지 않다.

중원에 남은 발해인에 대한 시각은 그리 긍정적이지 못했다. 중국 내 피지배 민족으로서 열악한 처지에 놓여 있었을 것이라는 시각(한국학계), 여러 민족 중 하나의 종족이었을 따름이라는 일종의 평가절하(중국학계) 정도가 지배적이다. 간혹 이분법적인 시각마저 노출되는데, 중국학계의 경우 발해 유민들의 중국 사회로의 동화만 강조하는 데 비해 한국학계는 발해 유민들의 '반요反遼' 활동을 비중 있게 검토한 결과다. 이러다보니 멸망 후 발해인들 중 한반도에 귀화한 경우만 한국사의 영역에서 논의되고, 중국 사회 속 발해인들은 '피해자' 또는 '항거자抗拒者', 그리고 중국 사회에 흡수된 발해인들은 그저 '중국인'으로만 간주돼 연구에서 누락된 측면이 없지 않다.

그러나 발해라는 왕조를 동아시아 역사의 중요한 일부분이자 한반도 역사의 연장으로 간주한다면, 멸망 이전이든 멸망 후든 '발해인'으로 불린 이들 중 일부만을 한국사의 영역에 편입하고 나머지를 배제해선 안 될 일이다. 한반도에 살았든 중국에 살았든 그들이 발해인으로 불린 이유를 규명하고 그들의 발해인으로서의 정체성을 확인한 후 그들 모두의 삶을 검토함으로써 멸망 이후의 발해사 또한 포괄적으로 재구성할 필요가 있다. 멸망 전후를 구분하고, 그 소재지를 구분하고, 그 국적을 구분하는 이분법적 인식을 탈피하여, 멸망 후 발해인들의 행적을 구체적으로 복원해야 하는 것으로, 필자는 이를 고려시대(10~14세기)를 배경으로 최근 시도한 바 있다.

'발해인' 연구의 확대와 심화를 위해 새로 개발돼야 할 연구 주제는 너무나 많다. 우선 거주 지역을 막론하고, 각기 다른 장소에서 살아간 발해인들의 행적을 지역별, 권역별로 재구성하는 작업을 강화해야 할 것이다. 한반도 내 거주 지역과 관련해서는 고고학적 연구 성과를 적극적으로 참조해야 할 것이다. 묘지명 및 금석문 역시 기존에 발견된 경우를 재해석하거나 새로운 사례들을 적극 찾아 나서야 한다.

한편 중원 지역에서 활동한 발해인들의 경우 요대를 넘어 금대와 원대 발해인들의 생활상에 대한 관심을 확대해야 할 것이다. 물론 금대와 원대 발해인들의 경우 과연 발해인으로서의 정체성을 어느 정도 유지하고 있었는지, 그리고 이 시점에 이르러서는 옛 왕조 명으로서의 '발해'와 '지명'으로서의 '발해' 중 무엇이 그들의 삶을 더 규정하고 있었는지를 정치하게 논의해야 할 것이다.

아울러 강화돼야 할 연구 분야는 한반도와 중국 각지 소재 '발해인'들의 자의식과 감정, 그리고 발해인들 간에 존재했을(지도 모를) 연대의 정황(또는 배척의 정황) 등이다. 예컨대 지역별 발해인들의 자의식이 시간의 흐름에 따라 어떻게 바뀌었는지를 검토하는 것은 발해문화의 지역별, 세대별 승계의 정도를 엿보는 작업으로, 후대 '발해인'의 개념 규정에도 필요한 작업이다. 아울러 요나라의 지방제도에 편입돼 있었으되(동경도) 거의 자치 상태에 있었던 발해인 정치체(올야부·발해부·정안국 등) 간의 상호 인식 또한 따져 봐야 할 대목인데, 이 역시 왕조로서의 발해가 해체된 후 낳았던 여러 정치체들의 성격을 규명하는 데 도움이 된다. 이 주제에 대한 연구 성과가 축적될 경우 '발해인' 연구의 일보전진은 물론 '왕조 멸망 후 그 구성원들의 역사'를 구축하는 선례도 될 수 있다.

마지막은 이른바 '발해상渤海像'의 재생산 과정에 대한 검토이다. 고려 후기 현달한 발해인들을 중심으로 '선대 발해인'에 대한 일종의 '추념(추모·추억)의식'이 형성되는데—이는 중원에 남았던 발해인들과는 다른 면모다—그것이 조선시대에까지 이어졌음을 보여주는 정황들이 적지 않다. 이러한 추념追念의식의 확대재생산은 고려와 조선시대에 전개된 역사적인 추세였을 뿐 아니라 오늘날 우리가 갖고 있는 발해상의 형성에도 직간접적으로 기여했을 것이 분명하다. 따라서 멸망 후 발해사의 복원 작업과 함께 병행돼야 할 과제라 할 것이다.

다음으로 언급할 것은 중국 측 자료에 대한 다양한 접근의 필요성이다. 우선 기존 자료의 활용이 대단히 절실하다. 발해인에 대한 한국 측 기록은 대체로 모두 연구돼 왔으나 중국 측 사서 속 발해인 관련 기록은 한국사 연구자들에게는 여전히 낯선 것들임을 부인하기 어렵다. 다행히 《요사遼史》(2012)와 《금사金史》(2016) 국역본이 최근 출판돼 도움이 되지만 그마저도 정독하는 데에는 시간이 많이 소요되며, 그 외에 참조해야 할 사료 또한 무수히 많다. 필자 역시 학위논문을 준비하며 가장 힘들었던 것이 중국 측 사서에 담긴 발해인 관련 기사들의 정리와 번역이었는데, 앞으로도 발굴, 수집된 기록들에 대한 교차검토 및 비교분석이 강화될 필요가 있다.

그리고 그를 위해서는 몇 가지 유의해야 할 점이 있다. 중국 측 사적史籍에 담긴 '발해인에 대한 묘사와 기록'을 검토하기에 앞서, 관찬 및 사찬 사서 모두 관과 개인의 입장이 강하게 반영돼 있음을 분명하게 인식하고 찬자의 출신 및 성향, 학문적 배경 등을 정확히 파악할 필요가 있다. 이종족異種族에 대한 찬자의 인식과 입장, 당시의 시대 상황과 배경 등을 적절히 감안해야 해석상의 오류를 줄일 수 있기 때문이다. 아울러 여러 사서에 등장한 발해인 관련 기록들을 서로 대차대조 및 비교하는 작업이 큰 도움이 된다. 중원에서의 10~14세기는 왕조 교체가 잦았던 시기로서 사료에 따라 동일 사건을 다르게 기술하거나, 아예 축소, 배제하는 경우도 적지 않기 때문이다.

마지막으로 언급할 것은 지금까지 '발해인' 연구를 수행해 오면서 여전히 해결하지 못한 몇 가지 문제다. 이 중에는 "'고려시대(또는 조선시대) 발해인'은 우리에게 무엇인가"라는 질문 또한 담겨 있다.

첫 번째로, 발해 멸망 후 '그 많던 발해인들의 향방'에 대한 의문이다. 발해인이 고려와 중원 중 어느 지역으로 많이 이동했느냐를 두고 한·중 간에 적지 않은 이견이 표출됐던 이슈이기도 하다. 필자가 볼 때, 이 시기 자료들의 성격을 감안하면 과도한 관심이라 할 수 있다. 《요사》 지리지 주현 조에는 주현의 연혁을 설명하는 기사에 발해인의 천사(이동) 여부와 (기사 말미에) '호수戶數'도 기록됐는데, 문제는 이것이 '옮겨 온 발해인 호수'만을 지칭하는지, 아니면 해당 주현의 '총 호수'를 의미하는지 확인하기 어렵다는 점이다. 기록의 모호함은 고려 측 자료도 마찬가지다. 발해인들의 내투 현황을 비교적 충실하게 기록한 《고려사》에도 '수만數萬(2회; 태조·경종대)', '솔민率民', '심중甚衆' 등의 막연한 기록들이 자주 등장한다. 이래서는 아무도 '고려 내투 발해인의 총수總數가 얼마인가'라는 질문에 명쾌한 답을 할 수 없을 것이다.

따라서 불명확한 숫자를 갖고 발해인들의 향방의 규모는 물론 그 이동의 의미까지 언급하려는 것은 무리한 시도라 하지 않을 수 없다. 요에 의해 멸망한 발해국 인민의 상당수가 요의 공권력 앞에서 속수무책으로 강제천사될 수밖에 없었던 것이 현실인 상황에서, 상대적으로 적은 수의 발해인들이 한반도행을 택한 것을 두고 부정적으로 평가하거나 과대평가하는 것은 금물이다. 그보다는 강제천사된 발해인들이 이후 요에서 후주後周나 송宋으로 도망했던 이유는 무엇인지, 발해인의 난에 어떻게 그토록 많은 발해인들과 주변 이종족異種族이 동참했는지, 왜 요대 전 시기에 걸쳐 끊이지 않던 발해인들의 봉기가 이후에는 줄었는지, 후대 발해인들은 '선대 발해'를 어떻게 생각했는지 등을 끊임없이 해명하고 평가하는 것이 역사적 진실에 접근하는 길이라 믿는다.

두 번째는 고려에 내투한 발해인들의 '배치 지역'과, 그들이 고려의 한 군종이었던 '투화군投化軍'에 편입되었을 가능성에 관한 문제다. 《요사》는 발해인들이 어느 지역에 배치됐고 어떤 역役에 동원했는지를 대략적으로나마 보여주는 반면, 《고려사》에서는 대광현의 무리를 (서해도) 배주白州 (일대)에 배치했다는 것 외에 정작 '귀화 후 상황'에 대한 기록이 거의 전무하다. 연구 초기에는 발해인들의 집단 봉기 가능성을 염려해 남부 지역에 (분산) 배치했을 것으로 본 견해가 있었지만, 이에 대한 반론도 제기되는 등 논의는 답보 상태를 벗어나지 못하고 있다.

이 문제의 해결을 위해 (직접적 사료가 부족한 상황이므로) 다음에 제시하는 조건을 숙고한 뒤 합리적으로 판단해야 할 필요가 있다. 우선 고려해야 할 점은 ① 당시 북방의 군사적 상황으로서 요의 위협과 그에 대한 고려 태조 왕건의 인식이다. 태조는 재위 초기부터 북방을 중요하게 인식하고, 측근을 평양에 보내어 국경의 방어 태세를 강화한 바 있는데, 이러한 맥락에서 내투 발해인을 활용하려 했을 가능성이 크다. 더욱이 ② 많은 수의 발해인을 수용할 수 있는 토지 문제도 고민했을 것이다. 이는 발해인뿐 아니라 고려인의 사회·경제적 문제까지 연동되는 만큼 내부 문제를 촉발할 수 있는 예민한 사안이기에, 발해인들이 배치될 수 있었던 지역은 비교적 인구가 희박하거나, 많은 수의 인력 동원이 필요한 곳이었을 가능성이 가장 크다. 아울러 ③ 이 시기 고려 정부가 북방의 이종족異種族들을 동원하거나 그들을 고려의 '투화군'에 편입시켰다는 사실을 분명하게 인식할 필요가 있다. 내투 발해인의 상당수가 '군직軍職'을 보유한 무장이라는 사실과, 대광현을 따라 내려온 '요좌僚佐'들에게 작위를 내려줄 당시 '군사軍士에게 전택田宅을 하사했다'는 기록 역시 쉽게 보아 넘길 수 없는 기사다. 이상을 고려할 때 내투 발해인들을 북방에 배치하고, 군사로 활용했을 가능성은 대단히 크다. 실제로도 발해인들은 거란과의 전쟁에서 공을 세운 것으로 전해진다.

적지 않은 역사가들이 왕건에 의한 후삼국 통일에 민족사적 의미를 부여해 왔던 것은, 그것이 '외세의 힘을 빌리지 않았고, 북방의 옛 영토를 일부나마 회복했다'는 점뿐 아니라, '고구려를 계승한 발해인들을 대거 받아들임으로써 지역적으로나 인적 구성으로나 일보전진'했던 점 때문이다. 발해인들의 존재가 후삼국 통일의 의미를 배가시켜 준 셈으로, 그러한 발해인들이 고려와 조선시대에 보여준 활동상에 무관심해서는 안 될 것이다.

아울러 그들과 같은 시기에 중국에서 활동하고 있던 이들의 삶 역시 간과해선 안 될 것이다. 그들 역시 멸망 전 발해의 일부였거나, 멸망 전의 발해문화를 어떤 형태로든 유지하고 있던 존재들이었기 때문이다. 그들의 행동 하나하나가 발해의 유산을 대변하는 바가 있다. '발해'의 역사, '발해인'이라는 개념, '발해문화'라는 담론을 유지하고 교신했던 이들이었다는 점에서 그러하다.

다시 말해 '발해인'의 역사는 926년에 끝났던 것으로 보아서는 안 된다. 그 역사의 하한을 내려잡고 그 공간도 넓혀 볼 필요가 있다. 물론 민족주의적·확장주의적 역사인식을 하자는 얘기가 결코 아니다. 여러 모습으로 존재했을 발해인들의 유형을 하나도 빠짐없이 찾아보자는 것이다. *박순우

발해시대
정효공주묘 시종 벽화

4

고려시대 불교신앙의 색다른 면모

불교는 생각보다 가깝고 친숙한 종교다. 현재 우리가 확인할 수 있는 문화재들 중 가장 많은 비중을 차지하는 것이 불교와 관련되어 있기 때문이기도 하다. 전국 곳곳에 남아 있는 사찰(터)과 그곳에 모셔진 불·보살상, 석탑 등은 물론 박물관에 소장된 유물 중 불교와 관련되어 있는 것들이 적지 않다. 또한 통계청의 종교인구 조사(2005)에 의하면 불교가 종교인 사람들이 가장 많은 비중을 차지하고 있다. 이로 미루어 보면, 불교는 지금의 대한민국을 있게 한 여러 요소 중 하나로 이해할 수 있을 것이다. 그렇다면 불교는 과연 언제부터 사회 전반으로 깊숙하게 들어온 것일까, 그리고 어떠한 모습으로 우리의 삶 속 깊숙이 전개되었을까. 그 실마리를 고려시대 불교신앙에서 찾아보고자 한다.

고려시대는 불교가 사회 전반에 깊게 뿌리내리고 큰 영향을 미친 시기라고 이해되고 있다. 불교가 한반도에 처음 전해진 이후 500여 년 동안 불교에 대한 인지와 기본적인 이해가 이루어져 온 것을 바탕으로 전개되었기 때문일 것이다. 또한 국조國祖인 태조 왕건은 탄생, 건국과 관련하여 승려 도선道詵의 예언을 받았으며, 국가를 세우고 꾸려 나가는 과정에서 불교를 신앙하고 받들었다. 특히 붕어하기 한 달 전, 후세의 왕들이 귀감으로 삼기를 당부하는 〈훈요십조〉에, '부처께서 보호하고 지켜 주는 힘[護衛之力]에 의지하고, 부처를 섬기는 연등회를 계속 시행할 것' 등의 불교와 관련된 유훈을 남겼다. 이로써 불교는 고려의 종교 이데올로기로 자리매김했으며, 멸망에 이르기까지 공식적인 국가종교로서의 역할을 수행할 수 있었다. 그리하여 국가에 의한 사찰 건립, 왕사王師·국사國師제도, 불교의례의 설행設行, 대장경 조판 등의 불사佛事로써 국가의 평안함과 국난國難의 타개를 기원하였다. 이에 아들이 4명(혹은 지역에 따라 3명) 이상이 있는 집안이라야 한 명만이 출가할 수 있다는 명[制]이 내려지거나, 개인이 집을 희사해서 사원으로 만드는 것을 금했다는《고려사》의 기록에서 엿볼 수 있는 것처럼, 고려시대 사람들은 열렬히 불교를 신앙하였다.

이와 같이 국가와 사회 전반에 걸친 불교의 흥성은, 불교를 중심으로 한 역사적 사실과 고려시대에서 불교가 지닌 의의에 대한 연구를 가능케 하였다. 그 결과 고려 불교계 안에서의 종파, 교리, 인물 등에 대한 연구와 불교를 통한 고려시대 정치·경제·사회 등을 파악하여, 고려시대와 그 불교에 대한 큰 이해의 틀이 마련되었다. 그리고 이어지는 연구들에서는 그러한 뼈대에 살을 붙이는 방식으로 해당 시대와 불교에 대한 연구를 심화시키고 있다.

이와 관련하여 한 가지 점에 주목할 필요가 있다고 생각한다. 바로 불교를 믿었던 고려시대 사람들의 다채로운 신앙의 모습이다. 현전하는 고려시대 불교 관련 자료에는 '불교'의 전형적인 이미지와는 조금 다른 모습들이 숨어 있기 때문이다. 구체적으로는 고려시대 사람들이 남긴 문집이나 금석문, 그리고 각종 불사佛事의 흔적에서 확인되는데, 그곳에서는 부처의 구도력求道力과 자비심에 의지하여 그의 가르침을 믿고 따르는 모습뿐 아니라, 불교신자로 보기에는 '뜻밖의' 신앙 양상들이 확인되고 있다.

예를 들어 보자. 조선 성종 9년(1478)에 찬집된 《동문선》은 삼국시대부터 찬집 당시까지 지어진 훌륭한 시문들을 수록한 관찬 시문선집이다. 여기에 실린 고려시대의 불교 관련 저술들에는 불교의 의례나 행사 등과 관련된 도량문道場文, 제문祭文, 소疏 등이 있다. 이 저술들은 재앙이 사라지고 복을 받기를 바라며 부처님께 기원하는 내용으로 구성되어 있는데, 그중에는 불·보살뿐 아니라 불교 밖의 다른 세계인 민간신앙 등에 속한 여러 신에게도 복을 구하는 내용이 적혀 있는 경우가 있다. 혹은 더 나아가 불·보살의 이름을 부르며 그들의 힘에 의지하면서도, 궁극적으로는 불교 외의 신중神衆에게 자신들의 기원이 이루어지기를 바라는 모습 또한 포착되고 있다. 이러한 내용은 고려시대 관리나 승려들의 문집에서도 찾아볼 수 있다.

한편으로 출가자인 승려와 관련해서도 흥미로운 모습이 발견된다. 승려의 사망 후, 유골을 안치하는 과정에서 매지권買地券이 나타나는 2건의 사례가 확인되기 때문이다. 매지권은 시신이나 유골을 매장할 때, 땅의 지신地神들로부터 토지를 구매하여 죽은 이가 사후에 신의 해코지를 당하지 않고 편히 지낼 수 있도록 하는 일종의 계약문서다. 일반적으로 도교와 관계가 깊다고 이해되고 있기 때문에, 승려의 유골을 매장하는 과정에서 불·보살이 아닌 땅의 신과의 계약을 통해 그의 보호를 구하는 이 사례도 불교신앙의 다양함을 시사해 주고 있다. 물론 이를 장례 풍습의 일환으로 해석할 수도 있겠지만, 그렇다 하더라도 사자死者가 지녀온 종교이자 직업과 다른 신앙의 성격인 매지권을 이용한 측면은 전형적인 불교신앙과는 다른 면모를 보여준다.

이러한 양상을 어떻게 이해해야 할까. 불교와 그 외의 다른 신앙 혹은 종교와의 관계에서 비롯된 것으로 살펴볼 필요가 있지 않을까. 인도에서 중국을 거쳐 한반도로 들어온 불교는 완벽하게 외래의 것이었다. 또한 처음 불교가 한반도로 유입되었을 때에는 이미 자생해 온 민간신앙이 존재하고 있었고, 도교 역시 비슷한 시기에 유입, 수용되어 고려 중기에 이르러서는 국가에 의해 성행하기도 하였다. 따라서 위와 같은 모습은 한반도에 불교가 수용되어 확대되어 가는 동안 기존의 민간신앙이나 도교와 공존·습합·융합되는 과정에서 나타난 측면이라고 생각해 볼 수 있을 것이다.

이에 더하여, 당시를 살아 가던 사람들이 지닌 적극적인 삶의 태도도 작용했다고 해석할 수 있겠다. 불교 세계의 불·보살은 물론, 당시에 영험하다거나 힘이 있다고 여겨지는 신에게 자신들의 갈망과 기원을 의탁하여 처한 현실을 더욱 잘 살아 내고자 하는 바람이 담겨 있기 때문이다. 지금도 불교 사찰에 가면 산신山神을 모신 산신각이나 칠성七星을 모신 칠성각을 볼 수 있는데, 사람들의 길흉화복에 관여하거나 혹은 영험함을 지닌 다수의 대상을 모시고 신앙함으로써, 그리고 그 대상을 당시 가장 영향력 있고 잘 알려진 불교라는 큰 틀 속으로 녹여 내었던 것이라고 이해할 수 있지 않을까.

지금까지 살펴본 '뜻밖의' 불교신앙의 모습이 고려시대 불교의 모든 내용을 대변할 수는 없다. 그러나 이 소수의 양상은, 고려시대 불교신앙을 더욱 풍부하게 설명하고, 더 나아가 당대 사람들의 삶과 사고방식 등을 반영하고 있는 중요한 자료가 될 것이다. 그리고 이러한 다채로운 면모를 지닌 고려시대 불교신앙을 머릿속에 넣고 고려시대를 바라볼 때, 그에 대한 넓은 시각과 이해를 가질 수 있을 것이다.

　이처럼 '뜻밖의' 양상을 읽어내기 위해서는 새로운 자료를 중심으로 한 연구가 필요하다. 여기에는 기존의 사료와 같은 문자자료들은 물론, 불교 미술자료들을 활용하는 작업이 요구될 것이다. 불상의 복장腹藏 유물이나 사경寫經, 경전 인쇄 등의 각종 불사佛事에서의 발문, 발원문 등과 같은 불·보살을 신앙하는 '행위'의 결과물을 자세히 살피면, 그 안에 불교의 범주 외에 있는 '뜻밖의' 대상들이 불교신앙의 범주 안에서 신앙되고 있음을 발견할 수 있기 때문이다. 하나의 불사를 행하기 위해 다수의 사람들이 모이고, 당시 그들이 그러한 불사를 행할 수밖에 없었던 배경을 꼼꼼히 살피고 분석하는 과정을 통하여, 우리는 '뜻밖의', 더 자세히 말하자면 '일반적인 불교 교리에 따른 내용이 아니어서 뜻밖이지만, 당시 사람들의 삶과 생각이 여실히 담겨 있는' 고려시대 불교의 색다른 면모를 확인할 수 있을 것이다.

　종교는 그 교리와 함께 그것을 믿고 따르는 사람들에 의해 지탱된다. 고려시대 불교가 융성하고 지속될 수 있었던 데에는, 그것을 열렬히 신앙하는 사람들의 지원이 큰 작용을 하였다. 그 신앙의 자세한 모습을 하나하나 살펴 가는 과정을 통해 고려시대와 불교, 그리고 그 신앙을 이해하는 눈과 귀가 더욱 깊어지고 트이게 될 것이라 기대한다. 앞으로 이와 같은 사료들을 더욱 발굴하고 분석하여 고려시대 불교 이해를 더욱 풍부하게 하고 이로써 고려시대를 보다 사실적이고 생생하게 바라볼 수 있게 되기를 희망한다. *박영은

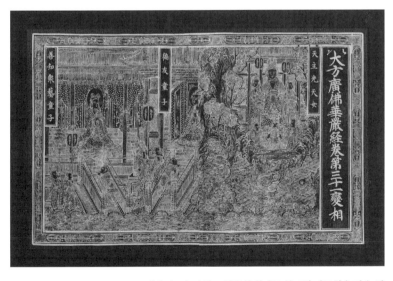

고려와 송, 요 간의 교역품의 하나로 불교의 가르침을 담은 책

5

고려의 전쟁 없는 영토 수복은
어떻게 가능했을까?

한국사에서 전쟁이 아니라 외교를 통해 영토를 획득한 대표적인 사건은 고려시대 '서희의 강화회담'이다. 이는 너무나 잘 알려져 한국인이라면 모르는 사람이 없을 정도다. 그런데 이렇게 획득한 영토의 일부를 이후 거란에서 강제점유하였고, 이때 **빼앗긴** 영토를 되찾기 위해 고려가 약 100년간 고군분투한 사실은 일반적으로 잘 알려져 있지 않다. 또한 애초에 외교를 통해 그 땅을 얻어 낸 것처럼 이를 되찾은 것 역시 전쟁이 아닌 외교를 통해서였다는 점 역시 마찬가지다. 그렇다면 외교를 통한 영토의 획득 및 수복은 어떻게 이루어졌을까?

  고려 성종 12년인 993년, 소손녕(이름은 항덕)이 이끄는 거란의 80만 대군이 고려를 침입하였다. 이에 앞서 여진의 보고를 통해 거란의 침입이 임박한 것을 인지한 성종은 급히 3군을 편성하는 한편 시중 박양유를 상군사로, 내사시랑 서희를 중군사로, 문하시랑 최량을 하군사로 삼아 변경을 대비하게 하고, 자신은 서경(평양)으로 갔다가 다시 안북부로 옮겨가 군사를 지휘하고자 하였다. 그런데 소손녕이 고려를 겁박하면서 항복을 요구함에 따라 고려는 항복을 하느냐 전쟁을 하느냐를 놓고 고심하게 되었다. 성종은 수차례 신하들을 소집하여 대책을 논의하였는데, 초반에는 항복을 해야 한다는 의견, 더 나아가 서경 이북의 땅을 떼어 주자는 의견이 우세하였으나, 결국 서희와 이지백 등의 주장에 따라 소손녕과의 협상을 통해 상황을 극복해 보고자 하였다.

이렇게 성사된 서희와 소손녕의 강화회담의 내용과 결과는 익히 알려진 바와 같다. 서희는 군신 간의 예를 요구한 소손녕에게 대등한 예를 행할 것을 주장하고, 소손녕이 이를 받아들이지 않자 숙소로 돌아와 누워버림으로써 협상 초부터 기선을 잡았다. 또한 고구려 땅은 거란의 소유인데 고려가 침식하고 있으니 서경 이북을 거란에 할양할 것과 송과 단교하고 거란에 조빙하라는 소손녕의 주장에 대해, 고려는 고구려를 계승하여 국호를 고려로 하고 평양에 도읍하였으니 거란 땅을 침식한 것이 아니며 지금까지 거란에 조빙하지 못한 것은 압록강 내외의 땅을 점거한 여진으로 인해 길이 막혔기 때문이라는 논리정연한 답변을 내놓았다. 그러면서 여진을 축출하여 옛 땅을 찾아 성보를 쌓고 도로를 통하게 하면 거란에 조빙하겠다는 대안을 제시하였다. 이 협상이 타결됨으로써 고려는 거란과의 조공책봉관계 수립의 대가로 안북부로부터 압록강 동쪽에 이르는 280리 땅에 대한 영유권을 획득하게 되었다. 고려가 여기에 흥화진, 용주, 철주, 통주, 곽주, 귀주 등을 설치하였으니, 이것이 일명 '강동 6주'이다.

그러나 이후 거란은 압록강 하류 일대의 이용가치에 눈을 뜨고 고려에 강동 6주의 반환을 강력하게 요구하였고, 급기야 1014년(현종 5) 압록강에 다리를 설치하고 강을 넘어와 압록강 동쪽의 고려 영토에 보주성保州城을 쌓기에 이르렀다. 그 후 고려와 거란 사이에는 11세기 내내 보주와 관련된 문제가 주요 외교 현안이 되었다. 거란은 단지 성만 쌓은 것이 아니라 보주를 근거지로 한 압록강 동쪽 일대에 궁구문弓口門·우정郵亭 등의 군사시설과 매매원買賣院·각장榷場 등의 교역시설을 설치하려 하였고, 그때마다 고려는 강력하게 항의하면서 철훼 및 계획 중지를 요구하였다.

이처럼 거란이 강화회담의 약속을 파기하고 보주에 집착한 것은, 보주의 지리적 이점 때문이다. 보주는 현재의 평안북도 의주로, 압록강을 건너기 위한 동쪽 거점이 되는 곳이다. 압록강의 물줄기는 이곳에 이르러 몇 갈래로 갈라져 그 사이에 섬이 자리하며, 수심도 비교적 얕아 강을 건너기에 적당하기 때문이다. 즉 보주는 압록강의 동과 서를 연결하는 교통의 요지이고, 곧 거란과 고려를 연결하는 길목이었다.

고려가 보주를 되찾을 기회를 얻게 된 것은 여진족이 금을 건국한 1115년에 이르러서였다. 금 태조 아골타는 건국 초기부터 휘하 장수 가고살갈에게 보주를 공격해 취할 것을 명하였다. 금의 입장에서도 보주는 그 지리적 특성상 고려와 거란의 연합 가능성을 사전에 막기 위해서는 반드시 점령해야 할 곳으로 인식되었던 것이다. 가고살갈은 먼저 보주 주변의 성을 차례로 함락하면서 보주를 고립시켰고, 때마침 거란 동경(요양)에서 고영창의 반란이 일어나면서 보주의 상황은 더욱 악화되었다.

이 때문에 1116년(예종 11) 3월 보주의 식량난이 심해지자 고려에서는 쌀 1천 석을 보냈다. 보주를 관할하는 내원통군 야율녕이 이를 거절하여 식량 지원은 성사되지 않았지만, 이를 통해 고려가 보주에 대해 가장 먼저 취한 전략은 식량 지원이었다는 점을 알 수 있다. 당시 고려는 거란의 상황을 예의 주시하고 있었는데, 결국 거란이 멸망할 것이고 그렇다면 거란 조정은 더이상 교섭 상대가 될 수 없다는 것을 파악하고 내원통군과 직접 교섭하여 보주를 돌려받을 방법을 고심한 결과, 식량 지원을 통한 우호관계를 도모한 것으로 생각된다.

이후 금의 보주 공격은 더욱 맹렬해졌고 보주성이 거의 함락될 뻔하자 내원통군 야율녕이 도주를 시도한 일이 벌어졌다. 고려에서는 이때 신속하게 야율녕을 초유했으나 왕 명의의 공식적인 문서가 없다는 이유로 성사되지 않았다. 야율녕 초유의 목적은 보주의 반환을 요청하기 위해서였을 것이다. 또한 그로부터 몇 달 뒤에는 내원통군이 고려에 쌀 5만 석을 빌려 달라고 요청하였으나 고려에서는 빌려 주지 않고 다시 내원통군을 회유하려 한 일이 있었다. 이는 내원통군이 성을 버릴 수도 있다는 점을 인지하고서, 호감을 사는 것보다는 도주하게 하는 편이 낫다고 판단한 결과로 보인다.

결국 1117년(예종 12) 3월에 가고살갈이 내원성을 습격하는 한편 전함을 불태우고 배를 지키는 사람까지 사로잡자 내원통군이 성을 버리고 도주하였는데, 이때 고려에 행정문서를 보내 보주를 넘겨주겠다는 뜻을 전했고 고려에서는 즉시 군대를 보내 보주를 접수하였다. 이는 고려의 외교적 노력이 금의 군사적 노력보다 신속하게 결과를 도출한 것이었다. 고려는 처음에는 식량 지원을 통한 우호관계를 도모하였고, 다음에는 내원통군을 초유하였으며, 마지막에는 압박 및 회유하는 외교적 수단을 동원하였다. 내원통군이 퇴로가 차단될 위기에서 탈출을 감행하는 와중에 굳이 고려에 보주를 되돌려 준 것은 이러한 외교적 노력이 영향을 미친 결과일 것이다.

한편 금의 입장에서 보면, 고려의 보주 수복은 군사적 노력을 다해 내원통군을 도주하게 만들고 막 성을 접수하려는 순간 고려 군대가 먼저 차지하는 바람에 눈앞에서 놓쳐 버린 것이었다. 때문에 금 태조는 고려의 보주 수복을 인정하지 않고, 고려가 상국上國에 올리는 외교문서인 표表를 올려 청한다면 달리 생각해 보겠다는 반응을 보였다. 그러나 고려가 표를 올리지 않으면서 이 문제는 승인 보류 상태로 남게 되었다. 이 문제가 다시 수면 위로 떠오르게 된 것은 1126년(인종 4) 고려와 금이 공식적으로 조공책봉관계를 수립하면서이며, 이 사안을 두고 양국은 약 3년간 외교 교섭을 진행하게 되었다.

금은 고려의 보주 소유에 대해 할사割賜, 즉 영토를 떼어 준 결과로 간주하고 이에 감사하는 의미에서 금에 서표誓表를 올리라고 요구하였다. 서표는 국가의 흥망을 건 충성 맹세문서를 말한다. 또한 보주와 변경에 거주하는 여진인을 찾아서 금으로 보낼 것을 요구하였고, 보주의 범위에 대한 인식도 고려와는 달랐다. 이에 대해 고려는 보주가 본래 고려의 옛 땅임을 강조하는 한편 여진인을 찾아 돌려보내는 것은 현실적으로 이행하기 어려움을 피력하였고, 보주의 범위에 대해서도 전혀 양보하지 않았다.

결국 이 문제는 고려에서 1129년(인종 7)에 서표를 올림으로써 점차 해결되었다. 즉 고려는 보주가 본래부터 고려의 땅이었음을 강조하면서도 보주에 대한 영유권을 승인받으려는 목표를 이루기 위해, 할사의 대가라는 의미를 가지는 서표의 진납을 수용하였고, 이를 통해 다른 사안들에 대해서는 금의 양보를 이끌어 낸 것이다.

서희의 강화회담과 거란·금 교체기를 이용한 보주 수복 사이에는 100년이 넘는 시간차가 존재하지만, 전쟁이 아니라 외교를 통해 영토 문제를 해결했다는 공통점이 있다. 대국의 침입이라는 위기에서 전화위복의 결과를 이끌어 낸 서희의 외교술은 대단히 인상적이다. 그러나 이는 개인의 능력인 동시에 그 시대가 낳은 역사적 소산이기도 하다. 수차례 회의를 통해 신하들의 의견을 수렴한 성종의 적극적인 자세, 왕 앞에서 기탄없이 의견을 개진할 수 있는 회의 분위기, 외국과의 협상에 임한 자가 소신대로 대응할 수 있도록 뒷받침하는 조정의 지원과 신뢰 등이 있었기 때문에 서희의 외교적 능력이 유감없이 발휘될 수 있었던 것이다. 또한 고려의 보주 수복 역시 왕대가 바뀌더라도 고려의 유연한 외교 자세에는 변함이 없었음을 보여준다. 고려 조정이 보주를 돌려받기 위해 거란의 내원통군을 상대로 행한 외교 교섭, 그리고 보주에 대한 영유권을 인정받기 위해 금을 상대로 행한 외교 교섭을 통해 고려의 상황 파악 능력과 그에 맞는 외교 전략 구사를 엿볼 수 있다. ＊박윤미

구성부龜城付(해동지도, 규장각 소장)
구성은 거란의 침입에 대비하여 994년(성종 13)에
쌓은 산성. 1702년(숙종 28)에 개축하였다.

6

여몽관계의 만화경,
각축과 명멸의 모자이크

고려와 몽골제국의 관계는 전근대 어느 시기보다도 강력한 간섭과 혈연적 밀착을 보인다는 점에서 타 시기와 구분되는 이질적인 색채를 띤다. 이는 고려가 중원이나 유목 지역의 다른 왕조들과 유지하던 관계와 비교해도 그러하며, 고려 이전이나 이후의 시대에 나타나는 한중관계의 양상과 비교해도 그러하다.

한반도에서 일어났던 전쟁들 중에서도 유례없이 길었던 여몽전쟁이 고려의 항복으로 끝난 뒤, 익히 알려진 대로 몽골제국은 약 100년에 이르는 기간 동안 고려에 강력한 간섭을 행사했다. 중원을 지배하는 존재로서의 몽골제국을 지칭할 때 주로 사용되는 원元이라는 국호를 인용하여 '원 간섭기'로 칭하기도 하는 것이 바로 이 기간이다. 이 시기 양국관계의 기본 틀을 어떻게 해석해야 하는지에 대해서는 국내외 학계에서 여러 방향으로 의론이 제기된 바 있지만, 기본적으로 고려가 다른 어느 시기보다도 강력한 간섭을 받았다는 점에 대해서는 대체로 의견이 일치하고 있다.

실제로 당시 고려는 왕위 계승을 스스로 결정하지 못하고 몽골 측의 '임명'을 필요로 했으며, 몽골제국 내 여러 기관이 고려 조정과의 협의를 통하지 않고 자의적으로 고려 국왕의 관할 영역 내에서 자신들의 권력을 행사하는 경우도 있었다. 또한 충렬왕 이후 공민왕까지의 고려 국왕은 대 대로 몽골제국과의 국혼을 통해 황실의 부마가 되었는데, 이는 제국질서 내에서 고려 국왕에게 상당한 지위를 부여해 주는 동시에 혈연관계를 통 해 제국에 대한 고려의 종속을 강화시키는 양날의 검이 되기도 하였다.

그러나 역대 고려 국왕과 그 조정은 이러한 와중에서도 강화 교섭 당 시 고려 원종이 몽골 대칸 쿠빌라이로부터 받아 냈다는 불개토풍不改土 風(고려 본국의 풍속을 고치지 않는다)의 원칙으로 대표되는 세조구제世祖 舊制의 틀을 내세워, 고려 왕조와 그 영토에 대한 몽골제국의 지나친 간 섭과 침탈을 막아 내고자 하기도 하였다.

이렇게 고려와 몽골의 의도가 교착하던 시기, 양국의 육상 접경지대 는 이러한 교착과 분쟁의 주 무대 중 하나였다. 그 접경의 범위로는 대 략 고려가 자연 국경선으로 인식하던 압록강을 중심으로 하여 남북으 로 펼쳐진 요동과 한반도의 경계지대를 묶어 볼 수 있다. 압록강 남쪽 으로는 본래 고려의 북방 영역이었으나 몽골의 침입과정에서 침탈당했 던 동녕부와 쌍성총관부 지역이 그 범위에 해당된다. 그리고 압록강 북 쪽으로는 고려와 몽골의 주요 연결축선에 속한 동팔참東八站을 포함하 는 압록강 북안과, 고려인이 집거하여 세력을 이루던 요양–심양 일원 및 요양행성 개원로 영역 등의 요동 지역을 교착의 무대로 볼 수 있다.

여기서 주목할 점은, 두 나라 사이 접경지대와 그 주변에서 나타나는 분쟁의 양상 및 당사자들이 다양하다는 점이다. 넓게 보면 이 지역은 고려와 몽골제국이라는 양대 세력의 판도 내에 분할 소속되어 있다. 그러나 그 표면 아래에서는 해당 지역 내에 존재하는 여러 몽골계, 혹은 고려계 등의 세력들이 제각기 이해를 달리하며 각축과 명멸을 이어 나가고 있는 상황이었다.

13세기 중반 이후 요동 지역에는 지방 통제력을 강화하려는 몽골제국 중앙의 시도가 이어지고 있었지만, 동시에 제국의 종왕宗王 세력인 동방 3왕가 또한 울루스ulus라 불리는 자신들의 분봉세력을 확장하는 과정에서 흥안령을 넘어 요동 방향으로 세력을 넓히고 있었다. 이후 요동과 그 주변 지역을 주 무대로 하여 일어났던 몽골제국의 내전인 나얀의 난 (1287)에서 대칸 쿠빌라이 측이 승리하면서, 제국 조정은 결국 요동 지역에 요양행성이라는 지방 관리기구를 설치할 수 있었다. 그러나 반란이 진압되고 요양행성이 설치된 이후에도 몽골계 종왕들은 여전히 이 지역에서 어느 정도 독립적 성격을 가진 분봉세력을 유지하고 있었다.

그 한편으로는 고려에서 이탈한 고려인들이 몽골에 귀부하면서, 그 수장이 몽골에 귀부한 고려계 군민軍民에 대한 통합권을 부여받아 접경지대 내에서 세력을 형성하기도 하였다. 압록강 북쪽 요동 지역에서는 홍씨 세력과 왕 씨 세력이 그 대표적인 예다. 전자는 홍복원이 몽골의 첫 고려 침입 때 곧바로 항복하면서 몽골 측에 솔선 귀부한 것으로 인정받은 것을 계기로 요동에서 세력을 형성하게 되었다. 후자는 고려 왕족인 영녕공 왕준으로부터 시작되었다. 그는 본래 고려에서 왕자라 속이고 몽골에 인질로 보냈던 인물이었으나, 후일 대칸 몽케의 조치를 통해 지위를 부여받고 요동 고려인에 대한 지배권을 홍복원과 분점하였다. 이들 가문은 대대로 몽골제국에 속하여 요동에서 그 세력을 유지하였다.

압록강 남쪽 한반도에서는 고려 내부의 반란을 계기로 몽골이 고려의 서북면을 침탈하여 동녕부를 설치하고 반란을 주동했던 현지 고려인 수장들을 총관과 천호로 임명했다가 영토를 돌려주고 동녕부를 요동으로 옮긴 사례가 있다. 고려 동북면에서도 반란을 계기로 쌍성 지역이 몽골에 편입되면서 반란 주동자였던 조휘의 조 씨 가문이 쌍성총관부의 총관 직을 세습하며 100년 가까이 세력을 유지하였다. 한편 이성계의 조상인 이안사는 자신을 따르는 사람들을 이끌고 몽골에 복속하여 지위를 얻었는데, 이후 그 후손들은 두 나라 사이를 오가면서 고려의 동북면 지역에서 그 세력을 굳혀 나갔다.

또한 명의 흥기와 북벌로 인해 몽골제국이 중원을 상실한 이후에는 요동 지역에서 나하추를 비롯하여 홍보보, 고가노, 유익 및 기황후의 조카이자 기철의 아들인 기사인테무르 등, 다수의 세력가들이 이 지역을 둘러싼 3대 세력인 고려와 명 및 북원 사이에서 제각각 근거지를 가지고 향배를 바꾸어 가며 한동안 할거하기도 하였다.

이러한 접경지대 세력들은 세력 확장이나 그 세력 내에서의 배타적 지배권 유지 등으로 대표되는 각자의 이익을 위해 때로는 충돌하고 때로는 협조하였다. 그리고 이 과정에서 고려 조정에 대해서도 필요에 따라 적대하기도, 접근하기도 하였다. 아울러 분쟁의 수단 또한 무력 충돌, 특정 세력 견제를 위한 연맹, 양국 중앙 정부의 입장을 이용한 상호 대립 등 여러 가지 양상으로 나타나고 있다. 또 그런 한편으로는 중앙 정부 사이의 작용이 각 접경지대 세력의 향방에 결정적인 영향을 미치기도 한다. 이렇게 이해와 지향을 달리하는 여러 세력의 의도가 교차하며 다양한 역사적 장면을 나타냈던 여몽 접경지대의 양상은, 실로 움직일 때마다 다양한 형상을 비춰 주는 만화경과도 같은 모습을 보여주고 있다.

그리고 이 만화경을 구성하는 중요한 요소 중 하나였던 여몽 접경지대의 고려인과 그 세력의 구체적 실상에 대한 지속적인 탐구 또한 한국사 연구의 당면 과제 중 하나라 할 수 있겠다. 나아가 이러한 탐구를 유효한 방향으로 발전시키기 위해서는 고려만이 아니라 몽골제국체제를 좀 더 깊이 이해하는 것이 필수적이다.

몽골제국은 쿠빌라이 이후 중원 왕조를 자처하면서 기존 한족 중원 왕조의 기구 명칭을 도입하기도 하였지만, 해당 기구의 실제 운용에 있어서는 중앙기구에서도, 지방 통제에 있어서도 한족 왕조의 그것과는 사뭇 궤를 달리했던 부분이 많다. 이는 제국의 체제가 근본적으로는 여전히 유목사회의 그것을 기반으로 하고 있었기 때문이다. 그러한 맥락에서, 여몽관계의 전개 및 두 나라 사이의 접경에서 나타나는 이질적인 양상 또한 몽골제국체제와 여타 한족왕조체제의 이러한 이질성에서 기인하고 있는 부분이 크다 할 수 있다. 그러한 만큼, 이 시기 이 지역을 연

구함에 있어 자국 중심의 일국사적 시각에 매몰되는 것을 피하고 시대의 역사적 실상에 접근하는 데에는 여몽관계의 두 주체에 대한 이해를 함께 높이는 과정이 필요한 것이다. *오기승

쿠빌라이 칸 어진(타이완 국립고궁박물관 소장)

7

고려와 몽골의 관계를 이해하는 또 다른 틀, 몽골을 몽골로 보기

고려 충렬왕 4년, 즉 1278년의 여름, 한 관료가 여러 지방을 둘러보며 지역민들의 생활상을 살폈다. 그 길에서 마주친, 어쩌면 그 길에서 기다리고 있던 한 사람이 왕실에서 지역민들을 데리고 가서 사사로이 노역을 시키는 바람에 세금을 낼 수 있는 사람들이 줄어들어 힘들다고 호소했고, 관료는 이 문제를 바로잡아 주겠노라고 약속했다. '아마도' 그 관료는 약속을 지키려 했겠지만(?), 늘 그렇듯 그 약속은 지켜지지 않았다.

그 관료는 몽골에서 자신들에게 복속한 지역의 정치·경제·군사 전반을 감독하기 위해 파견한 다루가치로, 고려에는 전쟁 초창기에 잠시, 그리고 1270~1278년에 이르는 기간 동안 체재했다. 다루가치가 호소하는 지역민을 마주쳤던 곳은 가림현(현 충남 부여군 임천면)으로, 당시 이곳 촌락들은 각기 원성전, 정화원, 장군방, 코르치, 순군 등 왕실기구에 속해 있었고, 그곳의 민들은 이 기구들을 통해 왕실에 재정과 노동력을 공급했다고 한다. 이처럼 특정 지역을 왕실기구에 속하게 하여 그 재정을 충당하는 방식은 이전부터 있었으나, 가림현 지역이 왕실 장원이 된 것은 비교적 최근의 일이었던 듯하다. 지역민의 호소에 이름을 올린 위 기구들은 각기 충렬왕비 제국대장공주(원성전)와 정화궁주(정화원)의 기구인데 제국대장공주와 충렬왕의 혼인은 충렬왕의 즉위와 같은 시기에 이루어졌고, 활통을 매고 군주의 사냥을 수행하는 역할을 주로 했던 몽골의 케식(친위대) 직종 중 하나인 코르치가 고려에 설치되고 순군이 설치된 것 역시 충렬왕 대 이후의 일이기 때문이다.

이 사건은 국가(관료) 대 민 사이의 일반적인 구도를 보여주는 한편으로, 몽골과 고려라는 국가 간의 또 다른, 그러나 역시 '일반적인' 구도를 떠올리게 한다. 고려 왕실의 지배방식, 즉 고려 내정 문제에 대해 꼬투리를 잡는 몽골 관료 다루가치의 존재를 통해 드러나는 갈등 구도이다. 설령 그 지적질의 내용이 타당하다 할지라도, 그것이 타당한 것인지의 여부는 몽골과 고려라는 대립 구도 속에서 의미를 갖기(관심의 대상이 되기) 어렵다. 그는 몽골 관료이기 때문이다.

그런데 다시 뜯어 보면 위 이야기는 또 다른 '일반적인' 구도를 떠올리게 하면서도 그러한 구도로는 선뜻 이해되지 않는다. 이해의 걸림돌은 원성전의 주인인 충렬왕비 제국대장공주가 몽골 황제 세조 쿠빌라이의 딸이라는 사실이다. 이상하지 않은가? 한갓 관료인 다루가치 따위가, 그것도 세조 쿠빌라이의 임명을 받은 몽골 관료가 무려 쿠빌라이의 딸로서 성정도 강하고 기세등등했던 제국대장공주의 재정 운용방식에 태클을 걸다니. 물론 당시 가림현이 겪고 있던 어려움이 비단 원성전에서 비롯된 것만은 아니었지만 말이다.

유사한 맥락의 사례는 또 있다. 가림현에 들렀던 다루가치에 앞서 고려에 왔던 또 다른 다루가치는 고려에서 몇 개월을 보낸 후 몽골로 돌아가서 몇 가지 사안을 보고했다. 고려 정치 운영의 문제점 및 고려와 몽골의 관계에서 문제가 될 수 있는 사안들이었다. 몽골 조정에서는 이 가운데 특히 문제가 된다고 파악한 몇 가지와 관련해 고려 조정에 '주의'를 당부했다. 이러한 사단이 발생할 것을 미리 예측해서였을까? 다루가치가 귀국하려고 했을 당시 충렬왕과 제국대장공주가 그를 만류했다고 하며, 그럼에도 다루가치가 귀국을 고집하자 제국대장공주는 자신이 고려에 올 때 데리고 온 측근 신료 중 한 명을 함께 가도록 하여 그를 감시하게 했다. 그야말로 '감시'만 한 것인지, 다루가치는 애초 귀국의 목적대로 고려에서 벌어지는 문제적 사안들을 보고하고 말았지만 말이다. 제국대장공주는 왜 굳이 그를 만류하고 사람을 붙여 감시까지 했던 것이며, 다루가치는 어찌 감히 무려 '몽골 공주'의 만류를 뿌리치고 갔을까? 같은 몽골인인데.

위의 사례들은 13세기 후반 고려가 맞닥뜨렸던 국제 환경에서 빈발했던 여러 사례 가운데 하나일 것이다. 그리고 고려 대 몽골이라는 구도에서는 선뜻 이해되지 않는 이러한 일들은 제국대장공주의 각성이라거나 다루가치의 인성과 같은 개별적이고 특정하기 어려운 요인들을 들어서 설명할 수도 있다. 물론 위의 사례에 대입해 보더라도 드러나듯, 아전인수적인 해석이 될 가능성이 크지만.

사실 이 문제는 몽골이라는 나라가 어떤 나라인지를 염두에 두고 살펴보면 보다 구조적으로 이해되는 측면이 있다. 몽골은 유목사회에서 형성된 국가다. 이후 정주 지역까지 영역을 확대하며 제국을 형성하는 과정에서 제국 운영에 필요한 현지 제도들을 적극 도입하여 체제를 재편했지만, 국가의 근간이 되는 부분에서는 애초 유목적 전통에서 비롯된 제도와 속성을 유지했다. 그 가운데 가장 핵심적인 부분이 분권적인 몽골의 국가체제일 것이다.

　1206년, 몽골 초원의 다양한 세력들을 통합한 테무진이 칭기스 칸으로 추대되면서 '예케 몽골 울루스Yeke Mongol Ulus'가 탄생했다. 이 시기 몽골에서 울루스는 사람, 즉 민을 가리키는 말이었다. 물론 그들이 가축을 데리고 유목생활을 할 땅이 필요했기에 땅이라는 개념을 완전히 분리시킨 개념은 아니었으나, 일차적으로 울루스는 민을 의미했다. 얼마 지나지 않아 칭기스 칸은 자신의 '큰 아들' 4명과 동생 4명에게 통치할 민을 나누어 주고 각기 몽골 초원의 서쪽과 동쪽에서 유목생활을 하게 했다. 유명한 '자제분봉'이다. 주치 울루스, 차가타이 울루스, 카사르 울루스, 옷치긴 울루스 등 이때 칭기스 칸의 자제들이 분봉받은 민과 그 유목지 역시 울루스로 칭해졌고, 칭기스 칸, 즉 대칸이 직접 지배하는 카안 울루스를 포함한 이 아홉 개의 울루스는 몽골 울루스 체제의 근간이 된다. 한편, 각각의 울루스는 세대를 거듭하는 가운데 다시 각기 그 자제들에게 분봉되었다. 전자를 '상위 울루스', 후자를 '하위 울루스'라 칭하기도 한다. 흔히 '원조'라고 부르는, 중서성과 11개 행성으로 구성된 영역은 대칸이 직접 관리하는 카안 울루스에 해당한다.

　황실의 여성 구성원인 공주와 결혼한 부마 역시 민과 영역을 분봉받았는데, 이는 아이막aimaq이라 칭해진다. 황실의 남성 구성원인 '제왕諸王'들이 보유했던 울루스와 명칭은 다르지만, 분봉을 근간으로 한 단위라는 점에서 공히 '투하投下'로 칭해지기도 한다. 이들은 모두 각기 분여받은 민과 영역을 통치하기 위한 일련의 관료조직, 즉 투하관을 갖추고 있었다. 후비나 공주 등 황실의 여성 구성원들 또한 이러한 투하관을 각기 갖추고 있었던 것으로 보아, 제왕의 울루스나 부마의 아이막에 비견할 정도는 아니지만 역시 각자의 몫으로 민을 분여받아 관리했던 것으로 보인다. 즉, 분봉을 근간으로 구성된 몽골제국에서 제왕, 부마, 후비, 공주 등은 각기 자신의 민과 영역을 보유하며 통치하는 분권세력이었다. 이들은 각자의 투하를 관리하는 한편으로, 여러 통로를 통해 제국 전체의 운영에도 관여했다. 후비, 공주 등 여성 구성원들의 정치력은 독자적으로 행사되기보다는 대개의 경우 부마의 그것과 함께 작용했던 것으로 보인다.

범위를 좁혀, 고려와 직접적인 관계를 맺었던 카안 울루스의 경우를 살펴 보자. 카안 울루스 역시 다른 '상위 울루스'들과 마찬가지로 물리적인 규모 면에서도, 제왕의 통치력이 작동하는 정치적 규모 면에서도 편차를 보이는 다수의 '하위 울루스'들, 혹은 투하들로 구성되어 있었다. 물론 이러한 투하들은 카안 울루스의 영역을 빽빽하게 채우고 있는 것은 아니었다. 한편, 대칸 세조 쿠빌라이는 카안 울루스의 행정체계를 정비하면서 중서성과 11개의 행성을 설치했다. 성격이나 운영 면에서 차이는 있으나, 고려에 설치되었던 정동행성 역시 이에 포함된다. 행성의 편제가 기본적으로 영역 단위인 것에 비해, 제왕·부마 등에 대한 투하는 영역적인 개념도 포함되지만 기본적으로는 인민의 분여를 기본으로 하는 만큼, 양자는 지리적으로 중복되었으며 양자 간 관계는 협력에서 갈등에 이르기까지 그야말로 복잡다기했다. 이러한 가운데, 제왕·부마 등의 투하는 사유재산으로 인식되었기에 투하의 관리방식에 대해 대칸-조정이 세세하게 직접 간여하는 일은 없었으나, 투하의 운영이 행성의 관리 대상에 영향을 미치는 경우, 그로 인해 갈등이 빚어질 경우에는 대칸이 직접 사신을 보내어 제재를 가하기도 했다.

1270~1278년 사이 고려의 정치·경제·군사 전반을 관리·감독하기 위해 파견된 다루가치는 온전히 몽골 조정의 이해관계를 대변하는 관료였다. 이에 비해 제국대장공주는, 혹은 이후 고려 왕실에 시집온 몽골의 공주들은 고려와 몽골의 관계 속에서 복합적인 입지를 갖고 있었다. 고려 내에서 보자면 그들은 단지 몽골이라는 나라를 대변하는 존재일 수 있지만, 몽골제국의 전체 구도에서 보자면 이들은 스스로 혹은 남편인 부마와 함께 제국의 분권세력을 구성하는 존재였다. 이들의 이해관계는 몽골 조정의 그것과 반드시 합치하지 않을 수 있는 것이었다. 즉, 대칸 세조 쿠빌라이의 딸인 제국대장공주가 그 남편인 고려 국왕 및 고려의 신료들에게 주었던 위압감은 그가 몽골 출신이라는 점에서 비롯된 것으로 전자의 측면을 반영하지만, 그와 몽골 다루가치 사이에 발생했던 마찰은 후자의 측면을 반영하는 것이었다.

고려-몽골관계 및 이 시기 고려의 정치와 관련한 그간의 연구들은 주로 전자의 관점에서 이루어졌다. 그러나 표면적으로 드러난 몽골의 '중국'으로서의 모습에만 주목하여 균일한 하나의 정치 단위로 파악하기보다, 유목적 전통에서 비롯한 몽골이라는 국가의 성격이나 그와 관련된 제도들에 충분히 주의를 기울인다면, 그간 단지 파편적으로 드러나는 독특하고 개별적인 사안들로만 해석되었던 고려-몽골관계의 이질적인 면모들은 보다 구조적인 전체 구도 속에서 그 의미와 맥

락을 되찾을 수 있을 것이다. 1270년대 후반, 다루가치와 공주 사이의
일화처럼. *이명미

고려 충렬왕비
제국대장공주릉 석인상
(개성 고릉 소재)

8

송나라 사람 채인범과 유재의 고려 정착기

[기회의 땅, 고려: 송 지식인의 '코리안 드림'] 고려시대에는 전 시기에 걸쳐 다양한 민족들의 왕래가 빈번하였다. 수시로 왕래하는 송상宋商의 선박이 고려와 송의 물자, 사람들을 실어 날랐으며 고려에 인접해 있는 발해·거란·여진의 수많은 사람들이 고려로 유입되었다. 《송사》〈고려전〉에 고려 왕성에 중국 사람이 수백 명 있었음을 기록하고 있는 것으로 보아 그만큼 많은 외국인이 고려로 유입되었음을 알 수 있다.

고려와 송의 외교가 시작된 광종 대에는 과거제를 건의한 쌍기를 비롯한 송 투화인들에 대한 파격적인 후대로 고려 관료들의 불만이 제기되기도 하였다. 그러나 고려 정부는 외국인들을 관용적이고 적극적으로 수용했으며, 이들의 규모나 역할도 상당했다. 그동안 고려시대 이민족의 이주는 국가적인 측면에서 논의되어 고려 내로 이주해 온 각 인물의 입장에서 그들의 정착과 그 이후의 삶에 대해서는 소홀했다. 이주 외국인들의 입장에서 고려 사회를 바라보는 인식의 전환도 고려사의 모습을 한결 풍부하게 해 줄 것이다.

이런 문제의식에서 시기를 달리하여 고려에 온 두 인물, 채인범과 유재를 중심으로 송에서 온 사람들의 고려 정착 모습을 살펴보고자 한다. 이 두 사람 모두 묘지명을 남기고 있어 이들의 삶을 상세히 확인할 수 있다. 특히, 채인범 묘지명은 현존하는 고려 묘지명 가운데 가장 오래된 것으로 역사적 의미가 크다. 유재는 묘지명과 더불어《고려사》열전에도 입전되어 있어 그의 활동을 살펴볼 수 있다. 두 인물의 자손들도 고려에서 관직생활을 이어간, 성공적인 고려 정착의 사례다.

[송 천주 출신 채인범과 그 가문, 고려에서 번성하다] 채인범은 묘지명 외 다른 기록이 남아 있지 않아 묘지명을 중심으로 그의 행적을 확인할 수밖에 없다. 채인범은 송나라 천주泉州 출신으로, 970년(광종 21)에 천주 지례사持禮使를 따라 고려에 왔다. 그의 나이 37세 때였다. 광종은 예빈 성낭중(5품급)에 임명하고 주택과 토지·노비 등을 하사해 그의 정착을 적극 지원했다.

채인범은 성종 때 조회의 의례를 담당하는 합문閤門[결락으로 구체적인 관직명을 확인할 수 없으나 그의 관직 임용과정을 볼 때 5품급인 합문사로 짐작된다]과 상서예부시랑(정4품) 등을 역임했다. 예부 또한 의례를 관장한 관서였던 만큼 국초에 여러 의례를 정비하는 과정에서 일정한 역할을 했음은 자명하다. 채인범은 998년(목종 1)에 고려에 투화한 지 28년 만인 65세로 사망했고 예부상서(정3품)로 추증되었다. 이후 1024년에 상서우복야로 추증되었다.

채인범의 개인사 중 가장 주목되는 내용은 그의 가계 부분이다. 먼저, 그에게는 처음 부인인 청하군대부인 최 씨와의 사이에 아들이 한

명 있는데, 묘지명 작성 당시 그의 관직이 내사시랑동내사문하평장사·감수국사였다. 이름이 기록되어 있지 않으나, 묘지명이 작성되기 2년 전인 1022년 6월에 내사시랑평장사·서경유수에 임명된 채충순일 가능성이 높다. 《고려사》채충순전에 그의 세계를 알 수 없다고 한 점에서 더욱 그러하다. 채인범이 고려에 왔을 때 37세였던 점을 감안한다면, 부인 최 씨와 장남은 송에서부터 함께 이주했을 가능성이 있다.

이후 혼인한 장 씨는 청주군군淸州郡君에 봉해졌으며, 슬하에 세 아들과 두 딸이 있었다. 세 아들 가운데 첫째는 합문지후, 둘째는 군기주부가 되었으며 셋째 아들은 출가해 불주사 대덕이 되었다. 두 딸 역시 모두 혼인했으나 묘지명 작성 시기 이전에 사망했다. 특히 '아들과 형제자매가 낳은 남녀와 여러 손자들嗣子兄弟姉妹所生男女諸孫等'이 매우 창성해 또한 각기 벼슬에 나가 관리가 되었다'는 구절은 채인범 자신뿐 아니라 다른 형제자매도 고려에 건너와 정착했을 가능성을 시사한다. 장씨의 경우 고려 여인으로 짐작되는데, 그녀의 가문 배경 역시 채인범 일가의 정착을 도왔을 것이다.

채인범은 자신뿐 아니라 자손에 이르기까지도 고려에서 관직생활을 안정적으로 영위하며 정착한 사례다. 송과의 관계가 맺어진 초기에 송 지식인의 정착 사례로 단연 모범이 되었을 것이며 그의 존재는 송 지식인들의 지속적인 고려 유입을 자극했을 것이다. 다만, 아들들의 이름을 알 수 없는 점이나 다른 기록에서 언급되지 않다는 게 의아하다. 이는 고려 초에 점차 지역 가문 중심의 중첩적인 문벌귀족이 형성되는 과정에서 채인범이 외국인 출신인 점이 한계로 작용한 결과일 것이다.

[왕의 스승이 된 유재, 출세가도를 달리다] 유재는 송나라 천주 출신으

로, 선종 대 건너와 고려에 정착한 인물이다. 일찍이 유재는 입사의 뜻을 밝히며 분연히 떨치고 일어나 해동[高麗]에 이르렀다고 하니, 관직 진출이라는 확실한 목적을 가지고 고려에 왔음이 분명하다. 그는 29세이던 1089년(선종 6)에 고려에 당도하였다. 선종은 유재가 온 것을 알고 시부詩賦로 시험해 보고 감문위참군사[〈열전〉에는 천우위녹사참군]에 임명하였다.

숙종 즉위 후 유재는 1102년(숙종 7)에 우사·지제고·동궁시독으로 파격 승진하여 태자를 보좌하게 되었다. 이는 4품급에 해당하는 지위로, 관직 승진의 순서를 뛰어넘어[超用] 임명된 것이다. 지금으로 따지자면 9급 서기보에서 4급 서기관으로 승진한 수준의 파격적인 인사였다. 이후 숙종 대에는 정4품직의 우간의대부, 예부시랑, 좌간의대부 등을 역임했으며, 1104년(숙종 9)에는 동지공거가 되어 과거를 주관했다. 고려 정부의 공무원시험 출제자 역할까지 수행한 셈이다. 예종이 즉위하자, 그는 평탄한 승진과정을 거쳐 정3품직의 좌산기상시, 예부상서, 이부상서를 역임하고 상서좌복야·문덕전학사(정2품)가 되어 재상의 반열에 이르렀다. 그야말로 고려에서 현달한 인물이었다.

그에게는 두 아들이 있었는데, 1119년 묘지명 작성 당시 통사사인(정7품)이던 장남 유급과 차남인 주부(8품급) 유승경이다. 유급은 유재가 고려로 온 5년 후인 1094년(현종 즉위) 8월에 온 것으로 확인되는데 유재가 먼저 온 이후 그 가족들이 모두 고려로 이주한 것으로 보인다. 유재는 고려에 온 목적에 부합하게 그의 능력을 인정받아 초고속 승진에 이어 안정적으로 고위관직을 역임하며 성공하였다. 이러한 유재의 고려 정착과정은 어느 정도 제도 정비와 안정적인 관료조직을 갖춘 당시 고려 중기의 사회상을 보여준다.

[고려 사회의 또 다른 돋보기, 투화인] 시기를 달리해 고려에 온 두 사람의 행적을 살펴보았듯이 채인범과 유재는 모두 송 천주인이라는 배경은 같았지만 고려 관료가 되는 과정과 정착에 약간의 차이를 보였다. 채인범이 고려 관료가 되는 관문은 누구보다 쉬웠다. 그는 왕을 배알만하고도 바로 고위급 관료에 임명되었으며 정착을 위한 편의를 제공받았다. 유재의 경우에는 관직생활에 대한 뚜렷한 목표로 고려로 왔음에도 시험에 합격하고 나서야 말단 관직을 받을 수 있었다. 이러한 변화는 고려 내부의 제도적 정비와 안정의 정도에 따른 차이일 것이다.

채인범은 높은 관직에서 시작한 데 비해 크게 현달하지 못했지만, 이름을 알 수 있는 최초의 송 투화인이라는 점과 재신宰臣 반열에 오른 아들의 모습을 통해 고려 초 송 투화인과 그 일가가 어떻게 성공적으로 고려에 정착했는지를 보여준다. 반면, 유재는 처음에 미관말직이었으나 그 자신의 능력을 인정받아 다음 왕위 계승권자인 태자의 스승이 됨

을 기점으로 고속 승진하여 재상의 위치에 이르렀다. 이러한 그의 일생은 역으로 고려 중기의 제도적 정비를 통한 관료조직의 안정성을 드러낸다. 이렇듯 고려에 온 수많은 외국인, 즉 투화인들은 고려 사회를 접근하는 또 다른 시각을 제공해 주는 이들이 아닐까. *이바른

채인범 묘지명

9

여말선초 사상사 연구를 위한 교화서 '낯설게 보기'

전근대 유교사상을 전공한다고 소개할 때마다 예외 없이 듣는 말이 있다. "참 중요하고도 어려운 걸 전공하시는군요." 처음에는 무슨 뜻인지 잘 이해가 가지 않았다. 경제나 사회·정치 등 어려운 것투성이인데 대관절 왜 유교만 어려운 것이 되는 것일까. 한동안 그 의문을 끌어안은 채 평소 관심이 있던 유교사상을 살펴보기 시작했다.

한국인이 생각하는 '유교'란 사실상 '전통' 그 자체와 동일시되고 있음을 어렵지 않게 발견할 수 있다. 그러나 문제는 항상 그 '상식'의 안전함 속에서 나타나는 법이다. 주지하다시피 '유교·성리학'이 한국, 특히 조선에 미친 영향은 지대하다. 그러나 조선시대의 모든 것을 '유교'로 설명할 수 있다는 것은, 정작 조선시대에 벌어진 모든 학문적 변화를 '유교' 이상으로는 설명할 수 없다는 한계를 갖는다. 유교가 심화되거나─확장되거나와 같은 양적인 증가 이상으로는 변하지 않은 채, 조선의 학술·문화는 수백 년간 그대로라는 결론을 자연스럽게 유도하는 것이다. 이쯤 되니 "어려운 것을 전공한다"는 말씀들이 무슨 뜻인지 대강이나마 이해하게 되었다. 가장 포괄적이고 고정적인 주제를 다루고 있기 때문에 "새롭게/ 확실한 것을/ 잘 쓰기가" 정말 어렵다는 의미였다.

물론 이 같은 양상이 선학들의 잘못은 아니다. 일찍이 중국의 역사학자 전목錢穆(1895~1990)이 지적했듯이, 동아시아 문화는 이전 시대에 대한 비판적 단절보다는 '수렴Conversance'의 과정이기 때문이다. 넓게 보아 한대 유교가 국교화된 후 이전의 유교 텍스트 독해법에 대한 비판과 단절은 뚜렷하게 이루어지지 않았다. 하물며 유교 경전 지식이 그 자체로 정치·사회적인 지위를 의미했던 조선시대의 경우에는 말할 것도 없다. 한국의 유교는 16세기 이후 유행한 첨예한 학술 논의를 제외한다면 그 성격이 연속적인 것도 어느 정도 사실이다.

여기까지 와 버리면, 해당 분야를 공부하는 입장에서 좀 침울해진다. '변화'를 설득력 있게 설명하는 장르인 역사학에서, 과거는 존중 대상임과 동시에 단절 대상이어야 하기 때문이다. 더욱이 최소한 16세기 이전의 학술을 연구할 때에는 더욱 큰 문제다. 무엇보다도 자료의 한계상 개인의 면면한 기록이 상대적으로 미진하기 때문에, '학통學統'을 전제로 한 수용·단절의 역사상이 상대적으로 불분명하기 때문이다. 오랜 시간 활발한 비판이 제기되었지만, 이전 연구들에서 조선 초기를 '성리학 이해가 미진한 시기'로 설정한 것에는 다 그 이유가 있는 것이다.

그렇다면 조선 초기 유교의 '변화'는 어디에서 찾아야 하는 것일까. 이에 대해 전통적으로 시도된 전략은, 해당 시기의 특수한 인물을 통해 그 시대의 특성을 추출하는 방법이다. 특정 인물에 대한 분석은 그들이 속한 시대적 상황에서 그 자신이 행한 행위자로서의 주체적 역할을 조망하고, 나아가 해당 인물에 반영된 시대상을 추출하는 방법으로서 의미가 있다. 다만 여기에도 한계는 있다. 조선 건국 전후로부터 약 150여 년 동안 이색·정도전·권근 등 몇몇을 제외하면 명확한 학술적 역량이 드러나는 개인 또한 드물고, 이들이 그 후대의 인물들에게 미친 역할 또한 정밀하게 드러나지 않는다. 인물사적 접근은 예나 지금이나 유교, 나아가 사상사 연구의 중심이지만, 그 방법을 보충하고 극복할 만한 방안 또한 여전히 요구되는 것이다.

그렇다면 이 문제를 어떻게 돌파할 수 있을까. 사실상 개인으로서 퇴계·율곡 이전 유교의 '변혁'을 잘 그려 내는 것이 곤란하다면, 큰 틀에서 동일한 사조하의—동일한 권위하에 만들어진, 가장 기초적·연속적인 텍스트를 다시금 '낯설게' 곱씹어 볼 수는 없을까. '상식'으로서의 유교의 정형성을 감안하면서, 얼핏 중요해 보이지 않는 '사소한 변화'에 천착해, 그 단절성을 구체적으로 천착해 볼 여지는 없는 것일까.

이와 같은 문제의식에 입각해 보면 사상사의 연구 대상이 될 수 있는 텍스트는 다양하다. 우선은, 당대 학술에 대한 구체적 평론이나, 제도 개혁 구상을 직접 드러낸 저술이 가장 두드러지는데, 이는 실제로 많은 연구의 소재가 되어 왔다. 그러나 이와 같은 '돌출된·급진적' 텍스트는 앞서 언급한 인물사와 마찬가지로, 우선 그 사례가 풍부하지 않기에 그들이 전후 세계에 미친 영향을 세밀하게 구성하기에 곤란하다는 한계가 여전히 남는다. 결국 장기간 영향을 미치면서도, 이후의 다른 텍스트와 밀접한 연속성을 지닌 텍스트를 선정해야 된다는 것이다.

여기서 나는 교화서의 '낯설게 보기'를 그 한 가지 대안으로 조심스럽게 제안해 보고 싶다. 물론 종래에도 교화서 분석은 이루어져 왔다.

하지만 앞서의 문제의식에서 보면 '교화서' 자료는 다시금 재론할 의미가 있는 텍스트가 된다. 교화教化, 즉 전근대의 윤리 교육은 전근대 국가 통치의 핵심적 요소로서 그 중요성이 지속적으로 강조되어 왔다. 그러나 그 까닭에 그 핵심적 메시지로서의 효충孝忠 등은 시대가 변화되어도 그다지 달라지지 않으며, 심지어는 가족윤리 등으로 메시지를 한정한다면 피교육자 자신이 느낄 수 있는 수준의 격렬한 내용 차이 또한 크지 않다. 그 교과서라 할 수 있는 교화서 또한 그 내용이 큰 틀에서 변화하지 않는 것도 같은 이유에서다.

그럼에도 교화서의 역사에서 사소하게나마 드러나는 목차 구성이나, 서문의 미묘한 어감, 심지어는 '출판방식'으로 이어지는 차이는 결코 사소하지 않다. 역사상 큰 변혁기마다 지배층들은 자신이 지향한 인간관·지배양식을 민중에게 원만히 침투시키고자 하였고, 그 침투의 과정·방법의 측면에서 해당 시기의 특징적인 사조가 자연히 반영되었기 때문이다.

그 변화양상을 고려 말 이후 조선 전기까지로 한정하자면 대략 세 가지 추세를 포착할 수 있다. 첫째로 '미시·다변화', 즉 윤리 권면의 주체가 점차 국가에서 개인으로 변하고, 나아가 가족윤리에서 군신·향당윤리로 그 분야가 퍼져 나간 것이다. 고려시대에는 《부모은중경父母恩重經》 등 불교적 교화서와 《효경孝經》 등의 유교 전통의 교화서가 동시에 활용되었다. 부모에 대한 은恩을 중심으로 한 효행의 실천을 핵심으로 하는 이 교화서들은 국가가 재출간하는 형태만을 띠고 있었다.

'미시·다변화'의 국면은 고려 말 성리학의 도입 이후 변화하게 되는데, 충목왕 대 권부·이제현이 편찬한 《효행록孝行錄》에서 한 차례 전환을 맞이하게 된다. 《효경》이 국가에 의해서 보급되었던 것과는 달리 《효행록》은 전야지민田野之民을 대상으로 개인이 교화 서적으로 출간하게 된 것이다. 효행의 가치관이 다양한 것들로 구체화되는 '다변화'의 흐름은 조선 초 국면에서 더욱 진전되었다. 세종 대 《삼강행실도三綱行實圖》는 국가 주도 편찬물이라는 전통을 이어 가면서도 《효행록》·《이십사효二十四孝》에서 성립된 효孝 단일의 윤리 기준을 충忠·열烈로 확장시켰다. 16세기에 접어들면 '미시화·다변화' 양상이 더욱 진전된다. 당시 신진 지식인들이 향촌사회를 대상으로 한 교화 서적을 편찬할 필요성을 제기해 중종 대에는 《이륜행실도》·《경민편》 등이 발간되었다. 이는 종래 국가·효행을 기축으로 한 군신·부자윤리를 넘어서, 지식인에 의한 향당鄕黨의 장유·붕우의 질서에까지 윤리적 실천이 다변화된 결과물이었다.

둘째로 성리학의 도입 이후로 벌어진 '유교화', 즉 유학자의 언어로 기왕의 여러 가족·군신·향당의 윤리를 변화시키는 과정이 있다는 점이다. 고려시대에는 《부모은중경》 등 불교적 교화서가 영향을 미치고, 고려 후기에도 《효행록》 속에서 불교적 습속이 여지없이 효행의 일부로 거론되고 있다. 이와 같은 특징은 조선 초에 들어서 변화하게 된다. 조선을 건국한 성리학자들은 (물론 불교 전반에 대한 철폐를 의미한 것은 결코 아니었지만) 윤리적 기준을 유교적인 언어·기준을 중심으로 재편하고자 했다. 이에 따라 세종 대 《삼강행실도》는 그 형식상의 체계나 사례 인용의 측면에서 명 초의 교화서들을 적극적으로 활용해 《효행록》 체제를 극복하였다. 《효행록》에 남은 비유교적인 사례들을 보다 유교적인 것을 중심으로 정립하였다. 《삼강행실도》의 전범이 마련된 후로도 불교는 여전히 윤리적 맥락의 한 축을 차지하고 있었고, 이후 정치·사회적 국면에 따라 다시 부활하기도 한다. 그러나 조선 건국 후 윤리 교육의 맥락은 점차 유교적인 요소들을 구심점으로 재편되어 갔다.

셋째로 '토착화', 즉 여러 윤리적 모델을 한반도의 문화 속에서 찾고자 하는 양상이 있다. 고려시대 《부모은중경》·《효경》은 기본적으로 중국에서 유래한 경전들이 중간重刊된 형태였다. 고려 말 《효행록》은 '한반도가 자체 생산'한 최초의 교화서로서 그 흐름의 변화를 가져온 출발점이었다. 원 간섭기의 국제관계는 성리학으로 대표되는 중국 문물의 유입을 가져왔다. 그 결과 남송—원대에 유행하였던 《이십사효》를 당대적인 차원에서 수입해 이를 응용하는 작업이 진행되었고, 《효행록》 편찬은 그 독창적 응용의 결과물이었다. 원 간섭기의 신진 교화서의 수용을 통해 《효행록》이라는 독자적 교화서를 설정하는 전통이 출발하였다.

교화서의 '토착화' 흐름은 조선시대에 들어 더욱 본격화된다. 세종대 《삼강행실도》는 그 체계나 사례 인용의 측면에서 명 초의 교화서들을 적극적으로 활용하여 《효행록》의 체제를 극복하였다. 《삼강행실도》 편찬 이후로는 토착화·다변화의 양상이 한층 강화되었다. 세종 대 훈민정음 창제 이후, 불전 언해로 대표되는, 비유교적인 부분까지도 포함한 토착문화 진흥책이 전개된 이후, 성종 대 《삼강행실도》의 언해가 완성되고, 나아가 중종 대 《속삼강행실도續三綱行實圖》를 거쳐 자국 사례의 대폭적인 보강이 이루어지며 '토착화' 과정을 완성해 갔다. 이는 종래 《삼강행실도》가 '토착화'를 지향했으나, 그 형식이나 사례에서 당대 중국의 교화서 사례들에 의존하고 있었던 것에서 더욱 진전된 결과였다. 이와 같은 흐름의 결과로서, 조선의 윤리는 점차 확산된 유교적인 정체성을 구축시켜 갔으며, 장기적으로는 양란 이후 《동국신속삼강행실도東國新續三綱行實圖》, 이후의 《오륜행실도五倫行實圖》로 연속되는 '한국 전근대의 윤리 교육 전통'을 만들어 갔던 것이다.

이와 같은 일련의 교화서 편찬의 전통은 주지하다시피 윤리의 정착을 통한 사회의 안정, 나아가 지배체제의 유지라는 공통된 목표를 향하고 있으며, 그 내용 또한 가족윤리를 기반으로 사회·국가로 확산해 나아가는 전통윤리의 일반원리를 채택하고 있을 뿐 아니라, 나아가 모두 그 이전 대 편찬된 교화서에 대한 보완을 전제로 만들어진 연속적 작업이라는 특징이 있다. 그러나 오히려 교화서 편찬이 연속적인 것이기 때문에 그 변화의 사소한 경향은 더욱 구체적이고 중요한 차이가 된다. '유교문화'가 설명하는 의미가 상식적인 만큼, 그 상식을 설명하는 일견 작은 차이가 '낯선 것'이 될 수 있는 것이다.

삼강오륜 등은 쉽사리 '한국적 정신'으로 설명되기도 하고, 때에 따라서는 '봉건적 잔재'로 표현되기도 한다. 이와 같은 '전통적 가치관'들은 근대사회의 도입 이후 단절되고 변형되는 과정 속에서도 때로는 청산 대상으로, 때로는 미래의 대안으로 지금까지 꾸준히 호명되며 그 생명력을 유지하고 있다. 전근대 사상사 연구는 바로 그렇기 때문에 '중요하고도 어려운' 것이 된다.

다만 이들 전통적 가치들의 현재적 가치를 논하는 과정은, 어느 정도 이들이 '고정불변·탈역사적 메시지'라는 점을 전제로 한다. 이들이 만병의 해결책이나 만악의 근원으로 호명되는 만큼 이들은 낭만·신비의 대상일 뿐 변동하는 역사적 실체가 아닌 것으로 여겨지고 있는 것이다. 그 까닭에, 가장 연속적인 관념의 흐름을 직접적으로 대면하여 그 변화의 원리와 구조를 엄격하게 곱씹어 볼 필요가 있다. 정치·문화·사회가 모두 그러하듯 전통적인 사상·관념 또한 고정불변한 실체라기보다는 지속적인 변화의 산물이며, 포괄적인 시대정신 그 자체라기보다는 해당 시기를 지배한 특정 사조의 결과물이기 때문이다. '중요하고도 어려운' 난관을 돌파하기 위해서는, 가장 일반화된 것으로부터 '낯설게 볼' 필요가 있는 것이다. ＊이상민

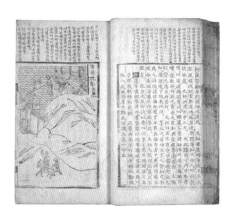

《삼강행실도》(국립중앙박물관 소장)
한국의 중세사회에서 삼강오륜과 같은 유교는
오랜 시간 유지되어 온 '상식'이었다. 그 '상식'이 굳건할수록,
이를 둘러싼 출판 형식·언해와 같은 미세한 진폭들을
유심히 '낯설게' 관찰해야만 할 이유가 되는 것이다.

10

고려 후기 정치적 묘수,
이성봉군제

1389년 12월에 조준은 봉증제 개혁을 건의하면서 "공이 없으면 제후[侯]가 되지 못하는 것이 고려[我朝]의 법이어서, 김부식은 참란[僭亂]한 것을 없애고 서도[西都]를 평정한 뒤에야 낙랑후[樂浪侯]에 봉해졌으며, 김방경은 탐라의 반란을 정벌하고 동쪽 왜국을 문죄한 뒤에야 상락공[上洛公]에 봉해졌습니다. 지금부터는 재상으로 사직을 안정시키고 원방[遠方]을 평정한 공신이 아니면 봉군하지 못하도록 하십시오"라고 하였다. 그의 건의는 봉작이 본래 재상 가운데에서도 반란의 평정이나 외방의 정벌과 같은 국가에 중대한 공훈을 세운 자에게 주는 것인데 지금은 그렇지 않으므로 앞으로는 그에 해당하는 자들에 한해 봉군하도록 하자는 것이었다.

조준이 주장했던 것처럼 고려 말에는 재상이라면 누구나 받았다고 해도 과언이 아닐 만큼 봉군이 많았다. 뿐만 아니라 재상에 들지 못하는 3품 이하의 관인들이 봉군 호를 받았는데, 봉군 호를 가진 환관이나 승려들이 적지 않았다. 그 가운데 관직과 봉군 호를 제수받은 인물이 있고, 봉군 호만을 받는 자도 있었다. 안동 권 씨로서 봉군이 되는 인물이 많다보니 읍호도 영가永嘉·복안福安·길창吉昌·화산花山·화원花原 등 여러 가지가 사용되었다.

흥미로운 것은 이 시기에 활약한 인물들이 다수 수록되어 있는《안동 권씨성화보》에는 최종 관직으로서 봉군 호만 기록되어 있는 사람이 많았다는 점이다. 그것은 묘지명이나《고려사》〈열전〉등에서 재신 직을 지냈는데도 '□□(부원)군이 졸하였다'고 표현하는 것과 마찬가지로 봉군 호를 현직처럼 생각하던 당대 봉군에 대한 관념을 알려주고 있다. 〈권부묘지명〉에서 '한 집안에 군으로 봉해진 사람이 9명이나 되니[一家九封君] 옛날에도 없던 일이다'라고 자랑스러워 했으나, 실제로는 봉군이 남발되던 당대의 관제 운영이 있었기에 가능한 일이었다. 왜냐하면 권부의 셋째와 넷째 사위가 종실로서 각각 순정대군順正大君 왕숙王璹과 회안대군淮安大君 왕순王珣이었고, 왕실의 양자가 된 왕후가 계림부원군이었지만, 그 밖에 아들 권준과 권겸, 사위 이제현 등은 재상 직 없이 봉군만을 가지고 있었기 때문이다.

고려 후기의 이성봉군제異姓封君制는 그 이전의 이성봉작제가 변화한 것이다. 종실의 봉작은 국왕의 아들이 처음에 '□□후'로 봉해졌다가 성장한 후에 '□□공'으로 올라갔다. 국왕의 손자 항렬과 같이 피의 농도가 옅은 왕족들은 처음에 '후'보다 낮은 '백'에 봉해졌다가 왕녀와의 근친혼으로 작위를 높여 갔다. 한편 이성에 대한 봉작은 공·후·백·자·남의 다섯 등급이 있었고, 공훈에 따라 봉작을 받은 후 작위를 높여갈 수 있었다. 이성봉작 가운데 가장 높은 것은 '국공'으로 군현의 명칭이 아니라 역대 국호를 공 앞에 붙여 준 것인데, 인종 초에 인종의 외할

아버지이자 장인으로서 권세를 누렸던 이자겸이 조선국공朝鮮國公으로 봉해진 적이 있었다.

고려 전기에 봉작제가 시행되는 기간 동안—이하 '전기'—에 봉작의 수혜자는 조준이 지적한 대로 공로를 세운 자들이 많았다. 거란과의 3차 전쟁에서 승리한 뒤 1019년 11월에 현종은 군사를 지휘하여 거란군을 섬멸하는 공을 세운 강감찬을 천수현개국남天水縣開國男, 식읍食邑 300호에 봉하였다. 그리고 1029년에 개경의 나성을 쌓은 공으로 왕가도王可道에게 개성현개국백開城縣開國伯, 1108년에 여진을 정벌하고 9성을 쌓은 후 개선한 윤관에게 영평현개국백鈴平縣開國伯의 봉작 호가 주어졌다.

다음으로 딸이 국왕에게 시집가서 국구國舅가 되고, 문하시중과 중서령 등의 최고위 관직을 역임한 뒤 더이상 제수할 관직이 없는 자에게 봉작을 하였다. 이자겸의 반란 이후 새롭게 인종의 장인이 된 임원후任元厚는 고속 승진을 하여 수상인 판이부사를 지낸 뒤, 문하시중을 거쳐 50대에 중서령에 오르고 난 후 정안후定安侯와 정안공에 잇달아 봉해졌다. 그는 70세 이전에 벼슬에서 물러나는 인년치사引年致仕를 하기에는 너무 젊었으므로 그에게 작위를 주어 마치 종실과 같이 관제에 구애받지 않고 오랫동안 현직에 있는 것처럼 대우해 주도록 했던 것이다.

국왕의 장인[妃父]보다 높은 선임 재상에게 봉작을 제수하는 경우도 있었다. 인종 초에 이자겸이 문하시중과 중서령을 거쳐 소성후邵城侯에 봉해졌을 때 그보다 선임이자 국가 원로인 김경용金景庸을 낙랑공樂浪公으로, 이위李瑋를 계양공桂陽公으로 각각 봉한 것은 관계官界 내에서 서열을 중시하는 인사 운영의 분위기를 반영하는 것이었다.

이처럼 전기에는 국가에 중대한 공을 세우거나 특별한 사유가 있는 국가 원로들에게만 봉작이 주어졌으므로 종실이 아닌 자로서 봉작을 받은 인물은 980년에 동래군후東萊郡侯·식읍 1천 호에 임명된 최지몽崔知夢부터 1303년에 낙랑공이 된 송분宋玢에 이르기까지 모두 35명에 불과했다고 한다. 봉작을 받는다는 것은 형식상 작위와 식읍을 받아 분봉되는 제후에 해당되는 만큼 최고 관직인 문하시중에 임명되는 것보다 더욱 영예로운 것이었기 때문에 문하시중에 임명된 사례보다 희소했던 것이다.

고려는 재상들의 지위를 존중했고, 관인 간의 반차를 중요하게 여겨서 3품 관직을 거쳐 추밀에 오르면 반차에 따라 승진하는 경향이 있었다. 대체로 선임 재상이 승진하거나 치사의 사유로 공석이 되었을 때 바로 하위 반차의 재상이 그 자리를 제수받았다. 만약 재상이 쇠약해져 벼슬에서 물러날 것을 청하면 60세 이상인 경우에는 인년치사를 제수하여 벼슬에서 물러나도 현직의 절반 정도 녹봉에 해당하는 치사록의 혜택을 받을 수 있게 배려하였다. 60세가 되지 못해 인년치사조차 못하는 사정이 있을 때는 재상 직을 면하고 판비서성사·감수국사와 같은 한직閑職에 임명했는데, 당사자는 비록 재추 직에서 면직되었다고 해도 여전히 현직 관인으로서 판비서성사 246석 10두의 녹봉을 받을 수 있었다. 또한 국왕은 중병으로 일을 할 수 없는 재상을 즉시 파직하지 않았으며 그 재상을 위문하고 관직을 높여 주는 은혜를 베풀어 주었다. 심지어 중대한 범죄를 저지른 재상도 유배나 좌천의 처벌을 받은 뒤, 일정 기간이 지나면 사면되어 재상으로 치사하는 일도 적지 않았다.

전기의 국왕들은 재상에 대한 처벌을 관대하게 하였고, 그 지위와 후생厚生을 보장해 주었으므로 재상이 관직을 잃고 새로운 관직을 제수받지 못해 전직前職으로 있는 경우는 매우 드물었다. 이러한 관제 운영하에서 봉작은 최고 원로에게 특별히 주는 명예이자 후생의 한 방식이었다.

원 간섭기 이후에는 새로운 국왕이 즉위하면서 전왕의 총애를 받던 재상들이 대거 정계에서 물러나는 것과 같은 정국의 변화가 있었고, 정치세력 간의 대립이 격화되면서 어떤 사건에 연루되어 징벌을 받고 유배되거나 파직되는 재상들이 많아졌다. 국왕의 재상에 대한 관대함이 줄어들자 이러저러한 이유로 전직 재상들이 늘어났다.

고려 말에는 재상들의 승진도 쉽지 않게 되었다. 전기에는 재신과 추밀을 합쳐도 10명 내외에 불과했으나 14세기에는 재상 관직의 정원인 직과職窠가 급격하게 증가하여 수십 개가 넘었으며, 그보다 훨씬 많은 전·현직 재상들이 관직을 받기 위해 경쟁하였다. 그러므로 반차에 따라 선임의 승진과정을 따라가는 방식은 시행될 수 없었고, 국왕이 관직을 수행하기 어려워진 재상에게 인년치사나 특진을 시키는 혜택을 주는 것도 힘들어졌다. 당시에는 추밀이 되는 연령이 점점 낮아져서 30대도 꽤 있었으며 그들이 70세까지 벼슬하는 동안 새로운 관직을 받지 못하는 일은 다반사였다.

그러나 전기처럼 국왕이 재상을 존중하고 후생을 보살펴야 한다는 의식이 조금은 남아 있었던 것 같다. 조선공·정안공의 봉작 호로 정치적 지위를 유지하며 활동을 했던 이자겸·임원후처럼 봉작제를 변형하여 현직에 준해 대우해 주는 이성봉군제를 운영한 것은 그러한 전통을 계승한 것이다. 봉군제는 정원의 제한이 없고 녹봉을 주지 않아도 되는 봉군 호를 제수하여 무임소의 재상을 삼는 것으로 봉작을 제수할 때 별 의미 없이 따라 붙었던 전기의 식읍은 아예 없애 버렸다. 한 번 받은 봉군 호가 평생 가는 것이 아니어서 새로운 관직의 임명과 함께 봉군이 취소될 수 있었다. 이 제도는 봉군 호만 있는 전직 재상의 입장에서 특정한 업무가 없다는 점에서 불리했으나, 관계 밖으로 퇴출된 것은 아니므로 정치적 활동의 여지가 있다는 점에서 유리한 것이었다. 더욱이 충숙왕은 재신을 역임하고 봉군된 자들에게 '봉군록'을 받도록 하여 '인년치사'보다도 훨씬 나은 혜택을 베풀었다.

고려 후기의 봉군제는 충렬왕 대 이후 변화된 군신관계 및 정국 운영 방식과 더불어 확대된 재상들의 관직 제수 경쟁을 반영하고 '전기'의 국왕들이 재상을 존중하여 지위와 후생을 잃지 않게 하고자 했던 인사 운영의 정신을 계승하여 만들어진 것이다. 따라서 이성봉군제는 기본적으로 전기의 봉작제를 계승하는 것이지만, 달라진 관제 운영과 정치 상황이 반영되었으므로 수혜 대상과 권한 등에서 적지 않은 차이가 있었던 것이다. *이진한

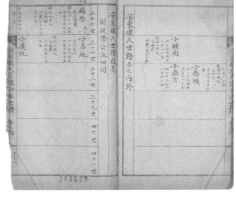

《안동권씨세보》(국립한글박물관 소장)

11

고려 후기,
도감과 별감의 시대

국가가 처리해야 할 사안이 생겼다. 이때 정부가 취하는 방법은 두 가지다. 첫째, 어느 부서에서 맡아서 처리해야 하는가를 먼저 따지는 방법이다. 둘째, 이 일을 누가 잘 처리할 수 있는가를 먼저 따지는 방법이다. 전자가 자리를 우선으로 하는 방식이라고 한다면 후자는 사람을 우선으로 하는 방식이라고 하겠다.

조선시대의 정치제도, 혹은 정치 운영방식은 전자에 해당한다. 육전六典체제를 갖추고 있던 조선에서는 기본적으로 어떤 현안이 발생하면 그것이 육조六曹 가운데 어느 아문의 관장 업무에 해당되는가를 판단한다. 예컨대 화포를 만들어야 하는 상황이 발생하면 병조가 주무부서가 되고, 병조의 좌랑–정랑–참의–참판–판서로 이어지는 결재 라인을 따라서 정무가 처리되는 식이다. 관료시스템이 비교적 고도로 갖추어진 상황에서 기대할 수 있는 모습일 것이다. 이러한 방식이 가능하려면 전제조건이 필요하다. 세상에서 벌어질 수 있고, 국가가 개입해야 하는 모든 일을 몇 가지로 분류해 두고, 그에 대응할 매뉴얼을 만들어 두어야 한다는 것이다. 조선의 헌법이라 할 《경국대전》이 지향하고 있던 방식으로, 일원적이고 통일적이며 질서 있는 모습이라고 대체로 평가받는다.

고려시대에는 그렇지 않았다. 현안이 발생하면 우선 그것을 처리할 사람을 먼저 지정한다. 사안이 가볍거나 빠른 시일 내에 처리할 수 있는 경우, 그 책임자를 별감別監으로 임명하여 해결을 맡긴다. 사안이 위중할 경우 그 담당자를 중심으로 임시기구를 설치한다. 그것이 도감都監이고, 담당자는 도감의 판사判事가 된다. 판사의 관품은 일정하지 않았다. 사안의 중요성에 따라 판사에 임명되는 인물의 정치적 비중이 달랐고, 그 인물의 위상에 따라 그 도감의 활동력도 달랐다. 자리가 있고서 그 자리에 사람이 채워지는 것이 아니라, 사람이 있고서 그가 맡을 자리가 생겼던 것이다. 화포를 만들어야 하는 상황이 발생하면 국왕은 그 분야에 정통한 인물을 판사로 임명하고, 그를 중심으로 화통도감火㷁都監을 설치하여 임무를 주었다. 유명한 최무선崔茂宣이 그 책임자였는데, 그는 화통도감 판사로 임명되기 전까지는 이와 관련된 어떠한 실직도 맡은 적이 없었다. 순전히 개인적인 차원에서 화약 제조술을 익히고, 그 능력을 바탕으로 신설조직의 책임자가 되었던 것이다. 도감은 공식적으로는 상급 아문이 없었으므로 자체 완결적인 의사결정 구조를 가지고 있었으며, 최종적으로는 판사가 도당都堂 회의에 참여하여 보고하거나 국왕에게 직접 보고하는 방식으로 상부와 소통하였다. 말하자면 관료시스템에 의한 운영이라기보다는 개인 사이의 사적 관계에 의한 운영 방식이었다.

《고려사》 백관지 서문에 "도감과 각색各色은 사안에 따라 설치하였다가 일이 끝나면 혁파하기도 하고 혹은 그대로 두어 없애지 않기도 했다"라고 하였다. 이 설명에 따르면 도감은 3성 6부로 대표되는 상설기구와 대비되어 임시기구로서의 역할을 담당했음을 알 수 있다.《고려사》백관지〈제사도감각색諸司都監各色〉에 등재된 관부의 숫자만도 100여 개에 달할 정도였는데, 그 성격은 고려 전기부터 있었던 것과 후기에 나타난 것 사이에 차이가 있다. 고려 전기에 설치된 것은, 예컨대 법제 정비를 담당하는 식목도감式目都監이나 관료들에게 토지를 지급하는 일을 맡았던 급전도감給田都監과 같이 상시적인 업무를 맡았던 것이 대부분이며, 따라서 고려 후기까지도 유지된 것이 많았다. 반면에 고려 후기에 새로 등장하는 도감들은, 〈백관지〉 서문의 설명대로 사안에 따라 설치했다가 혁파되기를 반복하는 기구였다. 예컨대 반전도감盤纏都監, 금살도감禁殺都監, 결혼도감結婚都監 등을 들 수 있는데, 대부분 아주 특수한 상황 속에서, 아주 특별한 임무를 담당한 관부였음을 알 수 있다.

도감의 숫자와 역할이 늘어난 것은 원종 대부터다. 몽골에서 예측 불가능한 각종 요구를 쏟아 내고, 거기에 거국적 역량을 동원해야 하는 일이 늘 있었다. 일본 원정을 위해 군량을 조달하고 전함을 건조하는 등의 과업이 그러했다. 더구나 조정에서 중요한 지위에 있는 인물들이 몽골에 사신으로 파견되면서 장기간 자리를 비우는 상황이 자주 발생했다. 거기에 다루가치 등 몽골에서 파견된 관원들이 상주하면서 고려 국정을 직접 감독하고 지시를 내리기도 하였다. 기존의 관료체제를 통해서는 감당할 수 없는 장면이 연출되었다.

따라서 국가는 임시방편으로 각종 도감을 설치하고, 여러 명목의 별감을 임명하여 급한 불을 끄게 했다. 점차 경상 업무를 처리하는 상설 기구는 담당 직무의 범주가 축소되었고, 그 공백은 사안에 따라 매우 탄력 있게 설치되고 폐지된 도감이 메우게 되었다. 국왕의 입장에서 보면 기존의 절차와 관행, 관료들의 연공서열 따위에 개의치 않고 자신이 신뢰하는 관료들에게 중요한 권능을 부여할 수 있게 되었다. 고려 전기의 합의제 전통은 약해지고, 소수의 측근을 중심으로 국가적 업무를 수행하였다. 이것이 원 간섭기 이후 이른바 측근정치가 가능했던 구조적 배경이 되기도 한다. 국왕을 가운데 두고 개개의 사안이 분산적으로 처리되는 이러한 형태를 방사형 정부조직이라고 요약할 수 있을지도 모르겠다.

주목되는 것은 이러한 관료제 운영방식이 원나라의 정부조직 방식과 유사한 측면이 있다는 것이다. 몽골 황제는 소수의 귀족들로 구성된 케식이라는 친위대의 구성원들에게 막중한 임무를 부여했고, 이들은 중국 전통의 관계官階나 관품官品에 구애받지 않고 정부기구를 장악하였다. 정무는 관료 전체가 참여하는 조회 자리에서 논의되는 것이 아니라 소수의 책임자들이 황제를 개별적으로 면대하여 보고하고 지시를 듣는 방식으로 처리되었다. 상설기구는 물론 있었으나 황제의 명을 수행하기 위한 임시기구가 수시로 설치되고 폐지되었다. "일에 따라 관官을 설치하되, 관이 반드시 갖추어져야 하는 것은 아니었다"(《경세대전서록經世大典序錄》 치전治典). 자리보다는 사람을 중심으로 운영되었던 것이다. 고려의 국왕, 그리고 지배층들은 몽골과의 긴밀한 정치적 교류 속에서 그러한 방식을 자연스럽게 익히고 그것을 국내에서도 응용하였다.

조선의 설계자들 눈에 고려 후기의 방사형 정부조직은 한마디로 무질서 그 자체였다. 그 운영에 있어서도 국왕의 자의가 너무 크게 발휘될 수 있다고 비판했다. 그들은 정부가 관장하는 모든 사안을 이吏·호

戶·예禮·병兵·형刑·공工의 여섯 범주 안에 어떻게든 욱여넣고 싶어 했다. 모든 관료는 그들에게 부여된 직무와 권한의 틀을 벗어나서는 안 된다고 주장하며, 그것을 규정하는 제도를 만드는 데 주력했다. 조준趙浚은 화통도감을 없애고 병부휘하의 군기시軍器寺로 그 업무를 넘기자고 주장하였다. "관료와 관청들이 극도로 산만해져 통제가 불가능하다"는 것이 근거였다. 그러면서 그를 관리할 사람으로, 최무선과 같은 기술자가 아니라 "청렴하고 정직한 자"를 임명하자고 하였다. 특정 영역에서 기술직이 가지는 특수성을 인정하지 않고, 모든 영역에 단일하고 '보편적인' 품성을 지닌 인재를 등용할 것을 주장했던 것이다.

조선 초의 집권자들이 고민했던 또 한 가지는 모든 기구와 자리에 등급을 부여하고 통속統屬관계를 밝히는 것이었다. 수많은 업무를 나누어 맡은 사司·시寺·감監 등의 하위 아문들은 육조의 속아문屬衙門으로 딸려 있었다. 아래에서는 위에 보고를 올리고, 위에서는 아래에 지시를 내린다. 최종적으로 여섯 판서가 모든 정무를 파악하고 논의하는, 일원적인 방식으로 관료기구를 개편하고자 했다. 계서형 조직이라고 표현할 수 있을 것이다.

주목해야 할 것은 조선의 설계자들이 지향했던 방식이 명나라의 설계자들이 제시한 것과 매우 유사하다는 것이다. 명 초의 지식인들은 원나라 말기의 상황을 무질서와 혼돈으로 요약했는데, 이는 정도전이 진단한 고려의 상황과 그대로 닮아 있다. 명나라 지배자들은 황제를 정점에 둔 일원적인 위계질서를 창출하고 그것을 천하에 관철하고자 하였다. 황실이나 중앙 정부뿐만 아니라 지방 정부, 향촌 공동체, 가정에 이르기까지 천하의 모든 구성원들에게 이 질서 안에서 개개의 지위를 부여하고, 그것을 지키게 하는 것을 목표로 삼았다. 관료제도 역시 상하 통속 관계를 명확히 하고 그 사이에 분명한 계선을 긋는 방식으로 재편되었다. 조선의 설계자들이 이들로부터 영감을 얻었을 가능성이 매우 높다.

흥미로운 것은 명나라의 설계자들이나 조선의 설계자들이 모두 《주례周禮》를 금과옥조처럼 여겼다는 것이다. 《주례》에는 세상을 단 하나의 원칙에 따라 체계적으로 조직하려는 이상을 담고 있었다. 어느 시대에나 개혁가들은 이 책에 주목했지만, 《주례》의 이상과 가장 동떨어진 시대를 살며, 그것을 바꿔 보고자 했던 사람들에게는 더 강한 영감을 주었을지도 모른다. 이처럼 국가질서에 대한 지향을 공유한 점은 조선이 초기에 문물제도를 정비해 가는 과정에서 명나라의 그것을 대거 참조하고 수용했던 데에 적합한 환경을 제공했을 것이다. *정동훈

대장군포(강화 전쟁박물관 소장)
화통도감을 설치하고 처음으로 만든
화포 중 하나

12

고려시대 사람들은
'자아'를 어떻게 인식했을까?

자아Ego는 주변세계와 구별되는 행위의 주체로서 다원성을 지닌다. 자아 안에 꿈틀거리는 본능은 초자아Super Ego의 도덕적 기준에 의해 제어된다. 그러므로, 자아 안에는 본능과 이성이라는 상반된 방향성이 존재한다. 범위를 넓히면 '우리'라고 하는 집단 안에는 수많은 자아가 모여 있기 때문에 다양한 지향성 또한 존재한다. '우리'라는 집단은 수많은 자아의 총합으로서 다원성을 담고 있는 것이다.

최근 고려 사회의 성격에 대해서는 기존의 문벌귀족제 사회론을 인정하고 그 위에 다원성과 통합성을 지니고 있는 것으로 설명한다. 지금까지 고려 사회는 신라와 조선 사이에 놓인 다리로서, 조선 사회에 비해 '미숙성'을 지닌 사회로 인식되어 왔지만, '미숙성'은 고려의 시대적 특성이라 할 수 없다. 고려 사회는 성립기에서부터 호족의 다양한 요구를 적극적으로 수용했으며, 이를 국가적 제도로 확립한 결과 다원성을 기반으로 한 사회구조를 지니게 되었다. 이를 사상적 측면에서 살펴보면 고려의 거의 모든 백성이 불교를 믿고 있었지만, 국가적으로 불교의 독주를 막고 유불선과 민간신앙 등 고려 안에 존재하는 다양한 사상과 종교의 공존과 조화를 인정하였다고 할 수 있다. 따라서 고려는 여러 다원적 요소들이 고려라고 하는 테두리 안에 통합되어 있는 형태의 사회였던 것이다.

고려시대 사람들의 세계관과 가치관, 그리고 의식구조를 살펴보기 위해서는 우선 자기 자신에 대한 인식, 즉 '자아인식'부터 살펴보는 것이 순서일 것이다. 역사적으로 우리는 단군과 기자를 역사적 시조로 생각해 왔다. 그런데 문헌을 살펴보면 단군은 널리 알려져 있다시피 일연의 《삼국유사》에서 처음으로 기록에 등장하는 반면, 기자는 이미 한나라 때부터 중국의 기록에 등장한다. 그러므로 유교지식인들은 기자를 역사적·문화적 시조로 인식할 수밖에 없었다. 이때 중요한 것은 단군과 기자가 갖고 있는 상징성이다. 기자는 중국의 문헌에 한반도로 건너와 유교적 교화를 펼친 인물로 나오기 때문에 유교문화의 시조로 인식할 수 있으며, 이는 고려가 오래전부터 유교문화를 수용하면서 유교와 한자 중심의 동아시아 보편문화에 참여하고 있었다고 보는 근거가 될 수 있다.

이에 비해 단군은 대체로 독자적인 문화 전통과 역사적인 독립성을 상징한다. 단군은 평양, 마니산, 구월산 등에서 숭배되던 지역신에 불과했으나, 대몽항쟁기가 지나고 몽골의 강화 직후에 일연에 의해 기록에 등장하게 되었다. 단군은 《삼국유사》와 《제왕운기》 등에 중국과 구분되는 혈통적 조상으로서 기자에 앞서는 단군조선의 시조로 나온다. 그러므로 문화적 보편성에 대한 개별성을 상징하는 존재로서 역시 중국에 대한 역사적 독립성을 상징하는 존재다. 그런데 《삼국유사》에 처음으로 역시기록에 등장하게 되면서 '우리'의 국조가 될 수 있었으며, 비로서 역사적으로 단군과 기자의 두 국조를 두게 되었다. 그러니까 《삼국유사》의 단군 관련 기록은 문화적 보편성을 상징하는 기자와 개별성을 상징하는 단군의 두 가지 정체성을 지니게 되었던 것이다.

이러한 두 방향의 지향성을 이중적 자아인식이라고 할 수 있는데, 이는 성리학의 수용을 기준으로 그 이전과 이후를 비교해 볼 수 있다. 앞서 고려 전기까지 국조에 대한 인식은 주로 기자를 통해서 형성되었다고 할 수 있다. 기록에는 오직 기자만이 등장하기 때문에 기자를 제외하고는 역사적 시조로 꼽을 만한 인물도 없었다. 그런데, 기록을 살펴보면 기자가 한반도에 건너온 이후로는 중국이 한반도를 점령한 적이 없었다고 하는 부분을 쉽게 찾을 수 있다. 이는 기자가 유교문화의 시조로서 보편문화를 상징하는 존재이기도 하지만, 역사적으로 국가적 독립성도 상징하는 존재로 여겨져 왔다는 것으로 볼 수도 있다. 이를 고려 전기 대표적 지식인이라 할 수 있는 김부식에 적용시킬 수 있다. 그는 《삼국사기》에 단군을 전혀 언급하지 않은 채, 기자만 몇 차례 간단하게 언급하는 데 그쳤다. 《삼국사기》는 전체적으로는 신라 중심의 역사관이 관철되고 있다. 그러나 거서간, 차차웅, 이사금, 마립간 등과 같은 신라 고유의 왕호를 그대로 사용하였다. 그리고 폐하라든가 태자 등과 같은 황제국에서 사용하는 용어들을 그대로 썼다. 김부식은 신라 왕실에서 행해진 근친혼과 같은 유교윤리에 위배되는 것들에 대해 비판적 입장을 취했으나, 고려가 지향하는 황제국을 의미하는 용어들을 썼다는 것은 그가 유교 중심의 문화적 보편성과 고려의 전통, 즉 문화적 개별성을 동시에 지향하고 있다는 것을 의미한다. 따라서 김부식을 오로지 유교지식인으로만 볼 수 없으며, 12세기 당시의 지식인의 의식구조와 세계관, 역사인식을 모두 보여주는, 다원적 사상 지형과 이중적 자아인식을 보여주는 사례가 될 수 있을 것이다.

이는 13세기 유학자 이규보로 계승되고 13세기 말 이승휴로도 계승되었던 것으로 볼 수 있는데, 이들이 지은 〈동명왕편〉과《제왕운기》를 단순히 '사대주의'와 '민족주의'의 시각에서만 볼 것이 아니라, 김부식과 함께 12세기와 13세기 초, 13세기 말의 문화적 소산으로 보아야 할 것이다. 그리고 이를 통해 성리학 수용 이전 유교지식인, 나아가 고려 국가의 '자아인식'을 엿볼 수 있을 것이다.

이와 같은 '자아인식'은 큰 변화 없이 적어도 15세기까지는 유지되었다고 할 수 있다. 성리학의 수용은 한국 전근대 사회의 의식구조의 변화의 계기를 제공한 것으로 볼 수 있다. 이를 통해 중국 중심의 동아시아 보편문화는 반드시 구현해야만 하는 당위성을 지니게 되었으며, 이는 국가 운영의 방향에도 적용되었다. 이에 따라 효와 충을 중심으로 하는 유교적 예법은 지식인과 지배층의 전유물이 아닌 만백성이 반드시 익혀야 하는 것으로서, 모든 백성이 유교적 예법으로 일체화가 되어야만 왕도정치를 실현할 수 있는 조건이 완성되게 된다. 그 결과 조선 왕조는 왕도정치의 실현에 국가적인 목표를 두고 숭유억불 정책 등 성리학 이외의 종교와 사상을 억압하였다. 즉, 유불선 모두를 인정하는 다원성이 아닌 성리학 일변도의 일원성을 지향하는 시대가 된 것이다. 성리학의 시각에서 볼 때 고려의 전통이라고 할 수 있는 다원성은 비루한 것으로서 반드시 개혁해야 할 것에 불과한 것이 되고 만다.

그렇지만, 적어도 15세기까지 조선 국가는 성리학화된 국가체제와 통치규범을 갖추어 나가면서도, 단군신화를 구체화하고 강화하였다. 즉, 단군신화는 중국과 조선이 각각 다른 혈통을 지닌 존재라는 것을 보여주는 증거라고 할 수 있으며, 기자가 동방에 건너와 실천한 유교적 교화 역시 조선의 문화 전통에 해당하는 것으로 볼 수 있다. 바로 여기서 중국과 조선은 풍토가 다르다는 인식이 싹트기 시작했다. 그러니까 중국의 방법으로 대민교화를 하기보다는 조선의 풍토에 맞는 대민교화를 실시할 때 왕도에 보다 빨리, 그리고 가까이 다가갈 수 있다는 결론을 얻을 수 있다. 세종이 한글을 창제하였던 것도 바로 그러한 시각에서 살펴볼 수 있는 것이다. 즉, 조선말로 된 예법서를 만들면, 한자로 교화를 하는 것보다 효과적인 교화가 이루어질 수 있는 장점이 있으며, 이는 궁극적으로 조선이 성리학으로 일체화되는 지름길이 될 수 있는 것이었다.

그리고 고려의 전통이라 할 수 있는 불교와 풍수지리 등도 현실적으로 한꺼번에 없앨 수 없기 때문에 일정 기간 성리학과 공존하는 것 또한 불가피하다. 실제로 조선 국가에서 숭유억불 정책 때문에 불교는 매우 큰 타격을 입기는 했으나, 도회지에서 사라졌을 뿐 여전히 명맥을 유지하였으며, 도교와 민간신앙도 마찬가지로 명맥을 유지할 수 있었다. 풍수지리는 성리학의 효孝와 결합하는 한편, 정도定都가 불필요하다는 시대적 배경이 결부되어 묏자리 입지 선정을 중심으로 하는 음택풍수로 빠르게 전환하였다. 이를 성리학의 입장이 아닌 불교와 풍수지리의 입장에서 해석하면, 성리학 사회에서 성리학 이외의 사상과 종교가 생존하기 위해서는 성리학이 원하는 형태로의 변용이 일정 정도 필요하다는 의미로 볼 수 있다. 그리고 조선이 멸망할 때까지도 이들 성리학 이외의 사상과 종교는 명맥을 유지하였다.

다원성이 사라진 사회는 죽은 사회라 할 수 있다. 역사적으로 볼 때 '우리' 안에는 유불선과 민간신앙, 풍수지리 등 다양한 사상과 종교가 존재하였다. 그러면서도 정체성, 곧 자아인식에서는 단군의 눈으로, 한편으로는 기자의 눈으로 자기 자신을 바라보았다. 단군의 눈으로 바라본 자아는 중국과의 구별과 문화적 개별성을 추구하는 모습이며, 기자의 눈으로 바라본 자아는 동아시아 보편문화, 즉 문화적 보편성을 추구하는 모습이었다. 그런 점에서 적어도 고려시대에서 조선 초기까지는 전통적인 이중적인 자아인식이 유지되고 있었으며, 이는 문화적 지향과 국가 운영에도 반영되었다고 할 수 있다. 그리고 우리가 외부의 문화적 자양분을 흡수해 가면서도 그들에 동화되지 않고 지금의 모습에 이르게 된 것은 두 가지 자아가 비교적 균형을 이루었기 때문이라고 할 수 있을 것이다. *최봉준

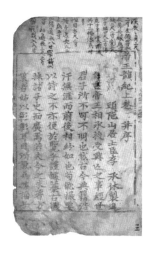

《제왕운기》(이승휴, 삼성출판박물관 소장)

13

고려 사회를 조망하는
새 채널, 의학사 연구

인간은 태어나는 순간부터 질병에 노출되며, 이에 대한 치유의 역사는 인류가 존재하는 순간부터 시작되었다고 해도 과언이 아니다. 오늘날 우리가 누리고 있는 빛나는 현대 의과학의 성취와 의료의 혜택은 앞선 이들이 질병 치유를 위한 끝없는 노력의 소산물이라고 할 수 있다. 의학사는 그 자취를 밝히는 학문이다.

　의학의 역사를 규명하려는 연구는 의사들이 가장 먼저 관심을 가지고 시작하였다. 서양 사회에서는 의학사 연구가 일찍부터 주목받았는데, 중세 유럽 인구의 3분의 1 이상을 죽음으로 몬 페스트의 유행이 큰 영향을 끼쳤다. 페스트로 인한 급격한 인구 감소가 유럽 중세사회를 근본적으로 변화시켜 근대사회로 가는 계기가 되었다는 것이다. 일본의 경우, 후지카와 류富士川遊가 독일 유학 당시 랑케의 실증사학에 영향을 받은 독일 의학사 연구를 접하고 돌아와 1904년 《일본의학사》를 출간하여 일본 의학의 역사를 고대부터 근대까지 총정리하였다. 한국의학사에 대한 본격적인 연구는 미키 사카에三木榮(1903~1992)와 김두종(1896~1988)이라는 한일 양국의 임상의에 의해 시작되었다. 미키가 1962년 일본에서《조선의학사 및 질병사》를, 김두종이 1966년 한국에서《한국의학사》를 발간하여 한국의학사가 일찍부터 통사로 정리됐다는 점은 주목할 만하다. 임상의에 의해 시작된 의학사는 이제 의학과 역사학뿐만 아니라 인류학, 고고학, 생물학, 사회학, 문학 등 다양한 분야의 연구자들이 함께 참여함으로써 학제 간 융합연구가 이루어질 수 있는 대표적인 분야로 자리 잡았다.

역사학자의 입장에서 볼 때, 의학서는 치료를 위한 참고도서가 아니라 역사자료다. 한국 전근대 의료인의 활동이 한국에서 편찬된 의학서만 아니라 중국과 일본 의학서에도 남아 있는 경우가 종종 있다. 대부분의 역사 연구가 문헌 중심으로 관련 자료를 얼마나 많이 확보했는가에 따라 연구의 질이 결정된다고 할 때, 의학서에 남아 있는 역사자료는 때로 새로운 돌파구를 열어 주기도 한다.

예컨대 808년 일본 헤이안시대 헤이제이 왕 때 출간된《대동유취방》에 총 779개 처방이 수록되어 있는데 그중 한반도산 처방이 37개나 된다. 이들을 자세하게 분석해 보면, 고대사의 공백으로 남겨진 부분을 채워 넣을 수 있다. 필자는《대동유취방》의 신라 진명방을 보고 한국 고대 의학과 중세 의학의 차이점을 분명하게 인식할 수 있었다. 진명방에서 사용된 약재명과 질병명은 중국의 것과 확연히 달랐다. 이는 지역성이 강하였던 고대 의학의 모습이었다. 따라서 7세기 말 8세기 초 신라와 일본에서 당 의학 교과서로 의학 교육이 이루어지면서 지역마다 다르게 불렀던 약재와 질병의 명칭과 중량 통일이 이루어졌다. 한·중·일

3국이 동일한 텍스트를 가지고 의학 교육을 실시함으로써 의학지식의 표준화와 보편화가 이루어졌던 것이다. 이를 토대로 동아시아 의학이 호환 가능한 의학과 의료체제가 이루어져, 거대한 동아시아 의료시장이 형성되었다고 할 수 있다. 특히 신라는 금을 많이 넣은 약을 수출하였는데, 한·중·일을 위시한 동아시아 각국의 약재 및 완성약 판매시장은 과거에도 고부가가치 산업의 소산이었다.

신라 의학을 계승한 고려는 무엇보다 한의학에서 중요한 약재인 인삼의 주요 산출국이었다. 고려 인종의 등극을 축하하러 왔던 송나라 사절단의 서긍은 휘종에게 바친 《고려도경》에서 고려의 곳곳에서 인삼이 난다는 사실을 전하고 있다. 잣 역시 고려에서 나는 주요한 건강식품이었다. 신선이 먹는다는 잣은 고려의 것이 최고의 품질로 알려졌는데, 대각국사가 송나라에 유학 갈 때 고려 특산 잣을 가져가 중국 승려들의 감탄을 자아나게 했을 정도였다. 이처럼 고려는 신라를 이어 동아시아 의약 산업에서 중요한 거점 역할을 하였을 뿐 아니라 중요 약재 수출국이기도 하였다.

그렇다면 고려 사회를 의학사적 시각으로 보면 어떠한 모습들이 새롭게 보일까? 무엇보다 기존에 알려진 사료들을 새롭게 읽을 수 있다. 고려는 태조 대부터 의학 교육기관을 설립하여 의료 전문 관료를 배출하는 제도를 마련하였다. 공납제도를 통해 최상급 약재를 비축하였으며, 중국과의 의약 교류를 통해 약재 무역을 하였다. 더불어 지방에도 의학 교육기관과 치료체제를 구축하였다. 특히 고려 성종 대 문관 5품 이상, 무관 4품 이상의 관료가 질병에 걸리면 관료 의사가 집으로 찾아가서 치료를 해 주도록 제도화했다.

고급 관료를 위한 의료보험제도가 의미하는 바는 무엇인가? 고려 국왕은 최상급의 의료 인력과 약재를 보유함으로써, 국왕에 충성하는 관료집단에게 질병 치료를 보장하는 의료체제를 만들었다. 특히 한정된 의료 재화를 가장 효과적으로 사용하기 위해 관료제하에서 운영되는 의료체제를 만든 것이다. 국왕은 신민의 충성에 대한 여러 혜택 가운데 질병 치료도 포함시켰다. 전염병이 유행하면 해당 질병에 대한 정보를 각 지역에 알리고 필요한 약재를 공급하였다.

무신들이 권력을 장악하였던 무신 집권기에는 의료 공급의 주체가 국왕에서 무신 집권자로 바뀌었다. 이규보가 눈병이 났을 때, 관의를 파견하고 치료에 필요한 수입약재 용뇌를 준 것은 국왕 고종이 아니라 최이였다. 고려 사회의 실질적인 권력자만이 의료 혜택을 제공할 수 있었던 것이다.

또한 고려시대에는 뛰어난 인쇄 기술을 이용하여 의학 서적도 편찬함으로써, 의료 정보를 식자층이 공유할 수 있도록 하였다. 이러한 노력은 중국 의학 경전뿐 아니라 《어의촬요방》, 《비예백요방》, 《향약구급방》 등 고려 사회의 의학 경험이 결집된 의학서 편찬으로 이어졌다. 이러한 의학서는 역사 연구자에게는 당시 사회를 알 수 있는 중요한 역사 자료이기도 하다.

고려사 연구는 자료 부족으로 고생하는 고대에 비해서는 많은 편이지만 조선시대에 비하면 현저하게 부족하다. 따라서 문헌뿐 아니라 개인 묘지명이나 사찰의 비문 등 금석문 자료는 고려사 연구에 새로운 길을 열어 주었다. 이렇게 볼 때 고려가 간행하였던 의학서 역시 고려시대 연구자에게 고려 사회의 새로운 면모를 알려 줄 것이다.

고려시대에 간행되었던 대부분의 의서들은 오랜 세월의 무게를 이기지 못하고 사라졌으나, 고려 고종 때 어의들이 만든《어의촬요방》과《비예백요방》 등이 조선시대《의방유취》에 인용되어 발자취를 찾아볼 수 있다. 또한 13세기 중엽 고려대장경을 만들기 위해 설립한 대장도감에서《향약구급방》을 간행했는데, 고려 의학서 가운데 유일하게 완본으로 남아 있다. 이들 의학서 역시 고려 사회가 편찬한 문헌으로서 이들을 고려사 연구에 활용한다면 고려 사회를 만나는 또 다른 문을 열 수 있다.

　예를 들어 완본으로 남아 있는《향약구급방》에는 고려 사회가 구급 질병을 다룬 방식과 처방이 나오게 된 연유를 포함한 고려시대의 의안醫案들이 남아 있어 보다 생생한 고려시대 사람들의 삶과 질병의 이야기를 알 수 있다. 우선《향약구급방》에서 어떠한 질병을 구급할 것이라고 인식했는지 조선시대 구급방과 비교하면 고려 구급방이 가지는 특징을 파악할 수 있다.

　대부분의 구급방서를 위시하여 전근대 의학서에서는 중풍을 제일 먼저 다루고 있다. 전근대 동양 의학이 치료 효과가 좋은 만성질환에 더 관심을 가졌기 때문이다. 그러나 몽골 침략에 대응해 팔만대장경을 만들던 대장도감에서 발간된《향약구급방》은 상한 음식이나 독버섯을 먹고 나타나는 각종 중독을 제일 먼저 다루었다. 당시 가장 흔하게 발생하면서도 위급한 질병이 식중독으로서, 만성적인 식량 부족으로 굶주렸던 강화도성민의 실상을 보여준다.

　그리고 의서 말미에서 구급한 질병이라고 보기 어려운 여드름, 기미, 액취증 등을 어떻게 해결하는지 그 비법을 전하고 있어,《향약구급방》

이 피란살이에도 외모가 중요하였던 귀족사회의 면모를 짐작할 수 있
다. 또한 중국으로 사행 가는 길에 나타나는 중독 증상을 매고 있던 허
리띠의 서각을 깎아서 해독하였다는 경험방은 고려 귀족들이 발견한 처
방이다. 이처럼 고려 의학서에는 고려 사회에서 발견한 경험방들이 다
수 존재한다. 이렇게 볼 때, 《향약구급방》을 위시하여 《어의촬요방》과
《비예백요방》 등 고려 의학서에 대한 본격적인 연구가 이루어지면, 우
리가 미처 파악하지 못했던 고려 사회의 새로운 면모가 드러날 수 있다.
우리의 연구를 여전히 기다리고 있는 분야가 고려시대 의학사라고 하
겠다.　＊이현숙

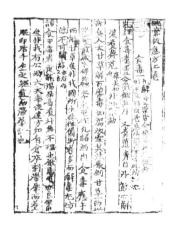

《향약구급방》(일본 국내청 서릉부 소장)
상한 음식이나 독버섯을 먹고 나타나는 각종 중독을
제일 먼저 다루어 만성적인 식량 부족에 굶주렸던 고려 민의 실상을 전해주고 있다.

尒不速成無上正覺世尊是菩薩摩
訶薩不久當坐菩提樹下證得无上
止等菩提轉妙法輪度無量衆世尊
若善男子善女人等得聞如是甚深
嚴若波羅蜜多受持讀誦如教修行
當知是善男子善女人等久學大乘
善根成熟多供養諸佛多事諸善友

06

다섯 걸음 더, 한국고대사

1

한국사 속 '건국연대'에 관한 고찰
– 대한민국 '건국절'과 관련하여

1948년 이후 대한민국의 '건국절'은 대한민국 임시정부가 수립된 1919년이었다. 그러다가 이명박, 박근혜 대통령 때는 대한민국 정부가 수립된 1948년이었다. 현 문재인 대통령 때는 1919년이 다시 '건국절'이 되었다. 한 나라의 '건국절'이 대통령에 따라 1919년이 되었다가 1948년이 되었다가 널을 뛰고 있다. 건국연대가 정치적 입장에 따라 달리 해석되고 있는 것이다. 물론 바람직한 현상은 아니다. 그렇다고 건국의 문제를 정치가 아닌 학문적 입장에서만 다룰 수 없다는 데 문제의 어려움이 있다. 왜냐하면 나라를 세우는 건국은 정치와 밀접한 관련이 있기 때문이다.

대한민국의 건국이 1919년인지 1948년인지 잠시 접어 두고 한국 역사상 우리가 알고 있는 여러 나라의 건국연대는 아무런 문제가 없는지 살펴보자. 김부식의 《삼국사기》에 의하면 신라, 전고려(=고구려), 백제의 건국연대는 각각 기원전 57년, 기원전 37년, 기원전 18년이고 다들 그렇게 알고 있다. 그런데 위에 제시한 건국연대가 정확한 건국연대일까. 과연 신라가 가장 먼저 나라를 세웠을까.

정확한 건국연대는 모르더라도 적어도 전고려(=고구려)가 신라보다 먼저 건국된 것은 확실하다. 그렇다면 전고려와 신라의 건국연대 중 둘 중 하나는 사실이 아니다. 전고려의 건국연대가 신라의 건국연대인 기원전 57년보다 더 오래되었거나, 신라의 건국연대가 전고려의 건국연대인 기원전 37년보다 더 늦어야 한다.

전고려가 900년 이상 존속했다거나 기원전 107년일 수도 있다는《제왕운기》의 기록을 참조한다면 전고려의 건국연대가 기원전 57년보다 더 앞섰을 가능성이 높다. 신라의 건국연대인 기원전 57년도 60갑자가 시작되는 갑자년이라 연대 조작의 냄새가 난다. 실제 건국연대가 아닐 가능성이 높다. 사정이 이렇다면 백제의 건국연대도 기원전 18년이 아닐 수 있다.

삼국보다 먼저 세워진 고조선의 건국연대는 어떠할까? 기원전 2333년이 맞을까? 삼국의 건국연대도 확실하지 않은데 그보다 앞서 몇 천년 전에 세워진 고조선의 정확한 건국연대가 있기나 한 걸까. 믿는 것 자체가 무리다. 더구나 고조선의 건국연대를 기원전 2333년이라고 정한 것도《삼국유사》가 아니다. 기원전 2333년이 고려시대 일연의《삼국유사》에서 정해진 연대라고 알고 있지만 사실이 아니다. 조선시대에 들어와서 기원전 2333년으로 정해졌다.

우리가 알고 있는 발해의 건국연대는 698년이다. 중국의《구당서》와 일본의《유취국사》의 기록을 종합하여 얻은 연대다.《구당서》에는 측천무후의 성력 연간(698~700)에 발해가 건국되었다고 했고,《유취국사》는 문무천황 2년(698)에 발해가 건국되었다고 하였다. 그런데 우리 측 기록은 다른 연대를 전하고 있다. 일연의 《삼국유사》에서 인용하고 있는 《삼국사》에서 발해의 건국을 678년이라고 했다. 이승휴의 《제왕운기》는 684년이라고 했다. 이처럼 발해의 건국연대는 678년, 684년, 698년 세 개가 있다. 우리는 중국과 일본 측 기록인 698년을 따르고 있다.

궁예가 세운 고려, 즉 후고려(=후고구려)의 건국연대도 901년이라고 하고 있지만, 《삼국사기》는 궁예의 건국을 904년 마진 건국으로 보고 있다. 《삼국사기》에는 궁예의 고려 건국에 대한 기록 자체가 없다. 901년 후고려 건국연대는 《삼국유사》에 근거한 것이다. 그런데 904년 마진 건국이라고 한 《삼국사기》의 또 다른 기록에서는 궁예가 세운 나라가 28년간 존속했다고 했다. 이를 따르면 궁예의 건국연대는 901년이 아닌 891년이 된다. 《제왕운기》는 890년으로 보고 있다. 이처럼 궁예의 건국연대도 891년, 901년, 904년으로 보는 관점에 따라 다르다.

지금까지 여러 나라의 건국연대, 즉 고조선의 기원전 2333년, 신라의 기원전 57년, 전고려의 기원전 37년, 백제의 기원전 18년, 발해의 698년, 후고려의 901년 모두 문제점을 갖고 있음을 살펴보았다. 물론 현재와 가까운 시기인 918년 왕건의 고려 건국과 1392년 이성계의 조선 건국은 건국연대에 대해서 논란이 없다. 그런데 아이러니컬하게도 현재와 가장 가까운 시기에 세워진 대한민국의 건국연대에 대해선 가장 논란이 뜨겁다.

앞에서 살펴본 여러 나라의 다양한 건국연대 가운데 기원전 2333년, 기원전 57년, 기원전 37년, 기원전 18년, 698년, 901년을 건국연대의 기준으로 인정한다면 대한민국의 건국연대는 1948년이 되어야 한다.

왜냐하면 과거의 어떤 나라도 '국호'만을 칭했다고 해서 건국으로 인정한 사례가 없기 때문이다.

그러나 글쓴이는 전고려의 건국연대인 기원전 37년, 발해의 건국연대인 698년, 후고려의 건국연대인 901년 등을 건국연대로 인정하지 않는다. 가령 발해의 경우 건국연대를 전하는 기록 가운데 자국 기록과 타국 기록이 있을 때 어느 기록을 취해야 할까. 당연히 당시 세계의 중심 역할을 했던 중국이 인정한 기록을 취해야 한다고 말할지 모르겠다. 그러나 건국연대는 그 나라를 세운 나라나 그 나라를 어떤 형태로든 계승한 나라의 기록을 따라야 하지 않을까. 따라서 발해의 건국연대도 우리 측 기록인 678년이나 684년 중의 하나를 따라야 한다.

우리는 전고려가 668년 멸망했다고 알고 있지만 668년 전고려 사람들은 전고려가 망하지 않았다고 생각했다. 전고려를 다시 찾거나 또 다른 나라로 계승하고자 계속 노력했기 때문이다. 그러한 노력들이 모여 698년 중국으로부터 인정받은 발해가 건국되었다. 그러나 698년 발해를 건국한 세력의 일부는 그들의 건국연대를 698년이 아니라 678년이나 684년으로 보았다. 678년 또는 684년에 자신만의 나라, 예를 들어 국호를 정한다거나, 왕을 칭한다거나, 근거지를 마련하는 등 전고려 부흥의 전기를 마련한 전환점이 있지 않았을까. 그들은 그 전환점을 불완전하지만 건국 기원으로 삼았고 그것이 후대에 기록으로 전해진 것이다.

궁예의 고려 건국도 901년이 아니다. 궁예는 이미 896년 철원에 도읍을 정하고 칭왕하였다. 이때 국호를 정하지 않았다고 해서 건국으로 보지 않는 것은 너무 엄격한 잣대를 들이댄 것이다. 신라가 삼국을 통일하고 몇 백 년을 지속했는데 누군가 나타나서 도읍을 정하고 칭왕했다면 이는 건국과 마찬가지다. 국호를 정하지 않았지만, 국호를 내부적으로만 공유했을 수도 있고, 언젠가 국호를 정할 것은 예정된 일이었기 때문이다.

그렇다고 발해처럼 어떤 전환점을 마련했거나 도읍을 정했거나 칭왕했다고 해서 모두 건국으로 보자는 말이 아니다. 그 전환점이나 칭도읍이나 칭왕 등이 나중에 완벽한 국가의 건국으로 이어졌을 때만 인정되어야 한다. 신라의 김헌창이나 고려의 묘청 등이 왕을 칭하거나 도읍을 정했다고 해서 건국이라고 보지 않는다. 왜냐하면 그들은 결국 나라를 세우지 못했기 때문이다.

만약 발해란 나라가 세워지지 않았다면 발해를 세우기 위한 한 기점이었던 678년, 684년도 그 의미를 상실했을 것이다. 발해란 나라를 세웠기 때문에 678년, 684년 건국연대도 나라와 함께 기록으로 전해졌을 것이다. 궁예의 896년 철원 도읍도 마찬가지로 나중에 901년 고려란 나라의 건국으로 이어지지 않았다면 하나의 사건에 지나지 않았을 것이다.

이제 마지막으로 대한민국의 건국을 논할 때다. 1910년 대한제국이 멸망한 후 여러 곳에서 나라를 되찾자는 노력이 있었다. 황제국 대한제국을 되찾자는 방향과 전혀 새로운 공화국의 나라를 세우자는 등 여러 방식으로 전개되었다. 이러한 운동의 정점이 1919년 3·1운동이다. 3·1운동은 실패했지만 그 동력은 다른 나라 땅인 중국에서 대한민국 임시정부를 탄생시켰다. 국민, 영토, 주권도 없는 명목상의 정부였지만 '대한민국'이란 국호를 정하였다.

1945년 해방을 맞이하고 1948년 대한민국 정부가 수립되었다. 대한민국 정부는 1948년을 대한민국 원년이라 하지 않고 대한민국 정부 수립 30년이라고 표방하였다. 1948년 대한민국 정부 수립을 1919년의 연장선상에서 바라본 것이다. 그런데 1948년 남북 분단이 아닌 통일국가가 수립되고, 통일국가의 나라 이름이 대한민국이 아니라 조선이나 고려였다면, '조선 건국'이나 '고려 건국'의 원년을 1919년으로 하지는 않았을 것이다. 아마도 1948년을 건국 원년으로 삼았을 것이다.

1948년의 나라 이름이 대한민국이었기 때문에 1919년 대한민국 임시정부의 법통이 중요한 요소가 되었다. 1919년 대한민국 임시정부가 건국이냐 아니냐의 문제는 1919년의 문제가 아니라 그 후 세워진 나라의 형태나 국호에 연결되어 결정되어야 할 문제다. 흔히 말하는 역사의 현재적 관점을 무시할 수가 없다.

1948년 대한민국 정부의 연원을 1919년 대한민국 임시정부에 두었다고 해서 언제까지 대한민국 정부의 연원이 1919년이라고 주장하는 것도 문제다. 1919년 대한민국 임시정부의 주요 목적은 나라를 되찾는 데 있었다. 그래서 1948년 나라를 되찾고 대한민국 정부를 세웠을 때 그 연원을 1919년에 두었다. 그러나 1948년의 대한민국 정부의 목표는 민주국가 실현이고 통일한국의 완성이다. 언젠가 민주국가와 통일한국을 이뤄 낸다면 대한민국의 건국연대는 1948년이 될 가능성도 없지 않다.

다만 남북이 분단된 현 상황에서 1919년이 건국이냐 1948년이 건국이냐는 결정할 수도 없는 일이고 결정해서도 안 되는 일이라고 생각한다. 왜냐하면 어느 한 쪽을 건국으로 정한다고 해서 모든 사람의 공감대를 이끌어 낼 수는 없기 때문이다. 지금 상황에서는 말 그대로 1919년 대한민국 임시정부 수립기념일, 1948년 대한민국 정부 수립일로 기념하면 된다.

내년 2019년은 3·1운동 100주년이고 대한민국 임시정부 수립 100주년이다. 온 나라 사람이 마음을 한데 모은 것이 3·1운동이고, 그 힘을 모아 대한민국 임시정부를 탄생시켰다. 2019년 100주년은 우리의 마음을 하나로 모으는 중요한 계기가 될 것이다. '건국절' 논란으로 국론을 분열시킬 필요가 없다. 건국절은 적어도 남북이 통일되었을 때 본격적으로 논의되어야 할 문제다. *조경철

1945년 12월 19일 대한민국임시정부 개선 환영대회(동대문종합운동장)

2

'주변'이 된 역사 온전히 바라보기

– 부여·옥저·동예·말갈

해방 이후 한국 역사학계는 국민국가 역사의 체계적 서술을 향하여 쉼 없이 달려왔다. 이는 일국사적 시각에 입각한 '한국사(국사)'의 체계를 만드는 과정이었고, 그 안에서 한국고대사는 언제나 선두에 서야만 했다. 그리고 그 방향이 옳았든 틀렸든 수많은 열정 어린 연구자들의 노력은 결실을 맺어, 오늘날 우리 학계는 세밀하고 체계적인 한국고대사상을 도출해 내는 데 성공했다. '성공'이라 말할 수 있는 근거는 현재 학계가 서술하고 있는 한국고대사상이 그만큼 합리적이라 믿어지며 큰 거부감 없이 받아들여지는 데 있을 것이다.

이와 같은 학계의 성과에 적극적으로 동조하며 보태기를 하고 있는 후배 연구자로서 60여 년에 걸쳐 이룩한 학계의 '성공'에 대해 비판적 잣대를 들이밀기는 어렵다. 최근이라기엔 이미 오래된 '국민국가 역사 만들기'라는 회의적 시선 혹은 비판에서 필자 또한 절대 자유로울 수 없으며, 그 지점에서부터 문제의식을 구체화하는 것이 이 글의 목적도 아니다. 여기서는 다만 국민국가의 역사가 체계화되어 가는 과정에서 마저 '사료 부족'이라는 멍에를 떠안고 고구려나 백제, 신라가 되지 못한 사람들의 이야기를 하고 싶다.

물론 기록에 그 흔적조차 남기지 못한 무수히 많은 고대인들도 존재한다. 여기서의 논의가 이름을 남기지 못한 그들의 역사까지 들추어 기억을 만들어 내자는 말은 결코 아니다. 역사학의 범주 안에서 그러한 작업은 가능하지도 않으며, 유의미한 것으로 평가받기도 어렵다. 그러나 사료를 통해 그들의 역사적 궤적이 단편적으로나마 확인되는 이름들 가운데서도 끝내 주인공이 되지 못했던 고대인들도 있다. 역사 서술에서 언제나 조연으로 출연하는 고대인들. 이 글의 목적은 그동안 연구자들에게 홀대받았던 종족과 사람들에 대해 다시금 주목을 촉구하고자 하는 것이다. 말하자면 명품 조연들에게도 한 번쯤 주연의 기회를 주자는 것.

한국고대사 연구의 공간적 범위는 한반도뿐만 아니라 오늘날의 중국 동북3성 지역, 즉 흔히 '만주'라고 명명되는 공간을 포함한다. 그동안 역사학계는 고대 한반도와 만주를 중심으로 동북아시아 역사상 존재했던 수많은 주민집단을 한국고대사의 연구 대상으로 삼아 왔다. 하지만 연구가 거듭될수록 연구자들의 시선 밖으로 내몰리게 된 고대인들도 있다. 잘 알려져 있듯이 《삼국지》〈위서 동이전〉에 등장하는 부여·옥저·동예·읍루 등은 모두 기원후 3세기 무렵 고대 한반도와 만주를 누볐던 이름들이다. 그러나 이들은 한국고대사라는 무대 위에서 그다지 주목을 받지 못한 채 주변 혹은 변경으로 밀려나게 되었다.

이들이 주목을 받지 못했던 첫 번째 이유로는 역시 사료 부족을 들 수밖에 없다. 부여·옥저·동예·읍루는 모두 스스로의 역사기록을 남기지 못했다. 그런 탓에 후세인들은 타자의 시선에서 바라보고 기록한 단편적인 기록을 통해 이들 역사의 흔적을 더듬을 수밖에 없다. 물론 타자에 의해 기록된 역사조차도 풍부하다 말하기는 어려운 실정이다. 사정이 이러하니 이들을 온전히 주인공으로 한 역사 서술이 쉽지 않음은 당연하다. 하지만 과연 이들을 역사상 조연으로 위치하게끔 강제했던 요인이 오로지 '사료 부족'만이었을까. 꼭 그렇지만은 않은 것 같다.

일단 위에서 거론한 이름들 중에 읍루를 제외한 부여·옥저·동예 등을 한데 묶어 개념화하려는 시도가 일찍부터 있었음을 떠올릴 필요가 있다. 잘 알려져 있듯이 초창기 한국고대사 연구에 큰 족적을 남겼던 이병도는 삼국시대 이전 한국 고대사회를 서북행렬 사회와 후방행렬 사회, 남방행렬 사회 등으로 구분한 바 있다. 한국의 고대문명이 서해안 지대에서 발생·확산되었다는 전제 아래 고조선·진번·진국 등 서해안과 남해안 일대에 위치한 세력이 문화적 중심을 이루고, 부여·초기 고구려·동예·옥저 등은 그 배후지대에 속한다는 의미에서 이른바 후방행렬 사회로 분류했던 것이다. 여기서 고구려는 논외로 치더라도 부여와 동예, 옥저의 경우엔 관련 기록이 부족하다는 것과 별개로 이미 초기 연구부터 문명의 배후 지역으로 간주되었음을 알 수 있다.

한편 이병도가 부여·고구려·동예·옥저 등을 묶어 후방행렬 사회를 설정한 배경에는 지리적 조건이나 주변 지역과의 문화적 편차뿐만 아니라 이들 사이에 공유되었던 부여 계열의 동질적인 문화양식도 고려되었다. 이러한 시각은 부여·동예·옥저를 고구려와 같은 예맥족이 근간을 이루었던 사회로 인식하는 오늘날의 시선과도 상통한다. 이에 따라 부여·동예·옥저의 역사는 고조선의 주변, 또 낙랑군과 현도군 등 중국 군현의 주변, 그리고 고구려의 주변이라는 언제나 타율적인 문법으로 서술되어 왔다. 물론 그 서술의 마지막은 하나같이 발전 일로에 있던 고구려에 복속, 통합되는 것으로 귀결된다.

이처럼 부여·동예·옥저의 역사를 고조선에서 낙랑군, 고구려로 이어지는 중심 문화의 종속 요인으로 바라보았던 그간의 시선은 당연히 이들만의 문화적 독자성이나 고유성에 관심을 기울이기 어렵게 만들었다. 특히 고구려가 고대국가로서의 위상을 확립해 가는 3세기 이후부터는 문제가 더욱 심각해지게 된다. 이 시기를 전후로 고구려는 급속하게 세력을 팽창해 나가며 예맥족 최강국가로 부상하였다. 자연 연구자들의 관심도 그러한 고구려의 역사에 쏠릴 수밖에 없었다. 그리고 이 과정에서 부여·동예·옥저는 더더욱 역사 무대의 주변으로 내몰리고 말았다.

좀 더 직설적으로 말해 보자. 아이러니하게도 연구자들이 고구려의 역사상을 체계적으로 정립해 갈수록 한때는 고구려와 병존했던 한반도 및 만주 일대의 여러 종족들은 역사적인 주체성을 상실하거나 역사상에서 타자화되었다. 뒤에서 언급하겠지만 읍루나 말갈이 한국고대사에서 타자화된 대표적 사례라면, 부여나 옥저, 동예는 그 역사적 주체성을 상실한 사례라 할 수 있다.

특히 옥저나 동예는 고구려사 중심의 연구 흐름 속에서 그 정체성을 상실한 채 고구려 발전과정의 필요조건으로 묘사되는 경우가 많았다. 옥저·동예에 대한 문헌기록으로 가장 중시되어 왔던 《삼국지》〈위서 동이전〉에서는 3세기 무렵 옥저인과 예인이 고구려의 지배를 받으면서도 그들 나름의 정체성을 강하게 유지하고 있었음을 전한다. 그러나 이 시기 옥저와 동예에 대한 관심은 거꾸로 고구려가 어떤 방식으로 이 지역을 지배해 나갔는가에 집중되어 있다. 그 결과 옥저나 동예에 대한 고구려의 지배형태가 이른바 '공납적 지배'를 통해 관철되었다는 설명과 함께, 그러한 지배방식이 고구려사의 전개에서 어떤 의미를 지니는지 등의 문제에 관심이 모아졌다.

동북아시아의 정세가 격동으로 치닫던 3세기 중엽, 조위에게 항복하고 직접 그 수도에 찾아가 조공하고 책봉을 받았던 불내예왕不耐濊王의 경우만 떠올려 보아도, 이 시기 옥저나 예인의 국제정세 인식과 외교적 대응에는 상당히 독자적인 면모가 관찰된다. 물론 이러한 대외활동 이면에는 분명 그들 나름의 주체적 고민도 있었을 것이다. 그러나 이러한 대목에 관심을 주는 연구자는 그리 많지 않다.

한편 부여의 경우는 옥저나 동예와 조금 다른 면이 있다. 우선 고구려 계통의 사료에서 그들의 흔적을 일부 찾아 볼 수 있다는 점에서 부여는 옥저나 동예보다 사료적 여건이 나은 편이었다. 또 일찍부터 부여는 예맥족의 조종적祖宗的 위치에 있었던 나라로 평가받았으며, 초기 고구려사를 해명하는 과정에서 부여사에 대한 이해도 요구되었다. 이러한 배경에서 부여사에 대한 연구자들의 관심은 옥저나 동예의 그것보다 훨씬 컸다고 할 수 있다.

다만, 한국고대사에서 부여사 서술은 주로 고구려와의 관계를 중심으로 이루어졌으며, 온전히 부여를 주인공으로 하는 체계적인 역사 서술이 있었다고 평하기는 어렵다. 흔히 부여는 고구려 건국세력의 발원지로서 혹은 고구려 성장과정에서의 극복 대상으로서 서술되었다. 또한 종주국 부여를 밀어 내고 예맥족을 통합하는 과정 자체가 고구려의 '성장'을 증명하는 하나의 근거로 소비되는 경향이 강하였다.

이처럼 부여와 옥저, 동예는 고구려의 팽창과정에서 복속된 세력으로, 그리고 고구려의 '발전'을 증명하는 피지배 종족으로 서술되어 왔다. 특히 4~5세기 무렵부터 나타나는 고구려의 독자적 천하관(고구려적 천하)에 대한 검토과정에서 이러한 이해방식은 더욱 구체화되어, 이들은 고구려 천하 속에 새로이 편입된 백성으로서 혹은 부용附庸세력으로서의 위치를 부여받게 된다. 즉, 고구려의 침략을 받고 복속된 이들은 예맥족 통합국가로 발돋움한 고구려의 '발전'을 증명하는 피지배 종족으로 묘사되곤 하였다. 결국 동북아시아라는 역사 무대 위에서 나름의 역사를 일구었던 이들은 고구려라는 거대한 이름에 덮여 천천히 사라져 갔던 것이다.

이처럼 고구려사가 진화론적이고 선형적인 서사구조 속에서 체계적으로 정립되어 갈수록 분명 고구려와 달랐을 이들의 정체성은 희석되거나 말살되었다. '삼국시대를 향한 통합의 과정'이라는 역사 서술 안에서 그들은 고구려라는 주연에 가려진 채 조연으로만 남게 되었고, 한국사의 전개라는 거대한 서술구조 안에서 끝내 '주변'을 벗어나지 못하였다.

한편, 동북아시아 역사상 존재했던 많은 종족들 가운데 한국고대사 연구과정에서 타자화되었던 가장 대표적인 사례는 숙신-읍루-말갈-여진으로 이어지는 고대인들이라 할 수 있다. 물론 이들을 과연 역사적 계승관계로 이어진 하나의 종족 계통으로 파악할 수 있을지는 또 다른 문제다. 여기서 이 문제는 일단 제쳐두기로 하고 서술의 편의상 말갈이라는 이름에 대표성을 두기로 한다. 한반도와 더불어 한국고대사가 전개되었다고 '믿어지는' 만주라는 공간에서 활동한 말갈은 앞서의 부여나 옥저, 동예와는 또 다른 이유에서 역사의 주변으로 내몰렸다.

우선 말갈은 부여나 옥저, 동예와 달리 한국고대사의 연구 범위 바깥에 자리한다. 지금까지 말갈족의 역사가 한국고대사에 귀속될 수 없었던 이유는 그들이 '한민족'과 혈연적으로 관련이 없다고 믿어졌기 때문이다. 반대로 한반도와 지리적으로 상당히 멀리 떨어진 곳에 존재했던 부여의 역사가 '당연히' 한국고대사로 편입될 수 있었던 이유는 부여가 예족의 나라였기 때문이다. 부여는 일찍부터 예맥족의 조종적 위치에 있었다고 평가되었으며, 여기에 더해 고구려 건국세력이 부여에서 남하했다는 고사나 고구려뿐만 아니라 백제에서도 보이는 부여 계승의식의 존재는 부여의 역사를 한국고대사에서 떼어낼 수 없게 하는 연결고리로 작용했다.

사실 부여뿐만 아니라 옥저와 동예의 경우도 모두 고구려와 같은 예맥족이 근간을 이루었던 정치체였다고 믿어졌고, 이를 아우르는 예맥족은 '한민족'의 중요한 구성원으로 인정되어 왔다. 그리고 오늘날 역사학계에 의해 정립된 한국고대사상에서는 이처럼 여러 갈래로 나뉜 예맥족 사회가 고구려의 발전과정 속에서 필연적으로 다시 통합되었다는 민족사적 서술로 귀결된다. 즉, '한민족'을 이루는 중요한 구성원 중 하나인 예맥족이 최종적으로 고구려에 의해 다시 재통합되었다는 서사구조라 할 수 있다.

이처럼 정립된 한국고대사상 안에서 예맥족은 '한민족'을 이루는 중요한 구성원으로 인식되었다. 그리고 이러한 역사상의 확립과정에서 뜻하지 않게 주변으로 밀려나며 타자화된 종족이 말갈이다. 부여나 고구려처럼 예맥족으로 분류될 수 없었던 말갈은 '한국사'라는 강박의 틀밖으로 밀려나 끊임없이 주변을 맴돌았던 종족이다.

물론 한국고대사 연구과정에서 이들에 대한 관심이 전혀 없었던 것은 아니었다. 다만 고구려사를 서술하는 과정에서 그 세력권 내에 위치한 종족 혹은 부용세력 정도로 치부되는 것이 한국고대사에서 말갈이 맡은 배역이었다. 안타깝게도 그러한 고정된 배역에서 벗어나 말갈 내부의 사회적 진전이나 정치적 독자성에 관심을 주는 연구자는 많지 않았다. 요컨대 말갈은 한국고대사와 깊은 관계를 맺으면서도 한국고대사상의 정립과정에서 주변화·타자화된 대표적인 사례라 할 수 있겠다.

이와 같은 필자의 문제 제기가 읍루 혹은 말갈의 역사를 한국고대사의 서술체계 안으로 편입시킬 것을 주문하는 것은 결코 아니다. 여기서는 다만 한국고대사의 서술과정에서 언제나 타자로 분리되었으면서도 연구자의 필요와 욕망에 따라 한국고대사상의 정립과정에서 소비되어왔던, 특히 강대한 고구려를 수식하는 데 이용되어 왔던 말갈의 역사 또한 그 자체로 온전히 바라볼 필요가 있음을 말하고 싶은 것이다.

결국 한국고대사상이 체계적으로 정립되어 갈수록 고대 동북아시아에서 나름의 역사를 일구었던 부여·옥저·동예·말갈은 자신들의 역사적 주체성을 상실하고 주변으로 내몰렸던 것이다. 그렇다면 지금이라도 한국고대사의 서술구조에서 '주변'으로 내몰린 고대인의 역사를 온전히 바라보기 위한 노력이 필요한 것은 아닐까.

이를 위해서는 먼저 부여·옥저·동예·말갈의 역사를 온전히 바라보기 어렵게 만들었던 굴절의 시선, 중심과 주변이라는 이분법적 시선에서 탈피해야만 한다. 궁극적으로 '한국사'라는 강박의 틀에서 한 걸음 벗어나 고대 동북아시아를 누볐던 수많은 종족들에 대한 개별 역사를 하나하나 구체화해 나갈 때, 비로소 '주변'이 된 이들에게 온전한 그들의 역사를 찾아 줄 수 있을 것이라 생각한다. 그리고 이러한 과정에서 보다 선명한 한국고대사상의 정립이 가능할 것이라 믿는다. *이승호

동예의 집터, 여모자형 집터

동예의 집터, 철凸자형 집터
영서·영동 등 중부 지역에
널리 분포하는데, 동예의 범위와 관련해
많은 주목을 받고 있다.

3

고대 국가제사의 특징

− 시조묘 제사와 제천의례

국가제사는 '국가권력의 주도 아래 국가적인 관심 속에 치러지며, 해당 공동체 내의 제례 가운데 손꼽히는 위상과 비중을 가진 제사'를 말한다. 즉 왕권의 의지가 투영되어 격이 높아진 제사다. 한국 고대국가 제사의 모습은 《삼국사기》 및 중국 측 사서에 전하는데, 이를 통해 고구려·백제·신라 삼국이 각기 다양한 의례를 행해 왔음을 알 수 있다. 눈여겨볼 점은 종묘와 사직제사 같은, 우리가 흔히 아는 국가제사 외에 이례적인 의례들이 전해지고 있다는 사실이다. 특히 그 가운데는 출현 빈도로 볼 때 비중이 막중했을 것으로 여겨지는 경우도 적지 않기에, 한 번쯤 되짚어볼 필요가 있다고 생각한다.

먼저 《삼국사기》에서 가장 눈에 띄는 국가제사로 시조묘始祖廟 제사가 있다. 삼국의 제사의례를 모아 놓은 제사지祭祀志에는 이외에도 여러 종류의 국가제사를 언급하고 있지만, 각 왕들의 연대기를 담은 본기本紀에서 주기적으로 그리고 장기적으로 존재감을 드러내는 것이 바로 시조묘 제사다. 백제의 경우는 시조묘가 아닌 동명묘東明廟 제사 기록이 자주 나오지만, 백제에서는 동명을 시조로 보았기 때문에 동명묘는 시조묘와 다르지 않다.

시조묘는 말 그대로 시조의 사당을 의미한다. 그러나 현충사와 같은 훗날의 사당과는 조금 성격이 달랐던 것 같다. 고구려에서 여러 차례 천도를 했음에도 줄곧 졸본에 마련된 시조묘에서 치제가 이루어졌던 것 또한 시조묘의 성격이 오늘날 우리가 흔히 알고 있는 사당과 결이 달랐음을 보여준다. 시조묘란 시조의 장지葬地로 전해지는 곳에 세워진 구조물로서, 넓은 의미에서는 이를 포함한 시조(왕)릉 전체를 아우르는 개념으로 이해된다. 본디 묘廟는 조상을 제사지내는 곳을 의미하므로, 무덤[墓]에서 치제가 이루어진다면 역시 사당의 성격을 갖게 된다. 가야 시조 수로왕릉이 수로왕묘首露王廟로 불렸다거나, 신라 미추왕릉을 대묘大廟라 한 것, 그리고 고구려 미천왕릉이 미천왕묘美川王廟로 일컬어지기도 한 것은 그 때문이다.

시조묘가 시조릉과 떼려야 뗄 수 없는 관계 속에 있다는 점은 능묘陵廟를 연상케 한다. 중국에서는 춘추전국 시기 이래 분묘제사, 즉 묘제墓祭의 비중이 높아졌으며, 전한 시기에 이르면 침전寢殿뿐 아니라 사당[廟]까지 황제릉에 두는 '능방입묘陵旁立廟' 제도가 실시된다. 이른바 능묘陵墓에 능묘陵廟가 함께한 셈이다. 후한 시기가 되면 이 제도는 폐지되지만, 묘제의 위상은 여전하여 종묘에서 지내던 중요한 의례가 광무제의 원릉原陵에서 행해졌다. 조상 제사의 중심이 무덤에 있었다 해도 과언이 아닌 상황이었으며, 유력자들도 황제릉을 본떠 저마다 무덤에 사당을 만들었다. 이처럼 성행하던 묘제는 위진 시기 이후 여러 가지

원인으로 침체되었고, 다시금 종묘가 예전의 위상을 회복케 된다.

중국 고대에 묘제가 위세를 떨쳤던 이유는 무덤을 죽은 이의 거처로 여겨 매우 중시하였기 때문이다. 이 점은 한국 고대도 다르지 않다. 고구려의 경우 고국천왕 혼령이 왕릉 안에서 분노하였고, 서천왕의 혼령은 자신의 무덤을 도굴하려던 모용외 무리를 혼내 주었다. 신라에서도 김유신과 미추왕의 혼령이 무덤을 오가며 대화를 나누었고, 김후직의 혼령은 무덤 안에서 진평왕에게 충간忠諫하였다는 설화가 전해진다. 가야 수로왕릉을 도굴하려던 이들이 처참한 최후를 맞이한 것 또한 같은 맥락이다.

이러한 측면은 고고학적으로도 확인할 수 있다. 당시에는 후장厚葬 내지 순장殉葬이 성행하였고 무덤 안은 죽은 이의 가옥과 같이 조성되었는데, 그 또한 기본적으로는 무덤 중시 풍조와 맞닿아 있었다. 고구려 국내 도읍기에 거대한 왕릉이 조영되고 여러 부대시설을 갖춘 능원陵園이 마련된 것이나, 백제 한성 도읍기 석촌동 일원에 대규모 왕릉이 만들어진 것, 그리고 신라 상고기에 황남대총으로 대표되는 고총고분高塚古墳이 등장한 것은 어찌보면 당연한 일이었는지 모른다. 이처럼 무덤이 가지는 의미가 컸기에, 조상 제사 역시 무덤을 중심으로 이루어졌다. 물론 당시에도 매장지와 분리된 조상 제사 장소, 즉 종묘는 존재하였다. 그러나 즉위의례를 비롯하여 후대로 가면 종묘에서 행할 법한 중대한 의례가 시조묘에서 치러진 것은 묘제의 위상이 높은 데 따른 결과였다.

시조묘 제사의 성행은 무덤 중시 풍조 아래서 나타난 현상이었다. 따라서 그러한 관념이 약화됨에 따라 시조묘 제사의 지위에도 변화가 생겼다. 고구려의 경우 4세기 후반 이후 묘제는 비례非禮라는 유교적 이해의 증진과 불교 전파로 인한 내세관의 변화, 그리고 대외적 위기의

가중으로 무덤에 대한 인식이 저하되고, 종묘와 그곳에서의 의례가 부상하였다. 대략 5세기 전후로 왕릉의 규모가 상대적으로 축소되고, 능원제가 쇠퇴하는 것은 그 점을 잘 보여준다. 그 결과 시조묘에서 이루어지던 의례적 역할의 상당 부분을 종묘가 짊어지게 되었다.

백제 또한 별반 다르지 않았다. 종래 백제에서는 동명묘(시조묘) 제사가 성행했는데, 늦어도 사비 도읍기에 이르면 구태묘仇台廟 제사가 매우 중요하게 언급된다. 구태묘는 도성에 있었으므로, 시조묘와 같은 성격으로 이해하기는 곤란하지 않을까 한다. 당시는 매장지와 거주지의 구분이 확연해진 뒤라 사비 도읍기 왕실의 묘역인 능산리 고분군은 나성 바깥에 자리하고 있기 때문이다. 구태의 정체가 어떻든 시조 및 그에 준하는 위상을 가진 인물이었음은 확실한데, 그에 대한 치제가 도성 안에서 이루어지고 있었다면 태묘太廟, 즉 종묘로 이해하는 편이 합당하다. 백제는 남천南遷 이후 대체적으로 박장의 경향이 강해졌는데, 이는 무덤 중시 풍조가 약화되었음을 보여준다. 따라서 비슷한 시기에 나타난 구태묘 제사의 성행을 통하여 백제 역시 조상 제사의 중심이 종묘로 옮겨졌음을 엿볼 수 있다.

신라의 경우는 조금 애매한 구석이 있다. 6세기 이후 고총고분을 축조하던 현상이 쇠락하고, 장기적으로 보아 왕릉의 규모가 작아졌으며, 순장이 금지되었던 것을 보면 무덤 중시 풍조에 변화가 온 것은 사실로 보아도 좋을 것이다. 불교까지 확산일로에 있었으니 더욱이 그러하다. 다만 그 무렵 사료에 주기적으로 등장하는 것은 종묘가 아닌 신궁神宮 제사기록이다. 신궁은 신라 시조가 탄생했다는 곳에 세워진 제장이다. 신라 역시 종묘는 꽤 오래전부터 존재했다고 여겨지지만, 종묘 제사가 상당한 위상을 확보하는 것은 중대 이후다. 따라서 이러한 현상을 어떻게 이해할지 여러 생각이 오간다.

아직까지는 억측이겠으나, 신라에서는 6세기 이후 종묘 제사가 시조묘 제사의 역할을 대신하기 힘든 상황이었던 것이 아닐까 한다. 당시 신라는 한수 유역을 차지하지 못해 중국과의 교류가 빈번하지 못하였고, 그 때문에 종묘를 중심에 둔 국가제사체계를 수립하는 데 어려움이 있었을지도 모른다. 더 큰 이유로 주목하고 싶은 것은 왕실집단을 일원적으로 엮을 수 있는 왕계王系가 형성되지 못했다는 사실이다. 물론 고구려와 백제 역시 애초에는 다르지 않았을 가능성도 있으나, 실상이야 어떠했든 결국 왕실이 한 시조에서 비롯되었다는 왕계가 창출되었기에, 종묘와 시조묘의 시조는 기본적으로 다르지 않았다. 반면 신라는 삼성三姓의 시조와 그 후손으로 이루어진 왕계가 오늘날까지 전해지는 것을 보면, 이러한 과정에 도달하지 못했던 것 같다. 즉, 종묘가 통합의 구심점 역할을 하는 데 한계가 있었고, 그런 면에서 신궁 제사가 대두되기에 이르렀던 것이 아닐까 한다.

다음으로 제천의례다. 고구려의 경우 《삼국지》를 비롯한 중국 측 사서에서 제천대회祭天大會 동맹東盟을 언급하고 있는데, 시간의 흐름에도 변함없이 그 의례가 지속되고 있음을 알 수 있다. 백제의 경우 《삼국사기》에 따르면 5세기 말까지는 천지합제天地合祭가 이루어졌고, 그 뒤로는 천·오제五帝 제사가 시행되었다고 여겨진다. 신라의 경우 제천의례를 지냈다는 명확한 기록은 찾기 어렵지만, 시조묘 제사나 신궁 제사에 제천의례로서의 성격이 있었다고 파악된다.

제천의례는 중국에서도 행해졌다. 대표적인 사례가 교사郊祀로, 동지나 정월에 도성 남쪽에 마련된 남교南郊 내지 원구圜丘와 같은 제장에서 하늘에 제사지냈다. 다만 한국 고대의 제천의례는 중국과 다른 특징이 있었으니, 바로 치제 대상이 조상신이었다는 점이다. 고구려 제천대회의 진행과정을 보면, 이는 천부지모天父地母 사이에서 탄강한 주몽의 전승을 재현한 것임을 알 수 있다. 신라의 경우 신궁이 시조의 탄생지라 일컫는 곳에 마련되었기 때문에, 그 치제 또한 시조를 대상으로 한 것이다. 백제 역시 기본적으로는 다르지 않다.

중국의 경우 제조祭祖와 제천은 달랐다. 전자의 대표적인 제장이 종묘였다면, 후자의 그것이 바로 원구·남교 제사, 즉 교사다. 이러한 차이는 천天 관념이 중국과 달랐던 데 기인한다. 한국 고대의 왕실 시조들은 각기 하늘, 즉 천신과 직접적인 혈연관계를 가지고 있었다. 주몽이나 혁거세, 나아가 수로 등이 하늘의 아들 내지 손자로 여겨진 것은 그 점을 잘 보여준다. 바꿔 말하자면 왕실은 천신의 직계비속이었다. 그래서 시조에 대한 제사는 곧 하늘에 대한 그것과 다르지 않았다. 반면 중국은 서주 시기 이래 하늘과 시조가 직접적인 연결고리를 갖지는 않았다. 굳이 말하자면 하늘의 수양아들에 가깝다 하겠다. 그렇기에 종묘 제사 자체는 원칙적으로 제천과 다른 의미였으며, 교사 때 하늘을 제사지냄과 아울러 왕실의 시조나 창업주를 배사陪祀하며 연관성을 구하고자 하였다.

고구려는 지리적으로 중국과 가까이 자리한 관계로 일찍부터 중국 문물을 받아들이기 쉬웠다. 그럼에도 교사방식을 수용했다거나, 혹은 중국적인 천 관념을 도입하려 한 흔적을 찾기 어렵다. 이 점은 신라도 마찬가지다. 특히 중·하대에 이르러 중국과 긴밀한 교섭이 오갔음에도 제천의례에서만큼은 기존방식을 고수하였다. 한국 고대와 중국 제천의례의 본질적인 차이는 조상신ancestor god을 천신heavenly god으로 여기는지 여부에 달렸던 셈이다.

물론 백제의 경우 천지합제나 천·오제 제사는 외형상 교사방식을 수용하였기 때문에 달리 생각할 여지도 없지 않다. 그러나 구체적인 운용 양상을 보면 한국 고대의 천 관념에서 벗어나지 않았음을 알 수 있다. 예컨대 천지합제를 행함에 천지를 함께 제사지내는[合祭] 방식을 유지했는데, 이는 당시 중국에서 천지를 별도로 치제하던[分祭] 것과는 다르다. 천지를 부모처럼 여겼기에 양자를 함께 봉양하고자 합제가 이루어진 것이다. 제천 시 시조나 창업주를 배사하지 않은 것 또한 제천 자체가 조상신에 대한 의례이기도 하였기 때문이다. 천·오제 제사도 마찬가지다. 당시 중국의 천 관념은 정현鄭玄의 육천설六天說과 왕숙王肅의 일천설一天說로 나눌 수 있는데, 전자는 오제를 천신으로 본 데 비해 후자는 그보다 하위 신격으로 간주하였다. 백제는 천신을 조상신으로 여겼으므로, 오제와 하늘의 관계가 상대적으로 더 긴밀한 정현의 설을 받아들였고, 또 종묘나 사당에서 조상을 제사지내는 것처럼 한 해 네 차례 의식을 거행하였다. 겉은 교사와 비슷할지 몰라도 속은 재래의 인식에 기초하였던 것이다.

이처럼 한국 고대의 시조묘 제사와 제천의례는 당시의 사회적 관념에 기초하여 이루어졌다. 물론 시조묘 제사의 경우 훗날 종묘 제사로 무게 추가 옮겨졌고, 제천의례의 경우 백제에서는 교사방식이 일정 부분 수용되기도 하였다. 그러나 중국에서 이미 묘제가 쇠퇴한 이후에도 한국 고대에는 무덤 중시 풍조가 상당 기간 지속되었고, 종묘의 부상도 중국 문물의 수용만으로는 설명할 수 없는 내부적인 변화의 산물이었다. 또 백제의 천지합제나 천·오제 제사 역시 구체적인 운용 면에서는 재래의 천 관념에 바탕을 두고 있었다.

그런 면에서 보자면 한국 고대의 대표적 국가제사들은 일정한 고유성을 지니고 있었던 것이 아닐까 한다. 즉, 중국 문물의 영향이 없다고 하는 건 어불성설이나 해당 사회가 처한 현실에 발맞추어 선택적 수용 및 변용이 이루어졌다 하겠다. 고려시대로 가면 이러한 흐름에는 다소 변화가 왔다고 생각된다. 고려 왕실은 천신과 직접적인 혈연관계를 갖지도 않았고, 과거제의 시행으로 예제禮制에 대한 이해도 한층 깊어지고 있었기 때문이다. 고려에도 많은 잡사雜祀가 있었으나, 유교적 국가제사의 색채가 한층 강해진 것은 그와 연관된 현상인지도 모르겠다. 이러한 추정이 억측에 그치지 않기 위해서는 전체적인 변화상을 볼 수 있는 안목이 필요한데, 우선 신라 중·하대 국가제사에 대한 접근이 보다 면밀히 이루어져야 할 것이다. 이때에 이르면 종묘가 유교적 방식에 근거하여 운영되었음을 엿볼 수 있고, 사직단의 설치도 확인되기 때문이다. 이는 추후의 과제로 삼겠다. *강진원

경북 경주 신라 황남대총 전경
신라 상고기의 초대형 고분으로 무덤 중시 풍조를 잘 보여준다.

4

'장소' 아닌 '공간'으로서 고대 도성

여행을 하다보면 간혹 급한 일이 생기곤 한다. 화장실 말고도 급히 통화할 일이 있거나 인터넷이 필요할 때가 있다. 그럼 으레 지하철역이나 호텔, 맥도날드나 스타벅스가 떠오르곤 한다. 우린 알고 있기 때문이다. 지하철역이나 맥도날드에는 반드시 화장실이 있고, 호텔에는 반드시 전화기가 있으며, 스타벅스에는 반드시 무료 와이파이가 있다는 사실 말이다. 또 우리는 알고 있다. 지하철역 등이 있을 만한 곳은 대부분 큰 길이고, 교차로이며, 높은 빌딩이 있고, 언제나 사람들이 많다. 처음 가 본 도시에서 급한 일이 생기더라도 당황하지 않고 우린 그곳들로 찾아간다.

이 익숙함은 현대 산업사회의 도시공간들이 공유하고 있는 공통점에서 비롯한다. 높은 빌딩숲, 기차역과 광장, 도심과 부도심 그리고 슬럼가, 간선도로와 고속도로, 상업지구와 주거지구, 그 사이를 지나는 거미줄 같은 지하철과 버스노선, 젊음의 거리와 유흥의 뒷골목, 그리고 맥도날드와 스타벅스. 국가와 문화권을 가릴 것 없이 서울, 뉴욕, 베이징, 도쿄, 파리 등 대도시들이 공유하는 도시'공간'의 공통점이다. 여기서의 '공간'은 '위치'나 '장소'와는 분명 다른 개념이다. 비록 '위치'는 다를지라도, '공간'은 같다고 해야 할까. '장소'가 인간에게 주어진 무대라면, '공간'은 자연히 주어진 것이 아니라 인간의 활동과 삶에 의해 생산된 사회적 산물이다. 즉, 산업사회의 도시공간은 그 공간에서 살아가는 현대인들의 삶이 만들어 낸 결과물인 셈이다.

그러고 보면 서울 사람이든 뉴요커든 파리지앵이든 대체로 현대 도시인들의 삶은 비슷하지 않나. 그러니 결과로서의 도시 경관도 비슷할 수밖에. 버스나 지하철을 타고 출근해서 하루 8시간 혹은 그 이상을 근무하고, 퇴근 후엔 집에 돌아와 집안일을 하거나 TV를 보다가 잔다. 아침식사는 거르거나 간단히 먹고, 1시간 남짓의 점심시간에는 직장 근처 식당에서 사먹은 후 커피도 한 잔, 퇴근 후엔 종종 외식을 하기도 한다. 주말엔 가족들과 시간을 보내거나 저마다의 종교활동 혹은 취미생활을 즐긴다. 이런 삶을 살아가는 사람들이 만들어 낸 도시공간들이 대동소이한 것은 당연한 것일지도 모른다.

그럼 산업사회 이전의 과거에는 어땠을까. 과거에도 사람이 살았고, 그 사람들의 삶과 활동에 의해 공간이 만들어졌을 것 아닌가. 단, 사람들의 삶이 달라졌으니 그 공간은 지금의 도시와는 분명 달랐을 것이다. 그렇다면 과연 과거의 여행자도 처음 가 본 여행지에서 익숙한 무언가를 느꼈을까. 과거의 공간들도 지금의 도시들처럼 공유하는 무엇이 있었을까. 유적이 비교적 남아 있어 상상하기 쉬운 과거의 도성들을 배경으로 상상력을 발휘해 보자.

A라는 여행자가 있다. 그는 9세기 초, 발해의 상경성上京城에서 자라

나 상경성의 서시西市에서 물건을 팔던 상인이었다. 그러다 우연히 사신단을 따라 당나라 도성 장안성長安城에 갈 기회를 잡았다고 해 보자. 30년을 상경성에서 살던 그가 처음 본 장안성의 경관은 놀랄 만큼 상경성과 흡사했다. 물론 규모는 장안성이 4배 정도 컸지만, 우선 바둑판 모양으로 가로 세로 길들이 교차하면서 구획을 나누고 있고, 중앙에는 주작대로라고 불리는 꽤 넓은 길이 남북으로 나 있는 것이 아닌가. 호기심 많은 A는 과연 얼마나 장안성이 상경성과 같은지 궁금증이 일었다. 주작대로를 따라 북쪽으로 올라가 보기로 한다. 그의 예상대로라면 그 끝엔 관청들이 즐비한 황성이 있어야 한다. 아니나 다를까, 그곳엔 상경성과 마찬가지로 황성이 있다. 신기할 따름이다. 그 북쪽엔 황제가 사는 궁성이 있겠거니 짐작하면서, 행인에게 물어보니 과연 그렇단다.

황성 근처는 경비가 삼엄하니 발길을 돌려 이번엔 서쪽을 향한다. A는 장안성의 시장이 궁금하다. 상인이니 그럴 수밖에. 이번에도 A의 터전인 상경성의 시장과 똑같은 위치에 장안성의 시장이 자리할 것인가. 짐수레들이 몰려드는 것을 보니 저 앞에 시장이 있는 모양이다. 비록 위치가 똑같진 않지만 비슷한 위치에 시장이 있다. 그 이름도 서시란다. 놀랍다. 진짜 상경성과 같다면, 주작대로 건너편 동쪽에도 시장이 또 있겠지. 장안성 지도가 내 손바닥 위에 있다는 듯이 A는 성큼성큼 동쪽으로 걸어서 동시東市를 찾고야 만다.

신기하다. 이토록 상경성과 판박이일 수 있다니! 걸어 다니다보니, 곳곳에 으리으리한 절간들이 보인다. 상경성에서도 저렇게 크고 화려한 건물들은 대체로 불교 사찰이 아니었던가. 목이 마르던 차에 잘 되었다 싶어 당장 눈에 들어오는 절간으로 발길을 옮긴다. 상경성의 절간에선 물이라도 한 사발 얻어 마실 수 있었는데, 장안성 절간은 어떨지.

이번에는 A를 같은 시기 일본 헤이안쿄平安京로 보내 보자. 장안성에서 만난 견당사를 따라 A를 일본행 배에 태운다. 몇 번 죽을 고비를 넘기고 무사히 헤이안쿄에 도착한 A는 다시 한번 놀란다. 오는 길에 일행들에게 장안성과 비슷하다는 얘기는 들었지만, 이번엔 규모도 상경성과 비슷하지 않은가. 머나먼 이국땅임에도 어김없이 상경성처럼 바둑판 모양의 구획과 그 중앙에 남북으로 뻗은 주작대로가 있다. 장안성 때와 마찬가지로 A는 북쪽으로 올라가 본다. 예상대로 그 끝에는 관청들이 몰려 있어 경비가 삼엄하다. 상인이니만큼 이번에도 A는 서시와 동시를 차례로 확인한다. 어떻게 이토록 비슷할까.

다만 동시에서 남쪽을 바라보니 가까이에 상경성이나 장안성에서는 보지 못한 낯선 건물이 하나 보인다. 장안성에서는 벽돌로 쌓은 전탑이 하늘 높은 줄 모르고 치솟아 있더니만, 여기 헤이안쿄에는 전탑 대신 목탑인 모양이다. 그래도 이 탑들이 있으니 그 길이 그 길 같은 바둑판에서도 그나마 길을 찾아다닐 수 있다.

장안성과 헤이안쿄를 여행하며 A가 느꼈을 공간의 익숙함은 어디서 비롯할까. A가 여행한 도성들은 인간의 어떤 활동이 생산한 공간이기에 이토록 비슷할 수 있을까. 짐작하겠지만 그것은 지배권력의 기획에 의한 생산물이었다. 7세기 이래로 동아시아에는 당 중심의 국제질서가 자리 잡았다. 또한 당이 실현해 낸 율령제에 기반한 관료시스템은 중앙집권을 추구하던 동아시아 각국에게는 성공적 모델이었다. 마치 해방 이후 한국의 수많은 인재들이 미국으로 건너갔듯이, 신라와 발해, 일본 등 각국의 인재들이 당의 장안성으로 몰려들었다. 그들이 가지고 돌아

온 문물과 그들이 배워 온 제도를 통해 각국은 중앙권력에 효율적인 지배질서를 확립해 나갔다.

특히, 발해와 일본은 당의 시스템을 가장 적극적으로 받아들였다. 사대나 종속이 아니다. 그냥 당시 지배자들의 눈엔 당의 시스템이 가장 효율적으로 보였다. 받아들이려면 제대로 다 받아들여야 한다고 생각했을까. A가 살았던 9세기경의 발해와 일본은 이미 당이 장안성에 구현해 낸 도성제까지 모방하여 상경성과 헤이안쿄를 완성하였다.

바둑판 모양의 격자형 가로구획을 왜 따라했을까. 자연스럽지 않은 대단히 인위적인 공간이 아닌가. 그것은 바로 지배와 피지배의 권력관계를 시각적 혹은 형식적으로 보여주는 수단이었기 때문이다. 바둑판 안팎의 공간적 구분뿐만 아니라, 그 내부의 서열화 혹은 계급화가 목적이었다. 역시 그 본질적 기능은 고대적 신분질서의 재생산이었던 셈이다. 직선의 가로로 구획된 경계는 끊임없이 안팎을 구분하면서 넘을 수 없는 선을 상상하게 했고, A가 끝내 넘지 못한 선의 저 편에는 왕이 있었다. 결국 A가 느낀 익숙함이란 것은 효율적인 지배를 추구하던 당시 동아시아 권력의 속성 그 자체가 아닐까.

다만, 이것만으론 충분치 않다. A가 느낀 익숙함은 그뿐만이 아니다. 상경성, 장안성, 헤이안쿄에서 똑같이 느낀 황성 주변 경비의 삼엄함, 시장에 가까울수록 짐수레가 몰려드는 번잡함과 소란스러움이 있다. 또 으리으리한 사찰이나 높이 치솟은 탑을 랜드마크 삼아 길을 찾아다니는 사람들, 바둑판 바깥으로 빼곡히 들어선 일반 백성들의 가옥, 고관 대작들을 피해 A 같은 일반 백성들이 다니는 좁은 길 등을 똑같이 찾아 냈다. 이처럼 A는 지도에는 드러나지 않는 도성인들의 삶에서도 익숙함을 느끼지 않았을까.

　이런 삶이 만든 공간에도 주목하고 싶다. 앞서 언급했던 "공간은 사회적 산물"이라는 정의를 인정한다면, 도성이라는 공간에 응축된 지배와 피지배의 권력관계뿐만 아니라, 그 공간이 내포한 인간의 삶까지도 바라보고 싶다. 그래서 우리가 맥도날드, 스타벅스를 통해서 현대인의 삶을 이야기하듯, 저 고대 도성공간을 통해 고대인의 삶을 상상하고 싶다. 그렇게 인간사의 복잡함과 다채로움을 드러내고 싶다. 여기엔 분명 도성을 정적인 역사의 무대로 장치하는 것이 아니라, 인간활동에 의해 변화하는 '과정'으로서의 공간으로 보려는 시선이 내재한다. *권순홍

당 장안성 대안탑(현재 중국 서안시 자은사 경내, 여호규 제공)
뉴욕의 랜드마크, 자유의 여신상이 우리에게 이민자의 나라 미국과
그들의 자유를 떠오르게 한다면, 장안의 랜드마크,
대안탑은 당시 사람들에게 무엇을 상상하게 할까.

5

'초기 국가사'를 어떻게 재구성할 것인가

[초기 국가사에 대한 기존의 이해] 한국 고대의 첫 국가 고조선 후기 단계에 초기 국가라 불리는 여러 나라들이 등장하였다. 부여·고구려·옥저·동예·삼한이 그것이다. 이들 초기 고대국가는 기원 전후에 고조선 사회나 이후의 삼국 사회와 어느 정도 차별성을 지니고 오랫동안 독자의 역사를 유지하였다.

일반적으로 역사학계에서는 고조선과 삼국시대 사이에 존재했던 부여 및 삼한 시기를 초기 국가 또는 초기 고대국가라고 부른다. 이 시기는 아직은 중앙왕실의 권력이 성장하지 못하고 여러 소국들이 느슨한 연맹관계를 형성한 시기라고 할 수 있다. 대부분의 연구자들은 국가 형성과정에서 국가권력이 미약한 단계의 지배체제 모습으로 소국연맹 개념을 사용하고 있다.

사회발전단계를 기준으로 본다면 초기 국가의 가장 큰 특징은 국왕의 출현과 국가체제의 정비 그리고 영토의 확대라 할 수 있다. 종래에는 수많은 독립된 군장국가가 분립되고 이를 일원적으로 통치하는 중심세력이 없었는데, 초기 국가에 이르러서는 비록 미숙하나마 중앙집권적인 권력을 가진 국왕이 나타나 여러 군장국가를 통합하고 이를 지배했던 것이다.

한국고대사를 체계적으로 서술하기 위해서는 첫 국가인 고조선의 역사와 문화에 대한 명확한 서술이 일차적이다. 그리고 고조선 멸망 후 그 주민과 역사적 경험이 어떻게 삼국 사회로 계승되었는지를 명확히 서술할 필요가 있다. 이때 고조선 후기 단계에 등장한 부여, 초기 고구려, 삼한 등의 초기 국가를 고조선과 이후의 삼국시대와 비교하여 어떻게 자리매김할 것인지가 한국고대사 서술과 시기구분 문제에서 매우 중요하다.

그동안 초기 국가 시기는 대부분 연구자들의 관심 밖에 있었다. 초기 고대국가와 관련된 연구는 주로 고고학적 연구 성과를 중심으로 논의되었다. 그러나 대개 초기 고대국가 관련 고고학적 성과를 나열하여 그 문화를 소개하는 수준에 그쳤다.

이러한 상황은 일반 독자들을 위한 개설서나 중고등학교 국사교과서에도 그대로 나타나고 있다. 일반 개설서나 교과서에는 초기 국가가 고조선과 삼국시대 사이에 위치한 연맹왕국에 불과하다고 서술되어 있으며, 그 사회상도 《삼국지》〈위서 동이전〉 내용을 피상적으로 언급하는 수준에 머물고 있다.

일반 개설서나 중고등학교 교과서에서는 고조선이 국가를 형성하고 정복국가로 발전했지만 그 국가적 경험이 초기 국가 시기를 거쳐 삼국시대로 어떻게 계승되었는가에 대한 서술이 보이지 않는다. 교과서의 삼국 성립 부분은 고조선의 역사적 경험을 삼국이 이어받지 못한다는 내용으로 서술되었고, 초기 국가와의 관련 여부도 매우 불분명하게 서술되어 있다. 고조선과 부여가 일정한 국가 단계에 이르렀다면 멸망 후 그 중심 지역에 놓인 한군현 및 주변 지역에서 새로이 등장하는 고구려·백제·신라와 일정한 연관을 지녔을 것이다.

[초기 국가사 연구방법론] 그동안 부여·초기 고구려·삼한에 대한 연구가 체계적으로 이루어지지 못한 데는 방법론상의 결함과 자료 결핍 탓이 컸다. 교과서나 개설서에 서술된 각 시기의 역사가 체계적이고 역사적 맥락이 이어져야 한다는 측면에서 보면 교과서의 삼국 성립 부분은 고조선 및 초기 국가와의 연계성에 대해 일정한 언급이 있어야 하나 그러한 내용을 찾기 어렵다. 이러한 현상의 일차적 원인은 초기 국가사에 대한 이해 부족에 기인한다.

초기 고대국가사 서술을 위한 연구방법론을 모색하기 위해서 일차적으로 요구되는 것은 초기 고대국가의 개별 역사에 대한 이해일 것이다. 따라서 초기 고대국가 관련 문헌자료와 고고학 자료에 대한 기본적인 분석과 이해는 필수적이다.

초기 고대국가 시기, 즉 기원 전후에서 3세기까지의 초기 국가와 삼국 초기사와 관련해 가장 많은 정보를 담고 있는 기록은《삼국지》〈위서 동이전〉이다. 이 시기를 제대로 정리하기 위해서는《삼국지》〈위서 동이전〉에 서술되어 있는 부여·고구려·옥저·동예·삼한 사회에 대한 내용을 면밀히 검토할 필요가 있다. 이를 기본으로 여기에《삼국사기》〈고구려본기〉나 중국 정사에 나오는 고조선·부여·삼한과 삼국 초기 사회와 비교, 분석할 필요가 있다.

초기 고대국가는 기원 전후에 걸쳐 존재한 관계로 문헌자료가 절대적으로 부족하다. 따라서 이 시기의 사회 성격과 역사상에 접근하기 위해서는 해당 지역의 고고학 자료에 대한 이해가 필수적이다. 현재 한반도 및 남만주 지역, 특히 길림성, 흑룡강성 일대에 남아 있는 청동기·초기 철기시대 고고학 자료를 연결하여 초기 국가 및 삼국 초기 사회의 모습을 해석하는 자료로 활용하는 작업이 요구된다.

한편 기원 전후 시기, 고조선 이후 시기의 부여·초기 고구려·삼한사를 체계적으로 정리하기 위해서는 사회과학적 개념에 대한 이해를 바탕으로 초기 국가의 용어나 국가형성론에 대한 기본적인 이해를 할 필요성이 제기된다.

국가의 형성이나 발전, 그 성격 문제를 설명하려면 '국가'에 대한 기본 개념에 대해 정의를 내릴 필요가 있다. 그리고 국가의 특성에 비추어 볼 때 한국 역사상 존재한 국가들은 어떠한 특성과 차이를 갖고 있는지를 서술해 주어야 할 것이다. 나아가 한국 초기 국가의 형성과 발전 및 삼국사회로의 계승 문제에 대한 해명을 위해서는 한국사상 존재했던 여러 정치체에 대한 역사적이고 구조적인 연구가 필요하다. 그와 동시에 연구의 진전을 위해 새로운 시대구분론의 적용 역시 필요하다.

['고조선시대'와 '초기 국가시대'] 초기 국가 시기는 고고학적으로 보면 철기시대에 해당한다. 한국 고고학계에서는 초기 철기시대나 원삼국시대라는 개념을 사용한다. 고고학계에서 이야기하는 초기 철기시대에는 이전의 청동기문화가 지속될 뿐만 아니라, 지역에 따라서는 오히려 더욱 발전하기도 한다. 이 시대는 역사적으로 후기 고조선이 위만조선으로 이행하는 단계로, 중국 동북 지방 및 산동성 지역과 전쟁 및 교역 등

을 통해서 국가사회로 발전하는 단계다. 동시에 그 주변 지역에서도 부여와 옥저, 삼한 등의 여러 정치적 집단이 형성되는 바, 고고학 자료를 그러한 역사적 상황을 설명하는 관점에서 정리할 필요가 있다.

기원전 4세기 이후 기원전 2세기경 사이에 고조선은 '소국연맹체' 단계를 거쳐 일정하게 완비된 국가체제를 갖추었다. 고조선은 중국의 철기문화('병위재물')를 받아들여 군사력을 키웠고, 게다가 한반도 남쪽 땅에 생겨난 여러 나라가 한나라와 교역하는 것을 통제하면서 중간에서 중개무역으로 많은 이익을 얻었다. 이후 더욱 강해진 힘을 바탕으로 이웃한 동옥저와 임둔, 진번 같은 나라들을 정복하여 사방 수천 리에 이르는 영토를 가진 고대국가를 세우게 되었다.

고대사학자들은 초기 철기시대나 원삼국시대 대신 고조선의 국가 형성 이후 시기를 그대로 '고조선'이나 '초기 국가(여러 나라들)'란 왕조 명을 통해 표기한다. 초기 국가 가운데 기원전 시기를 대표하는 국가는 바로 '고조선'이라 할 수 있다. 따라서 고고학적으로 초기 철기시대에 해당하는 시대 명칭은 초기 국가를 대표하는 고조선 사회를 대표 정치체로 보아 '고조선시대'라고 부르는 것도 가능하다.

['초기 국가시대'와 '삼국시대 전기'] 최근의 대다수 초기 국가 관련 글에서 고대국가는 소국연맹체 단계를 거쳐 초기 국가로 발전하고, 다음으로 성숙한 고대국가로 발전한다고 보았다. 이미 초기 국가의 정치체로서 고조선은 기원전 4세기에 '왕을 칭하고稱王' 연燕나라와 대결을 벌일 정도의 힘을 가지고 있었기 때문에 고대국가로 볼 수 있다. 부여의 경우도 고대국가를 이루고 부部 중심의 국가 운영이 이루어졌다.

이처럼 초기 고대국가의 지배구조와 국가 운영방식은 삼국 초기 사회와 비슷했던 것으로 보인다. 초기 고대국가는 종래 족장 중심의 소국 사회에 비해 보다 발전된 사회를 이루었다.

대부분의 초기 국가는 정복 사업에 의한 영토의 확대를 목표로 넓은 영토를 통치하기 위한 정치조직을 정비하였다. 이에 따라 초기 국가는 중앙에 권력을 가진 국왕이 출현하였고, 국가체제가 정비되고 그에 따른 관료조직이 구성되었다. 다만 가장 이른 단계의 고조선 사회와 삼국 사회와는 그 사회 성격에 차이가 있었다고 할 수 있다.

고조선과 초기 고대국가(부여·삼한·초기 고구려) 그리고 삼국시대는 엄격한 의미에서 시간적·공간적으로 차이가 있다. 그러나 대부분의 고대사학자들은 정치구조나 지배체제 면에서는 고조선과 부여·삼한·초기 고구려, 그리고 삼국 초기의 사회가 큰 차이를 보이지 않기 때문에 고조선과 부여·삼한 사회를 유사한 구조를 갖춘 사회로 보았다. 즉, 고조선·부여·삼한 사회는 삼국시대 초기 부部 중심의 지배체제와 비슷한 지배구조를 가진 사회로 볼 수 있다는 것이 일반적인 논의였다.

대체로 고조선 후기 단계와 초기 국가의 발전단계는 비슷한 수준으로 볼 수 있다. 그러나 초기 국가 가운데 부여처럼 이미 고조선이 존재하던 기원전 2세기경 역사 무대에 등장하여 594년까지 700년 이상 존재한 국가를 고조선과 구분하지 않고 고조선 사회나 삼국 초기 사회와 일괄적으로 비교하는 것 역시 일정한 한계가 있다. 부여는 3세기 전성 시기를 거쳐 5세기 초(410) 광개토왕에 의해 궤멸되기 전까지는 국가체제를 유지하면서 삼국의 북쪽에서 고대사회를 유지하였다.

그렇다면 기존의 개설서나 교과서 등에 고조선에 뒤이어 일어난 여러 작은 나라들이라는 개념 속에서 초기 국가를 일괄 서술하는 것은 문제가 있다. 그 국가적 위상이나 역사적 실체에 대해 가능한 자료를 발굴하여 삼국 초기 사회와 대등한 모습으로 서술해 주어야 한다.

고구려·백제·신라 삼국은 기원전 1세기 이후 고조선 사회의 외곽에서 중국 군현의 직간접 지배에 저항하고, 한편으로는 그 선진 문물의 영향을 받으면서 성립하였다. 따라서 삼국 시기는 부여·삼한 사회의 연장선상에서 이해할 필요가 있다. 예를 들어 고구려의 경우 압록강 유역의 구려句麗 종족사회에 부여 지배세력 간의 갈등 속에서 주몽으로 대표되는 세력이 내려오면서 성립되었다. 신라와 백제의 경우 역시 삼한 사회에서 백제국과 사로국으로 대표되는 소국이 중심이 되어 주변으로부터 이주하는 집단을 융합하여 새로운 국가를 이루어 나갔다.

자료를 보면 고조선과 부여의 정치체제는 기본적으로 삼국 초기의 정치체제와 유사하다. 초기 국가 내의 여러 지역집단의 독자성이 강하여 이들 간에 연맹을 통해 국가체제를 유지하였던 점이 특징이다. 고조선과 부여의 지배구조는 여러 정치집단이 연합하여 구성되었다. 지배체제 외곽에는 이종족들이 종속집단으로 존재하였다. 때문에 고조선·부여 두 나라의 지배체제는 포괄적인 의미에서 삼국 초기의 부 중심의 지배체제 단계와 같은 사회로 볼 수 있다. 다만 고조선·부여 등 삼국 이전 국가의 정치체제는 그 이후 시기에 비해 연맹적이고 합의제적 면모를 많이 지니고 있다. 이것은 시간적 차이에 따른 발전단계의 차이인 것은 분명하나 제도의 운영상에도 어느 정도 차이가 있었던 것은 분명하다.

이러한 점을 고려하여, 고조선, 부여, 삼한, 삼국 초기 역사를 서술하는 것이 필요하다. 이후에 보다 면밀한 검토가 요구되지만, 현재의 자료를 통해 보면 고조선, 부여 등 초기 국가는 넓은 의미에서 삼국시대 초기 사회와 같은 단계의 국가로 서술하는 것이 더 적절해 보인다.

최근 한국역사연구회에서 발간한 시대사 총서《한국고대사》1권(푸른 역사)에는 이러한 고민을 반영하여 맨 처음의 '고대사회의 형성' 장에서 하위 절 내용을 고조선의 성립/위만의 등장과 위만조선/고조선 주변 지역의 동향/고구려와 부여의 성장/삼한의 형성과 백제국·사로국·구야 국으로 구분하고, 다음 장 내용을 '고대사회의 발전과 재편'으로 설정한 것이 주목된다.

필자는 한국 고대국가의 발전 초기 역사는 종전처럼 고조선사 다음에 초기 국가 시기를 따로 설정하는 것보다는 원시사회 이후 청동기시대를 거쳐 최초의 국가 인 고조선시대가 이어 지고, 이후에 삼국시대 역사가 전개되는 과정 으로 시기 구분하는 것 이 더 합리적이라고 생 각한다. *송호정

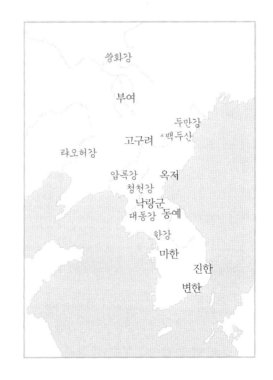

초기 국가 지도

6

고구려 전기 정치사 연구의
돌파구 찾기

귤이 회수를 건너면 탱자가 된다는 말이 있다. 강남의 귤을 강북에 심으면 탱자가 되듯 사람이나 물건도 환경에 따라 더 좋아질 수도 혹은 못쓰게 될 수도 있다는 것이다. 그렇다면 역사(서술)는 어떠할까? 환경에 따라, 시대에 따라 역사(서술)는 변하는가? 이 오래된 질문에 답하는 것은 여전히 어렵지만 많은 역사학자들은 역사(서술)가 고정불변한 것이 아니라는 점에 동의한다. 환경이 변하면 현재에 대한 인식과 미래에 대한 전망이 달라지기 마련이고, 그 결과로 과거 사실에 대해 질문을 던지는 방식과 내용이 바뀌면서 역사(서술)도 변한다는 것이다.

고대사 연구자라면 누구나 《삼국지》〈동이전〉을 비롯한 중국 정사류의 기록들과 《삼국사기》와 《삼국유사》 등 고려시대 출간된 역사서 사이의 인식 차이로 인해 고민한다. 전자는 중화사상에 입각하여 주변 지역을 소위 '오랑캐'로 타자화해 평가했지만 사건이 발생했던 당대의 기록이라는 점에서 가치가 크고, 후자는 사건 발생과 서술 시점 사이의 시간적 간극은 크지만 당사자가 스스로 남긴 기록이라는 점에서 중요성을 지닌다고 하겠다. 양자가 그리는 이 평행선은 근대 역사학이 시작된 이후, 혹은 그 이전부터 오랜 시간 동안 한국고대사 연구과정에서 논쟁의 원인을 제공하였고 여전히 소실점을 찾지 못하고 있다.

조선 후기 실학자들의 고구려 인식을 근대 역사학의 범주에 포함시켜야 할지는 논쟁의 여지가 있지만, 그들의 고구려 인식을 포함하여 우리는 지난 150~200년 사이의 시기 동안 일제 시기 만선사관에 입각한 연구자들의 고구려 인식, 단군릉 발굴 이후 북한 역사학자들의 고구려 인식, 동북공정 시기 중국 역사학자들의 고구려 인식 등을 목도하면서 '굴이 탱자가 되는 과정'을 지켜 보았다.

고구려의 역사(서술)는 그것을 생산하고 동시에 소비하는 시대의 환경과 요구에 맞게 급격한 변화를 겪어 왔던 것이다. 현재적 입장에서 이와 같은 변화를 다시 곱씹어 보고 그 연구의 한계를 지적하는 과정에서 꼭 필요한 일은 당시 그들이 왜 그렇게 인식할 수밖에 없었을까를 파악하고 설명하는 것이다. 결과로서의 역사(서술) 뿐 아니라 그러한 결과의 토양을 제공한 환경에 대한 비판이 함께 진행되어야 한다. 탱자를 탓할 것이 아니라 왜 탱자가 나올 수밖에 없었는지를 먼저 알아야 하는 것이다.

한편 민족주의에 입각해 배타성을 드러내 온 한국학계의 고구려 인식에 대한 문제 제기 역시 꾸준하게 이어져 왔다. 필자 역시 배타성을 전제로 한 일국사적인 패러다임을 벗어나야 함에 동의한다. 그러면서도 고유성을 토대로 보편성을 받아들였던 한국 전근대 사회의 원칙은 여전히 유효하다고 생각한다. 이러한 원칙을 적절하게 설명하기 위해서는 연구 대상으로서의 고구려를 과거보다 더욱 객관적으로 바라보고, 고구려라는 '타자'와 냉정하게 마주하기 위한 방법을 모색할 필요가 있다. 고유의 특성을 잃지 않으면서 동시에 세계사적인 문제인식과 결합하는 고구려사 연구에 접근하기 위한 방법으로 필자는 ① 시간적·공간적 맥락에 대한 비교사적 고려를 강화하고, ② 사회 구성에 대한 연구를 심화해야 한다는 두 가지를 제안하고자 한다.

먼저, 고구려 전기 정치사 연구에는 시간적·공간적 맥락에 대한 비교사적 고려를 강화해야 한다. 고대사회에서 국가를 만들고 정치체제를 형성해 나가는 과정은 획일적인 것이 아니다. 그 과정은 각 국가가 처해 있는 여러 가지 환경과 조건들, 이를테면 국가 운영의 원리와 이념, 편제 대상세력 및 주변세력의 발전 정도 등에 따라 다양한 형태로 발현된다. 특히 국가구조나 정치체제는 선행했던 국가의 구조나 정치체제의 유형에 따라 영향을 받게 된다. '시간적 맥락Context'에 대해 고민해야 할 이유다. 뿐만 아니라 동시대 주변세력의 영향력과 관련하여 '지역적 맥락'에 대한 고려 역시 다각도로 이뤄져야 한다. 주변세력의 국가구조 및 정치체제 역시 해당 국가 운영의 방향에 영향을 미칠 수 있는 요소로 적극 고려해야 할 것이다.

예를 들어 고구려의 관제官制 운영에서 이러한 양상을 확인해 보자. 고구려 전기의 관제는 주지하다시피 "그 국國에는 왕王이 있고, 그 관官에는 상가相加·대로對盧·패자沛者·고추가古雛加·주부主簿·우태優台·승丞·사자使者·조의皁衣·선인先人이 있으며, 존비尊卑에 각각 등급이 있다"는 《삼국지》〈동이전〉 기사가 연구의 기본이 된다. 이에 대한 분석을 통해 그 형성 배경이나 구조에 대해 어느 정도 이해가 축적되었다.

특히 상가에서 선인에 이르는 관제의 구조가 반드시 서열적이고 일원화된 순위를 의미한다고 한정지을 수 없다는 점이 일찍부터 지적되었다. 또한 관제의 서열은 다수의 대가층大加層이 왕권 아래 일원적으로 집약된 것이 아니라, 그 방향을 강제받으면서도 여전히 다원적이었다는 것이다.

고구려 전기 관제가 이처럼 다원적이었던 이유를 밝히기 위해서는 기존 연구에 비해 시간적·지역적 맥락에 대한 고려를 더욱 강화할 필요가 있다. 우선 고조선·부여 이래의 역사적 경험이 직간접적으로 어떻게 영향을 미쳤는지에 대해 구체적으로 논의해야 한다. 이와 더불어 선진先秦시대의 국가구조와 정치체제가 동이東夷사회에 미친 영향, 한漢의 통일제국 형성과 팽창이 가져온 영향과 압박에 대처하는 동시에 영향을 받은 측면이 해명되어야 한다. 북방 유목민족과의 비교를 통해 유사한 요소를 확인한 연구 역시 현재보다 강화될 필요가 있다.

최근 필자는 "여러 대가大加는 또한 스스로 사자·조의·선인을 두었는데, 그 명단은 모두 왕에게 보고한다. 마치 [중국의] 경卿·대부大夫의 가신家臣과 같다"는 《삼국지》〈동이전〉 기사에 착안하여 고구려 관제의 작적爵的 성격을 설명하고자 하였다. 전국戰國 시기에서 한대漢代까지 경·대부의 지위와 역할의 변화가 전국시대 진의 작제가 서주에서 한대에 걸쳐 관료제로 대체되는 과정에서 나타난 과도기적 행정 운영체제였다는 사실에 고구려의 상황을 대비해 본 것이다. 주대 봉건원리가 잔재해 있던 중국 고대 전국의 시대가 마감된 후 집권성이 강한 제국帝國의 시대가 시작되었던 것처럼, 고구려의 건국과 관제 정비과정에서도 고조선과 부여가 지녔던 기왕의 국가질서에 대한 지속과 중국 군현의 운영을 목도하면서 역사적 과제가 된 '새로운 집권정책의 개발'을 둘러싼 고민이 함께 고려된 것으로 판단하였다.

이는 결국 고구려 초기 관제가 지니는 일국사적 연원과 동아시아적 상관성을 함께 고민해 본 것이다. 향후 같은 문제의식하에서 중국의 역사적 경험이 선택적으로 채택되고 공유된 측면에 대한 다양한 사례를 발굴해 나가면서, 시간적·지역적 맥락을 충분하게 고려한 입체적인 고구려를 그려 나갈 수 있으리라 기대한다.

다음으로 사회 구성에 대한 연구를 심화할 필요가 있다. 정치사 영역은 그 집단이 처한 사회 구성을 토대로 이를 규합하는 국가권력의 성격과 관계된다. 하지만 그동안 고대사 연구에서는 사료 부족으로 인해 고대사회의 성립과 성격에 대한 규정이 미흡했다. 그뿐 아니라 국가와의 상관관계에 유의하여 연구를 진행해 오지 못했다는 점이 여러 차례 아쉬움으로 지적되어 왔다. 물론 사회 구성에 대한 연구가 과거처럼 과학적 법칙의 필요성과 보편사 서술의 중요성만을 강조하는 쪽으로 흘러가는 것 역시 경계할 필요가 있다.

고구려 성립 당시의 사회 구성을 살피는 데 핵심 과제는 사료에 등장하는 '나'와 '부', 그리고 '국'의 성격을 어떻게 설정할 수 있는가 하는 문제였다. 이에 대한 분석을 통해 고구려가 부족에서 국가로 형성되어 가는 과정을 규명할 수 있었다. 그에 비해 가장 기본적인 사회 단위라 할 수 있는 '읍락'의 존재형태 문제에 대해서는 상대적으로 관심이 적었다. 고구려의 사회 구성을 직접 살필 수 있는 사료의 조건이 제한적이기 때문이었다.

《삼국지》〈동이전〉에 보이는 읍락邑落의 존재는 부여·고구려·동옥저·북옥저·읍루·동예·삼한 등 동이 사회 전역에 걸쳐서 널리 확인된다. 자연스럽게 해당 읍락이 속한 사회의 발전에 따라 읍락은 그 모습을 조금씩 달리한다. 특히, 지역차와 시간차에 따른 선진·후진이 있었고 같은 선진 혹은 후진 지역 안에서도 서로 간에 사회 발전 정도에 차이가 있었음을 염두에 두어야 한다. 이럴 경우 농업 공동체, 농촌 공동체, 읍락 등 여러 단계의 사회가 시간상·공간상 병존했음을 상정할 수 있고, 이러한 차이는 농업 생산이 한층 발달하고 신분계급제가 사회적으로 고착, 심화됨에 따라 더욱 현격해지고 국가 형성의 선후와 권력 편제의 상하로 이어졌음을 유추할 수 있다.

실제 《삼국지》〈동이전〉에 보이는 고구려와 부여의 읍락에 호민豪民이 등장하고 있음과 더불어 호민층 아래에 부경桴京과 같은 작은 창고를 소유하고 무기를 스스로 마련하여 전투에 참여했던 민民의 존재, 을파소乙巴素와 같은 자영 소농민층, 을불乙弗처럼 경작할 땅이 없던 무전 농민으로서 용작민으로 전락한 경우 등의 분화가 확인된다. 뿐만 아니라 최하층에 자리했을 존재도 추정할 수 있는데, 《삼국사기》에서는 스스로 삶을 영위해 나가기 어렵고 구휼 대상으로 거론되었던 계층의 존재를 확인할 수 있다. 그 외에 전쟁 포로·채무관계에 의한 노비·범죄로 인한 형벌 노비 등의 존재도 읍락에 거주하였을 것이다. 고구려 사회에서 이들이 읍락에 존재하고 있던 양상을 더욱 꼼꼼하게 파악하기 위해 사료를 다시 읽고, 깊게 읽고, 꼼꼼히 읽고, 새롭게 읽는 시도가 이어져야 할 것이다.

다만, 다음과 같은 점이 함께 풀어야 할 과제로 남는다. 기존 연구에서는 고대사회에 존재하는 생산관계의 다양함을 밝혔지만, 그와 동시에 한반도와 만주 지역 전반에 걸쳐 '지역적 편차'의 양상을 종합적으로 파악하지는 못했다. 즉, 삼국의 주요 기반이 되었던 선진적인 읍락이나 소국에서는 호민, 제가와 하호라는 계급분화가 이루어졌다고 하더라도 동옥저나 동예 등지의 읍락이나 이른바 삼한의 읍락에서 어느 정도의 계급분화가 이뤄졌는지에 대해서는 그다지 논의된 바가 없다. 오히려 고고학 발굴자료를 기초로 연구된 바에 따르면 당시 읍락의 생산력 수준은 미분화 상태의 농업공동체가 일반적이었다는 성과가 잇달아 제출되고 있다. 향후 읍락 규모에서 벌어지는 호민과 하호의 계급분화가 삼국 초기 한반도와 중국의 동북 지방에서 어느 정도의 질과 규모로 전개되었는지에 대한 종합적인 연구가 필요하다. *이준성

高句麗在遼東之東千里南與朝鮮濊貊東與沃沮北
與夫餘接都於丸都之下方可二千里戶三萬多大山
深谷無原澤隨山谷以爲居食澗水無良田雖力佃作
不足以實口腹其俗節食好治宮室於所居之左右立
大屋祭鬼神又祀靈星社稷其人性凶急喜寇鈔其國
有王其官有相加對盧沛者古雛加主簿優台丞使者
皁衣先人尊卑各有等級東夷舊語以爲夫餘別種言

《삼국지》〈위서 동이전〉 고구려전 서두
고구려 초기의 정치체제·사회 구조와 관련한 내용을 풍부하게 담고 있다.

7

고구려 후기 '귀족연립체제론'을
다시 생각하다

고구려사에 관심을 갖는 사람들은 고구려 후기를 외세의 침략을 막아
낸 시기로만 인식하는 경우가 많다. 다시 말해, 대부분 '고구려 후기=
수·당과 전쟁한 시기'로 이해한다는 것이다. 실제로 현행 한국사 교과
서의 고구려 후기에 대한 서술은 수·당과의 지속된 전쟁이 대부분을
차지하고 있다. 그러나 병력의 징집 및 파병, 물자의 보급, 외교적 노력
등의 행위는 국가 중앙 정부의 주도하에 이루어진다. 즉, 고구려 후기
수·당과의 전쟁을 보다 구체적으로 이해하기 위해서는 당시 고구려의
정치체제를 이해할 필요가 있다.

  사실 한국고대사학계에서는 고구려 후기의 정치체제에 대한 논의를
이전부터 진행해 왔으며, 고구려 후기 정치체제는 '귀족연립체제貴族聯
立體制'였다는 견해가 다수를 차지하고 있다. 고구려 후기는 22대 안장
왕부터 마지막 28대 보장왕의 재위까지를 이르며, 안장왕·안원왕·양
원왕·평원왕·영양왕·영류왕·보장왕이 재위한 약 150년에 해당된다.

귀족연립체제는 어느 한 귀족세력이 권력을 독점하는 것을 피하고 유력 귀족들이 권력을 분점하는 형태를 가리키며, 그 체제에서 왕의 권한은 크게 약화되었으나 권위는 이전과 같아 고구려 체제를 유지하는 근간이었다는 이해다. 즉, 왕은 신성한 권위를 갖지만 국정을 주도하는 것은 귀족이며, 귀족들이 세력 균형을 이루는 정치체제였다는 의미다. 이에 대해 학계도 대체로 수긍하는 입장을 취해 통설로 인식되고 있다. 그렇다면 구체적으로 귀족연립체제란 어떤 개념일까? 귀족연립체제를 주장하는 측에서 가장 중요하게 여기는 사료는 추군麤群과 세군細群의 내란 기사와 고구려의 제1관등인 대대로大對盧 선임 기사다. 먼저 6세기 중반 벌어진 고구려의 내란에 대해 살펴보도록 하겠다.

《일본서기》권19 흠명천황 6·7년(545·546) 기록에는 당시 일본 역사 외에도 고구려 내정에 관한 정보가 있다. 6년과 7년 기사 모두 동일한 내용을 전하지만 세부적인 정보는 약간 다른데, 내용을 요약하면 다음과 같다.

고구려의 안원왕에게는 정부인·중부인·소부인, 총 3명의 왕비가 있었다. 정부인은 왕자를 갖지 못했으나 중부인과 소부인은 각기 아들을 낳았다. 중부인 소생의 왕자가 세자로 책봉되었지만 안원왕이 병에 걸려 위독해지자 왕위 계승을 두고 중부인과 소부인 지지세력이 충돌하게 되었다. 이 중 세자의 외할아버지를 중심으로 한 세력을 추군麤群, 소부인 소생의 외할아버지를 축으로 한 집단을 세군細群이라 불렀다. 추군과 세군은 궁문에서 북을 치며 싸웠고, 그 결과 승리한 추군이 세군의 자손을 모두 죽여 사망한 자가 2,000여 명에 달했다. 내란이 끝나자마자 위독하던 안원왕이 사망했고 세자가 즉위해 양원왕이 되었다.

이상이 《일본서기》에 전하는 양원왕의 즉위과정이다. 《삼국사기》에는 내란의 내용이 보이지 않지만, 안원왕의 사망과 양원왕의 즉위 시점이 545년이었다고 하고, 양원왕이 태자였다고 전해 《일본서기》 기록과 일치한다. 이러한 점으로 보아 《일본서기》의 고구려 내란 기사는 신빙성이 있다고 할 수 있다. 그러면 이제 내란이 끝난 후의 고구려 상황을 추측해 보자.

앞서 살펴본 바와 같이 6세기 중반의 고구려는 왕위 계승을 두고 내란이 일어나 국가가 혼란스러운 상황이었다. 내란의 여파는 중앙(수도)뿐만 아니라 지방에까지 미쳤다. 551년 신라가 고구려를 공격하자 혜량법사가 자국 정치의 혼란스러움을 이유로 따르는 자들과 함께 신라에 항복했고, 557년에는 고구려의 옛 수도였던 환도성에서 간주리라는 사람이 반란을 일으켰다가 처형되기도 했다. 이러한 정황을 6세기 중반 고구려가 백제와 신라에게 한강 유역을 상실한 원인 중 하나로 거론하기도 한다. 즉, 내정의 불안으로 국론이 분열되어 외부의 침입에 적극적으로 대응하지 못했다는 것이다.

한편 《일본서기》에 전하는 고구려 내란 기사를 다시 보면, 추군과 세군이 군사를 동원해 싸웠고 세군이 2,000여 명의 사망자를 내며 패배했다. 이는 추군이 최대 정적이었던 세군 일파를 일시에 제거한 것이다. 내란이 끝나자마자 안원왕이 사망했고, 뒤이어 추군이 지지하는 세자가 양원왕으로 즉위했다. 이후의 국정 운영은 양원왕보다는 추군이 주도했을 개연성이 높다. 추군의 수장은 신왕新王의 외할아버지이자 태후의 아버지로 외척임과 동시에 무력으로 세군을 일소해 정적이 없는 상황이었기 때문이다. 한국사의 여러 사례를 보아도 정변을 통해 왕이 즉위하면 그 직후는 공신들의 영향력이 왕보다 강한 경우가 다수 존재한다.

그런데 귀족연립체제를 주장하는 연구에서는 추군과 세군의 내란을 기점으로 고구려 지배층이 국가적 위기를 극복하기 위해 타협하면서 귀족연립체제가 성립했다고 이해한다. 그러나 앞서 살펴본 바에 의하면, 고구려의 내란 이후에는 여러 귀족이 연립하여 균형을 이루었다기보다는 추군 중심의 정권이 세워졌을 가능성이 높다. 고구려는 545년 양원왕의 즉위 후, 551년부터 대외적으로 수세에 몰려 한강 유역을 상실했다. 이미 추군이 정적을 제거하고 정권을 장악한 상황에서 6년 만에 추군 일파가 연립을 도모해야 할 규모의 새로운 정치세력이 부상할 수 있었을까? 또한 추군의 입장에서 연립체제가 필요했을까? 6세기 중반 고구려의 정치체제를 귀족연립체제로 이해하기 위해서는 이러한 의문들을 해소할 필요가 있다.

귀족연립체제의 성립과 관련한 또 하나의 사료는 대대로의 선임이다. 대대로는 여러 중국 사서에서 고구려의 제1관등으로 국사의 전반을 총괄하는 역할을 맡았다고 기록되어 있다. 구체적으로 ① 대대로는 고구려에서 가장 높은 관등이다, ② 국정을 총괄하는 임무를 맡았다, ③ 대대로는 귀족들이 서로 강약을 겨뤄 정하며 왕은 대대로의 임명에 관여하지 못한다, 라는 세 가지로 정리된다.

그런데 대대로에 관한 기사가 있는 《주서》와 《구당서》, 《신당서》, 《한원》에서 인용한 《고려기》의 정보가 약간씩 다르다. 《주서》에 따르면 대대로에게는 특별한 임기가 없는 반면, 《구당서》 등에는 3년에 1번씩 재신임 과정을 거쳐 유임되거나 교체된다고 한다. 이외에 대대로의 자리에 오르기 위해 귀족 간에 군사를 동원해 서로 싸우기도 하며, 왕은 대대로의 임명에 관여하지 못한다는 내용은 대체로 비슷하다. 《주서》는 북주의 역사서이며, 《구당서》는 당의 역사를 기록한 책이다. 사료의 편찬 배경을 고려한다면 북주 때의 대대로와 당 시기의 대대로는 성격이나 역할이 바뀌었을 가능성이 있다. 다시 말해, 북주가 존재하던 시기의 대대로는 임기 연한이 없었으나, 당대에 들어서는 대대로가 3년이라는 임기 연한을 갖게 되었다는 의미다.

대대로는 귀족이 오를 수 있는 최고 관등이자 국정을 총괄하는 막중한 자리였다. 때문에 여러 힘 있는 귀족들이 대대로가 되고자 무력을 동원해서 다투었던 것이다. 대대로에 대한 인식이 이러했다면, 추군의 수장 역시 대대로에 올랐다고 할 수 있다. 유력한 정적 없이 정권을 장악한 추군의 입장에서 대대로의 임기 연한은 없는 편이 나았을 것이다. 그럼에도 어느 시점부터 대대로의 임기 연한이 생겨 3년에 1회 재신임 절차를 거치게 되었다. 그렇다면 대대로의 임기 연한이 생긴 이유는 무엇일까?

그 이유에 대해 국가적 위기를 극복하기 위해 여러 유력 귀족이 권력을 분점하기로 합의했기 때문이라는 견해가 있는데, 귀족연립체제를 주장하는 측이 그러하다. 대대로의 임기 연한이 기록된 사서는 《주서》다. 북주는 557년부터 581년까지 존재했으므로, 적어도 북주가 존재했던 시기는 대대로의 임기 연한이 없었다고 할 수 있다. 북주가 멸망한 후에 들어선 수의 역사서인 《수서》에는 대대로에 대한 기록이 없지만, 618년 건국된 당부터는 대대로의 임기 연한이 존재했다. 이와 같은 사서의 편찬 시점을 고려한다면 6세기 중반~7세기 초반까지는 대대로의 임기 연한이 없었고, 7세기 초반부터 임기 연한이 설정되기 시작했다고 할 수 있다.

고구려는 7세기를 전후하여 소극적이었던 대외정책을 청산하고, 주변 국가들과 본격적으로 대결하기 시작했다. 6세기 중반 양원왕 시기에는 대외적으로 위축되었으나, 559년 즉위한 평원왕 때 50일간 병사를 사열하고, 돌궐의 2위 대관인 이계찰利稽察을 격파하는 등 군사력을 증강시키고 요하 일대의 유목세력에 대한 영향력을 강화하기 시작했다. 뒤이어 590년 즉위한 영양왕은 친정親征하여 요서를 선제공격했고 (597), 뒤이은 수의 공격을 수차례 방어하는 데 성공했다. 이때 영양왕의 동생 건무(영류왕)가 평양에서 수의 수군을 격파하는 공로를 세웠다. 고구려가 평원왕 시기부터 대외적으로 반등에 성공한 것이다.

주지하다시피 왕이 전쟁을 수행하여 성공했을 경우, 대체로 왕권에 힘이 더해진다. 평원왕 시기부터 시작된 대외원정의 성공과 왕의 친정 및 사열, 그리고 외적의 침입을 격퇴한 사건으로 국정 운영에서 왕의 영향력이 강화되었을 것이다. 또한 그 과정에서 왕이 등용한 을지문덕·온달 등의 새로운 귀족과 왕족인 건무 등의 활약은 왕권을 뒷받침하기에 충분했다. 따라서 고구려의 왕권은 평원왕부터 시작하여 점차 힘을 회복해 나갔다고 할 수 있다. 때문에 대대로가 더이상 임기 연한 없이 독점되지 않고 3년에 1번 재신임을 거치게 되었던 것이 아닐까? 즉, 왕권이 강해지면서 귀족의 수장 격인 대대로의 힘이 독점되지 않고, 귀족끼리 매번 겨루게 되어 귀족의 과도한 성장이 견제되었다는 의미다. 따라서 대대로의 선임 기사 또한 추군과 세군의 내란처럼 귀족연립체제의 틀로 보기에는 좀 더 고민해 볼 여지가 있다.

마지막으로 귀족연립체제를 종결시킨 연개소문 정권의 정치형태를 살펴보자. 기존에는 연개소문 정권을 귀족연립이라는 체제를 무너뜨려 지배층의 이반을 야기한 독재정권의 시발점으로 이해하는 경향이 있었다. 그 결과 고구려 지배층이 당의 침략을 끝까지 막아내지 못하고 분열해 멸망에 이르렀다는 것이다. 그런데 따지고 보면, 안장왕 시기 추군의 수뇌부와 연개소문 일파의 상황은 크게 다르지 않았다. 양측 모두 정적을 무력으로 일시에 제거했고, 왕을 바꾸었으며, 정변 후 정국을 주도했기 때문이다. 이들이 정권을 잡은 이후 혜량법사나 안시성주 같이 지방세력이 반발한 정황도 유사하다. 고구려의 멸망은 국가의 핵심이었던 연남생 형제의 내분으로 인한 지배층 및 방어선의 분열 그리고 수와의 대결 이래 누적된 전쟁 피로, 당을 견제할 대외 파트너의 부재가 보다 직접적인 원인일 것이다.

이상과 같이 고구려 후기 정치체제를 규정짓는 '귀족연립체제'라는 틀에 대해 몇 가지 사례를 확인하며 알아보았다. 그 결과, 고구려 후기를 관통하는 정치체제를 귀족연립체제로 이해하기에는 선뜻 수긍하기 어려운 면모들을 발견할 수 있었다. 고구려 후기에는 여러 귀족이 힘의 균형을 이룬 정권이 존재했다기보다는 시기별로 소수 귀족 중심의 국정이 운영되기도 하고, 왕권이 강화된 모습을 보였던 것이다.

이에 대해서는 이미 귀족연립체제가 간헐적인 현상이며, 일시적인 정국으로 고구려 후기 정치사를 하나의 범주로 묶는 것은 지양해야 한다는 의견이 제기된 바 있다. 다만 최근 고구려 유민의 묘지명이 잇따라 발견되고 있어 이를 통해 고구려 후기에 대한 좀 더 진전된 연구 성과를 기대해도 좋을 듯싶다. 고구려 후기의 정치체제가 귀족연립적 성격인지 아닌지, 혹은 새로운 형태였는지 아직 확신할 길은 없다. 그럼에도 고구려 후기 정치체제에 대한 연구는 삼국통일이라는 새로운 시대에 선행하기에 주목할 필요가 있을 것이다. ＊전상우

수산리 고분벽화, 고구려 귀족들의 나들이 모사도

8

백제사를 풀어 갈 작은 실마리, 관복제

몇 년 전 모 방송국에서 백제의 전성기를 이끌었던 근초고왕近肖古王이 주인공인 사극을 방영한 적이 있다. 사실 큰 기대를 하지는 않았다. 근초고왕이 왕성한 정복활동을 펼쳤던 업적이 있는 만큼, 쇼비니즘적 역사관에 편승해 검증되지 않은 역사적 사실을 사실인 양 호도하지는 않을까 하는 걱정이 앞섰기 때문이다. 결과적으로 "걱정을 해서 걱정이 없어지면 걱정이 없겠네"라는 티베트의 속담이 떠오를 만큼 사극 내용이 그간의 역사 연구 성과와는 거리가 멀어 안타까웠다.

다만 당시 백제 사람들의 생활상을 고증하는 데 상당히 신경을 쓴 점은 무척 흥미로웠다. 물론 이 역시 지적할 점이 없는 것은 아니나 정치적 사건이나 전쟁 장면에 과도한 집중을 보이는 한국 사극의 경향을 고려했을 때 고무적인 일이라 할 수 있다. 그 의의를 평가하는 것은 한국 방송계의 몫이기에 미루어 두고, 여기서는 사극에서 고증된 당시 백제인들의 모습 중 하나인 복식에 관한 이야기를 짧게나마 풀어보고자 한다.

본래 복식은 인류가 더위와 추위를 피하고, 몸을 보호하는 기능을 담당하는 수단이었다. 그러나 사회가 점차 고도화해 가면서 복식은 점차 정치·사회적인 신분을 드러내고 계급을 구별해 주는 역할, 즉 신분질서의 상징으로 활용되기 시작했다. 이는 신분제에 기반을 두고 있는 고대의 사회구조가 어떠한 방식으로 구축되고 발전되어 갔는지를 복식과 관련된 제도를 통해서도 살펴볼 수 있음을 시사한다.

그렇다면 백제에서의 복식과 관련된 제도는 어떠한 형태로 성립되어 운영되었을까? 다행히 《삼국사기》 및 중국 측 기록에 백제의 복식제도가 전해지고 있다. 이에 따르면 국왕은 자색紫色, 즉 보랏빛 계열 색상의 상의와 청색 비단으로 만든 바지를 입고, 금꽃으로 장식한[金花冠飾] 검정 비단 관을 쓰고 흰 가죽띠를 두르며 검정 가죽신을 신었다고 한다. 극 중에서 근초고왕이 천신만고 끝에 '어라하於羅瑕', 곧 지존至尊 자리에 올랐을 때의 감격은 그가 착용한 다섯 가지 색상의 의복과 금꽃 관 장식을 통해 신하들에게도 인상적으로 전달되었을 것이다.

신하들의 경우는 어떠했을까? 백제 관리의 경우는 자료에 따라 조금 다르기는 하지만 종합해 보면 등급에 따라 옷과 허리띠, 그리고 관의 색상을 달리했으며 고위관리들은 은꽃으로 관을 장식[銀花冠飾]했다고 전한다. 안타깝게도 극 중에서는 최고위 관리의 복식만이 기록과 부합되게 고증되었다. 그럼에도 미디어로 재현된 백제 고위관리들의 고급스러운 자색 옷과 관의 정면에 당

은화관식을 착용한 백제 고위관리
(KBS 드라마 '근초고왕' 진승 역)

당히 꽂혀 있는 은꽃 관 장식은 과거 그들의 위세가 얼마나 대단했을지 짐작할 수 있게 해 준다.

기록에 의하면 일반 백성들의 경우는 자색과 붉은색 계열의 색상인 비색緋色 옷을 입을 수 없었다. 오늘날 현대사회에서는 경제적 여유만 있다면 얼마든지 개인의 기호에 따라 원하는 색상과 디자인의 복식을 선택할 수 있는 점을 고려해 볼 때, 백제의 복식제도가 신분에 따른 차별을 강고히 하고 있었음을 단적으로 드러낸다.

이와 같이 백제는 신분제도에 입각한 복식제도를 정비하고 운영했음은 물론이고, 그 수준도 상당히 고도화되어 있었다. 재미있는 점은 지배계층과 피지배계층 간의 구분보다는, 지배계층 내 관리 구성원 사이의 등급 구분에 대한 내용이 더 구체적으로 전한다는 것이다. 물론 통일신라 흥덕왕興德王 9년(843)에 있었던 교지敎旨나 중국 및 일본의 사례를 보았을 때 백제 역시 지배계층과 피지배계층 간의 복식 구분 역시 상세히 규정되어 있었을 가능성이 높다. 그러나 현재로서는 그에 대한 자료가 발견되지 않아 더이상 논하기는 어렵다. 그렇기에 백제에서의 복식제도는 관리들에 해당하는 규정, 곧 관복제도官服制度에 초점을 맞추어 논의를 진행하는 것이 지금으로서는 최선의 방법이라 할 수 있다.

그렇다면 백제사에서 관복제 연구가 주목해야 할 점은 무엇인가? 첫째, "규정된 관복을 착용하는 당사자들인 관리들에 관한 시스템이 백제에서는 어떻게 구축되어 갔는가"를 파악해야 한다. 관복을 착용해야 할 이들에 대한 제도가 성립되지 않은 채 관복의 규정이 선행될 수는 없기 때문이다. 둘째, "관복제 성립 당시 백제사회에 유행하던 사상이나 직조織造·염색과 같은 기술의 발전 상황은 어떠하였는가"이다. 관복을 통해 지배계급 내에서의 등급 구분을 구현화하기 위해서는 표현의 기반이 되는 사상 및 이를 뒷받침해 줄 제작 기술이 필요하기 때문이다. 세 번째로는 "당시 지배계층 내에서의 등급 구분이 어떠한 형태로 규정되어 있었으며, 정치·사회적으로는 무슨 의미가 있었던 것인가"에 대해서다. 백제의 관복제도가 지배층 내에서도 등급을 구분하고 있었음을 보여준다면, 이는 관복을 착용할 수 있는 이들 역시 내부적으로는 신분이 중층적으로 구성되었을 가능성이 있기 때문이다. 즉 흔히들 이야기하는 신라의 성골, 진골, 6두품과 같은 엄격한 피라미드식의 신분질서가 백제에서도 존재했는지, 그렇다면 어떠한 양상이었는지에 대한 논의가 구체적으로 진행될 수 있으리라 기대해 볼 수 있다.

물론 위의 세 가지 목적을 이루기 위해서는 수많은 문제를 차근차근 해결해 나갈 필요가 있다. 그중 한 가지인 관복제의 정비 시기 문제를 간략히 언급해 보자. 이는 백제의 정치제도 발전단계를 어떻게 이해할 것인지와도 결부된 문제인만큼 신중한 논의가 필요하다. 《삼국사기》에 따르면 백제의 관복제는 고이왕古爾王 27년(260)에 이루어졌다. 그러나 현재까지의 연구 결과에 따르면, 고이왕 대에 이루어진 각종 제도의 정비는 후대의 내용이 소급되었다고 이해된다. 다만 아쉽게도 그 '후대'가 정확히 언제인지는 확언할 수가 없다. 신라의 경우 법흥왕法興王 7년(520)에 율령을 반포하면서 관복에 해당하는 공복제도公服制度를 정비했다는 기록이 있다. 따라서 백제 역시 관복제도 정비의 시초는 율령의 반포와 연관이 있지 않을까, 라고 추측해 볼 수도 있지만 백제의 경우 율령 반포에 대한 기록이 남아 있지 않은 상황이다.

관등官等		관복官服 복색服色	허리 띠색帶色	관모 색冠帽色	관 장식冠飾
1품	좌평佐平	자색紫色	자색紫色		은꽃銀花
2품	달솔達率				
3품	은솔恩率				
4품	덕솔德率				
5품	한솔扞率				
6품	나솔奈率				
7품	장덕將德	비색緋色			X
8품	시덕施德		조색皁色		
9품	고덕固德		적색赤色		
10품	계덕季德		청색青色		
11품	대덕對德		황색黃色		
12품	문독文督	청색青色	흰색白色		
13품	무독武督				
14품	좌군佐軍				
15품	진무振武				
16품	극우克虞				

백제의 관복제

* 복색은《삼국사기》와《구당서》〈백제전〉을, 허리띠 색과 관모의 색상은《주서》및《수서》〈백제전〉의 내용을, 관 장식의 경우는《삼국사기》,《주서》및《수서》〈백제전〉의 내용을 참고하여 작성하였다.

* 《수서》〈백제전〉의 기록을 참고하면, 관모의 경우 허리띠 색상의 규정과 동일했을 가능성이 있다. 그러나 해석에 따라서 관모에 대해서는 색상의 규정이 존재하지 않았다고 볼 수도 있어 주의를 요한다.

* 12품 문독에게 규정된 허리띠 색상은《주서》〈백제전〉,《수서》〈백제전〉 등 사료에 따라 황색과 흰색으로 차이를 보이고 있다.

지금까지는 고이왕 대에 처음 관복제도가 정비되었다고 보는 견해 및 근초고왕 대를 중심 시기로 보는 견해, 그리고 5세기 후반과 6세기 이후에 이루어진 사실로 보는 관점이 있다. 모두 나름의 근거가 있지만 문제점 역시 존재한다. 이와 관련하여 근 10여 년간 고고학적 발굴 성과에 힘입어 백제에서 제작한 것으로 추정되는 금동관모金銅冠帽와 더불어 고위관리들이 착용하도록 정해진 은화관식이 여러 점 발견, 조사되었다. 이 중 금동관모는 문헌에 기록된 백제의 관복제 규정에서는 찾아볼 수 없는 물품인데, 흥미롭게도 가장 늦은 시기에 제작된 것으로 여겨지는 금동관모의 추정연대와 가장 이른 시기에 제작된 것으로 추정되는 은화관식의 추정연대 사이에는 50여 년 정도의 차이가 있다. 즉, 이 공백 기간 어느 시점엔가《삼국사기》 등에 전하는 백제의 관복제도가 정비되었을 가능성이 있다. 물론 이외에도 관등제의 성립과정 등 함께 고려해야 할 다양한 요소가 있겠지만, 고고학적 발굴 성과를 토대로 1차적으로 시기를 좁힌 상태로 논의가 이루어진다면 백제 관복제 정비 시기에 관한 보다 유의미한 결과를 얻을 수 있지 않을까 한다.

　　이는 백제 관복제 연구에 큰 자산이 될 것이다. 우선 관복제 성립의 근간이 되는 관리시스템, 즉 백제 관등제의 성립과 운영을 살핌에 있어서 연대의 하한을 제시해 줄 수 있을 것이다. 또한 백제 관복제에서 발견되는 여러 요소들이 과연 어떠한 사상과 기술에 영향을 받아 성립된 것인지를, 당시 백제는 물론이고 동아시아 세계의 시각에서 전파 및 수용과정을 추적해 볼 수 있다. 마지막으로 관리들 간의 등급 구분에서 나타나는 지배계급 내에서의 신분 고하의 문제는 어디에서 기인했는지를 고찰하는 데 도움을 받을 수 있을 것이다.

이상과 같이 백제인들의 삶을 이해함에 있어 복식제도, 그중에서도 관복제도의 연구 의의에 대해 간략히 살펴보았다. 기존의 연구 성과나 최신 자료 등에 대한 소개가 생략된 불친절하고 두서없는 글이었지만, 해당 주제가 백제사를 이해할 작은 실마리로서 어떠한 가치가 있는지에 대해 조금이나마 전해졌기를 바란다. 나아가 백제뿐만 아니라 고구려·신라·가야사에서도 이 주제에 대한 연구가 보다 활발하게 이루어지길 바란다. 이는 한국의 고대사에 해당하는 국가들이 지닌 공통점 및 차이점을 살펴봄은 물론이고, 동아시아에서 한국고대사가 자리하고 있는 위치에 대해서도 되돌아볼 좋은 기회가 될 것이다. ＊나용재

부여 능산리고분 출토
은화관식

공주 수촌리고분 출토
금동관모(재현품)

9

태권도에서 고려악으로,
고대 문화교류의 흔적을 찾아서

1985년 대학원에 진학한 이후 지금까지 나의 전문 연구 영역은 신라사지만, 한국 고대의 사회경제사도 중요한 연구 주제로 삼고 있다. 지금은 《삼국사기》와 《삼국유사》 등 고대 문헌의 원전과 편찬과정을 밝히는 데 매진하고 있다. 그런데 어찌하다보니 한국의 고대 음악문화사에 매달리게 되었다.

나를 고대 음악문화의 길로 인도한 매개체는 뜻밖에도 대한민국 국기인 태권도였다. 2004년 노무현 정부에서 추진한 정책 중에 태권도공원 사업이 있었다. 태권도공원 유치에 앞장선 경주시가 당시 경주대에 재직 중이던 내게 태권도 발상지가 경주임을 입증할 수 있는 논고를 작성해 달라고 제의해 왔다. 전혀 관심 밖의 주제였지만 신라 화랑과 낭도들이 수박手搏을 무예로 널리 익혔을 가능성이 높다는 데 생각이 미쳐 이 제안을 받아들였다.

자료 조사 결과, 화랑과 낭도들이 무예로서 수박을 익혔음을 입증할 수 있는 국내 문헌자료가 매우 적다는 사실을 알게 되었다. 또 문연각文淵閣 사고전서四庫全書 전자판 CD에서 '수박手搏'을 검색한 결과 수박 관련 중국 문헌자료도 그리 많지 않았다. 그렇다면 '수박'과 관련이 깊은 씨름, 즉 각저의 경우는 어떠했을까 하는 의구심을 가지고 '각저角抵'를 검색해 보았다.

그때까지 각저, 즉 씨름은 단지 한민족 고유의 놀이이자 문화로만 인식하고 있었는데, 뜻밖에도 중국 문헌에서 '각저' 자료가 많이 검색되었다. 더구나 그 자료들을 분석해 보니, 한대漢代에는 각저가 단순하게 씨름을 가리키는 것이 아니라 오늘날의 서커스 또는 엔터테인먼트enter-tainment 개념으로 사용되었음을 알 수 있었다. 또 대다수 각저는 서역에서 전래된 것으로, 중국에 들어온 서역인들이 다양한 각저희를 공연했다는 사실도 파악되었다.

태권도의 발상지가 경주였다는 사실을 명확하게 입증할 수 없었지만, 일부나마 남아 있는 문헌자료 및 고고학·불교미술 자료를 심층적으로 분석해 신라의 화랑과 낭도들이 수박을 무예로서 익혔음을 어렴풋이나마 확인할 수 있었다. 이러한 연구 결과를 〈신라 화랑도의 무예와 수박〉이란 제목으로 발표하였고, 그 이후로도 각저와 서역의 문화에 대해 계속 관심을 두고 있었다. 이러던 중 경주대 정병모 교수가 주관한 실크로드 답사팀에 합류하여 2005년 8월, 중국 신장성 일대를 답사하였다. 우리와는 전혀 다른 환경을 가진 이른바 서역 지방은 상당히 흥미롭게 다가왔고, 쿠처와 카스카르에서 관람한 서역의 전통 민속춤은 서역에서 전래된 각저와 춤을 이해하는 데 큰 도움이 되었다. 서역 지방을 답사한 경험과 다양한 문헌자료를 가지고 서역의 문화가 신라의 문화에 커다란 영향을 끼쳤다는 사실을 입증할 수 있었고, 그러한 사실을 체계적으로 정리하여 〈한국 고대 서역문화의 수용에 관한 고찰─백희·가무의 수용을 중심으로〉란 제목으로 발표하였다.

한국 고대 서역문화의 수용 연구를 계기로 또 다른 주제에 입문하게 되었다. 바로 고대 일본의 고려악高麗樂에 관한 것이었다. 고대 일본의 아악雅樂(가가쿠) 가운데 무악舞樂(부가쿠)은 좌무左舞(또는 좌방악左方樂)와 우무右舞(또는 우방악右方樂)로 구성되었는데, 전자는 중국 계통의 무악으로서 흔히 당악唐樂(도가쿠)이라 부르고, 후자는 한국 계통의 무악으로서 흔히 고려악高麗樂(고마가쿠)으로 부른다. 고려악은 삼국시대부터 일본에 전래된 백제악, 신라악, 고구려악 그리고 발해악을 기초로 하여 10세기 후반에 성립된 것이다. 신라에서 서역문화를 수용한 사실에 대해서는 연구 성과가 어느 정도 있기 때문에 서역문화가 신라에 끼친 영향에 대해서는 어렴풋이나마 그림을 그릴 수 있었다. 그런데 고려악의 악곡 가운데 서역에서 전래된 가무가 적지 않을 것이라는 생각은 전혀 하지 못했다.

그러던 중 2005년 8월 13일 신장성의 성도省都인 우루무치를 방문할 기회가 있었다. 우루무치 시내에서 다양한 인종들을 보면서 서역 지방이 동·서양을 연결하는 실크로드의 길목에 위치했음을 새삼 느낄 수 있었다. 이때 우루무치의 신화서점新华书店에서 구입한 《西域文化的回声》(王嶸 著, 新疆青少年出版社, 2000)에 게재된 〈多文化背景下的苏莫遮〉란 논고는 여러 가르침을 주었다. 이 논문을 읽을 때에는 소막차蘇莫遮는 단지 쿠처龜玆를 비롯한 서역에서 매년 7월이나 11월에 개최된 가두가무희街頭歌舞戲로서, 고대 한국에서 널리 유행한 제천행사와 비슷한 축제로만 인식하고 있었다. 또 소막차는 인도에서 발원하여 이른 시기에 서역에 전래되었고, 서역의 구자국龜玆國, 강국康國, 언기국焉耆國, 고창국高昌國 등에서 널리 공연되었음을 알게 되었다. 또, 소막차 공연 시에는 짐승 모양의 가면을 쓴 연희자들이 노래와 춤을 추며 거리에서 물을 뿌리면서 날씨가 추워지기를 바라고 재앙이 없어지기를 기원했다는 사실을 확인할 수 있었다.

아울러 남북조시대에 서역의 소막차가 중국에 전래되어 당대唐代에 11월이나 12월에 주로 서역인들이 집단적으로 거주하는 곳에서 널리 공연되었는데, 중국인들은 소막차를 걸한희乞寒戲 또는 발한호희潑寒胡戲, 발호왕걸한희潑胡王乞寒戲라고 불렀음을 알 수 있었다.

이렇듯 소막차가 중국에 전해져 널리 인기를 끌었다는 점은 인지했으나, 그것이 한반도에 전래되었음을 알려주는 명확한 자료를 찾을 수 없었다. 그런데 〈多文化背景下的苏莫遮〉란 논고에서 왕영王嶸이 일본의 무악인 '소지마리蘇志摩利(소시마리そしまり)'의 춤이 당대 중국에서 유행한 '소막차'의 춤과 유사하며, 소지마리는 소막차가 일본에 전래된 것이었을 가능성이 높다고 언급한 것을 읽게 되었다.

일본의 소지마리에 대해 전혀 알지 못하였기 때문에 인터넷과 여러 자료를 통해 소지마리라는 무악이 어떤 것인가를 탐색하였다. 이 과정에서 소지마리가 고대 일본의 무악인 고려악 가운데 하나로서 일본 중세에 삿갓을 쓴 6인의 무인舞人이 도롱이를 걸치고 춤을 추며, 기우제 때에 널리 공연했음을 알게 되었다. 그리고 나아가 고려악이 고구려와 신라, 백제, 발해음악을 기초로 하여 성립되었다는 기본정보도 획득할 수 있었다. 탐구를 계속하여 소지마리가 신라에서 일본에 전래된 무악이었고, 고려악 가운데 하나인 길간桔簡, 吉簡, 吉干(기칸)은 '걸한乞寒'의 가차假借임을 확인할 수 있었다. 중국에서 유행한 소막차, 즉 걸한희乞寒戲가 삼국에 전래되었고, 이것이 다시 일본에 전래되어 길간으로 정립되었다는 사실도 알 수 있었다.

고려악 가운데 현재에도 일본에서 널리 공연되는 악곡이 납소리納蘇利[납증리納曾利라고도 표기하며, 일본에서는 '나소리なそり'라고 부름]인데, 이것은 쌍룡무雙龍舞라고도 불리며, 암컷과 수컷의 용이 서로 즐겁게 노는 모습을 춤으로 묘사한 것이다. 본인은 최치원이 지은 〈향악잡영鄕樂雜詠〉에 전하는 '대면大面(황금색 가면을 쓴 무인이 채찍을 들고 귀신을 부리는 내용)'과 납소리를 상호 비교하여, 대면이 일본에 전래되어 납소리로 정립되었음을 입증할 수 있었다. 연구 결과를 〈한국 고대 서역문화의 수용에 관한 고찰〉이란 논고에 반영하여 발표했다.

2006년 3월까지만 해도 본인의 고려악에 대한 이해는 초보적인 수준을 벗어나지 못하였다. 고려악이 삼국에서 전래된 음악을 기초로 하여 성립되었고, 지금까지 그 가운데 일부가 일본에서 공연하고 있는 현실을 인지한 후에, 고대 한국 음악의 원류 및 고대 음악의 복원과 재현에 고려악이 크게 도움이 될 것이라고 인식했다. 이에 본격적으로 고려악을 연구하기로 마음먹었는데, 의외로 한국은 물론이고 일본에서조차 고려악 연구가 매우 적을 뿐만 아니라 고려악에 대한 기초적인 정리조차도 제대로 이루어지지 않았음을 알게 되었다.

결국 서울대학교 도서관에서 일본 고대의 사서류辭書類와 악서樂書 등을 수배하여 기초적인 고려악 관련 문헌자료들을 복사하고, 고대 일본 음악 관련 논고들을 수합하여 고려악에 대해 본격적으로 연구하기 시작하여, 그 결과를 〈고대 일본의 고려악에 대한 기초 연구〉란 제목으로 발표하였다. 본인은 고려악에 대한 연구를 진행하면서, 삼국과 발해에서 전래된 고려악의 32개 악곡 가운데 일부(퇴·진주덕退·進走德, 소지마리 蘇志摩利와 납소리納蘇利, 길간吉簡, 장보악長保樂, 귀덕貴德, 곤륜팔선崑崙八仙, 지구地久 등)가 서역에서 한반도에 전래되었다가 다시 일본에 전래된 것이었다는 사실을 확인할 수 있었다. 또한 본인은 고려악 가운데 진소리 고進蘇利古, 탁목啄木, 소지마리, 길간, 박견狛犬에 대해 보다 자세하게 검토한 논고를 발표하였다. 그러나 고대 일본의 음악에 대한 소양이 너무나도 부족하였기 때문에 고려악에 대한 연구를 심화시키기에는 분명한 한계가 있었다. 더구나 고대·중세 일본사에 대한 지식이 단편적이었던 점 및 당시의 일본어를 제대로 해독하기 곤란하였던 점도 연구의 진전을 가로막는 또 다른 요인으로 작용하였다. 앞으로 음악사학자와 고대·중세 일본사와 일본문화를 전공하는 연구자와의 공동연구가 활발하게 진행된다면, 고려악에 대한 이해가 크게 진전되리라고 기대된다.

본인은 고려악을 연구하면서 서역의 음악이 한반도에 지대한 영향을 끼쳤음을 새삼 확인할 수 있었다. 아울러 9세기 후반에 신라인들이 고유한 신라의 음악과 고구려·백제·서역 등에서 전래된 음악을 모두 망라하여 정리한 '향악鄕樂', 즉 새로운 범주의 '한민족 고유의 음악'이 오늘날 국악의 원류를 이루었다는 사실도 밝힐 수 있었다. 태권도의 역사를 밝히려는 단순한 호기심에서 출발한 본인의 고대 음악에 대한 연구는 우리가 살고 있는 현재의 한국문화의 정체성에 대한 관심으로 확대되었다. 본인은 이 과정에서 음악뿐만 아니라 다양한 분야의 문화에서도 비슷한 양상을 보였다고 이해하였고, 나아가 한국 역사 자체도 외국과의 부단한 접촉과 교류 속에서 변화, 발전되었음을 다시금 확인할 수 있었다.

현재 고대 음악문화에 관한 자료가 매우 적고, 게다가 고대의 악보와 악기 등이 전하지 않기 때문에 고대의 음악문화를 완전히 복원하여 공연하기 쉽지 않은 것이 현실이다. 고대 음악문화에 대한 이해를 진전시키기 위해서는 한국고대사 연구자뿐만 아니라 음악사와 복식사 연구자와의 협동연구가 필수적이다. 다양한 분야의 연구자들이 힘을 합쳐 고대 음악문화에 대해 치밀하게 검토하여 고증하고, 여기에 현대적 해석을 적절하게 조합하여 일부 고대의 음악과 백희를 재현하여 공연할 수 있다면, 현대 한국인들에게 고대인들의 삶과 숨결, 그리고 현대 한국문화의 원류가 되는 고대문화의 향기를 느낄 수 있는 기회를 제공하리라고 기대된다. *전덕재

《악가록樂歌錄》에 전하는
나소리 가면

《악가록》에 전하는
진숙덕 가면

《악가록》에 전하는
퇴숙덕 가면

10

백제 사원의 독창성을 찾아서

– 베트남의 불교자료와의 비교

한국 고대 삼국의 불교 교학이나 신앙에 관한 연구를 비롯하여 건축이나 조각, 고고학 자료 등을 검토하면서 흔히 고구려적인 것이나 백제적·신라적인 것과 같이 각 나라의 독자성을 강조하는 경향이 눈에 띈다. 하지만 삼국시대 불교사 연구가 반드시 각 나라의 독자성을 밝힐 필요는 없다. 고대 삼국은 불교를 수용하고 확산시키면서 이를 매개로 점차 문화적·정신적으로 하나의 공동체로 나아갔기 때문이다. 고대 삼국의 불교문화에 보이는 독자성을 논하기 위해서는 오히려 다른 나라와의 비교라는 좀 더 거시적인 관점이 더 큰 의미를 가질 경우가 많다.

필자는 그동안 옛 절터에서 발견된 다양한 유물을 바탕으로 백제 사원의 특성에 대해 천착해 왔다. 정말 백제 사원 특유의 것이라는 것이 존재하는지, 만약 있다면 그것을 어떻게 객관화할 수 있는지 고민했다. 그 과정에서 베트남의 불교 관련 자료와의 비교 가능성을 포착하게 되어 이를 간략히 소개하고자 한다.

한국의 고대사 연구에서 베트남 지역과의 비교연구 가능성은 유서가 깊다. 중국의 진한 교체기에 세워진 남 비엣[南越]과 위만조선, 그리고 한무제 때 양복楊僕에 의해 두 나라가 멸망당한 다음 설치된 7군과 4군 사이에는 많은 유사점이 있다. 하노이 인근의 루이러우 토성이나 북부 베트남의 군현성과 관련된 한묘漢墓들은 한반도 서북부에 있었던 낙랑이나 대방의 성곽 및 무덤들과 비교하기에 좋은 자료가 된다. 또 2013년에 발견된 도황묘비陶璜廟碑의 경우 앞면은 314년, 뒷면은 450년에 새겨진 베트남에서 가장 오래된 석비에 해당하는데, 그 형태가 윗부분이 삼각형인 이른바 규수형圭首形이고, '교敎' 형식을 취하고 있어 고구려나 신라 석비와의 관련성이 지적되면서 국내학계에서 큰 반향을 일으키기도 했다.

베트남 지역의 역사나 문물을 백제나 불교 사원과 관련시켜 보기에는 상당한 거리감이 있는 것이 사실이다. 그럼에도 베트남에서 출토된 소위 인면문와당은 이목을 끈다. 〈도 1-1〉의 인면문와당은 베트남 중부의 차큐 유적에서 출토되었다. 이 유적은 중국 역사서에 임읍林邑으로 등장하는 참파 왕국의 도성으로 추정되는 곳이며 동서 약 1.5킬로미터, 남북 약 550미터의 장방형 성벽이 남아 있다. 그런데 〈도 1-1〉의 인면문와당은 문양과 제작 기법에서 흥미로운 점이 관찰된다. 문양을 보면 중국 난징에서 출토된 삼국 오나라 때의 와당과 유사하지만 제작 기법은 그보다 앞선 한나라 때의 기술이 구사되고 있기 때문이다.

중국 난징에서 출토된 육조시대의 와당 문양은 운문雲文(후한부터 삼국 오나라), 인면문人面文(오나라부터 서진), 수면문獸面文(동진부터 남조), 연화문蓮華文(동진 말기 이후)으로 변화한다[紋이 맞지만 학계에서는 文으로 통일해서 쓰기로 해서 국내에서는 文으로 통일해서 사용함]. 난징 지역 인면문와당의 문양과 연대를 참고할 때 〈도 1-1〉은 오나라 때인 3세기 중엽에 출현한 것으로 볼 수 있다 (〈도 1-2〉). 그러나 와당의 문양을 이루는 드림새와 그것에 연결된 수키와의 접합방식은 그 전 단계에 유입된 중국 한나라 방식이 적용되고 있었다. 중국의 한이나 낙랑 관련 유적에서는 와당 뒷면에 원통형의 수키와를 접합시킨 다음 불필요한 부분을 떼어 내는 방식으로 수막새를 만들었다. 이것을 보면 〈도 1-1〉의 인면문와당은 남조 오나라의 와당 문양을 새롭게 수입하면서도 기존에 베트남 현지에서 사용하던 기술을 구사해서 제작했던 것이다.

이러한 현상은 서울 풍납토성에서 출토된 수면문와당이나 공주 대통사지 출토 연화문와당 등

〈도 1-1〉

〈도 1-2〉

〈도 1-3〉

〈도 1-4〉

인면문와당과 연화문와당
(1.베트남 차큐, 2.중국 난징, 3.서울 풍납토성, 4. 공주 대통사지)

백제에 남조계 기와 제작 기술이 도입되는 과정을 연구할 때 많은 시사점을 준다. 〈도 1-3〉의 수면문와당은 동진 이후에 유행하던 문양이고, 〈도 1-4〉의 연화문와당은 동진 말기부터 유행하던 기와 문양이다. 두 와당 모두 난징 지역과의 강한 친연성이 인정된다. 그렇다면 두 와당의 제작 기술은 어떨까. 〈도 1-3·4〉의 와당들은 문양이 있는 드림새를 마감할 때 회전 물손질로 마감하는 방식을 취하고 있는데 이는 남조의 그것과 상통한다. 하지만 드림새와 수키와를 접합시키는 방법에는 미묘한 차이가 있다. 특히 〈도 1-4〉 대통사지에서 출토된 연화문와당의 경우 드림새와 연결되는 수키와 끝부분을 2단으로 조정한 다음 부착시켰는데 이러한 기술은 아직까지 난징에서는 확인되지 않는다. 따라서 그러한 접합 기법이 백제 내부에서 이루어진 변용인지 여부를 놓고 다양한 의견이 제시되고 있다.

대통사지 연화문와당의 문양과 제작 기술은 신라 최초의 사원인 흥륜사지(경주공업고등학교 일대)나 일본 최초의 사원인 아스카데라飛鳥寺의 창건기 와당에도 큰 영향을 주었다. 중국 한이나 남조 와전문화의 영향을 받은 베트남 지역에서 만약 난징 지역의 연화문와당과 유사한 기와가 발견된다면 대통사지 연화문와당에 보이는 속성 중에서 어떤 요소가

〈도 2-1〉
베트남의 금동 불입상
(옥 에오 유적)

백제적인 변용인지를 준별해 낼 수 있을 것이다. 그리고 기와 제작 기술에 보이는 공통성이나 차별성에 관한 연구는 그것이 사용된 기와 건물이나 그것이 조합된 가람 배치, 나아가 사원 전체의 비교에도 많은 시사점을 줄 수 있을 것이다.

중국 난징과 백제, 베트남 지역의 기와에 관한 비교 가능성은 불교 조각에 관한 연구에서도 보인다. 양나라 무제는 천감 2년(503)에 당시 푸난扶南의 왕을 안남장군 부남왕에 봉했다. 그 뒤를 이어 즉위한 푸난의 왕은 천감 18년(519)에 전단서상旃檀瑞像(석가모니가 살아 있을 때 만들었다는 전설의 불상)과 보리수 잎, 화제주火齊珠(유리로 추정), 울금, 소합蘇合(향나무의 일종으로 추정) 등을 양 무제에게 보낸다. 대동 5년(539)에는 푸난에서 무소를 바치면서 불발佛髮이 있다고 말하자 승려를 보내 이를 맞아오게 했다. 양나라에서는 부남관扶南館을 설립하고 학식이 높은 푸난 승려를 초빙하여 산스크리트어 경전의 한역과 강경講經을 맡기는 등 부남국과의 불교 교류에 관심이 높았다.

푸난의 중심지와 운하로 연결된 외항 도시였던 베트남의 옥 에오Oc Eo 쯔워 링 썬Chua Linh Son 유적에서는 로마의 금화, 후한의 동경銅鏡, 현지에서 제작한 것으로 보이는 비슈누상 등과 함께 중국제로 추정되는 불두와 불입상

〈도 2-2〉
베트남의 금동 불입상
(봉테 유적)

〈도 2-1〉, 불좌상, 보살입상 등이 발견되었다. 이 유물들은 1944년에 발굴된 것으로 현재 호치민역사박물관이 소장하고 있다. 1975년에는 베트남 당국이 실시한 발굴에서도 새롭게 〈도 2-2〉의 청동 불입상 1점이 출토되어 현재 안장성박물관이 소장하고 있다. 두 점의 청동 불입상은 불상의 상호나 옷 주름의 표현방식, 제작 기법 등이 중국 남조와 매우 유사하기 때문에 중국에서 제작한 것으로 생각되고 있다.

〈도 2〉 청동 불입상은 사암이나 나무로 만든 일반적인 푸난 불상들과 확연한 차이를 보이기 때문에 그 가능성이 매우 높다. 《불조통기佛祖統紀》에는 양나라 대동 6년(540)에 푸난 국왕이 사신을 보내 조공하자 석가상과 경론을 보내주었다는 기록이 있는데, 〈도 2〉의 청동 불입상이 바로 양무제가 보낸 불상이라는 의견도 있다. 이 불상들은 비록 소수에 지나지 않지만 푸난과 남조 양 사이의 밀접한 교류를 보여주는 자료로, 남조 조각과 밀접한 관련을 가진 백제 불상을 연구할 때도 좋은 참고가 된다.

한편 2004년 하노이에서 북동쪽으로 30킬로미터 정도 떨어진 바쿠닌성Bac Ninh省에서 수나라 인수 원년(601)에 제작된 교주交州 선중사禪衆寺의 사리탑명과 사리석함, 석판 등이 발견되어 이목을 집중시켰다(〈도 3〉). 중국에서는 지금까지 인수 연간의 사리 반포 사업과 관련하여 12점의 명문이 발견되었는데, 베트남에서 발견된 자료들도 인수 원년에 제작된 사리탑명과 거의 동일한 내용을 담고 있다. 다만 사리탑명의 표제나 문자의 배열, 탑을 세운 장소를 표기하는 방식 등에서 약간의 차이가 발견되었다. 아울러 석함에 남아 있는 도상이나 크기, 형태가 기존에 알려진 인수사리 석함과 달라 '불교의 지역화'라는 문제에서 새로운 과제를 던져 주며 삼국 중 비교적 많은 사리기가 발견된 백제사 연구에도 시사하는 바 크다.

웅진·사비기 백제에서 불교가 크게 융성한 배경에는 양나라 무제의 영향이 적지 않았다. 양 무제는 황제 보살을 자처하면서 불교를 확산시키는 데 많은 노력을 기울였다. 백제 성왕은 양 무제의 통치 행위를 모델로 하여 불교적 이상군주인 전륜성왕을 자처하며, 왕권강화와 국가체제 정비를 추진하려고 했다. 동남아시아나 중앙아시아 등 주변 제국에서는 양 무제에게 불교색이 짙은 상표문을 올리거나 불상, 불사리, 불발 등을 보냈다.

한편 〈양직공도〉에는 6세기 전반, 양나라를 찾았던 동남아시아 여러 나라의 사신들이 등장하는데, 《일본서기》에는 백제와 푸난의 관계를 암시하는 기록이 남아 있다. 긴메이 천황 4년(543) 백제 성왕이 전부 나솔 진모귀문 등을 보내 "부남의 보물과 노예 2구를 바쳤다"고 했다. 백제와 부남의 직접적인 관련성을 보여주는 거의 유일한 기록이다. 베트남과 백제의 관계는 기본적으로 중국 남조를 매개로 연결되어 있었지만 두 나라의 직접적인 교류도 상정할 수 있는 대목이다. ＊이병호

〈도 3〉 베트남 바쿠닌성 인수 사리기의 사리탑명과 석함, 석판 모습.

11

한국 고대사를 읽는 열쇠, 유민 묘지명

묘지명이란 장례과정에서 무덤에 묻는 부장품의 하나로서 묘주를 밝히기 위해 그의 일생을 정리하여 기록한 것이다. 본래 묘주를 밝히는 기록은 무덤 밖에 석비石碑 형태로 세우는 묘비가 일반적이었다. 그러나 박장薄葬이 보편화되면서 묘비를 세우는 것이 금지됨에 따라 위진남북조시대부터 무덤 안에 묘지명을 묻는 방식이 자리 잡게 되었다.

묘지명과 비슷한 것으로는 지석誌石이 있는데, 묘주의 일생을 정리하여 기록하는 묘지명과 달리 사망 관련 사실만 간략히 기록하였다. 삼국의 왕릉 중 유일하게 묘주를 확인할 수 있는 무령왕릉에서 발견된 무령왕과 왕비의 지석이 대표적인 사례다. 지석을 묘지명과 다른 범주로 파악할 경우 삼국의 묘지명이 발견된 사례는 고구려의 모두루牟頭婁 묘지명(5세기 중반 제작 추정)이 유일한 사례이고, 남북국까지 범위를 확대하더라도 정혜공주貞惠公主·정효공주貞孝公主 등 발해 왕족의 묘지명이 발견된 사례가 조금 더 있는 정도다.

이처럼 한국고대사에서 묘지명은 매우 드물게 발견되는 문자자료다. 그런데 최근 중국 대륙에서 앞서 언급한 묘지명들보다 훨씬 많은 수의 유민遺民 묘지명이 발견되고 있어 주목된다. 다만 유민의 범주를 어디까지 볼 것인가 하는 문제는 아직 합의된 결론은 물론 통설이라고 할 만큼 지배적인 영향력을 발휘하고 있는 정의定義는 없는 상태다.

한국고대사학계에서 이야기하는 유민 묘지명이란 신라에 의해 7세기에 멸망한 고구려, 백제의 유민의 것을 가리킨다. 고구려, 백제의 유민은 멸망 후 당·신라·일본·발해 등 각지로 흩어졌는데, 그중 당으로 건너간 유민들이 많은 묘지명을 남겼다.

유민 묘지명이 출토되는 당대唐代를 기준으로 할 때, 묘지명은 일반적으로 개석蓋石과 지석誌石으로 구성되어 있다. 개석은 묘지명의 덮개 역할을 하는 것인데, 덮개 역할에 걸맞게 제액題額, 즉 제목을 작성하는 것이 일반적이다. 지석은 묘지명의 본체 역할을 하는 것인데, 묘주의 일생을 기록한 서문과 서문을 요약하여 시 형태로 작성한 명문銘文으로 구성되어 있다. 다만 예외도 있어서 개석에 제액이 아닌 명문을, 지석에는 서문만을 기록하는 경우도 있다.

이 중 사료로서 가장 많이 활용되는 것은 서문이다. 서문에는 가문(또는 조상) 소개, 묘주의 관력官歷, 사망(장례) 관련 내용, 가족 관련 내용 등을 기록한다. 구체적으로 가문(조상) 소개는 출신, 시조 등의 내력, 중요인물 소개, 증조 또는 조부부터 부친 소개 등을, 묘주의 관력은 출생 후 관직 진출 이전까지와 관직 진출 이후의 이력 등을, 사망(장례) 관련은 사망 원인, 사망 일시 및 장소, 애도 내용, 장례 일시 및 장소 등을, 가족 관련은 부인(묘주가 여성인 경우 남편) 및 자식에 대한 내용을 기록

한다. 다만 모든 내용을 빠짐없이 기록하는 것은 아니어서 필요에 따라 일부가 생략되기도 한다.

한편 명문에는 서문을 한시 형태로 요약하는데, 서문의 표현이 명문에서 바뀌는 경우는 적지 않지만 그 경우에도 내용은 동일하게 유지한다. 명문의 글자 수는 4자 1구가 일반적이나 다른 형태도 있는데, 어떠한 경우라도 글자 수를 일정하게 맞추는 것이 특징이다.

고구려의 대표적인 유민 묘지명으로는 연개소문의 아들들인 천남생泉男生(맏아들), 천남산泉男産(셋째 아들) 형제의 묘지명이 있고, 백제의 유민 묘지명으로는 의자왕의 태자인 부여융扶餘隆 묘지명, 부흥운동을 하다가 항복하여 번장蕃將으로 활약한 흑치상지黑齒常之 묘지명 등이 있다.

이러한 유민 묘지명은 20세기 초반에 처음으로 그 존재가 알려지기 시작하여 1990년대까지만 해도 10점 정도에 불과했으나, 21세기 들어서 출토 사례가 폭증하여 현재는 40점에 가깝다. 유민 묘지명은 발굴과 도굴에 의해 출토되는데, 발굴에 의한 유민 묘지명의 출토 사례가 증가하게 된 것은 1990년대 이후 중국의 경제개발이 본격화되면서 도시 개발 등으로 인한 구제 발굴이 증가하였기 때문이다. 정확하게 말하자면, 구제 발굴의 증가로 인해 당대 묘지명의 출토 사례가 증가하면서, 그 일부인 유민 묘지명도 대폭 늘어나게 된 것이라 할 수 있다.

이와 함께 중국의 경제 규모가 급성장하면서 골동품 시장의 수요가 커졌고, 그에 따라 골동품 시장에서 거래되는 도굴품이 증가했는데, 당대 묘지명도 그중 하나다. 실제로 유민 묘지명 중에는 낙양洛陽 등의 골동품 시장에서 거래되다가 박물관이나 묘지명 전문 전시관 등에서 구입한 사례가 적지 않다.

고구려 유민의 묘지명은 지금까지 총 28점이 출토되었는데, 〈표 1〉과 같이 정리할 수 있다.

　　28점 중 성씨별로 볼 때는 고 씨가 15점(1, 2, 5~10, 12, 14, 20, 23~25, 27)으로 절반 이상이고, 천 씨(연 씨)가 4점(4, 11, 13, 16), 이 씨가 4점(3, 15, 18, 22) 등이다. 세대별로는 1세대(성인일 때 고구려가 멸망) 또는 1.5세대(미성년일 때 고구려가 멸망)가 총 15점, 2세대 이하가 총 13점으로 숫자상 큰 차이가 없다.

　　이밖에 부자(또는 부녀) 묘지명이 5쌍 존재하고(4-11, 9-10, 18-22, 23-24, 25-27), 여성 묘지명이 3점(2, 6, 25) 있는 것도 특징이라고 할 수 있다. 부자 묘지명 이외에도 한 가문의 혈연적 관계를 보여주는 묘지명(4-13, 11-16)이 있어서 주목된다. 특히 그중에서도 4, 11, 13, 16에 보이는 천 씨(연 씨)는 연개소문의 후손들이라는 점에서, 25와 27에 보이는 고 씨는 보장왕의 후손들(27의 고진이 보장왕의 증손자임)이라는 점에서 고구려 멸망기 최상위 지배층의 후예들이 당에서 어떻게 생존했는지를 보여주는 자료이기에 더욱 가치가 높다고 할 수 있다.

　　다만 고구려 유민의 묘지명이라고 하기에는 다소 의심스러운 자료도 일부 포함되어 있는데, 6과 28 등이 대표적이다. 이러한 자료들은 명시적으로 고구려와의 관련성이 언급되지 않아서 비유적인 표현을 연구자들이 고구려와의 관련성으로 해석한 것이다. 그렇기 때문에 해석을 다르게 할 경우 고구려 유민의 묘지명에서 제외해야 할 가능성도 적지 않다.

　　백제 유민의 묘지명은 지금까지 총 10~11점이 출토되었는데, 〈표 2〉와 같이 정리할 수 있다. 10~11점이라고 한 것은 11의 경우 당 황실의 후손이어서 묘지명의 내용에서 백제와의 관련성이 전혀 보이지 않기 때문이다. 따라서 11은 유민 묘지명에 포함시키기도 하고 제외하기도 한다.

10~11점 중 성씨별로 볼 때는 예 씨가 4점(1, 2, 7, 10)으로 가장 많고, 부여 씨가 2점(3, 9), 흑치 씨가 2점(5, 6) 등으로 많은 편이다. 특히 예 씨의 경우 2, 7, 10의 3대가 확인되고 있어, 세대 간 정체성의 변화 등을 파악하는 자료로서 유용하다. 세대별로는 1세대(성인일 때 백제가 멸망) 또는 1.5세대(미성년일 때 백제가 멸망)가 총 6점, 2세대 이하가 총 4~5점으로 숫자상 큰 차이가 없다.

이 중에서도 3과 9에 보이는 부여 씨는 의자왕의 후손들(3의 부여융이 의자왕의 태자임)이라는 점에서, 5와 6에 보이는 흑치 씨는 대대로 달솔을 지냈다는 점에서 백제 멸망기 최상위 지배층의 후예들이 당에서 어떻게 생존했는지를 보여주는 자료이기에 더욱 가치가 높다고 할 수 있다.

한국 고대사상의 유민 묘지명은 당대에 작성된 것이기 때문에, 해당 시기 묘지명 제도에 의해 제약을 받았다. 특히 묘주가 당의 관품 기준으로 3품 이상인 경우 사망 후 조정에 제출하는 일대기 문서인 행장을 바탕으로 작성되고, 조정이 장례에 관여하면서 묘지명의 작성에 개입하므로 내용의 왜곡이나 과장 가능성이 낮았다. 대신 조정의 개입 때문에 내용에 제약이 생겨 당시의 시대 상황상 표현하기 어려운 내용은 포함되지 못하기도 하였다.

반면 묘주가 4품 이하인 경우 위와 같은 제약을 받지 않고 개인이 조정의 관여 없이 자비로 묘지명을 제작하였다. 그에 따라 내용의 왜곡이나 과장 가능성이 생기지만 대신 3품 이상과 달리 시대 상황에 의한 표현상의 제약을 받지 않았다.

이러한 상황이기 때문에 유민 묘지명의 사료 비판을 할 경우 묘주의

번호	묘주	제작시기	생몰년	세대	비고
1	高鐃苗	673	?~673	1세대	
2	高提昔	674	649~674	1세대	여성
3	李他仁	677	609~675	1세대	
4	泉男生	679	634~679	1세대	13의 형, 11의 부
5	高玄	691	642~690	1세대	
6	高英淑	693	643~691	1세대	여성
7	高足酉	697	626~695	1세대	
8	高牟	699	640~694	1세대	
9	高慈	700	665~697	1.5세대	10의 자
10	高質	700	626~697	1세대	9의 부
11	泉獻誠	701	650~692	1.5세대	4의 자, 16의 조부
12	高乙德	701	618~699	1세대	
13	泉男産	702	639~701	1세대	4의 동생
14	高木盧	730	650~730	1.5세대	
15	李仁德	733	673~733	2세대	
16	泉毖	733	708~729	3세대	11의 손자
17	王景曜	735	680~734	2세대	
18	李隱之	739	655~705	1.5세대	22의 부
19	豆善富	741	684~741	2세대	
20	高德	742	676~742	2세대	
21	劉元貞	744	?~744	2세대	
22	李懷	745	678~745	2세대	18의 자
23	高遠望	745	697~740	3세대	24의 자
24	高欽德	746(또는 750)	677~733	2세대	23의 부
25	高氏夫人	772	731~772	4세대	여성(27의 딸)
26	南單德	776	699~776	3세대	
27	高震	778	701~773	3세대	25의 부
28	似先義逸	850	786~850	5세대	

〈표 1〉 고구려 유민의 묘지명 출토 사례

관품을 기준으로 3품 이상과 4품 이하는 다른 방식을 적용해야 한다. 3품 이상의 경우 내용은 당시에 인정될 만한 것이지만 제약된 부분에 대한 고려가 필요하고, 4품 이하의 경우 과장 또는 축소된 내용 및 그 배경에 대한 파악이 필요하다.

유민 묘지명이 연구되기 시작한 초기에는 출토 사례가 많지 않아서 사료 비판의 기준이 모호하였다. 그에 따라 지나치게 신뢰하거나 지나치게 불신하기만 하는 경우가 적지 않았다. 유민 묘지명의 사료적 신뢰성 문제와 관련해서는 가장 사실적이라고 생각되는 출신 관련 기록, 관력 등도 과장 가능성이 있다는 점을 인식할 필요가 있다. 왜냐하면 출신 관련 기록은 작성 당시의 생존자에게 유리한 내용을 강조하기 때문에 왜곡 가능성이 존재하고, 조정의 개입으로도 검증이 어려운 본국에서의 관력 등도 과장 가능성이 존재하기 때문이다.

또 하나 주의할 것은 본국에서의 행적, 중국 출신이라는 점을 강조하는 것에 대한 사료 비판이 필요하다는 것이다. 본국에서의 행적을 강조하는 것은 결국 당에서의 활약이 미미한 경우이고, 중국 출신임을 강조하는 것은 백제 출신 강조가 정치적으로 이익이 되지 못하기 때문이라는 점을 인식할 필요가 있다. 결국 묘지명은 이미 죽은 묘주를 위해서라기보다는 살아 있는 후손들을 위해서 만든 성격이 강하기 때문이다.

마지막으로 유민의 구분 기준은 결국 정체성이 핵심일 것인데, 아직까지는 구분 기준이 주관적이라고 할 수 있다. 2세대 이하는 유민으로서의 정체성이 약하기 때문에 1세대만 유민으로 하자는 논의도 있고, 백제 유민보다는 당 황실로서의 정체성이 강한 이제李濟 등은 유민 범주에 포함하기 어렵다는 지적도 있다.

지금까지는 유민 묘지명에 대해 주로 본국(고구려, 백제)에 대한 기록을 중심으로 연구되어 왔다. 그렇기 때문에 고구려, 백제의 말기사에 대해 기존의 문헌사료를 보완하는 자료로 이용하는 경향이 있었다. 그 중에서도 주로 연구된 것이 출신 표현에서 드러나는 출자의식, 조상 및 묘주의 관력에 대한 것이었다. 특히 묘주가 4품 이하인 묘지명의 경우 본국에서의 행적이 강조되면서 기존 문헌사료에 보이지 않았던 관직들이 기록되어 있어 주목되기도 하였다. 고구려 유민으로는 고을덕高乙德 묘지명, 백제 유민으로는 진법자陳法子 묘지명이 대표적이다.

그러나 이러한 연구 현황은 유민이 가지는 양속적兩屬的 정체성을 제대로 파악하지 못한 것이라고 할 수 있다. 따라서 향후 연구에는 유민의 입장에서 역사를 바라보는 유민사의 관점을 도입할 필요가 있다. 최근

번호	묘주	제작 시기	생몰년	세대	비고
1	禰寔進	672	615~672	1세대	2의 동생, 7의 부
2	禰軍	678	613~678	1세대	1의 형
3	扶餘隆	682	615~682	1세대	9의 조부
4	陳法子	691	615~690	1세대	
5	黑齒常之	699	630~689	1세대	6의 부
6	黑齒俊	706	676~706	2세대	5의 자
7	禰素士	708	?~708	1.5세대	1의 자, 10의 부
8	難元慶	734	668~734	2세대	
9	扶餘太妃	738	690~738	2세대	3의 손녀, 11의 증조모
10	禰仁秀	750	675~727	2세대	7의 자
11	李濟	825	776~825	5세대	9의 증손

〈표 2〉 백제 유민의 묘지명 출토 사례

유행하는 '이주移住와 디아스포라'라는 주제가 대표적인 사례라고 할 수 있을 것이다. 그러한 점에서 당으로 이주한 유민들의 활동에 대한 기록에 좀 더 주목해야 한다. 번장으로서의 활약이 어떠한 의미를 갖는 것인지, 당에서 유민들이 주로 어떠한 관직을 지냈는지 분석하면, 그들이 가졌던 정치적 지위와 그 특징을 파악할 수 있을 것이다. *정동준

진법자 묘지명의 탁본(대당서시박물관 소장 묘지명 도록)
역사서에 없는 관명이 나와 백제 정치사 연구의 새로운 열쇠로 주목받고 있다.

12

당위로서의 '남북국시대론'과
현실로서의 '통일신라론', 그 간극 메우기

현재 한국사 개설서와 교과서들은 7세기 이후 이른바 통일신라와 양립했던 발해의 역사를 한국사에 포함시키고 있지만 그 내용과 분량은 상당히 소략한 편이다. 그 이유를 짐작해 보면, 첫째 발해사의 사료가 매우 적어 그 실체가 아직 충분히 규명되지 않았다는 점, 둘째 한국사의 전개과정에서 끼친 영향을 따져볼 때 발해보다 신라가 더 크다는 점 때문일 것이다. 그래서 국제적으로 발해사의 귀속 문제를 둘러싸고 논쟁이 벌어지고 있고 또 발해사가 한국사인가 하는 질문이 사석에서 심심찮게 나오기도 한다.

신라와 발해를 한국사 체계 속에서 파악하려고 할 때 '남북국시대'라는 표현은 적절하지만, 사실 '통일신라'와 '발해'는 논리적으로 서로 모순된다. '통일신라'는 신라가 백제와 고구려를 통일했다는 의미인데, 실제로 '통일신라'가 차지한 고구려 유민과 영역은 극히 일부였을 뿐만 아니라, 그에 따르면 고구려 옛 땅에서 고구려 유민이 세운 발해는 한국사에서 배제될 수밖에 없기 때문이다.

그럼에도 통일신라론이 견지되는 이유는 신라가 백제와 고구려를 멸망시킴으로써 한민족 형성의 토대가 마련되었다는 역사적 의미를 강조하기 위한 것이다. 즉 신라에 의해 통합된 영토와 주민, 그리고 언어와 문화는 이후 큰 변화 없이 고려와 조선을 거쳐 현재에 이르렀기 때문에, 삼국시대의 신라와 구별하기 위해 통일신라를 사용하는 것이 타당하다는 것이다. 그리고 발해는 삼국통일이 일단락된 뒤에 북방에서 새로 일어난 왕조이므로 그를 보완해 주는 역할이었다고 본다.

그렇지만 이러한 이해방식은 의도하건 의도하지 않았건 간에 분단이라는 상황에 영향을 받고 있음을 지적하지 않을 수 없다. 남한과 달리 북한이 발해사에 적극적인 이유는 정치적인 목적도 있겠지만 현재 북한에 과거 발해의 영역이 있다는 점과 무관하지 않다. 마찬가지로 현재 남한 지역이 발해와의 관련성이 전혀 없고 따라서 발해 유적이 하나도 없다는 점이 발해사를 소극적으로 보는 데 영향을 끼치지는 않았을까? 또 그러한 점이 통일신라라는 용어에 둔감하게 된 이유는 아니었을까? 해방 이후 분단되지 않았다면 우리가 함경도 일대의 발해 지역을 답사하고 그곳의 유적을 보고도 통일신라론에 아무런 의문을 품지 않았을까?

발해가 한국사에 속한다고 보는 이상 논리적으로 남북국시대론이 타당함에도 불구하고, 현재의 한국사 통사체계에서는 신라와 발해의 위상이 같지 않다고 보기 때문에 현실에서는 통일신라론이 견지되고 있다. 여기서 필자가 주목하고 싶은 현상은 다음 두 가지다. 첫째 통일신라론이 발해사에 대한 소극적 인식을 초래한다는 점, 둘째 그것이

8~10세기의 역사를 통일신라 위주로 서술하고 발해사에 대해서는 그에 부속된, 따라서 소략한 서술로 이어짐으로써 다시 통일신라론을 강화한다는 점이다.

통일신라라는 용어는 그 연원을 멀리는 7세기 이후에 신라가 표방한 '일통삼한', 그리고 16세기 이래로 조선 왕조의 성리학적 역사인식이 정통론에 입각하여 무통無統의 삼국과 달리 고구려 멸망 이후의 신라에 대해 정통을 부여한 '신라 정통론'에서 찾을 수 있다. 그렇지만 근대적 역사용어로서는 일본인 하야시 다이스케의 《조선사》(1893)와 이를 현채가 번역한 《(보통교과) 동국사략》(1906)이 '신라(의) 통일'을 표제어로 내세운 데서 시작되었다. 여기서는 그 시점을 신라 정통론과 달리 나당전쟁의 종결에서 찾았다. 그리고 이러한 논리와 용어가 확산되고 정착되는 데는 일제 관학자들의 만선사학이 결정적 역할을 하였다.

만선사학은 일본제국주의의 대외침략을 학문적으로 뒷받침하기 위해 만주와 조선의 역사를 편의적으로 결합한 것이다. 이때 '만주'는 그것이 중국사와 무관한 지리적 공간임을 강조하기 위해 고안한 용어였던 만큼, '조선' 역시 지리적 개념이었다. 따라서 만선사에서 말하는 조선사는 조선 민족의 역사가 아니라 조선 반도라는 지리적 공간에서 일어난 역사이므로, 반도적 성격에 근거한 타율성론으로 귀결되었다.

만주사의 설정에 따라 만주족 최초의 국가인 고구려와 두 번째 국가인 발해가 주목되었고, 이는 다시 북쪽의 예맥과 남쪽의 삼한을 별개의 종족으로 구분하는 논리로 나아갔다. 따라서 '만주'와 분리된 지리적 개념으로서의 '조선'의 역사에서 반도 남부를 최초로 통일한 신라가 강조될 수밖에 없었다. 그리고 최초의 반도 통일을 강조하는 데 적합한 용어가 바로 '통일신라'였다. 만선사학은 근대적 역사방법론을 구사하였기에 식민지 치하의 조선 지식인이 이를 비판하기는 쉽지 않았다.

해방 이후 독립국가로서 민족의식을 고취하는 새로운 역사 서술에 직면한 남북한이 근대적 용어로서 '통일신라'를 그대로 사용한 것도 이 때문이었다. 다만 그 의의를 '단일국민으로서의 문화'를 형성하는 기초가 되었다는 점에서 찾았다. 즉, 통일신라론의 내용이 반도 통일에서 민족 통일로 바뀌었던 것이다. 1960년대 이후 남북한은 유득공의 문제 제기로부터 1920~30년대까지 지속되었던 남북국론을 계승하며 발해사를 적극적으로 인식하였다. 그렇지만 분단이 심화되면서 이해방향도 달라져 갔다.

북한에서는 통일신라론을 부정하고 '신라에 의한 국토 남부의 통합과 고구려 고지에서의 발해국의 성립', '신라에 의한 국토 남부의 통합과 발해의 성립', '발해와 후기 신라' 등으로 바뀌어 갔다. 반면 남한에서는 남북국시대를 인정하더라도 '통일신라와 발해'와 같은 표현이 관행적으로 사용되고 있다. 그래서 통일신라를 부정하고 '신라와 발해'로 표기해야 상위 개념으로서의 남북국시대에 부합한다는 주장이 다시 제기되었고, 남북국시대론과 통일신라론의 논쟁이 진행 중이다.

통일신라와 관련하여 한국사 통사체계에서 왕조 표기의 일관성 문제에 대해서 한 마디만 더 언급하고 싶다. 7세기 이후 신라가 '일통삼한'을 표방했을지언정 '통일신라'는 신라인이 사용한 용어가 아니라 근대 역사학에서 그 역사적 의미를 부여하기 위해 만들어 낸 용어다. 한국사에서 최초의 국가인 '고조선' 역시 마찬가지다. 그런데 '고조선과 조선'의 경우 후대의 조선에 기준을 두고 선대의 조선에 '고'를 붙인 반면, '신라와 통일신라'는 삼국시대의 신라에 기준을 두고 후대의 신라에 '통일'을 붙였다. 이는 한국사의 통사체계를 진지하게 고려하지 않은, 다소 편의적인 발상에서 나온 것은 아닐까?

이처럼 당위로서의 남북국시대론과 현실로서의 통일신라론이 혼재하고 있는 상황에서 그 간극을 메우기 위해서는 신라와 발해를 하나의 단위로 설정하고 이를 뒷받침하는 남북국시대사가 필요하다. 그것은 단순히 신라의 역사와 발해의 역사를 병렬적으로 서술하는 데 그쳐서는 안 되고, 이를 토대로 상호간의 관계를 규명해야 한다. 그렇지만 이에 대한 기록이 많지 않다는 난관이 있다. 필자는 그 실마리를 신라와 발해의 상호관계를 당시 동아시아 국제관계 속에서 간접적으로 찾으려 노력하고 있다. 이와 관련하여 필자가 수행한 연구를 세 가지만 소개하면 다음과 같다.

첫째는 신라가 서북쪽 경계선으로 대동강을 설정하게 된 경위다. 고구려 고지를 관할하던 당의 안동도호부는 나당전쟁 말미에 요동으로 퇴각했지만, 신라는 임진강을 서북쪽 경계로 삼고 더이상 북진하지 않았다. 임진강에서 압록강에 이르는 지금의 한반도 서북부 지역이 나당 간의 완충지대로 기능하는 상황에서, 신라는 일찍이 나당연합의 조건이었던 '평양 이남의 백제 토지', 즉 대동강 이남까지 어떻게 진출할 수 있었을까? 694년 주 측천무후가 김인문의 영구를 신라에 전달하고 이듬해 신라 효소왕이 주나라 역법을 채택하면서 양국관계가 변화하기 시작하자, 신라는 임진강을 넘어 송악·우잠성을 쌓았다. 한편 당은 707년에 성덕왕을 보국대장군(정2품)에서 표기대장군(종1품)으로 승진시켰는데, 이는 돌궐을 제압하기 위해 추진된 주변 종족과 연계책의 일환이었다. 이때 당 중종은 대조영을 책봉하고 국교를 수립하려고 했으나, 주변 여건상 713년으로 연기되었다.

바로 그해에 당은 신라에게 발해 견제를 기대하며 성덕왕에게 사지절·대도독계림주제군사·계림주자사 등을 포함한 책봉호를 내렸다. 이를 계기로 신라는 임진강을 넘어 예성강 인근의 개성을 쌓았다. 이처럼 신라의 서북방 진출은 대당관계의 개선 없이는 이루어질 수 없었다. 그래서 신라는 성덕왕 대에 40회나 사신을 파견하는 적극적인 친당정책을 취했다. 그 결과 당은 신라를 주변의 나라들과 달리 우대하였고, 732년 발해가 당의 등주를 공격하자 신라와 함께 발해 공격에 나섰다.

그 후 신라는 당에 발해 공격을 제안하면서 대동강에 군대를 주둔하겠다고 구체적인 전략을 제시하였다. 그런데 군대 주둔에 대한 당의 허락을, 736년에 신라는 대동강 이남의 영역을 인정해 준 것으로 확대 해석하였고, 결국 당도 용인할 수밖에 없었다. 이처럼 신라는 당 중심의 세계질서를 인정한 위에서 당의 논리를 이용해 자신이 원하는 평양 이남, 즉 대동강 지역까지 진출할 수 있었던 것이다.

둘째는 당대 책봉호를 통해 본 남북국의 위상이다. 신라 문무왕이 671년에 당으로부터 받은 관작은 계림주대도독·좌위대장군·개부의동삼사(종1품)·상주국·신라왕이었지만 나당전쟁 중에 삭탈되었다가 복구되었다. 복구된 관작은 아마도 신문왕과 효소왕이 받은 신라왕·보국대장군(정2품)·행좌표도위대장군·계림주도독이었을 것이다. 여기서 문산관 종1품의 개부의동삼사에서 무산관 정2품의 보국대장군으로, 그리고 계림주대도독에서 계림주도독으로 강등되었음을 알 수 있다.

그런데 성덕왕은 707년에 표기대장군(종1품)으로 승진되었고, 713년에 특진(정2품)과 사지절·대도독계림주제군사·계림주자사 등을 포함한 책봉호를 받았다. 그리고 733년에 신라가 당의 요구로 발해를 공격하면서 다시 개부의동삼사로 승진하였다. 이로써 나당관계는 완전히 회복되었고, 그 이후 신라국왕들이 받은 책봉호는 변함없이 개부의동삼사·사지절·대도독계림주제군사·계림주자사·상주국·신라왕이었다.

한편 발해의 고왕·무왕·문왕이 즉위 시에 받은 책봉호는 좌효위대장군·홀한주도독·발해군왕이었으며, 문왕은 762년에 발해군왕에서 발해국왕으로 승진되었다. 문왕 사후의 내분기 중인 795년에 즉위한 강왕은 좌효위대장군·발해군왕으로 강등 책봉되었다. 그는 시정을 요구한 끝에 은청광록대부(종3품)·검교사공(정1품)·발해국왕으로 다시 승진 책봉되었다. 그리고 805년에는 금자광록대부(정3품)로 승진하였다. 그런데 그 뒤를 이은 정왕은 은청광록대부·검교비서감(정3품)·홀한주도독·발해국왕으로 강등되었다가 나중에 다시 금자광록대부·검교사공으로 승진되었다.

신라국왕의 개부의동삼사(종1품)와 발해국왕의 은청광록대부(정3품)를 통해 볼 때, 당은 발해보다 신라를 우대하였다. 특히 신라국왕에게 제수된 사지절·대도독계림주제군사·계림주자사는 독자적 군사권의 활동을 보장하는 것으로, 당은 신라에게 이를 통해 발해를 견제할 것을 기대하였다. 또한 신라국왕에게는 높은 품계의 관직이 역대 국왕에게 일관되게 수여된 반면, 발해국왕에게는 승진과 강등이 되풀이되었다.

셋째는 완충지대로서의 요동을 통해 본 신라·발해·당의 관계다. 신라와 발해는 각각 당과의 대립을 거친 이후에는 당 중심의 국제질서를 맺고 활발하게 교섭을 벌였지만, 상호간에는 그렇지 않았다. 이에 대해서는 당이 양국에 대해 철저한 등거리 외교를 실시했기 때문이라는 견해와 양국이 상호의존적인 긴장관계, 즉 적대적 공존관계였기 때문이라는 견해가 제기된 바 있다. 모두 일리 있는 해석이지만, 필자는 대외적 조건으로서 요동에서 평양에 이르는 옛 고구려의 중심지가 신라와 발해와 당 삼자 간의 완충지대로서 기능했다는 점에 주목하고 싶다.

신라와 발해 사이에 개설된 신라도의 존재에서 보듯이 양국의 교섭이 주로 동쪽 방면에서 이루어졌을 뿐, 서쪽 방면에서 접촉이 없었던 이

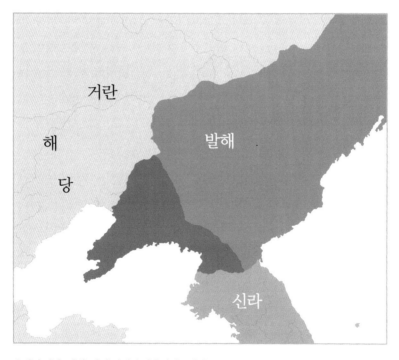

〈9세기 신라·발해·당의 경계와 완충지대로서의 요동〉

유는 발해가 요동을 포함하여 압록강 이남 지역으로도 진출하지 않았기 때문이다. 현재 한국사 개설서와 교과서가 요동과 한반도 서북부를 발해의 영역으로 서술하지만, 사료적 근거는 부족한 추론에 불과하다.

나당전쟁 직후인 7세기 후반에 신라가 북진한다면 당과의 충돌이 야기되고, 등주 공격 직후인 8세기 전반에 발해가 서진한다면 역시 당과의 충돌이 야기되는 상황이었기 때문에, 신라와 발해는 각각 평양과 요동 지역으로 진출하지 않았다. 역으로 당이 대동강 이남으로 진출하고, 안동도호부를 다시 요동으로 이동시켰다면 역시 신라 및 발해와 충돌이 야기되는 상황이었기 때문에, 당도 그러지 않았다. 역설적으로 신라와 발해와 당 삼국 상호간에 완충지대를 두었기 때문에 장기간 평화 상태를 지속하였던 것이다. 그리고 삼국 모두가 유지하고 싶었던 상황은 방외자인 거란이 요동으로 진출하면서 깨지기 시작하였다.

이상은 당 중심의 국제질서 속에서 신라와 발해의 관계를 함께 고려해야 한다는 문제의식에서 나온 나름대로의 결론이다. 그렇지만 당시 동아시아 세계의 또 다른 일원인 일본과의 관계에 대해서는 미처 언급하지 못했다. 8세기에 천황국을 표방한 일본은 신라와 발해를 조공국으로 간주하면서 이들과 외교적 갈등을 초래하였다. 그런데 9세기에 신라는 일본과 외교를 단절한 반면, 발해는 경제적 교류에 치중하였다. 그러한 이유와 대응양상의 차이까지 검토한다면 8~10세기 동아시아 국제관계 속에서 신라와 발해의 관계를 좀 더 구체적으로 이해할 수 있을 것이다. 이를 토대로 언젠가 남북국 시대사를 써보고 싶다. *김종복

■ 찾아보기

한국사, 한 걸음 더

⊙ 2018년 9월 9일 초판 1쇄 발행
⊙ 2023년 4월 14일 초판 5쇄 발행
⊙ 글쓴이   한국역사연구회
⊙ 펴낸이   박혜숙
⊙ 디자인   이보용
⊙ 펴낸곳   도서출판 푸른역사
    우) 03044 서울시 종로구 자하문로8길 13
    전화: 02)720−8921(편집부) 02)720−8920(영업부)
    팩스: 02)720−9887
    전자우편: 2013history@naver.com
    등록: 1997년 2월 14일 제13−483호
ⓒ 한국역사연구회, 2023

ISBN   979−11−5612−121−3   03900